U1076553

**编 委 会**

主　任：谢晓丹
副主任：邓中文

**编 委**（按姓氏笔画顺序排列）

马建文　王学沛　王雪生　邓成明　朱羿锟
邬耀广　刘　恒　杜承铭　李步云　李伯侨
杨建广　张泽涛　张春和　张永忠　张富强
陈云良　周林彬　房文翠　骆梅芬　赵龙跃
袁　泉　夏　蔚　徐忠明　黄　瑶　葛洪义
蒋悟真　程信和　谢石松　薛刚凌

**主　编**：李江萍
**执行主编**：卢晓珊
**编　辑**：杨楠瑶　江毅　王耀波

1
2021
第1辑
总第61辑

Nomocracy Forum

# 法治论坛

广州市法学会 / 编

中国法制出版社
CHINA LEGAL PUBLISHING HOUSE

# 目录 CONTENTS

Nomocracy Forum

## 民法典视域下的知识产权

## 实务研究

## 案例分析

# 民法典视域下的知识产权

# 标准必要专利 FRAND 承诺合同法适用思路

## ——以《民法典》合同编第 495 条、第 522 条适用为视角

黄武双　桂栗丽*

【内容提要】标准必要专利（SEP）问题涉及的主体众多、范围广泛，通常在世界范围内会产生多起平行诉讼，法院的裁判标准与尺度就变得十分重要。在微软诉摩托罗拉案、无线星球（UP）诉华为案等典型案例中，SEP 权利人与 SEP 实施人对权利救济的方式的选择也会影响案件结果。SEP 纠纷中所涉主体希望能明确何种救济手段的适用是高效并且有利的。在常用的司法诉讼路径下，合同法的适用更具有高效且便捷的优势，而 FRAND 承诺因具有意思自治行为的外观使合同法路径具有可行性。《民法典》合同编中第 495 条预约合同条款以及第 522 条第 2 款利他合同条款的增设，为我国合同法适用规则提供了相应的理论支撑，使得标准必要专利纠纷中所涉主体有了更为有效的争议解决途径。

【关键词】标准必要专利　FRAND 承诺　民法典　预约合同　第三人利益合同

## 一、问题的提出

随着科学技术的快速发展以及市场效率的提高要求，标准必要专利的应用领域也越发广泛，技术同标准结合的趋势逐渐增强。5G 时代万物互联，始于信息通信技术（ICT）领域的标准必要专利（SEP）问题，随着“互联网 +”逐渐

* 黄武双——华东政法大学知识产权学院教授、博士生导师，主要研究领域：知识产权法；桂栗丽——华东政法大学知识产权研究中心研究人员，知识产权学院博士研究生，主要研究方向：知识产权法。

扩散到汽车产业、能源产业、装备制造业等传统行业，随之而来的是标准必要专利诉讼案件数量的激增，而标准必要专利问题本身具有复杂性，其涉及的主体众多、范围广泛，通常在世界范围内会产生多起平行诉讼，各个法院对裁判标准与尺度的把握就变得十分重要。在微软诉摩托罗拉案（美国）[1]、无线星球（UP）诉华为案（英国）[2]等典型案例中，SEP权利人与SEP实施人对权利救济的方式的选择也会影响到案件结果。SEP中所涉主体更加希望能明确何种救济手段的适用是高效并且有利的。标准必要专利的纠纷，一般可以通过三种方式来解决：协商、司法诉讼或行政执法。目前广受关注的主要是司法诉讼的方式。在诉讼的过程中，权利人可以选择适用合同法、专利法或者竞争法，而这三种法律的适用都存在着不同程度的障碍。目前我国新颁布的《民法典》合同编中第495条预约合同条款以及第522条第2款真正利他合同条款，为我国原来没有基础的合同路径适用规则，提供了相应的理论支撑，使得标准必要专利纠纷中所涉主体有了更为有效的争议解决途径。本文旨在厘清标准必要专利领域纠纷的特殊性，分析《民法典》合同编第495条以及第522条规则适用的可能性，希望能为争议的解决和规则的适用提供一定的智识贡献。

## 二、标准必要专利纠纷及核心争议

当下由标准必要专利引发的国内外纠纷数量逐渐增多，涉及我国企业同外国企业，甚至本国企业之间的诉讼纠纷。标准必要专利问题涉及多方主体，受FRAND承诺性质的判断、禁令救济能否适用以及各国法律差异等多重因素的影响，因此相关纠纷的解决相较于一般专利许可制度纠纷显得更为复杂。

### （一）涉及的主体及其关系

标准必要专利中涉及的关系，相较于普通专利更为复杂。原因在于：第一，专利与标准的结合使得私权性与公共性混合，不能用单一的部门法进行规制；第二，标准制定组织的增加使得两方关系变成三方关系；第三，为了限制必要

---

1 Microsoft Corp. v. Motorola, Inc., 864 F. Supp. 2d l023, 1029-32 (W. D. Wash. 2012) Microsoft Corp. v. Motorola, Inc., Case No. CID-1823JLR, 2012 WL 4827743, al * 6 (W. D. Wash. Oct. 10, 2012). Microsoft Corp. v. Motorola, Inc., Case No. CIO-1823JLR, 2013 WL 2111217, at * 2 (W. D. Wash. Apr. 25, 2013).

2 Microsoft Corp. v. Motorola, Inc., 864 F. Supp. 2d 1023, 1029-32 (W. D. Wash. 2012) Microsoft Corp. v. Motorola, Inc., Case No. CID-1823JLR, 2012 WL 4827743, al * 6 (W. D. Wash. Oct. 10, 2012). Microsoft Corp. v. Motorola, Inc., Case No. CIO-1823JLR, 2013 WL 2111217, at * 2 (W. D. Wash. Apr. 25, 2013).

专利私权性的扩张构成垄断，加入了 FRAND 许可条款，但对 FRAND 承诺的性质并没有规定，使得多种解释角度难以达成统一。

标准制定组织认为，标准化的制定是为了降低成本，但是对 SEP 专利权人来说，将自己的专利纳入标准化体系中，其本身的垄断权利在标准的保护下享有了更大的垄断权力范围，因此对 SEP 实施者而言是不利的，SEP 实施者一旦弃用该标准反而会使得成本上升，标准化的制定将没有意义。

SEP 权利人通过将自身专利纳入标准而享有了更多的权利，并因此获得了更多的市场支配地位。SEP 权利人可自由许可 SEP 实施者，并通过设置过高的专利许可费等手段向 SEP 实施人施加不利的许可条件，从而对 SEP 实施者的正常经营造成严重影响，使消费者难以获得技术标准化的产品。因此，为了防止 SEP 权利人滥用其市场优势地位，根据知识产权政策标准制定组织的一般要求，专利申请人在其专利被纳入标准之前作出 FRAND 承诺，即承诺以公平、合理和无歧视的条件将必要专利许可给所有潜在实施者。

### （二）核心争议

纠纷的本质都是利益之争。标准必要专利领域的争议也不例外，其核心争议在于 SEP 权利人与 SEP 实施者之间关于专利许可费费率的确定。纠纷双方持有的标准都是较为主观的标准，都是追求自身利益最大化。当两种主观标准无法达成一致时，就会产生争议。SEP 权利人认为自己提出的许可费已经够低，如果继续压低许可费用，那么专利的价值和研发成本则无法保证；而在 SEP 实施者来看，SEP 专权利人提出的专利许可费过高，如果采纳了较高的许可费率，则会对自己的生产经营造成一定的损失。

在普通的专利许可中，专利权人和被许可人之间具有较为自由的议价权利，如果对专利费用没有达成一致，专利权人可以选择不与某一主体进行交易。但是在标准必要专利领域，专利权人为了享有更大的市场份额，在许可过程中会努力申请将自身拥有的专利纳入标准，大多数 SEP 权利人还会作出约束自身权利边界的 FRAND 承诺，承诺以公平、合理、无歧视的许可费率将专利许可给 SEP 实施者。但由于 FRAND 承诺性质较为模糊，在协商议定许可费率时，双方很难达成一致，这就产生了众多纠纷。因此分析 FRAND 承诺的性质对争议的解决有十分重要的意义。

## 三、FRAND承诺性质判断下路径的选择与适用

### （一）纠纷解决思路

标准必要专利纠纷的解决，目前广受关注的是司法诉讼的方式，主要涉及FRAND许可费确定的纠纷，标准必要专利禁令的纠纷等。在诉讼中常会涉及法律选择的问题。通常会有合同法、专利法和竞争法选择适用，例如标准实施者是以专利权人违反了合同约定，提起合同之诉？专利权人是否以标准实施者侵犯了自己的专利而提起侵权之诉？还是以专利权人滥用垄断权利而提起垄断之诉？从理论上看，可以通过某一部门法解决这种纠纷，但也有学者认为，在解决这种纠纷时并不应当简单地将标准必要专利纠纷问题归纳为某一类，因为它是一个极为复杂的问题群，应当摆脱部门法的思维束缚，全面地看待标准必要专利的问题。处理具体问题时按需适用法律。[3]

### （二）协商及竞争法解决方式的非普适性

首先，如前文所述，标准必要专利领域的纠纷，究其本质还是利益问题，即费率确定的问题。因此，标准必要专利纠纷中主体权利救济方式的选择以及费率的确定，其实是多方博弈的结果。SEP权利人与SEP实施人站在己方的角度，均渴求利益最大化，从而产生了利益冲突。在这种背景下，笔者认为期望通过协商的路径使双方对标准必要专利使用费率达成一致是不现实的。

再而，反观竞争法的解决思路。从表面上看，SEP权利人违反FRAND原则与违反反垄断法似乎有一定程度上的关联性。有学者认为，在标准必要专利领域，由于标准本身缺乏可替代性，SEP权利人因此在技术许可市场上具有了市场支配地位，而SEP权利人不按照FRAND的承诺的要求，做出拒绝许可、不合理地寻求禁令、差异性定价等行为，属于排除和限制竞争的问题。[4]也有学者对该观点进行了驳斥，认为反垄断法干预竞争行为的正当性基础是竞争行为具有反竞争的效果，在标准必要专利领域，首先应当判断该行为是否能够封锁相关市场的竞争对手，其次还要判断在封锁竞争对手之后，行为人是否能够提高其在相关市场的产品价格。[5]笔者较为认同后一学者的观点，在采用竞争法规制的手段时，要考虑SEP权利人企业是否属于垂直型企业，能否以违反FRAND原则

---

3 谭袁著：《标准必要专利核心争议及制度构建》，中国社会科学出版社2019年版，第36页。

4 王晓晔、丁亚琦：《标准必要专利卷入反垄断案件的原因》，载《法学杂志》2017年第6期。

5 宁度：《标准必要专利权利人违反FRAND原则的反垄断法规制》，载《电子知识产权》2020年第9期。

的方式封锁下游标准产品市场的竞争对手，在此基础上，才能判断其是否造成了反竞争的效果。从这个角度而言，竞争法的解决思路具有很大局限性。

（三）合同法思路适用的价值及可行性

合同法的适用在美国微软诉摩托罗拉一案[6]最为著名，在该案例中，SEP权利人作出的FRAND承诺被认定为第三人利益合同，原告微软作为SEP实施者，可以被认定为合同法中的第三方受益人（a third-party beneficiary），因而享有请求权。但由于第三人利益合同对合同相对性突破较大，各地的规定也有所不同，因此这种认定方式并不能直接适用。

1. 合同法适用的价值及优势

但不可否认的是，合同法思路的适用具有其独特的优势。第一，可以充分尊重意思自治，提高效率。在标准必要专利领域，当专利权人享有进入标准的特权之后，其自身就会形成一定的垄断市场的优势。这时将FRAND承诺视为第三人利益合同，以FRAND原则的约束可对SEP权利人的权利进行牵制，仍然在合同意思自治的范围之内，因为对于FRAND承诺的许可政策，SEP权利人在申请时可以选择接受或者不接受。专利许可本就是涉及双方的问题，不用牵扯其他主体。但如果不采用合同的方式，而选择行政规定处理或者司法强制介入，会使得原本可以简单解决的问题掺入其他因素而变得更加复杂。第二，在合同法的框架下，有助于权利人利用合同中的关键要素解决标准必要专利诉讼的管辖问题。标准必要专利涉及的范围较广，因此经常在全世界范围内产生平行诉讼，也常会因为世界各国不同法院的选择，而导致裁判标准不一，因此各方都希望通过合同中的要素来创造国际私法中的连结点，如合同缔结地、合同履行地、合同违约地等，通过这些要素拓展法院可管辖的范围，进而选择对自己更为有利的地点进行诉讼。

2. 合同法适用的可行性

FRAND承诺具有意思自治行为的外观。有学者依据意思表示的要素对FRAND承诺进行解构，将之分为行为意思、表示意思和交易意思三个方面，对FRAND承诺的性质进行了明晰[7]。第一，从行为意思来看，FRAND承诺的目的是SEP权利人表示行为本身是由意志（Willen）所控制的[8]。第二，从表示意思

---

6 Microsoft Corp. v. Motorola, Inc., No. C10-1823JLR, 2013 U.S. Dist. LEXIS 60233 (W.D. Wash. Apr. 25, 2013).

7 周宇：《标准必要专利中FRAND承诺的法律性质》，载《电子知识产权》2019年第6期。

8 ［德］本德·吕特斯、［德］阿斯特丽德·施塔德勒著：《德国民法总论》（第18版），于鑫淼、张姝译，法律出版社2017年版，第155页。

来看，行为人在为表示行为时，清楚的知晓他正在进行表示行为，并且其行为和内心意思是相一致的。具体到标准必要专利领域，标准组织者一般会要求SEP权利人在加入标准时，接受两个政策，其一是履行披露的义务，其二是履行FRAND许可的义务。在这里，SEP权利人有选择接受或不接受的权利，当其作出了接受以FRAND，即以“公平、合理、无歧视”的费率进行许可的承诺时，其内心的意思和表示行为是相一致的，也是其内心意思的外化。第三，从交易意思来看，交易意思要求完成一个十分具体的交易意图，而且这种意图指向了一个具体的且特定的法律后果。意思自治是一种自负责任的行为，因此当SEP权利人作出接受许可承诺的行为时，他就应当知道自己所作出的意思表示将会对他之后的行为产生约束力，而这种约束力一般可以体现在两个方面：一是对许可费率的限制，即需要以公平、合理、无歧视的费率许可给SEP实施人；二是对其后续行为的限制，主要体现在对其申请禁令的限制，即如果他不遵从FRAND承诺，法院将禁止该SEP权利人对实施人使用禁令的救济方式。

FRAND承诺在标准必要专利中具有重要地位，但该承诺的法律性质至今尚未达成统一定论，各国司法实践中也存在不同的观点。目前我国学者对该承诺法律性质的观点较为多样，在合同法视角下，主要有四种不同的观点，包括第三人利益合同说[9]、要约邀请说[10]、强制缔约义务说[11]、单方法律行为说[12]。

9　马尚、陶丽琴、阮家莉：《标准必要专利禁令请求权的抗辩——从利益第三人合同的视角》，载《标准科学》2017年第9期。

10　在微软就ITU标准必要专利诉摩托罗拉公司案中，德国曼海姆地区法院就表示FRAND承诺是专利权人的要约邀请，标准实施者可以根据邀请向专利权人提出要约。但要约邀请不会因相对人承诺而成立合同，要约邀请人撤回邀请的行为如果未给善意相对人造成损失，则通常无须担责。而FRAND承诺一经作出不得撤销。何荣华：《标准必要专利公平合理无歧视原则研究》，中南财经政法大学2018年博士学位论文，第141页。

11　叶若思、祝建军、陈文全、叶艳：《关于标准必要专利中反垄断及FRAND原则司法适用的调研》，载《知识产权法研究》2013年第2期。

12　在西安西电捷通诉索尼一案中，一审法院就表示FRAND承诺系单方民事法律行为，不过二审法院最终未对此表示认可。参见李扬：《FRAND承诺的法律性质及其法律效果》，载《知识产权》2018年第11期。

3.《民法典》背景下合同法可适用的路径

《民法典》第 495 条[13]、第 552 条第 2 款[14]分别是预约合同条款和利他合同条款，这两个条文对原来认为我国在标准必要专利纠纷中适用合同法缺乏立法依据的观点可能会产生影响，从而影响部分学者对 FRAND 承诺法律性质的看法。但不可忽视的是，在这两种适用路径下仍然存在其他亟待解决的问题。

笔者认为，法律应当服务于规范体系，而不应该成为规范发展的羁绊。现代社会商品经济相对复杂，一味恪守形式及思路反而会使简单问题复杂化，尤其是在标准必要专利领域。如果能够将 FRAND 的承诺视为预约合同或第三人利益合同，则标准制定组织、SEP 权利人、SEP 实施人之间的关系网将更为明晰，丰富的合同法基础理论也能够为标准实施人的请求权提供强有力的支持与保障。这种制度在价值判断上具有明显的正当性，在解释路径上则还需要更多的努力。

## 四、将 FRAND 承诺视为合同理论的不足及补正

在传统观点中，反对意见认为将 FRAND 承诺作为合同条款具有不确定性，因为在 FRAND 承诺作出的初期，不管是预约合同的全部内容，还是第三人利益合同的全部内容，即内容、期限、生效时间、价款等可能实质影响合同效力的因素都无法达成一致。因此常因 FRAND 原则的模糊性拒绝合同法适用。对此笔者认为，标准必要专利领域的纠纷属于知识产权纠纷而具有一定的特殊性，不能完全将之等同于物权纠纷或者一般的合同纠纷，纠纷解决的重点应在于对法律的适用，就像几百年前英美法系与大陆法系固守合同的相对性，但随着商品经济的发展，逐渐出现新理论对合同的相对性进行突破。这种紧跟时代的司法适用，一方面可以扩充理论，另一方面也可以更好地服务于实践。

### （一）基础合同关系的论证

不管是预约合同还是利他合同[15]，前提均是存在基础合同。一般合同的成

---

13　参见《民法典》第 495 条，该条被称为预约合同条款：“当事人约定在将来一定期限内订立合同的认购书、订购书、预订书等，构成预约合同。当事人一方不履行预约合同约定的订立合同义务的，对方可以请求其承担预约合同的违约责任。”

14　参见《民法典》第 522 条，该条被称为利他合同条款：“当事人约定由债务人向第三人履行债务，债务人未向第三人履行债务或者履行债务不符合约定的，应当向债权人承担违约责任。法律规定或者当事人约定第三人可以直接请求债务人向其履行债务，第三人未在合理期限内明确拒绝，债务人未向第三人履行债务或者履行债务不符合约定的，第三人可以请求债务人承担违约责任；债务人对债权人的抗辩，可以向第三人主张。”

15　利他合同，也可被称为第三人利益合同。

立要件及生效要件，在标准必要专利纠纷三方主体中同样适用[16]。《民法典》第502条第1款规定："依法成立的合同，自成立时生效，但是法律另有规定或者当事人另有约定的除外。"所以，一般来讲，只要当事人具备相应签订合同的行为能力，双方意思表示一致且意思表示真实，合同内容不违反法律、行政法规规定以及不违背公序良俗，则双方签字盖章后合同即时生效，此时当事人就应当受合同条款的约束，按照合同约定享受权利、履行义务。合同属于法律行为，在意思自治的原则下，合同法中有大量的任意性规范用于确保对当事人意思的尊重。

回到标准必要专利领域，需要解释的是，标准制定组织要求SEP权利人作出的FRAND承诺是否能够成立合同。这就需要引入标准制定组织制定标准的过程，如表1所示，标准制定组织经过"需求方案讨论、方案确定、标准发布、版本更新"五个阶段，筛选出标准必要专利，其中只在"需求交换阶段"含有知识产权政策的内容。标准制定组织在制定知识产权政策时，通常涉及两个政策，一个是披露政策，另一个是许可政策（FRAND许可）。第一个要求专利申请人披露自己的专利，以备审查，标准制定组织要尽可能地在标准中减少纳入专利；第二个要求专利申请人作出承诺，一旦自己的专利被纳入标准，就要按照FRAND原则对于标准实施人进行许可。这里标准制定组织的知识产权政策可以被视为要约，而希望被纳入标准的专利权人提出申请就意味着对知识产权政策的要约作出了承诺。在标准制定过程中，当专利申请人的专利被纳入标准之中时，专利权人与知识产权组织之间的合同就成立并生效。在这个过程中，专利权人具有民事行为能力、意思表示真实，且其作出的申请（承诺）并不违反法律及行政法规的强制性规定。因此这里专利权人向标准制定组织所作的FRAND承诺（其实是两个政策之一），可以被认定为双方达成的契约。

16 史尚宽著：《债法总论》，中国政法大学出版社2000年版，第617页。我国《民法典》第143条规定：具备下列条件的民事法律行为有效：（1）行为人具有相应的民事行为能力；（2）意思表示真实；（3）不违反法律、行政法规的强制性规定，不违背公序良俗。因此，当事人成立的合同只有符合了上述前提条件，才能被判定为是"依法成立的合同"，进而才有机会合法生效并产生法律约束力。

**标准必要专利的产出过程表**[17]

<table>
<tr><td rowspan="5">标准组织</td><td>知识产权政策 FRAND 许可</td><td rowspan="2">方案讨论阶段→</td><td rowspan="2">方案确定阶段→</td><td rowspan="2">标准发布→</td><td rowspan="2">版本更新→</td><td rowspan="9">标准必要专利</td></tr>
<tr><td>需求阶段→</td></tr>
<tr><td rowspan="3">讨论新的应用场景和业务需求</td><td>A 方案</td><td>B 方案</td><td rowspan="3">TS 36. xxx</td><td>CHANGE</td></tr>
<tr><td>B 方案</td><td>（confirmed）</td><td>REQUEST</td></tr>
<tr><td>C 方案</td><td></td><td></td></tr>
<tr><td rowspan="4">专利申请人</td><td>初始申请→</td><td>大量标准必要专利相关申请→</td><td>重点申请→</td><td>专利审查→</td><td>专利授权→</td></tr>
<tr><td rowspan="3">针对新业务场景和业务需求进行初始专利申请</td><td rowspan="3">对初始申请进行细化布局，进一步细化技术方案</td><td>对重点专利进行局部修改</td><td rowspan="3">根据标准权利对照图进行修改、分案、放弃</td><td>专利包</td></tr>
<tr><td>准备标准权利对照图</td><td>交叉许可</td></tr>
<tr><td></td><td>应对诉讼</td></tr>
</table>

### （二）FRAND 承诺与《民法典》第 495 条[18]预约合同内涵的差异及补正

学界中有种观点认为，FRAND 承诺仅是一个先合同的意思表示。据此有学者认为，FRAND 承诺具有预约的性质。一方面，FRAND 承诺是 SEP 权利人所做的一种约束自己的意思表示行为；另一方面，FRAND 承诺的受领对象为 SEP 实施人。基于此将 FRAND 承诺看作 SEP 权利人与 SEP 实施者签订标准必要专利许可合同的一种缔约意向的表达。[19]

在预约合同的框架下讨论 FRAND 承诺的性质，即 FRAND 承诺作为预约合同中的要约，有四点需要检视，其中前三点在实践中并无太大争议。第一，要

17 国家知识产权局专利局专利审查江苏中心组织编写：《标准与标准必要专利研究》，知识产权出版社 2019 年版，第 283 页。

18 《民法典》第 495 条被称为预约合同条款："当事人约定在将来一定期限内订立合同的认购书、订购书、预订书等，构成预约合同。当事人一方不履行预约合同约定的订立合同义务的，对方可以请求其承担预约合同的违约责任。"

19 周宇：《标准必要专利中 FRAND 承诺的法律性质》，载《电子知识产权》2019 年第 6 期。

约是特定人所为的意思表示。在标准必要专利领域，SEP权利人是不是特定的？从标准必要专利产出的过程来看，SEP申请人在初始申请时作出FRAND承诺，此时便可认为他是作为一个特定的主体做出了一个约束自己的行为，符合要约必须是由特定人所为的意思表示。第二，要约是否是向相对人发出。要约必须经过相对人承诺才能成立合同，否则此要约只能被视为要约邀请。在标准必要专利领域相对人可以指SEP实施人。当SEP权利人与SEP实施人就费率问题进行协商时，可以认定相对人已经确定。第三，要约是否含有必须缔结合同的目的。在标准必要专利领域，标准制定组织在标准必要专利申请人进行申请时，要求其接受两个知识产权政策，当专利申请人接受了FRAND承诺，其已经明知他需要以公平、合理、无歧视的许可费与SEP实施人之间进行许可。第四，要约的内容必须明确具体。这一点经常被其他学者诟病，他们认为FRAND原则过于模糊，不利于实际操作，因此不能将其视为一个合适的合同条款。笔者认为在预约合同的视角下，预约合同只是为了保证后续本约的签订，合同的具体内容应当在本约中进行协商，FRAND原则不具体不会影响预约合同的稳定性。

### （三）FRAND承诺与《民法典》第522条第2款利他合同内涵的差异与补正

利他合同与意思自治原则关系紧密，意思自治原则一方面在利他契约的产生中造成了阻碍，另一方面又有一定的促进作用。[20]所谓意思自治原则，是指在司法关系中个人可以自由地为意思表示不受他人干涉，但是个人因自己的意思表示而受拘束，并且此表意人只受自己意思表示而不受他人意思表示的拘束。在中世纪时，随着经济快速发展、交易形式多样，经济发展较快的欧洲首先出现了对合同相对性的突破，“合同法律后果的本质和范围，应当由合同当事人的意愿来决定”。[21]后来，在法国的司法实践中，除去其他判断因素，法院注重的唯一问题就是当事人双方是否意图给予第三方诉讼的权利。根据我国《民法典》第522条，在当事人约定或者法律规定时，第三人享有请求权[22]。

在上述契约中，标准制定者要求及SEP权利人同意作出的FRAND许可承诺，恰恰是使第三方即SEP实施人获得利益的契约。

---

20　宋忠胜著：《契约第三人研究》，人民出版社2013年版，第197页。

21　［德］海英·克茨著：《欧洲合同法（上卷）》，周忠海、李居迁、宫立云译，法律出版社2001年版，第357页。

22　《民法典》第522条规定：“当事人约定由债务人向第三人履行债务，债务人未向第三人履行债务或者履行债务不符合约定的，应当向债权人承担违约责任。法律规定或者当事人约定第三人可以直接请求债务人向其履行债务，第三人未在合理期限内明确拒绝，债务人未向第三人履行债务或者履行债务不符合约定的，第三人可以请求债务人承担违约责任；债务人对债权人的抗辩，可以向第三人主张。

在标准必要专利中也涉及三方主体，按照第三人利益合同的解释进路，标准制定组织被视为立约人，标准必要专利权利人可以被视为受约人，标准实施者通常作为第三人。从结构框架上比较而言，虽然 FRAND 承诺和第三人利益合同均涉及三方主体。但区别在于，标准制定组织通常声明是不介入 SEP 权利人与 SEP 实施人之间纠纷的，这与第三人利益合同中，立约人（债权人）享有请求权有所不同（注意这里的立约人与第三人的请求权只能择其一适用）。[23] 这一点可以通过完善标准制定组织的许可政策解决，现行标准制定组织对违反 FRAND 承诺许可政策缺少明确的惩罚机制，标准制定组织的作用不够凸显。例如，标准组织 ETSI 明确表示："具体许可条款及谈判是企业间的商业问题，不应当在 ETSI 内部解决。"[24]

有学者认为 FRAND 承诺与利他合同的内涵存在区别[25]，笔者将从知识产权的特殊性入手进行解释。

1. SEP 实施者属于特定的第三人

反对者认为，如果将 SEP 实施者视为第三人，则会存在第三人不特定的问题。[26] 这一点可以从知识产权许可合同的特殊性角度解释，在标准必要专利纠纷产生时，会有特定的 SEP 实施者出现。当标准必要 SEP 权利人的专利被纳入标准时，他对标准制定组织作出的保障 SEP 实施者权益的 FRAND 承诺就起到了约束作用，此时对标准实施人一方而言，只要是愿意加入标准、需要向 SEP 权利人许可专利的主体，都可以在各自的合同中成为受益第三人。因为专利不同于物权，同一专利是可以被重复许可的，因此这种合同也可以重复实施，因而从总体上看是多个不特定的第三人，在各自的合同中却是特定的第三人。

2. SEP 实施者缴纳专利许可费不是过度的义务负担

反对者认为，第三人利益合同中第三人通常仅负有附随义务或者约定义务，而 SEP 实施者需要履行向 SEP 权利人协商支付标准使用许可费的义务。[27]笔者认为，首先需要明确第三人利益合同中对"利益"的解释，这一点在学界也有

---

23 第三人利益合同相关论述，详见桂栗丽：《标准必要专利 FRAND 承诺性质探讨——以〈民法典〉第 522 条第 2 款"利他合同"为视角》，载《知识产权》2020 年 12 月增刊，第 145－156 页。

24 See ETSI Guide on Intellectual Property Rights（IPRs）4. 1（Version adopted by Board #94 on 19 September 2013），available at http：//www. etsi. org/images/files/IPR/etsi-guide-on-ipr. pdf，转引自谭袁著：《标准必要专利核心争议及制度构建》，中国社会科学出版社 2019 年版，第 102 页。

25 周宇：《标准必要专利中 FRAND 承诺的法律性质》，载《电子知识产权》2019 年第 6 期。

26 王颖：《标准必要专利中 FRAND 承诺的法律属性探析》，载《浙江万里学院学报》2017 年第 3 期。

27 周宇：《标准必要专利中 FRAND 承诺的法律性质》，载《电子知识产权》2019 年第 6 期。

较大争议[28]，日本学说认为第三人取得权利的同时可以伴以附随义务，第三人不得拒绝附随义务而仅享受利益；德国判例学说则认为，第三人利益合同中不得含有对该第三人权利领域不利的侵犯。[29] 反观标准必要专利领域，标准必要专利权人承诺收取合理、公平、无歧视的专利许可费已经可以被认定为对SEP实施人的一种利益倾斜，而支付适当专利许可费也不应当视为对第三人权利领域的侵犯，这里可看作一种合理对价。

3. FRAND承诺的作出是对于公共利益的让步

反对方认为，第三人利益合同以缔约方均具有使第三人获利的意图为前提，而标准实施者基于FRAND承诺与专利权人谈判许可协议，并非SEP权利人以标准实施人获利为内容的意思表示，而是SEP权利人放弃排除请求权形式的必然结果。[30] 对此，笔者认为，这可被看作同一种行为的两方面结果，从标准必要专利的目的进行解释，标准制定组织为了保护SEP能够制定，进而保护SEP实施人的利益，要求必要专利权人作出承诺，专利权人一旦与标准组织达成合意，受其约束，这种侧重于SEP实施方利益的合同目的也自然达成一致，不应当再从必要SEP权利人一方单独进行分析，从合同目的解释即可。FRAND承诺的作出是对于公共利益的让步，具有使不特定第三人获利的实际效果。

4. 权利推定取得说解决了合同生效时间的矛盾情况

反对者认为，合同效力的生效时间有所差异。第三人利益合同的成立不以第三人的意思表示为要件，但通常认为其生效需第三人接受利益的意思表示，接受包括明示与默示的接受。[31] FRAND承诺要求专利权人以“公平、合理、无歧视”的费率进行许可，其意思表示一经作出即产生效力。在第三人利益合同理论中，第三人取得权利有接受说和自由取得说，但按照上述两种标准都无法使合同生效时间确定，因此有学者认为在标准必要专利领域，如果适用第三人利益合同理论，会使第三人取得权利，但第三人这个主体未确定的矛盾情况发生，即面临权利产生而主体非确定的矛盾情况。但这一观点，在我国《民法典》第522条第2款中，已经得以解决。[32] 我国的真正利他合同并没有采用第三人接

28 实质上的纯获利，在最终结果上财产是积极增加的，第三人是否负法律上的义务在所不问；形式上的纯获利是指第三人获得利益，无须负担法律上的义务，财产是否积极增加在所不问。

29 韩世远著：《合同法总论（第四版）》，法律出版社2018年版，第364－365页。

30 周宇：《标准必要专利中FRAND承诺的法律性质》，载《电子知识产权》2019年第6期。

31 袁正英：《第三人利益合同制度研究》，武汉大学2014年博士学位论文，第103页。

32 周宇：《标准必要专利中FRAND承诺的法律性质》，载《电子知识产权》2019年第6期。

受合同权利来源说，而是根据我国自身实际采用了第三人权利推定取得说。[33]与上文第一点论述相似，在标准必要专利领域，标准实施者如果没有明确拒绝FRAND 承诺，推定其受 FRAND 承诺的保障。另外，合同订立是一个动态的过程，在每一个 SEP 权利人与 SEP 实施人的许可合同协商时，SEP 实施人是特定的即可。

### （四）《民法典》第 495 条与第 522 条在选择适用上的不同侧重点

《民法典》第 495 条与第 522 条在选择适用上有不同的侧重点。就第 495 条预约合同而言，《民法典》中关于预约合同违约责任的规定，可以视为对当事人权利救济的前移，与缔约过失责任共同构成了订约失败责任的二元体系。[34]当 SEP 权利人违约后，会产生请求权竞合，即预约合同违约的请求权与缔约过失的损害赔偿请求权。在当事人一方有过错的情况下，可以请求赔偿信赖利益的损失，但是这种损失的补偿，可能会弱于第 522 条第 2 款中赋予第三人请求权的补偿。第 522 条第 2 款，真正的利他合同在第三人享有请求权后，对第三人请求权的保护将更为周延。从这一角度而言，《民法典》第 522 条第 2 款的适用更有利于保护 SEP 实施人的利益。

## 结语

在标准必要专利领域，具有私权性的专利与具有公共性的标准相结合，目的是促进科技创新，提高整体社会效益，减少资源浪费，这是一种基于公共利益的考量。标准制定组织要求专利权人作出 FRAND 承诺，因其具有意思表示的外观而具有了意思表示的效力，因此将之纳入合同法解决具有一定的优势。《民法典》合同编中第 495 条预约合同条款和第 522 条第 2 款利他合同条款均为标准必要专利领域纠纷解决提供了合同法思路下理论的支撑。标准必要专利纠纷产生的原因主要是利益（费率）相争，因此重点在于如何衡量和选择更为高效和便捷的方式解决争议。在对案件进行判断时，也需要注重知识产权案件的特殊性，从公平正义的角度而言，对专利权人的权利进行制衡，赋予标准实施人违约之诉请求权是十分必要的。现在所缺乏的不仅是理论中的法，更是实践中的法，不仅是对契约规定的刻画与解释，更多的是在不断变化的社会中平衡各种权利与利益。

---

33 对该观点论证详见桂栗丽：《标准必要专利 FRAND 承诺性质探讨——以〈民法典〉第 522 条第 2 款“利他合同”为视角》，载《知识产权》2020 年 12 月增刊，第 145 – 156 页。

34 尚晓茜、刘衍：《〈民法典〉订约失败责任的二元体系——预约合同违约责任与缔约过失责任之竞合》，载《上海政法学院学报（法治论丛）》2020 年第 54 期。

# 知识产权侵权惩罚性赔偿的适用条件

朱 冬*

**【内容提要】** 关于知识产权侵权惩罚性赔偿的适用要件，我国学界和实务界仍然存在分歧。设置知识产权领域的惩罚性赔偿制度的目的在于通过惩罚达到对恶性侵权行为的遏制效果。单一要件说和双重要件说均存在一定不足。比较法考察的结论表明，采用“提示性条件+考量因素”的立法模式既能保障法律的确定性，又能实现法律的灵活性。在这样的模式下，主观心态作为提示性要件，无须作出严格的限定，笼统地规定为“故意”即可；在考量因素方面，则可以要求法院在综合考量侵权的持续时间、涵盖地域、行为表现、造成后果等全案因素，综合确定是否适用惩罚性赔偿。

**【关键词】** 知识产权　惩罚性赔偿　恶意　故意　情节严重

《民法典》在“侵权责任编”引入了知识产权侵权惩罚性赔偿的原则性规定。[1] 随着单行法律的逐步修订完善，惩罚性赔偿规则在知识产权领域逐步建立起来。[2] 但是立法上对知识产权侵权惩罚性赔偿的构成要件仍然存在分歧，在知识产权侵权惩罚性赔偿制度的构建过程中，学界和实务界对知识产权侵权惩罚性赔偿的适用条件亦存在较大争议。本文首先对我国关于知识产权侵权惩罚性

---

* 朱冬——厦门大学知识产权研究院副教授，厦门大学“一带一路”研究院研究员，法学博士，研究方向：知识产权法、网络法。本文为教育部人文社会科学研究青年基金项目“市场价值指引下的知识产权侵权损害赔偿问题研究”（18YCJ820097）、厦门大学中央高校基本研究经费项目“知识产权侵权损害赔偿救济法律制度研究”（20720181064）的系列研究成果之一。

1 参见《民法典》第1185条。

2 《著作权法》第54条第1款、《专利法》第71条第1款、《商标法》第63条第1款、《种子法》第73条第3款、《反不正当竞争法》第17条第1款。

赔偿构成要件的不同观点进行归纳，在考察美国、英国、澳大利亚等国家相关制度和司法实践的基础之上，探讨知识产权侵权惩罚性赔偿构成要件的设计问题，以期为立法和司法实践提供参考。

## 一、现有的争论

关于知识产权侵权惩罚性赔偿的适用条件，在侵权成立应当承担损害赔偿责任的基础之上，还需具备哪些要件，目前学界存在不同的意见。大致梳理如下：

### （一）双重要件说与单一要件说的分歧

关于知识产权侵权惩罚性赔偿构成要件的首要分歧，在于兼顾侵权人的主观心态和侵权行的严重性，还是仅仅以侵权人的主观心态为要件。

双重要件说认为，知识产权侵权惩罚性赔偿的适用应当同时符合“恶意（或者故意）侵权”和“情节严重”两个要件，二者为并列关系，缺一不可。《商标法》将惩罚性赔偿的适用条件规定为“恶意”和“情节严重”两项。[3] 2019年《反不正当竞争法》修订，在侵害商业秘密领域引入惩罚性赔偿制度，构成要件与《商标法》的规定相同。[4]《民法典》《著作权法》和《专利法》则采用了“故意”和“情节严重”的表述。[5]如果说“故意”属于惩罚性赔偿适用的主观要件，那么关于“情节严重”属性的理解则存在分歧。一般认为，“情节严重”属于惩罚性赔偿适用的客观要件，关注行为方式和后果的严重性，通常不涉及行为人的主观状态。[6]具体来讲，侵权时间长、侵权地域广、重复性侵权、社会影响大、损害后果严重等均属于“情节严重”的表现情形。[7] 2014年《著作权法修订草案》采用了“两次以上故意侵权”的表述，[8]对侵权行为次数的规定实际上也是在强调行为的客观方面。当然，也有学者认为，所谓“情节严重”可以从主观和客观两个方面加以解释，主观方面的“情节严重”是指程

---

3 参见《商标法》第63条第1款。

4 参见《反不正当竞争法》第17条第3款。

5 参见《民法典》第1185条、《著作权法》第54条第1款、《专利法》第71条第1款。

6 王利明：《论我国民法典中侵害知识产权惩罚性赔偿的规则》，载《政治与法律》2019年第8期；张鹏著：《专利侵权损害赔偿制度研究》，知识产权出版社2017年版，第302－303页。

7 王利明：《论我国民法典中侵害知识产权惩罚性赔偿的规则》，载《政治与法律》2019年第8期；冯术杰、夏晔：《警惕惩罚性赔偿在知识产权法领域的泛用》，载《知识产权》2018年第2期。

8 参见2014年国务院法制办公布的《著作权法（修订草案送审稿）》第76条第2款。

度强于故意的恶意而言。[9]按照这种观点，主观恶意与“情节严重”要件中间存在包含关系。

单一要件说则主张仅仅以主观要件作为知识产权侵权惩罚性赔偿适用的条件。与前述法律和草案不同，2015年《专利法修订草案》即仅仅规定了“故意”一个要件。[10]在学界，有学者认为，“恶意侵权”本身就是“情节严重”的表现形式，将“情节严重”独立出来作为惩罚性赔偿的构成要件，有画蛇添足之嫌。[11]亦有学者认为，主观要件是知识产权侵权惩罚性赔偿适用的关键，客观因素仅仅在主观要件认定过程中起到参考作用。[12]

此外，还有学者认为应当区分惩罚性赔偿的成立条件和具体适用的考量因素，主张“恶意（或者故意）侵权”与“情节严重”并非并列关系，主观要件决定是否适用惩罚性赔偿，客观情节则仅仅是法院酌定惩罚性赔偿数额倍数的考量因素。[13]这种观点认为，是否适用惩罚性赔偿，无须考察侵权情节的严重性，在本质上属于单一要件说。

### （二）关于主观要件的不同意见

学界对知识产权侵权惩罚性赔偿的主观要件的表述亦存在很大分歧。根据主观恶性从轻到重，大致包含以下几种观点：

第一，故意和重大过失。持该种观点的学者认为，从侵权法上惩罚性赔偿的一般性原理出发，知识产权侵权惩罚性赔偿不应适用于一般的过失行为，仅仅包括故意和重大过失。[14]另一种观点则主张，知识产权侵权惩罚性赔偿主观要件的确定，与损害赔偿的归责原则有关，在实行无过错责任原则的特定专利侵权类型中，可以借鉴美国的做法，将重大过失作为惩罚性赔偿的适用条件。[15]然而，我国大多数学者则主张，知识产权侵权惩罚性赔偿的主观要件不

---

9 马忠法、谢迪扬：《专利法中的惩罚性赔偿问题研究》，载《武陵学刊》2020年第2期。

10 参见2015年国务院法制办公布的《专利法（修订草案送审稿）》第65条第3款。

11 朱丹著：《知识产权惩罚性赔偿制度研究》，法律出版社2016年版，第225页。

12 阮开欣：《美国专利侵权惩罚性赔偿的经验和借鉴》，载《法律适用》2017年第10期。

13 冯晓青、罗娇：《知识产权侵权惩罚性赔偿研究》，载《中国政法大学学报》2015年第5期；袁秀挺：《知识产权惩罚性赔偿制度的司法适用》，载《知识产权》2015年第7期；徐聪颖：《制度的迷失与重构：对我国商标权惩罚性赔偿机制的反思》，载《知识产权》2015年第12期。

14 张玲、纪璐：《美国专利侵权惩罚性赔偿制度及其启示》，载《法学评论》2013年第2期。民法学界通常认为惩罚性赔偿的主观要件应当包括故意和重大过失。参见王利明：《美国惩罚性赔偿制度研究》，载《比较法研究》2003年第5期；张新宝、李倩：《惩罚性赔偿的立法选择》，载《清华法学》2009年第4期。

15 阮开欣：《美国专利侵权惩罚性赔偿的经验和借鉴》，载《法律适用》2017年第10期。

应不包括重大过失，主要理由有：重大过失的主观恶性尚没有达到必须进行惩罚的程度；[16] 由于知识产权具有公示性，采用重大过失标准可能导致几乎所有侵权行为都被纳入惩罚性赔偿的范围，导致规则泛化。[17]

第二，故意。目前《民法典》《著作权法》和《专利法》均采用了故意标准。有法院明确指出，这里的故意是指侵权人明知自己的行为会导致侵权结果的发生而希望或放任这种结果发生的主观心理状态。[18] 支持该标准的学者认为，对故意应当采取“观念主义”的解释，即只要知道侵权行为足以造成损害结果即可。[19] 关于是否应当包括直接故意和间接故意两种形态，学者存在不同意见。有学者在比较法研究的基础上持肯定观点。[20] 有学者则认为，知识产权权利边界具有模糊性，被控侵权行为是否构成侵权最终需要由法院裁判，侵权人已经意识到其行为可能构成侵权却仍然持放任心态的，应当适用惩罚性赔偿加以遏制。[21] 持相反观点的学者则认为，知识产权侵权惩罚性赔偿的适用应当限于主观恶性极强的侵权行为，将间接故意也纳入其中会使得知识产权侵权惩罚性赔偿适用范围过于宽泛。[22]

第三，恶意。“恶意”标准已经为《商标法》和《反不正当竞争法》所采纳。有少数学者主张，知识产权侵权惩罚性赔偿的主观要件应包括“故意”和“恶意”两种状态。[23] 而大多数支持采用“恶意”标准的学者则认为，应当以“恶意”作为知识产权侵权惩罚性赔偿的唯一主观要件。然而由于法律并未对“恶意”的含义进行界定，我国传统法律领域亦很少出现“恶意”一语，学界

---

16 马忠法、谢迪扬：《专利法中的惩罚性赔偿问题研究》，载《武陵学刊》2020 年第 2 期。

17 王利明：《论我国民法典中侵害知识产权惩罚性赔偿的规则》，载《政治与法律》2019 年第 8 期。

18 深圳市中级人民法院《关于知识产权民事侵权纠纷适用惩罚性赔偿的指导意见（试行）》第 6 条。

19 王利明：《论我国民法典中侵害知识产权惩罚性赔偿的规则》，载《政治与法律》2019 年第 8 期。

20 袁秀挺：《知识产权惩罚性赔偿制度的司法适用》，载《知识产权》2015 年第 7 期；张鹏著：《专利侵权损害赔偿制度研究》，知识产权出版社 2017 年版，第 303 页。

21 马忠法、谢迪扬：《专利法中的惩罚性赔偿问题研究》，载《武陵学刊》2020 年第 2 期。

22 王利明：《论我国民法典中侵害知识产权惩罚性赔偿的规则》，载《政治与法律》2019 年第 8 期。北京市高级人民法院《关于侵害知识产权及不正当竞争案件确定损害赔偿的指导意见及法定赔偿的裁判标准》第 1.13 条第 3 款亦采用直接故意标准。

23 冯晓青、罗娇：《知识产权侵权惩罚性赔偿研究》，载《中国政法大学学报》2015 年第 5 期。

存在不同的解释。一种观点认为，“恶意”侵权的过错形态应限于故意。[24] 另一种观点则认为，从程度上看，“恶意”是一种较故意更具可责性的主观心态，大致与直接故意相对应。[25] 此外，还有学者主张采取更严格的标准，即单纯地存在故意并不足以符合“恶意”标准，只有在侵权人被告知侵权时仍然继续不法行为，甚至在被判决侵权后仍继续侵权行为或者在实施侵权时不仅明知侵权而为之，且采取措施掩盖其侵权行为的，才能构成“恶意”。[26] 由于对“恶意”的解释存在分歧，可能导致的司法尺度不一，有学者建议详细列举“恶意”认定的考量因素。[27]

### （三）基本评价

目前，学界关于知识产权侵权惩罚性赔偿构成要件的诸多分歧，主要表现在对基本模式与具体概念的不同认识上。从实际效果来看，不同的观点无疑将导致知识产权侵权惩罚性赔偿在适用范围上存在重大差异。这些分歧的产生，一方面与法律移植过程中对国外立法例的不同理解，特别是对美国法上的“willful”一词的不同翻译有关。[28] 因此，尽管现有的研究对知识产权侵权惩罚性赔偿的比较法考察已经比较详细和深入，在构成要件方面却仍然有必要对上述两个问题进行澄清。另一方面更深层次的，知识产权侵权惩罚性赔偿构成要件的设计与对惩罚性赔偿基本功能的认识、法律稳定性与灵活性等技术层面的考量密切相关。学界对知识产权侵权惩罚性赔偿构成要件的分歧，实际上也体现了对这些问题的不同认识。本文将在比较法考察的基础上，结合这些问题，对知识产权侵权惩罚性赔偿构成要件的设计问题进行初步分析和论证。

---

24 冯术杰、夏晔：《警惕惩罚性赔偿在知识产权法领域的泛用》，载《知识产权》2018 年第 2 期。

25 徐聪颖：《制度的迷失与重构：对我国商标权惩罚性赔偿机制的反思》，载《知识产权》2015 年第 12 期；张玲玲：《从“斐乐”案看商标惩罚性赔偿的司法适用》，载《中国发明与专利》2019 年第 4 期。

26 罗莉：《论惩罚性赔偿在知识产权法中的引进及实施》，载《法学》2014 年第 4 期。

27 朱丹著：《知识产权惩罚性赔偿制度研究》，法律出版社 2016 年版，第 225 页。

28 关于“wilfull”一词的翻译，有学者译为“故意”，参见张玲、纪璐：《美国专利侵权惩罚性赔偿制度及其启示》，载《法学评论》2013 年第 2 期；有学者译为“有意”，参见阮开欣：《美国专利侵权惩罚性赔偿的经验和借鉴》，载《法律适用》2017 年第 10 期；有学者译为“恣意”，参见和育东著：《美国专利侵权救济》，法律出版社 2009 年版，第 197 页；亦有学者译为“恶意”，参见孙海龙、姚建军：《完善专利侵害赔偿法律制度研究》，载冯晓青主编：《专利侵权专题判解与学理研究》，中国大百科全书出版社 2010 年版，第 109 页。本文倾向于译为“恶意”，具体原因参见本文第三部分。

## 二、比较法观察

我国知识产权侵权惩罚性赔偿适用条件的构建，需要借鉴和吸收国外立法的经验和教训。综观各个国家和地区的知识产权立法，存在专门规定惩罚性赔偿规则的并不多见。在美国、英国和澳大利亚等普通法系国家的知识产权单行法中可以找到类似的专门制度。这些制度虽然不一定采取惩罚性赔偿的术语，但是在形式和功能上均符合惩罚性赔偿的特征。本部分即以这些专门制度作为考察对象。

### （一）美国

在美国的知识产权单行立法中，《美国专利法》和《美国商标法》中设有专门的三倍赔偿规定，通常被称为加重赔偿（enhanced damages）。[29] 与传统普通法上侵权法领域的惩罚性赔偿不同，加重赔偿是完全由制定法创设的特别规则。

1. 专利领域的加重赔偿

《美国专利法》中的三倍赔偿制度有着悠久的历史。为了解决陪审团确定赔偿数过低带来的赔偿不足问题，《美国专利法》早在1793年即引入了三倍赔偿制度。[30] 多年来经过修改，现行《美国专利法》规定，法院可以将陪审团确定的赔偿金额或者法院酌定的赔偿金额增加到原定数额的最多三倍。[31] 尽管关于该规定的性质尚有争议，但是近年来其惩罚性质逐渐得到美国司法实践的肯定。[32] 值得注意的是，《美国专利法》并未规定加重赔偿的具体适用条件，而是将自由裁量权交给法院。在司法实践中，美国法院通常需要综合考虑全案情形对侵权行为的恶劣程度（egregiousness）进行判断，在此基础上作出是否适用加重赔偿以及加重程度的决定。[33] 在1992年的Read Corporation Ft. v. Portec Inc. 一案中，美国联邦上诉巡回法院列举了九项考量因素，包括：侵权人是否蓄意地

---

29 除此之外，2016年《美国保护商业秘密法》规定，对于故意及恶意（willfully and maliciously）盗用商业秘密行为，法院可以适用不超过实际损失、侵权获利或者合理许可费两倍的惩罚性赔偿。参见《美国保护商业秘密法》第2条第（b）款第（2）项（C）。由于商业秘密长期以来处于普通法领域，上述规则实际上是对普通法上惩罚性赔偿规则的重述。

30 Jon E. Wright, Willful Patent Infringement and Enhanced Damages-Evolution and Analysis, 10 George Mason Law Review 97, pp. 99 – 100 (2001).

31 参见《美国专利法》第284条第（b）款。

32 Ira V. Heffan, Willful Patent Infringement, 7 Federal Circuit Bar Journal p. 115, p. 118 (1997).

33 Rite-Hite Corp. v. Kelley Co., 819 F. 2d 1120, 1125 – 24 (Fed. Cir. 1987).

（deliberately）照抄了专利权人的发明；侵权人是否知道专利的存在，以及是否善意地相信其行为并未构成侵权或者专利是无效的；侵权人在诉讼中的行为；侵权人的规模和财务状况；本案是否为个别侵权；侵权行为的持续时间；侵权人采取的补救手段；侵权人从事侵权行为的动机；侵权人是否试图隐匿其违法行为，等等。[34]

美国司法实践通常将恶意侵权（willful infringement）作为加重赔偿适用的前提条件，[35]具体如何适用加重赔偿规则，则由法院综合考虑全案情况作出最终确定。[36]然而在英美法的语境下，"willful"一词含义十分宽泛，通常可以被理解为指过失以外的行为，[37]涵盖了从不知道或者意外（accidental），到蓄意或者漠视（reckless）、无视（disregard）他人权利等多种主观心态，[38]"其具体解释或界定通常受语境的影响"。[39]美国专利侵权的司法实践对"恶意"标准的解释即经历了一个变化的过程。

在1983年的Underwater Devices Inc. v. Morrison-Knudsen Co.一案中，美国联邦上诉巡回法院指出，作为加重赔偿适用条件的恶意侵权，是指侵权者知道他人专利权的存在，却没有履行注意义务（如寻求专业咨询意见）去判断其行为是否构成侵权的情形而言。[40]上述做法实际上采用了过失判断的客观标准，增加了侵权人负担，亦可能导致潜在侵权者为了避免故意侵权的指控，选择不去研究专利文献，破坏了专利制度的公开功能，[41]导致大量无效研发的出现，反而不利于专利法促进创新政策目标的实现。在2007年的In re Seagate Tech., LLC一案中，美国联邦上诉巡回法院转而采用客观漠视（objective recklessness）标准，要求专利权人首先需要证明侵权人在客观上很可能构成对有效专利权的侵犯却仍然从事侵权行为，在此基础上，专利权人需要继续证明该客观情况已为侵权人知晓或者已经十分明显而达到应当知道的程度。[42]在2016年的Halo

---

34 Read Corporation Ft. v. Portec Inc., 970 F. 2d 816, 827 (Fed. Cir. 1992).

35 Dmitry Karshtedt, Enhancing Patent Damages, 51 UC Davis Law Review 1427, 1457 (2018). 在美国，要求侵权人承担专利权人所支出的律师费，同样以侵权人存在恶意为要件。

36 Rite-Hite Corp. v. Kelley Co., 819 F. 2d 1120, 1126 (Fed. Cir. 1987).

37 McLaughlin v. Richland Shoe Co., 486 U.S. 128, 133 (1988).

38 Rite-Hite Corp. v. Kelley Co., 819 F. 2d 1120, 1126 (Fed. Cir. 1987).

39 薛波主编：《元照英美法词典》（缩印版），北京大学出版社2013年版，第1419页。

40 Underwater Devices Inc. v. Morrison-Knudsen Co., 717 F. 2d 1380, 1389 - 90 (Fed. Cir. 1983).

41 Mark A. Lemley & Ragesh K. Tangri, Ending Patent Law's Willfulness Game, 18 Berkeley Technology Law Journal 1085, 1100 (2003); Thomas F. Cotter, An Economic Analysis of Enhanced Damages and Attorney's Fees for Willful Patent Infringement, 14 Federal Circuit Bar Journal 291, 299 - 300 (2004).

42 In re Seagate Tech., LLC, 497 F. 3d 1360, 1371 (Fed. Cir. 2007).

Elecs. , Inc. v. Pulse Elecs. , Inc. 一案中，美国最高法院强调，客观漠视标准过于机械，妨碍了法院自由裁量权的行使，可能使得恣意盗用他人专利的侵权人逃脱制裁。[43] 此外，美国最高法院认为，“恶意”的认定应当回归主观标准，既包括恶意、恣意、蓄意的或者照抄的行为，亦包括漠视行为，[44] 不应在过错形态上对法院的自由裁量权进行限制。该案之后，美国法院开始在加重赔偿的适用和恶意的认定方面采用更为灵活的做法。[45]

2. 商标领域的加重赔偿

为了强化对假冒侵权的遏制作用，《美国商标法》于 1984 年引入了三倍赔偿规则。[46] 根据《美国商标法》的规定，对于知道某标识系假冒标识而故意（intentionally）地销售、许诺销售和分销带有该标识的产品或者服务，或者故意为假冒标识侵权提供必要条件的，除非法院发现减轻责任的情节，应当给予三倍于损失或者侵权获利的赔偿救济。[47] 与专利侵权中的加重赔偿由法官自由裁量不同，商标侵权中三倍赔偿的适用是强制性的，即只要符合法定主观要件，法院必须适用，并无自由裁量权可言。

在适用范围方面，商标侵权领域的加重赔偿并不适用于全部商标侵权行为，而是仅仅限定于假冒标识行为。所谓假冒标识，是指未经许可在相同类别的商品或者服务上使用与他人在主注册簿上注册的商标相同或者实质相同标识的行为。[48] 对于未注册商标，《美国商标法》并未提供惩罚性赔偿救济，当然，这并不排除州法层面上惩罚性赔偿规则的适用。[49]

在主观要件方面，《美国商标法》强调了以下两个方面：首先，被控侵权人知道商品或者服务系假冒标识；其次，被控侵权人在此种情形下仍然故意提供带有假冒标识的商品或者服务。所谓知道，是指行为人已经认识到（awareness）

43 Halo Elecs. , Inc. v. Pulse Elecs. , Inc. , 136 S. Ct. 1923, 1932 – 33 (2016).

44 Halo Elecs. , Inc. v. Pulse Elecs. , Inc. , 136 S. Ct. 1923, 1932 (2016).

45 Jonah Mitchell & Nicole Medeiros, Navigating Willfulness in Patent Cases 3 Years after Halo, available at https://www.law360.com/trials/articles/1154875/navigating-willfulness-in-patent-cases-3-years-after-halo, last visited on 12 April 2020.

46 Senate-House Joint Explanatory Statement on Trademark Counterfeiting Legislation, 130 Cong. Rec. H12076, at 12083 (Oct. 10, 1984).

47 《美国商标法》第 35 条第（b）款。此外，《美国商标法》第 35 条第（a）款规定，对一般商标侵权行为而言，法院亦可以根据案情作出不超过实际损失三倍的赔偿判决，但是此种赔偿仅仅属于补偿性而非惩罚性的。

48 参见《美国商标法》第 34 条第（d）款第（1）项（B）。此外，《美国商标法》上的加重赔偿还适用于蓄意假冒奥林匹克标识的行为。参见《美国商标法》第 45 条。

49 J. Thomas McCarthy, 5 McCarthy on Trademarks and Unfair Competition § 30: 97 (5th ed. , database updated 2020).

标识系假冒，或者对假冒标识采取恶意无视（willful blindness）的态度。[50]一般而言，恶意无视是指行为人高度怀疑某事实的存在，却故意不去采取手段弄清事实的主观状态。[51]例如，所销售的某品牌商品价格过低或者质量较差，却未能对商品是否为假冒进行调查的，即可以被认定为构成恶意无视。[52]所谓故意，则是指行为人对行为后果持希望的态度，或者相信其行为在很大程度上会导致损害后果。[53]从主观要件来看，《美国商标法》上的加重赔偿的主观要件要比专利领域更加严格，并不包含漠视的情形。

（二）英国

1956年，英国即在版权领域引入了附加赔偿（additional damages）条款。[54]现行《英国版权、设计和专利法》规定，法院综合考虑全案情节，尤其是考虑侵权的严重性（the flagrancy of the infringement）以及被告的获利情况，可以在损失之外给予版权人符合个案公正要求的附加赔偿。[55]在表演者权和未注册设计权领域，亦可以适用附加赔偿。[56]但是在专利和商标领域，英国并未引入附加赔偿规则。尽管关于附加赔偿的属性尚存在争议，在某些案件中附加赔偿被用于补偿版权侵权行为给权利人带来的精神损害，但是近年来英国的司法实践越来越倾向于其应当属于惩罚性赔偿。[57]需要注意的是，英国版权领域附加赔偿的适用需要法院对全案情况进行综合考量。然而，在实践中英国法院还是主要考量法律列举的两个因素，[58]有的法院甚至将侵权的严重性作为附加赔偿适用的前提条件。[59]英国法院在解释恶性侵权行为时，主要采取了主观标准。根据英国判例，侵权人是否实际知道其行为构成侵权并不是关键，蓄意和漠视的

50 Senate-House Joint Explanatory Statement on Trademark Counterfeiting Legislation, 130 Cong. Rec. H12076, at 12076－12077 (Oct. 10, 1984).

51 Global-Tech Appliances, Inc. v. SEB S. A., 131 S. Ct. 2060, 2070 (2011).

52 Louis Vuitton S. A. v. Lee, 875 F. 2d 584 (7th Cir. 1989); Keds Corp. v. Goldstreet Holdings, 29 U. S. P. Q. 2d 2039 (9th Cir. 1994).

53 Restatement (Second) of Torts § 8A (1965).

54 参见1956年《英国版权法》第17条第（2）款。

55 参见《英国版权、设计和专利法》第97条第（2）款。

56 参见《英国版权、设计和专利法》第191J条、第229条第（3）款。

57 Joshua Marshal, Aggravated or Exemplary Damages for Copyright Infringement? 39 E. I. P. R. 565, 567－568 (2017).

58 Absolute Lofts South West London Ltd v Artisan Home Improvements Ltd [2015] EWHC 2608 (IPEC).

59 Cala Homes v McAlpine [1995] F. S. R. 818 at 842; Springsteen v Flute International Ltd [1999] E. M. L. R. 180 Ch D. at 228.

意志状态均可以满足构成恶性侵权的条件。[60]

（三）澳大利亚

跟随英国的脚步，1968 年《澳大利亚版权法》中规定了附加赔偿规则，起初亦仅仅有两个考量因素。经过 2000 年和 2003 年的两次修改，考量因素被逐渐扩充。[61] 此外，澳大利亚于 2006 年在专利法领域的附件引入附加赔偿规则，[62] 于 2012 年在商标领域引入附加赔偿规则。[63] 关于附加赔偿适用的考量因素，澳大利亚各知识产权单行法的规定大致相同，包括：侵权行为的严重性，遏制类似侵权行为的需要，持续侵权之后再次从事行为或者在侵权人被通知构成侵权仍然从事侵权行为，侵权人因侵权行为获得利益，其他相关因素，等等。[64] 在版权领域，还包括侵权是否涉及将作品从硬盘拷贝转换为数字或者其他电子机器可读形式。[65] 被告无法证明损失，判决给予附加赔偿可以使侵权人因此承担侵权行为带来的成本，可以用来说明遏制类似侵权行为的必要性。[66] 需要注意的是，上述因素并不是穷尽的列举，法院在适用附加赔偿时也不会要求全部具备上述因素。

侵权行为的严重性亦是附加赔偿适用的关键考量因素。所谓侵权行为的严重性，表现为显而易见的、臭名昭著的、可耻的或者明目张胆的，[67] 既包括蓄意地照抄他人的作品或者专利，[68] 又包括故意漠视他人权利或者追求不当利益的行为。[69] 上述解释基本与英国版权法的司法实践相同，均强调侵权人的主观方面。需要注意的是，在澳大利亚，法院明确指出侵权的严重性并非附加赔偿适用的前提条件，仅仅需在满足法律列举的一个或者多个因素的情况下法院即可根据其自由裁量权适用附加赔偿。[70] 在版权司法实践中，在公司经理秘密设

---

60 Nottinghamshire Healthcare NHS Trust v News Group Newspapers Ltd [2002] R. P. C. 49.

61 Copyright Amendment (Digital Agenda) Act 2000 (Act 110 of 2000 s 4 and Sch 1 item 96A); Copyright Amendment (Parallel Importation) Act 2003 (Cth) (Act 34 of 2003 s 3 and Sch 4 item 1).

62 Intellectual Property Laws Amendment Act 2006 (Cth).

63 Intellectual Property Laws Amendment (Raising the Bar) Act 2012 (Cth).

64 参见《澳大利亚版权法》第 115 条第（4）款第（b）项、《澳大利亚外观设计法》第 75 条、《澳大利已专利法》第 122 条第（1A）款、《澳大利亚商标法》第 126 条第（2）款。

65 参见《澳大利亚版权法》第 115 条第（4）款第（b）项。

66 Lamont v Malishus & Ors (No 4), [2019] FCCA 3206 at 113.

67 Raben Footwear Pty ltd v Polygram Records Inc, (1997) 75 FCR 88 at 103.

68 Zetco Pty Ltd v Austworld Commodities Pty Ltd (No 2), [2011] FCA 848 at 267.

69 Prior v Lansdowne Press Pty Ltd, [1977] VR 65 at 70.

70 Raben Footwear Pty ltd v Polygram Records Inc, (1997) 75 FCR 88 at 103 - 104; Sullivan v FNH Investments Pty Ltd, [2003] FCA 323 at 91.

立新公司以利用公司版权资料、出版之前未出版的材料、对原住民艺术作品造成文化上的损害等场合，澳大利亚法院均用了附加赔偿。[71]

（四）基本评价

尽管美国的加重赔偿与英国和澳大利亚的附加赔偿在具体细节上存在若干差异，但是这些制度在大的方面仍然存在一些共性值得注意：首先，以上制度均由制定法规定，这些规定排斥普通法上惩罚性赔偿规则的适用。[72]制度来源的不同提示我们关注知识产权领域惩罚性赔偿与传统侵权领域惩罚性赔偿之间的差异，不宜直接将传统侵权法上惩罚性赔偿的原理和规则直接套用在知识产权领域。其次，在知识产权侵权惩罚性赔偿的适用条件方面，除美国在商标领域进行了严格限定外，以上各国均未对侵权类型进行限定，而是赋予法院较大的裁量权，要求法院综合考量全案情形决定是否适用惩罚性赔偿。上述做法使得知识产权侵权惩罚性赔偿的适用具有灵活性。为了指引法院裁判，各国在立法和司法实践中均列举了一些考量因素，这些因素值得我国借鉴。最后，在主观要件方面，除澳大利亚版权领域外，各国司法实践均倾向于将主观要件作为惩罚性赔偿适用的前提条件；除美国专利领域曾经采取了较为僵化的认定标准外，各国均采用了比较宽泛的标准，蓄意和漠视均被包含在内。这种做法与各国采用的全面考察案件主客观因素决定是否适用惩罚性赔偿，并没有把主观要件作为决定因素的基本模式相适应。以上共性特征为我国知识产权侵权惩罚性赔偿适用条件的设计提供了镜鉴。

## 三、设计的基本思路

法律规则适用条件的设计，本质上是一种在合目的性原则指导下对客观规制对象的法律表达过程。[73]关于知识产权侵权惩罚性赔偿适用条件的设计，需要从该制度的规范功能出发，考察并明确规制对象，在此基础上再去考虑如何进行法律表达这一技术层面的问题，在这个过程中，可以参考比较法上的经验，既需要兼顾法的稳定性与灵活性，又要处理好法律概念移植的本土化问题。

---

71　Rocque Reynolds et al.，Intellectual Property：Text and Essential Cases，The Federation Press，5th ed.，2015，p. 230.

72　Thomas F. Cotter，Comparative Patent Remedies：A Legal and Economic Analysis，Oxford University Press，2013，p. 141.

73　黄茂荣著：《法学方法与现代民法》，中国政法大学出版社2001年版，第39页；李琛：《法的第二性原理与知识产权概念》，载《中国人民大学学报》2004年第1期。

### （一）法律规则设计的出发点：遏制恶性侵权行为

知识产权侵权惩罚性赔偿制度规制对象的确定，取决于该制度的功能定位。在知识产权领域，惩罚性赔偿制度最终需要服务于知识产权法激励和促进创新的政策目标，其功能体现为通过惩罚的手段有效遏制恶性侵权行为的发生，从而维护创新秩序。[74]

传统侵权法上的惩罚性赔偿制度以报复主义作为思想基础，主要体现了法律对严重侵权者的谴责或者非难。[75]在知识产权领域，由于创新行为具有伦理中立性的特征，并不需要通过惩罚性赔偿对侵权行为进行道德上的非难。[76]在知识产权领域引入惩罚性赔偿制度的根本目的，在于利用惩罚机制强化对知识产权侵权行为的遏制效果。通常来讲，有效地遏制知识产权侵权行为发生，有利于鼓励竞争者自主研发或者事先寻求许可，形成尊重知识产权的社会氛围，从而达到优化整体创新秩序的目的。现有知识产权侵权损害赔偿规则，通过将实际损失的内化或者使侵权行为变得无利可图，可以达到预防侵权发生的目的。[77]但是，在特定情形下，出于对存在逃避追责可能性的考虑或者权利人的全部损害无法被法院完全确认等原因，少数恶性侵权人即使冒着承担损害赔偿责任的风险，仍然会去从事侵权行为。[78]在恶性侵权的场合，传统损害赔偿规则的遏制功能无法有效发挥。惩罚性赔偿的适用，则可以使得恶性侵权者处于一种比未从事侵权行为时更差的地位，使得实施侵权行为变得得不偿失，对侵权人产生威吓作用，从而实现有效遏制恶性侵权发生的目的。[79]

据此，惩罚性赔偿在整个知识产权侵权损害赔偿规则中，仅仅处于附属地位，其适用范围应当限制在已有规则无法有效发挥遏制作用的恶性侵权领域。从比较法上考察的结论来看，各国均将恶性侵权作为知识产权侵权惩罚性赔偿的规制对象。知识产权侵权惩罚性赔偿适用条件的设计，需要围绕着如何在法律上界定恶性侵权进行。在法律上如何准确地将惩罚性赔偿的适用限制在恶性

---

74 曹新明：《知识产权侵权惩罚性赔偿责任探析》，载《知识产权》2013 年第 4 期。

75 阳庚德：《私法惩罚论：以侵权法的惩罚与遏制功能为中心》，载《中外法学》2009 年第 6 期。

76 蒋舸：《著作权法与专利法中“惩罚性赔偿”之非惩罚性》，载《法学研究》2015 年第 6 期。

77 Roger D. Blair & Thomas F. Cotter, An Economic Analysis of Damages Rules in Intellectual Property Law, 39 William & Mary Law Review, p. 1585, 1590 (1998).

78 罗莉：《论惩罚性赔偿在知识产权法中的引进及实施》，载《法学》2014 年第 4 期。

79 Mark A. Lemley & Ragesh K. Tangri, Ending Patent Law's Willfulness Game, 18 Berkeley Technology Law Journal 1085, 1123 (2003).

侵权的范围内，涉及法律表达的技术问题。如果范围界定过窄，则无法有效遏制恶性侵权行为发生，不利于创新秩序的维护；如果范围界定过宽，则可能导致惩罚性赔偿泛化，带来过度遏制的后果，不利于后续创新的开展。[80]

### （二）法律的确定性与灵活性：提示性要件+考量因素

知识产权侵权惩罚性赔偿制度适用条件的设计，实际上是要确定判断侵权行为恶性程度的法律标准。在判断恶性侵权法律标准的选择方面，既要考虑法律的确定性，切实起到指引司法实践的作用；又要兼顾法律的灵活性，给司法政策的调整留出空间。《美国专利法》笼统地将自由裁量权交给法院的做法缺乏指引性，并不可取；《美国商标法》严格限定适用条件的做法使得司法丧失灵活性，亦不可取。从比较的角度来看，侵权的恶性程度是一种对侵权行为的总体评价，各国做法的共性在于强调需要结合全案主客观多方面情节进行综合认定。在我国，双重要件说与单一要件说的本质分歧，亦在于对恶性侵权的认定标准上存在不同的认识。按照上述标准，再与外国的做法进行比较，可以发现两种学说均存在一定的不足。

首先，与传统侵权法上惩罚性赔偿不同，在知识产权侵权惩罚性赔偿领域，不应以主观标准作为恶性侵权的唯一认定标准。在传统侵权法上，主观心态与行为的可责难程度挂钩，以谴责或者非难为原则的惩罚性赔偿，仅仅以主观因素作为适用条件在理论上具有合理性。[81]但是，如前文所述，知识产权侵权惩罚性赔偿仅仅是将惩罚作为手段来实现遏制恶性侵权的最终目的。恶性侵权行为除了能够以主观心态作为表征之外，还可能表现在客观方面。例如，侵权的持续时间、涵盖地域、行为方式、造成后果，等等。因此，比较法上允许法院结合全案主客观情节综合认定是否构成恶性侵权，而不是仅仅以主观心态作为惩罚性赔偿唯一适用条件的做法具有合理性。在看到知识产权侵权惩罚性赔偿与传统侵权法上惩罚性赔偿的区别之后，我国学者明确指出，在知识产权领域，“法律设置惩罚性赔偿的重要目的之一，是对情节严重的行为进行制裁，而不仅仅是制裁故意侵权行为”。[82]由此看来，单一要件说显然没能看到上述区别。

当然，否定主观心态作为知识产权侵权惩罚性赔偿适用的唯一条件，并非意味着主观心态无法作为识别恶性侵权的标准。抛开主观心态对行为可谴责性

---

80 Suzanne Scotchmer, On the Shoulder of the Giants: Cumulative Research and the Patent Law, 5 Journal of Economic Perspectives 29, p. 31 (1991).

81 Restatement (Second) of Torts § 908 comment a (1979).

82 王利明：《论我国民法典中侵害知识产权惩罚性赔偿的规则》，载《政治与法律》2019年第8期。

的决定作用，在知识产权领域，从主观心态入手识别恶性侵权行为的合理性在于，“行为人的主观状态可作为行为客观效果的表征加以运用”，[83] 这是一种对主观因素的客观化的解读，即主观因素可以作为考察行为客观效果的媒介存在。从这个角度来看，将主观要件作为知识产权侵权损害惩罚性赔偿适用的提示性要件是具有可行性的。从前文的比较法考察可以看到，英国和澳大利亚在立法语言上虽然强调侵权的严重性，但是在司法实践中还是主要从主观心态入手；美国专利侵权司法实践中亦以主观因素作为加重赔偿适用的提示性要件。将主观因素作为知识产权侵权惩罚性赔偿适用的提示性要件而非决定性要件的做法，可以为司法实践提供确定的指引。

其次，“情节严重”要件的引入突出了对侵权客观因素的关注，双重要件说下强制要求主客观因素同时具备的做法，主要是出于对惩罚性赔偿泛化和惩罚过度的担心。[84] 这种模式使得我国知识产权侵权惩罚性赔偿的适用标准过高。尤其是在主张将主观要件限定在直接故意标准的情形下，与“情节严重”这一客观要件相叠加，导致的后果是使得我国知识产权侵权惩罚性赔偿的适用被限制在非常狭小的范围之内。比较法的考察表明，知识产权侵权惩罚性赔偿的适用应当赋予法院一定的灵活性。尽管各国一般是将主观要件作为惩罚性赔偿适用的提示性要件，但是并不排除法院在侵权人主观恶性较强时直接适用惩罚性赔偿；而在侵权人主观恶性较弱的情形下，法院则可以结合案件客观情况综合判定侵权行为是否属于恶性侵权，从而决定是否适用惩罚性赔偿及其幅度。强制要求以主客观因素同时具备来判断侵权行为的严重性，显得过于僵化，使得知识产权侵权惩罚性赔偿的适用丧失了灵活性。

在知识产权侵权惩罚性赔偿制度适用条件的设计方面，本文在借鉴比较法经验的基础上，赞成采取“提示性要件＋考量因素”的立法模式，即将主观因素作为法院考虑适用惩罚性赔偿的前提条件，而是否适用以及赔偿数额的确定则交由法院考察全案因素综合确定。[85] 在此基础上，列举一些考量的因素作为

83 蒋舸：《著作权法与专利法中“惩罚性赔偿”之非惩罚性》，载《法学研究》2015 年第 6 期。

84 王利明：《论我国民法典中侵害知识产权惩罚性赔偿的规则》，载《政治与法律》2019 年第8 期。

85 需要注意的是，该种观点与将主观要素作为惩罚性赔偿的适用条件，将客观要素作为惩罚性赔偿数额确定的考量因素的观点不同。按照上述观点，符合了主观要件后，法院必须适用惩罚性赔偿；而按照本文的观点，符合主观要件仅仅使得法院可以开始考虑是否适用惩罚性赔偿，最终是否适用则需要结合主客观因素进行综合考量。

指引，如侵权的持续时间、涵盖地域、行为表现、造成后果，等等。[86]

### （三）法律概念移植的本土化：主观要件的表达

如前文所述，我国学界关于知识产权侵权惩罚性赔偿主观要件的争论，在很大程度上源自对“willful”一词的理解上存在分歧。由于法律传统的差异，在我国侵权法体系中很少讨论“恶意”的问题。从法律移植的角度来看，即使在知识产权侵权惩罚性赔偿领域采用“恶意”的标准，直接引入“恶意”的表述显然也并不合适，而是需要在弄清“恶意”具体含义的基础之上，寻找我国法律体系中的对应术语。

根据前文的比较法考察不难发现，在英美法系，“willful”一词实际上能够涵盖从蓄意到漠视在内的多种主观心态。从过错形态上看，以上各国知识产权侵权惩罚性赔偿的主观要件大致相同，既包括蓄意，亦包括漠视的情形。如果说蓄意与故意的含义大致相同，那么有争议的则是漠视应当大致相当于何种主观心态？在英美法上，所谓漠视，通常是指侵权人知道其行为具有造成损害的危险或者该危险已经十分明显，为消除或者减少风险的预防措施的成本相对于风险非常之小，但是侵权人却仍然采取漠不关心的态度，没能采取预防措施。[87]在美国，漠视大致相当于重大过失（gross negligence），但是从程度上可能较重大过失更为严重。[88]我国亦有学者认为，漠视基本上相当于重大过失，属于“介于故意与（一般）过失之间的一种独立的过错类型”。[89]因此可以认为，所谓恶意，一般仅仅是指行为具有坏的动机，而非专指哪种过错形态而言。作为动机的恶意与作为过错形态的故意之间并不存在严格的对应关系，虽然恶意通常存在于故意侵权之中，但是重大过失中也可能存在恶意。从这个意义上讲，知识产权侵权惩罚性赔偿的主观要件实际上可以包含故意和重大过失。当然，罗马法彦有云：“重大过失等同于故意。”[90]大陆法系传统民法上对故意和重大过失并不作严格区分。如果直接采用“故意”这一表述，而不作特别的解

86 关于知识产权侵权惩罚性赔偿适用的考量因素的确定，亦是值得探讨的问题。传统侵权法上的惩罚性赔偿适用的考量因素包括被告行为的性质、原告遭受损失的性质和程度以及被告的财产状况等。Restatement（Second）of Torts § 908（1979）. 我国学者指出，在知识产权侵权惩罚性赔偿领域，应当考虑改进程度，但是赔付能力不应作为考量因素。蒋舸：《著作权法与专利法中“惩罚性赔偿”之非惩罚性》，载《法学研究》2015年第6期。

87 Restatement（Third）of Torts：Liability for Physical and Emotional Harm § 2（2010）.

88 Restatement（Third）of Torts：Liability for Physical and Emotional Harm § 2 comment a（2010）.

89 叶名怡：《重大过失理论的构建》，载《法学研究》2009年第6期。

90 丁玫著：《罗马法契约责任》，中国政法大学出版社1998年版，第131页。

释说明，实际上是可以将重大过失也纳入知识产权侵权损害赔偿的主观要件的。从这个意义上讲，“故意”的表述与英美法上的“恶意”所指代的主观心态基本上是能够对应的。

在我国，主张将知识产权侵权惩罚性赔偿的主观要件限定为直接故意的观点，一方面可能来源于将“恶意”解释为较故意更为严重的主观心态，另一方面则是出于对惩罚性赔偿适用范围进行严格限定的需要。这种限定体现了知识产权侵权惩罚性赔偿适用中对主观心态要件的过分倚重。在单一要件说下，更是需要依靠主观心态要件来判断侵权行为的严重性，以防止惩罚性赔偿的过度扩张。但是，正如前文所述，如果采取“提示性要件 + 考量因素”的立法模式，通过综合考察全案因素决定是否适用惩罚性赔偿，则可以在一定程度减轻对主观心态因素的依赖，加之在适用方式上法院可以在一定比例的范围内确定惩罚性赔偿数额，因此不必担心主观心态要件过于宽泛带来的惩罚性赔偿被滥用的问题。

## 四、结论和建议

我国学界关于知识产权侵权惩罚性赔偿构成要件的不同观点，实际上源于对惩罚性赔偿制度功能的不同认识和对国外立法例的不同解读。设置知识产权领域的惩罚性赔偿制度的目的在于通过惩罚达到对恶性侵权行为的遏制效果。从这个意义上讲，知识产权侵权惩罚性赔偿具有不同于传统侵权法上惩罚性赔偿的特征。知识产权侵权惩罚性赔偿适用条件的设计，是对恶性侵权行为的法律表达过程。现有的观点中，单一要件说过于依赖主观要件，没能看到知识产权侵权惩罚性赔偿的特殊性；双重要件说要求主客观要件同时具备，导致知识产权侵权惩罚性赔偿的适用范围受到限制。比较法考察的结论表明，采用“提示性条件 + 考量因素”的立法模式，主观要件作为提示性要件，无须作出严格的限定，采用“故意”的标准即可。具体来讲，我国知识产权侵权惩罚性赔偿的适用条件可以设计为：对于故意侵害知识产权的行为，法院在综合考查侵权的持续时间、涵盖地域、行为表现、造成后果等因素的基础上，在不超过补偿性赔偿三倍的范围内酌定赔偿数额。将主观故意作为提示性要件可以保障法律的确定性；而对考量因素的列举又能在一定程度上实现法律的灵活性。尤其是，不同类别的知识产权中恶性侵权的表现形态可能不同，不同的发展阶段对恶性侵权的认识亦可能不同，上述模式使得法院可以根据案件的具体情形进行调整，从而真正达到维护创新秩序的目的。

# 《民法典》体系下知识产权保护的司法困境与应对方法

丁朋超*

**【内容提要】** 我国《民法典》未单独设立知识产权编，法典中缺失知识产权法的体系化已成不争事实，由此导致我国知识产权立法处于解法典化状态，且该状态引发的直接后果是请求权基础竞合问题突出，给当事人及司法裁判带来较大困扰。在知识产权解法典化的状态下，作为知识产权两种重要解纷方法的调解和诉讼，也因各自的制度缺陷，在解决请求权基础竞合问题时应对乏力。我国知识产权解法典化状态下司法应对的要点应包括：重视争点整理程序在知识产权诉讼中的特有价值、容忍知识产权诉讼中诉之客观合并的宽泛存在以及优化体现知识产权专业性的调解技术及方法。

**【关键词】**《民法典》　知识产权体系　解法典化　争点整理程序　调解

《民法典》作为我国首部以“法典”命名的法律，从宏观上观察，具有完善中国特色社会主义法律体系，促进国家治理体系和治理能力现代化，推动社会规范和法律适用科学化等一系列重要意义。但令人遗憾的是，《民法典》并未

---

* 丁朋超——广东财经大学法治与经济发展研究所研究人员，硕士生导师，法学博士后，研究方向：诉讼法学、司法制度。本文系广东省哲学社会科学“十三五”规划学科共建项目“互联网法院庭审制度优化研究”、广东高校科研青年创新人才类项目“高素质法律职业共同体养成路径研究”（2018WQNCX045）的阶段性成果。

将知识产权独立成编，而是作了分散式的规定[1]，知识产权在《民法典》中不具有体系化特征，与知识产权法学界的多数学者观点相异[2]，这也意味着知识产权体系化在《民法典》中缺失已成为知识产权执法、司法机关及当事人在今后较长时间内面临的现实境况，此种境况可被称之为解法典化。所谓解法典化，是指"在有民法典的国家，层出不穷的法律特别规范造成传统民法的内外体系逐步分解的现象，其根源在于传统民法无法完全适应现代社会经济结构和组织关系的巨大调整"[3]。而涉知识产权领域的解法典化最直接的体现就是，当事人在选择请求权基础时可能面临请求权基础竞合之困境。例如，《民法典》在第1185条中规定了惩罚性赔偿请求权，同时，在《著作权法》第54条[4]、《反不正当竞争法》第17条[5]也有类似的规定，倘若当事人基于故意侵犯著作权或恶意实施侵犯商业秘密行为向法院提起诉讼，究竟选择上述哪一条文作为请求权基础遂成为问题。本文即在检讨《民法典》缺失知识产权体系化的基础上，就请求权基础竞合时的司法应对方法进行讨论，以求教于大方。

## 一、知识产权解法典化对我国司法的影响

我国《民法典》并未将知识产权独立成编，而是采用分散式的方式进行规定，所涉条文共计52条。根据《民法典》第1260条之规定，知识产权相关立

1　经过梳理，《民法典》涉及的知识产权条款共计52条。具体为：总则第五章民事权利第123条，物权编第十八章第440条、第444条，合同编第一分编合同通则第501条，合同编第二分编第九章买卖合同第600条，合同编第二十章技术合同第843条至第887条，第五编婚姻家庭第三章家庭关系第1062条以及第七编侵权责任第二章损害赔偿第1185条。

2　我国知识产权法学界对于知识产权在《民法典》分则中独立成编的呼声很高，知识产权法学界积极准备，并作出了切实的尝试，集中国内知识产权法学领域的高水平力量完成了《〈中华人民共和国民法典〉"知识产权编"专家建议稿》。参见李建华：《后民法典时代知识产权法学的私法研究范式》，载《当代法学》2020年第5期。需要说明的是，随着《民法典》的颁布，《民法典》未将知识产权作为独立编章进行规定已成既定的事实，学界关于该问题的学术讨论日趋沉寂，在《民法典》颁布之后发表的学术文章中也鲜有提及。

3　［意］那塔利诺·伊尔蒂：《解法典化的时代》，薛军译，载徐国栋编：《罗马法与现代民法（第四卷）》，中国人民大学出版社2004年版，第80页。

4　参见《著作权法》第54条第1款第2句：对故意侵犯著作权或者与著作权有关的权利，情节严重的，可以在按照上述方法确定数额的一倍以上五倍以下给予赔偿。

5　参见《反不正当竞争法》第17条第3款第2句：经营者恶意实施侵犯商业秘密行为，情节严重的，可以在按照上述方法确定数额的一倍以上五倍以下确定赔偿数额。

法并未一并废止[6]，可见我国涉知识产权立法呈现法典与特别法并存的局面。此种现状可能导致涉知识产权解法典化的发展、请求权基础选择困难以及司法裁判的障碍等问题。

### （一）知识产权解法典化样态下的问题

根据 2014 年党的十八届四中全会通过的《中共中央关于全面推进依法治国若干重大问题的决定》的部署，自 2015 年 3 月 20 日开始，全国人大法工委《民法典》编撰工作小组专家在遵循“两步走”的工作思路下进行法典的编撰。2017 年 3 月 15 日第十二届全国人大五次会议审议通过《民法总则》。据资料显示，“当时《民法典》将由总则编和分编构成，目前考虑将分编内容确定为合同编、物权编、侵权责任编、婚姻家庭编和继承编，此方案并未提及设立知识产权编”[7]。采用“目前考虑”的表达实际上为知识产权单独设编留下了口子，是否将其单独设编最终取决于知识产权学界和民法学界是否能够达成共识。中国知识产权法学研究会在历经四个月讨论后，于同年 9 月在知产力上公布了总计 95 条的知识产权编草案[8]。令人遗憾的是，2018 年 8 月 27 日下午十三届全国人大常委会第五次会议对民法典各分编草案进行初步审议时，草案中并未出现知识产权编。随后人大法工委分别从四个方面回应了民法典不设知识产权分编的原因[9]，知识产权独立成编的可能性戛然而止。

诚然，受我国知识产权立法的固有限制（我国知识产权立法一直采用民事特别法之方式）以及国际通行做法的影响，《民法典》未设立知识产权编有其合理性。但我们也应看到，知识产权制度受技术革新、社会变革等影响呈现极速发展之样态，而国内立法、执法及司法等均需要作出不断调整以适应其发展节奏，倘若将其纳入法典，也难能保持立法之稳定性和连续性。由此可见，我国知识产权立法实际上是沿着解法典化的方向发展。在这一发展过程当中，对知识产权立法可能产生如下影响：

---

6 参见《民法典》第 1260 条规定：本法自 2021 年 1 月 1 日起施行。《中华人民共和国婚姻法》《中华人民共和国继承法》《中华人民共和国民法通则》《中华人民共和国收养法》《中华人民共和国担保法》《中华人民共和国合同法》《中华人民共和国物权法》《中华人民共和国侵权责任法》《中华人民共和国民法总则》同时废止。

7 王利明：《民法典：国家治理体系现代化的保障》，载《中外法学》2020 年第 4 期。

8 《〈中华人民共和国民法典知识产权编〉学者建议稿》，载知产力，http：//www. zhichanli. com/，最后访问于 2020 年 12 月 18 日。

9 《释疑：民法典各分编为何未设“知识产权编”?》，载搜狐网，https：//www. sohu. com/a/250358268_ 114988，最后访问于 2020 年 12 月 18 日。

1. 法典与特别立法内容衔接不足导致认知混乱

《民法典》涉及知识产权的条文达52条，其中在总则第五章民事权利第123条规定了知识产权的基本概念和范围，由此可以认为知识产权虽然未单独成编，但其已进入《民法典》的规制范围。但问题是，该条除了规定传统三大知识产权客体之外，还将地理标识、商业秘密、植物新品种等作为知识产权的其他客体进行了规定。值得注意的是，商业秘密在《反不正当竞争法》中同样也作了规定，《民法典》将商业秘密作为知识产权客体进行规定，与《反不正当竞争法》的关系如何并不明确，由此可能引发司法实务中认识的混乱。

2. 阻滞法典编撰逻辑的流畅性

例如，合同编第二分编第九章买卖合同第600条规定了知识产权的保留条款，该条内容已规定在原《物权法》《合同法》中，由于《民法典》缺失知识产权编，故立法者只能在此作特别规定。但是，该条款前后规定的内容均是买卖合同中出卖人的义务，将知识产权保留这一特别条款置于此处，在逻辑上显然存在跳跃的嫌疑，从而阻滞了买卖合同内容的逻辑流畅性。

3. 知识产权立法因欠缺体系化致使法律检索成本增加

我们知道，知识产权纠纷案件数量庞大，在纠纷类型中位居首位，因此各国在立法当中均尽可能地为法官提供一定的法律适用方便性。而我国《民法典》采用分散方式对知识产权进行了规定，并未体现体系化特色，在《民法典》各分编当中也没有进行有效的融合，致使知识产权在《民法典》当中体现出较大的不协调性，由此可能导致法官在知识产权案件审理过程中找法不便，同时也不利于法律的适用[10]。

### （二）当事人在选择请求权基础时存在困难

请求权基础（Anspruchsgrundlage），是指可供支持一方当事人得向他方当事人有所主张的法律规范[11]。当事人向法院提起知识产权诉讼时，即需要对本次诉讼所立基的请求权基础进行选择。但问题是，由于《民法典》对知识产权采取分散立法之方式，立法者也并未将知识产权作独立编处理，由此可能对当事人选择请求权基础以及司法裁判产生困扰。

以知识产权惩罚性赔偿的规定为例，在我国相关立法当中，规定知识产权惩罚性赔偿的法条有《民法典》第1185条、《著作权法》第54条和《反不正当竞争法》第17条。那么，在当事人基于故意侵犯著作权或恶意实施侵犯商业秘

---

10 邓社民：《我国民法典分则编纂中的知识产权立法构想》，载《法学评论》2017年第5期。

11 王泽鉴：《法律思维与民法实例》，中国政法大学出版社2001年版，第4页。

密行为向法院起诉并请求惩罚性赔偿的案例中，当事人可在起诉书中选择并列明起码五组请求权基础（法条）：第一组为《民法典》第1185条；第二组为《民法典》第1185条和《著作权法》第54条；第三组为《民法典》第1185条和《反不正当竞争法》第17条；第四组为《著作权法》第54条和《反不正当竞争法》第17条；第五组为《民法典》第1185条、《著作权法》第54条和《反不正当竞争法》第17条。

根据法官知法原则，当事人在起诉状中所列明的请求权基础仅是从支持本方主张的角度出发所进行的选择，但此选择对法官在案件裁判时适用法律并不产生实质性的影响，最多是一种适用法条的建议[12]。但是，若当事人选择的请求权基础与法官裁判所适用的法律产生差异，则可能引发两种担忧：当事人处分权的不当行使以及来自法官的裁判突袭。以上述惩罚性赔偿为例，当事人可能于某一诉讼中选择第一组（《民法典》第1185条）作为请求权基础而忽略《著作权法》第54条和《反不正当竞争法》第17条。从处分原则角度观察，当事人的这一选择显然可以被法律所容忍。但是《民法典》第1185条的规定更多地体现为当事人所具有的惩罚性赔偿请求权，并未规定惩罚性赔偿的标准和幅度，此时，《民法典》第1185条作为请求权基础可能不足以支持本次主张，同时又为法官留下自由裁量的空间，法官在裁判时在自由裁量之范围内，作出相异于当事人选择的法律适用（如以《著作权法》第54条作为依据进行裁判），就是典型的裁判突袭。可见，在请求权基础存在竞合的情况下，当事人究竟选择哪一条或者哪几个法条作为请求权基础向法院主张权利遂成为问题。

### （三）对司法裁判产生较大困扰

如前文所述，受解法典化的影响，当事人可选择的请求权基础可能存在多个，此种情况可称之为多重请求权基础。通过实践观察，笔者发现，多重请求权基础对司法裁判产生较大困扰，大致可归为两类，一类是应对重复诉讼的困扰，另一类是具体裁判过程的困扰。

1. 多重请求权基础容易导致大量实质上的重复诉讼的出现

根据《最高人民法院关于适用〈中华人民共和国民事诉讼法〉的解释》（以下简称《民诉法司法解释》）第247条之规定，识别某一诉讼是否为重复诉讼的标准有三：当事人是否相同、诉讼标的是否相同，以及诉讼请求是否相同或后诉的诉讼请求是否实质地否定了前诉的裁判结果。我们仍以前述惩罚性赔偿案例为例，假设当事人选择第一组请求权基础并在前诉中败诉，当事人完全

---

12 吴从周著：《民事法学与法律方法（一）》，一品文化出版社2007年版，第275页。

可以选择后四组中的任意一组作为后续诉讼中的请求权基础，由于我国诉讼标的理论坚持旧实体法说（法律关系说），当事人的这一选择显然并未触发《民诉法司法解释》第247条关于“一事不再理”的约束，故法院仍需对其后诉进行审理，这无疑为实质上的重复诉讼打开了方便之门。

2. 多重请求权基础对法官在具体裁判过程中的困扰

依据证据裁判原则，法官进行案件裁判时应基于现有证据作出，可见证据在案件审理中的重要作用。但在侵害商标权、商业秘密的惩罚性赔偿数额之确定过程中，证据裁判原则对法官裁判之影响将退居次位，代之以确定基数之参数（“实际损失”或“侵权获利”或“许可使用费”），再乘以“倍数”，最终计算出赔偿数额。我们知道，在《民法典》确立惩罚性赔偿制度后，与知识产权相关的法律。例如《著作权法》《专利法》等也会纷纷修改立法并确立惩罚性赔偿，从而实现与《民法典》对接。但问题是，假设《专利法》在确定惩罚性赔偿制度之前，法官在审理专利侵权纠纷时意欲判定惩罚性赔偿，那么法官是将《民法典》第1185条作为裁判依据，还是可类推适用《商标法》第63条之规定则存在疑问[13]。与之相关的，全国人大常委会于2020年11月11日修正《著作权法》并增加了惩罚性赔偿制度，法官在就著作权案件进行审理并意欲判定惩罚性赔偿时，是否可类推适用《商标法》第63条之规定则不无疑问。

## 二、知识产权解法典化状态下现有解纷方法存在的问题

就当前司法实务而言，知识产权纠纷处理的方法包括调解和诉讼两种。前已述及，由于立法者未将《民法典》进行独立编章规定，由此导致涉及知识产权案件存在多重请求权基础的问题，对司法实务中的处理方法也带来了较大影响。但问题是，由于知识产权的专业性，现有处理知识产权纠纷最主要的两种方法并非无懈可击，而是存在较大的问题。

### （一）知识产权调解之应对困扰

所谓知识产权调解，是指涉知识产权纠纷的双方当事人，寻求第三者作为调解人从中协调沟通，找到一个折中的方式，使双方都能接受从而达成协议解决知识产权纠纷的处理方法。当发生知识产权纠纷时，实践中存在三种调解方法，即行政管理机关调解、仲裁机关调解和法院调解。但无论采用何种调解方法，基本都应当遵循“有利于双方当事人和社会公共利益原则、有利于合作共

---

13 欧阳福生：《商标侵权惩罚性赔偿制度适用困境及制度重构》，载《学海》2020年第6期。

赢原则以及有利于当事人双方合作促进生产发展原则”[14]。但问题是，知识产权作为特殊的案件类型，其有别于普通民商事案件的焦点在于知识产权的专业性。在知识产权调解过程中，倘若不重视知识产权的专业性而简单地套用通常意义上的调解方法，那么调解效果可能将无法达到预期。换言之，知识产权纠纷的专业性要求在对纠纷进行调解时应采用有别于普通民商事案件的调解方法。但当前涉及知识产权调解的实践似乎并未关注到该问题，具体表现为：

1. 知识产权调解重妥协的达成但轻实体权益的保障

从《民事诉讼法》关于调解的规定中不难看出，调解应贯穿于民事诉讼过程的始终。同时，调解应坚持“以事实为依据、以法律为准绳”。知识产权调解在尊重当事人自愿的前提下展开，当事人为追求解纷迅速化、社会关系稳定化之效果，多数会在调解过程中作出让步，而这种让步必然导致对程序法和实体法的“双重软化”[15]。倘若调解对程序法意义上的软化仅体现出对正当程序的删减，属于程序法尚属可忍受的范围的话，那么，调解对实体化的软化则是立法者所不愿意看到的。以知识产权侵权是否成立为例，侵权成立与否仅能作出“是或者否”的判断，而不可能有“是和否”并存的状态。在对知识产权侵权案件进行调解时，调解人员仅能在对该命题作出是或者否的判断后才能进行后续之调解。也即在知识产权调解中，首先，需要判定原告主张是否能够满足实体法之构成要件，符合主张一贯性（或者是诉的“有理性”，德文为Schlüssigkeit）的法律要求；其次，需要判定被告的答辩是否满足从形式上足以反驳原告主张的要求，也即符合抗辩之重要性（德文为Erheblichkeitsprüfung）的要求之后，才能就接续的部分进行调解（可能是赔偿问题，也可能是赔礼道歉等）。

令人疑惑的是，笔者通过查阅“全国法院十大调解案例”[16]的具体案情介绍时发现，法院在处理此类案件时，多采用“本案案情复杂，双方当事人之间情绪严重对立，如果单独解决本案纠纷，必然涉及其他的诉讼，使双方当事人仍然陷在诉累的泥潭，对双方当事人来说，都不是好事，甚至会形成两败俱伤的结果”[17]的术语进行表述。但案情介绍及法院最后的处理结果并未体现本案原告主张是否符合一贯性之要求，似乎在本案中原告主张是否符合法定要件与调解结果并不具备多大的关联性。由于十大案例是经过最高院遴选的案例，在

---

14 张绳祖：《知识产权案件调解的三大原则》，载《人民司法》2013年第16期。

15 李浩：《论法院调解中程序法与实体法约束的双重软化》，载《法学评论》1996年第4期。

16 最高人民法院：《全国法院十大调解案例》，载《人民法院报》2012年3月10日，第3版。

17 何炼红：《论中国知识产权纠纷行政调解》，载《法律科学（西北政法大学学报）》2014年第1期。

司法实务中会起到一定的引导和典范作用，倘若此种案例传导出令人生疑的信号，对司法实务的影响可想而知。

2. 未重视知识产权调解中当事人让步对诉讼的影响

从通常意义而言，调解人员应在确认权属的前提下进行调解，调解不成的应尽快通过诉讼的轨道定分止争。此处的问题是，根据我国《民诉法司法解释》第 107 条之规定，在调解过程中，当事人为了实现本案的尽快解决可能会作出部分的妥协或者让步，如果无法达成调解协议或者和解协议，那么当事人在调解或和解过程中所作的妥协或者让步将不能作为后续诉讼中对其不利的依据。前已述及，由于知识产权诉讼具有较强的专业性，故纠纷所聚焦的争议焦点往往较为凸显，即使当事人为了实现纠纷的尽快解决而作出部分让步或妥协，这种妥协或者让步也非无原则、无底线的，而是当事人根据自己所拥有的可处分范围，有目的或有策略地进行认诺或舍弃。换言之，这种认诺或舍弃实质上与本案的争点相关，且有可能促进后续诉讼争点的形成、简化或者舍弃。由此，如果知识产权调解严格遵循《民诉法司法解释》第 107 条之规定，则有可能忽略知识产权调解对后续诉讼（尤其是争点整理及协议简化）之积极影响因素，无意中导致知识产权纠纷案件解决效率的降低。

### （二）知识产权诉讼案件审理之应对困扰

观察《民事诉讼法》关于知识产权管辖的规定不难发现，立法者为保证涉知识产权案件能够得到专业化的审理，要求知识产权管辖法院应具有较高级别或具有较高专业性[18]，这实际上也是人民法院管辖两便原则的具体要求。通常而言，专业化团队办理专业化案件，无论在案件的审理效率、审理质量还是审理结果的可接受度上均优于通常的民商事案件。同时，庭审作为案件审理的主战场和核心环节，上述优势应在庭审中淋漓尽致地展现。令人遗憾的是，知识产权诉讼的庭审存在效率化低下、庭审过程散漫化等问题。

1. 知识产权诉讼庭审时间较长且效率较低

知识产权庭审效率是指在单位时间内解决案件纠纷数量的多少，与普通民商事案件进行横向角度的比较，在相同单位时间内审结的案件越多则效率越高，反之则较低。笔者以“知识产权侵权”“损害赔偿”等作为关键词，在中国庭审公开网进行模糊检索，随机挑选庭审录像进行观摩，发现知识产权诉讼庭审

18 王艳芳：《信息网络环境下相关知识产权案件管辖法院的确定》，载《知识产权》2017 年第 7 期。

时间为2个小时的比比皆是，有的甚至达到了惊人的5个小时[19]。同时，笔者利用给在职法律硕士专班（该班级成员主要为法官、律师）授课的机会，以“您认为在知识产权诉讼中庭审时间是否越长越好”为问题进行无记名举手调研，认为庭审时间越长越好的大致占15%的比例；笔者又以“您认为在知识产权诉讼中庭审时间控制在多长时间是合理的?”为问题对赞成庭审时间并非越长越好的85%的同学进行无记名举手调研，其中，赞成4~6个小时的占比12%，赞成3~4个小时的占比26%，2~3个小时的占比52%，1~2个小时以内的占比约为10%。可见，在当前知识产权审理过程中，庭审时间为2~4个小时应属常态，这与笔者在中国庭审公开网上进行观摩所得结论大致相当。与之相对的是，东京知识产权法院在审理知识产权案件的庭审时间约为0.8~1.1个小时[20]，我国台湾地区台北高等法院审理知识产权案件的庭审时间约为0.76~1.3个小时[21]。那么，我们当前知识产权案件审理庭审时间过长是否属于“慢工出细活”?现有数据也并不支持该观点，根据2019年度广东法院知识产权司法保护状况报告可以发现，知识产权二审案件比例同比增长78.41%，再审案件申请比例同比增长75.21%[22]。二审及再审申请比例攀升意味着当事人对一审裁判结果的可接受度在降低，这也从侧面反映出我国庭审效率不高的现状。

2. 知识产权诉讼审理散漫化问题突出

知识产权诉讼处理的是涉及著作权、专利权、商标权等专业化案件，故知识产权诉讼在专业法官和专业律师的主导和参与下，案件审理过程应围绕争点推进，法官应围绕争点进行审理，当事人或代理人应围绕争点进行举证、质证和辩论。因为，“整理争点对于诉讼而言，就犹如在海上航行船舶的指南针，没有指南针的船舶将在大海中漫无目的地漂流，没有进行争点整理即进行审判将没有效率”[23]。在争点整理的引领下，知识产权法官在审理案件之前即可将与本案无关的杂质予以祛除，法官仅需审理与本案争点相关的事实、证据和法律，由此达到了审理对象的纯化，避免庭审时间的过度冗长，实现审判效率和质量的双重提升。但在我国知识产权审理实践中，法官并没有充分注重争点整理的

---

19 《上海菲狐网络科技有限公司诉霍尔果斯侠之谷信息科技有限公司等著作权权属、侵权纠纷案》，载中国庭审公开网，http://tingshen.court.gov.cn/live/3907479，最后访问于2020年12月18日。

20 ［日］甲斐哲彦：《论说争点整理程序在争点整理案件中之适用》，载《判例时报》2013年第3期。

21 陈皓芸：《智慧财产诉讼中之文书提出义务》，载《月旦法学杂志》2019年第11期。

22 《广东法院知识产权司法保护状况（2019年度）》，载广东法院网，http://www.gdcourts.gov.cn/index.php?v=show&cid=226&id=55241，最后访问于2020年12月18日。

23 ［日］岸盛一、横川敏雄：《日本新版实务裁判》，有斐阁1996年版，第27页。

作用，同时庭审过程中也没有引导当事人围绕业已厘定的争点进行举证、质证和辩论。这一现实语境直接导致了“法官在争点模糊的情况下审查了大量没有必要审查的证据，法庭辩论的宝贵时间被挤占，造成相当比重的复杂案件审理终结后事实仍然不清等不良后果”[24]。由于缺乏争点对案件审理的引领作用，致使法官在案件审理过程中散漫化问题较为突出，法官思维跳跃式的庭审提问以及当事人在辩论过程中的“答非所问”“东拉西扯”构成了我国知识产权诉讼庭审的“实况”，这显然与集中审理的理念是格格不入的，也无法实现或者回应纠纷一次性解决的制度追求。

3. 知识产权诉讼突袭性裁判较为突出

所谓突袭性裁判，是指法官违反特定程序义务，根据没有经过充分辩论的法律、事实、证据基础而作出超出当事人合理预期的裁判的一种负面法律现象[25]。在德国，突袭性裁判被称为“司法之癌”，可见突袭性裁判对司法的危害程度[26]。当前，我国涉知识产权案件审理采用的仍是未重视争点整理的引领作用、将法庭调查和法庭辩论分别进行的传统的庭审方式，在该种庭审方式下，可能导致的后果是法官排除内心疑点的技术较为缺乏，法官在开庭审题后无法形成确定的心证，庭审效果不理想；加之，庭审透明度不够（法官在庭审过程中基本不进行暂定性的或完全的心证公开），致使当事人无法对裁判结果形成合理预期，有引发突袭性裁判的危险。笔者在百度以“知识产权典型案例”“十大知识产权案例”为关键词，通过检索当前存在的典型性案例并经过研读发现，冠以“经典”“十大”“典型”等的知识产权案件或多或少都存在突袭性裁判的问题。例如，在“北京鸭王烤鸭店有限公司与上海淮海鸭王烤鸭店有限公司、国家工商行政管理总局商标评审委员会商标异议复审纠纷申请再审案”[27]中，涉及对《商标法》第32条规定的“以不正当手段抢先注册他人已经使用并有一定影响的商标”的理解问题。最高人民法院在该案中明确了“不正当手段”所指涉的内容，但法官同时又指出“但不排除如本案中的特殊情况下，虽然在先商标已经具有一定影响，但在后的商标申请人并不具有恶意，从而不构成该条所称的‘不正当手段’”。显然，当事人在案件审理过程中无法预测法官所指出

24 章武生：《我国民事案件开庭审理程序与方式之检讨与重塑》，载《中国法学》2015年第2期。

25 黄鹂：《突袭性裁判防止的民事程序研究》，复旦大学2018年博士学位论文，第19页。

26 杨严炎：《论民事诉讼突袭性裁判的防止》，载《中国法学》2016年第4期。

27 《北京鸭王烤鸭店有限公司与上海淮海鸭王烤鸭店有限公司、国家工商行政管理总局商标评审委员会商标异议复审纠纷申请再审案》，载最高人民法院网，http：//pkulaw. cn/case/payz_1970324838767613. html? match = Exact，最后访问于2020年12月18日。

的本案中不正当手段的认定标准，法官认定其实已经完全超越了当事人的可预期范围，这显然属于突袭性裁判。

## 三、知识产权解法典化状态下司法的具体应对方法

我国《民法典》未设置知识产权编已成既定的事实，短期内期待《民法典》通过修改增加知识产权编显然已不现实，但我们不能无视《民法典》缺失知识产权体系化所产生的多重请求权基础竞合问题以及对知识产权诉讼产生的影响，而是要积极应对并提出妥当的解决方案。笔者认为，在知识产权解法典化状态下司法的具体应对方法应包括如下要点。

### （一）发挥争点整理程序在知识产权诉讼中的特有价值

笔者认为，我们可通过发挥争点整理程序的特有价值对上述问题予以解决。

1. 争点整理程序能够剔除显然无效的争点并实现案件争点的纯化

所谓争点整理程序，是指“法院和当事人在诉讼程序前阶段，以诉讼标的为指引，对争议对象的要件事实进行整理，明确并固定法律、事实和证据等争点，实现案件的集中审理，促成当事人达成和解，提高庭审效率，防止突袭性裁判发生的制度规范的总称”[28]。争点整理程序的目的意在实现对涉诉案件的法律、事实、证据及攻击防御方法等内容的整理，从而实现对本案无效争点的过滤及纯化。经过争点整理程序后，当事人关于事实主张、证据提出以及法观点之选择均达到固定的状态，法官在案件审理时亦围绕本案争点进行审理，当事人围绕争点进行举证、质证和辩论[29]，从而实现案件审理效率的提升。关于具体的争点整理方法介绍，笔者已另文发表[30]，此处不赘。

2. 争点整理程序对知识产权诉讼中多重请求权基础问题的解决方法

争点整理程序解决知识产权诉讼中多重请求权基础问题的具体方法如下：

首先，通过争点整理程序固定当事人所主张的法观点。一般而言，争点整理程序处于审前阶段，此时原告已在起诉状中列明法条选择，但法条的列举通常会存在多种形态（参见本文第一部分内容）；而通过被告的答辩，则会实现本案法观点的聚焦，这一原、被告的交锋即可将本案涉及的法观点从多重的迷雾中逐渐凸显。实践中，还有可能存在双方法律观点均选择错误的情形，此时倘

---

28 丁朋超：《论争点整理程序对司法裁判的影响》，载《法律方法》2020年第1期。

29 邱联恭：《争点整理方法论》，三民书局2001年，第3页。

30 丁朋超：《中国大陆互联网法院庭审制度之理念选择与制度完善》，载《月旦法学杂志》2020年第7期。

若法官怠于指出这种错误，则会对后续审理造成不利影响，甚至有引发突袭性裁判的风险，故笔者认为，在双方就法观点选择错误时，法官应行使释明权，促使当事人就本案所涉及法观点进行修正，以此修正本案的发展方向。

其次，通过争点整理程序简化当事人所主张的法观点。争点整理程序除了有固定争点的功能，还具有促使当事人协议简化本案争点的功能。所谓争点协议简化，是指当事人依据法官指引或者自行沟通，就本案涉及的事实、证据、法律进行舍弃，使其不进入法官审查视野的契约方法[31]。具体到知识产权案件多重请求权基础的克服问题上，倘若本案中涉及多个请求权基础，在争点整理程序中，当事人在法官参与或自行协商的前提下，就多个请求权进行协议简化，促使当事人就本案所立基的法观点达到合意的样态。当然，司法实践中可能存在当事人协议简化分歧的问题，此时为保证案件的审理效率，法官应适当行使释明权，暂时性地公开自己对法观点选择的心证，从而促使合意的达成。

最后，通过争点整理程序实现当事人和解的达成。当事人和解是指当事人双方经过沟通，自行达成针对某一案件处理方法的合意。前已指出，争点整理程序一方面能够实现本案事实、法律或证据方法的固定，另一方面可引导当事人协议简化争点并加速案件之审理进程。通过争点整理程序后，假设现有事实或证据已显然对当事人一方不利，此时，再纠结请求权基础是否竞合显然已无意义，此时从理性人角度而言，最好的方法即不利方当事人向对方寻求和解机会。

### （二）容忍知识产权诉讼中诉之客观合并的宽泛存在

在《民法典》欠缺知识产权体系化的语境下，由于请求权基础竞合问题的存在，且知识产权诉讼中往往涉及高额的赔偿问题，当事人基于诉讼成本最优原则，会在诉讼中基于某一请求权基础先提出一部诉讼，待先诉得到支持后，再将前诉作为基础，提出后续诉讼。虽然在实务中，法院会允许这种做法的存在，但该做法在无形中浪费了司法资源，也与纠纷一次性解决的要求相悖。显然，这种问题存在的根源仍然在于知识产权实体法规范的分散性。笔者认为，解决这一问题的较好办法即容忍知识产权诉讼中诉之客观合并的宽泛存在。

所谓诉之客观合并，是指同一原告对于同一被告，在同一个知识产权诉讼程序上，有两个以上的诉讼上请求。在该诉讼中，诉讼请求的声明、诉讼标的均为多数。诉之客观合并存在的法理基础为，为贯彻程序选择权之法理，保障当事人平衡追求实体利益及程序利益之机会，并符合适时审判请求权、公正程

---

31　姜世明：《民事证据法实例研习》，新学林出版有限公司 2008 年版，第 16 页。

序请求权之旨趣，以及扩大诉讼制度解决纷争之机能，应尽可能尊重当事人行使程序处分权之意思。诉之客观合并大致存在单纯合并、预备合并、选择合并、重叠合并等形态。由于单纯合并仅是无关联两诉的叠加，受篇幅所限，笔者仅讨论知识产权诉讼中的预备合并、选择合并、重叠合并等问题。

1. 知识产权诉讼中的诉之预备合并

诉之预备合并（或称假定之合并），是指“原告预防其提起之此一诉讼无理由，而同时提起不能并存之他诉，以备先位之诉无理由时，可就后位之诉获得有理由之判决之诉之合并而言”[32]。诉之预备合并的表现形态为，“原告起诉时，表明要将两个以上之诉讼上请求，排成先位及备位，纵然不是互相排斥的复请求，只要当事人有实体上及程序上之利益，应该许可。法官只能在先位请求无理由时，才能审理备位请求”[33]。

**案例 1** 原告甲将乙作为被告向法院提起诉讼，甲声明：依据知识产权合同违约（A）请求判令乙支付一百万元。乙声明驳回甲的诉讼请求。法官在审理后向甲阐明其提出的证据可能不足以支撑其诉讼请求，原告甲遂在诉讼中向法院进一步主张，若法官认为不能支持其诉讼请求，则提出以知识产权侵权（B）请求判令乙赔偿一百万元。

在该案例中，原告甲向法院主张的诉讼标的可界定为“基于知识产权合同债权返还纠纷”，经过法官阐明之后，甲又将诉讼标的变更为“基于侵权产生的纷争”，原告的这种方式被称为诉之预备合并。显然，A、B 请求并不互相排斥[34]，但甲请求先就知识产权违约来审理，依处分权主义，当然应当被予以准许，法院应受当事人定审理顺序的拘束，而不宜完全任由法院来定审理顺序（实务上将此归为重叠合并或选择合并）。

对原告提出备位诉讼请求的原因进行解析可以看到，在法官进行阐明之后，原告甲实际上对依据知识产权侵权的诉讼主张是存在疑问的，为方便纠纷的一次性解决，防免不必要的时间和劳费付出，从而采用了有目标但又给诉讼留有后路这一双向性的诉讼策略，这也应当是被认为符合法律要求。

2. 知识产权诉讼中的诉之选择合并

所谓选择合并之诉，“是指原告在同一个诉讼程序上主张两个以上诉讼上请求，但委诸法院审理之结果，只要法院审判其中一个为有理由，就另一个请求

32 李磊：《客观预备合并之诉研究》，西南政法大学 2014 年博士学位论文，第 49 页。

33 沈冠伶：《诉客观合并之类型论》，载《月旦法学杂志》2015 年第 4 期。

34 实务中关于此的回应，可参看我国台湾地区最高司法机构 2006 年台抗字第 184 号裁判要旨。

即不请求法院裁判”[35]。亦即，同顺位、并列的要求法院审判，而以其中任一个请求获得胜诉为解除条件，法院若认为其中之一项请求应予以支持，就可以判原告胜诉，其他诉讼请求不需要再行审理。

**案例** 2　原告甲请求被告乙支付一百万元，甲在诉之声明中称：被告乙应返还原告甲一百万元。同时，甲在诉状中基于两个事由予以叙明：基于知识产权许可使用合同的请求权（依据合同约定产生的债务）；同时主张知识产权侵权请求权（当上述合同无效或未成立时，甲对乙有知识产权侵权损害赔偿请求权）。

在该案例中，当事人向法院提起的是选择合并之诉。在实务中，当事人完全可基于不同的请求权基础向法院主张两次诉讼，这显然有浪费司法资源的嫌疑。倘若承认当事人可提出选择合并之诉，则可在一次诉讼中解决可能存在的两个诉讼的问题，这显然符合诉讼效率的要求。

3. 知识产权诉讼中的诉之重叠合并

所谓重叠合并，是指“原告在诉讼要件的设定上，以先位请求有理由时，再请求法院对后位请求进行裁判，如果先位请求被驳回，则不请求法院就后位请求进行裁判，而以先位请求受驳回判决确定作为解除条件，待条件成就时，后位请求的诉讼系属溯及的消灭”[36]。

**案例** 3　原告甲将乙作为被告向法院提起诉讼，甲在诉状中声明，乙在2019年10月与其签订知识产权许可合同，约定款项应在2019年12月底前支付，但乙并未按时付款，故请求法院判令乙偿还合同款项一百万元。同时，甲还主张，如果法院判定乙应当支付款项，则乙应同时支付约定的罚息。

本案中，原告甲向法院提起的诉讼属于典型的重叠合并。也就是先声明一个诉讼请求，如果诉讼请求可以期待得到法院的支持，再主张依据前诉讼请求可以自然推导出另一诉讼请求；如果前诉讼请求被法院驳回，则后位请求不再声明。在实务中，当事人完全可基于同一事实，选择不同的请求权基础，向法院主张两次诉讼，这显然有浪费司法资源的嫌疑。倘若承认当事人可提出选择重叠之诉，则可在一次诉讼中解决可能存在的与本诉相关的其他纷争，这显然也符合诉讼效率之要求。

### （三）优化知识产权纠纷的调解方法

作为与知识产权诉讼并列的案件处理方法，当前我国知识产权调解面临重妥协的达成但轻实体权益的保障，以及未重视调解中当事人让步对诉讼的影响

---

35　许士宦：《民事诉讼法（上）》，新学林出版有限公司2016年版，第392页。

36　沈冠伶：《诉客观合并之类型论》，载《月旦法学杂志》2016年7月。

等问题。为解决上述问题，笔者认为，可从如下方面优化我国知识产权纠纷的调解方法。

1. 注重调解中原告主张的一贯性审查

所谓一贯性（Schlüssigkeit），是指“如果原告现实所主张之事实假定均系真实，从实体法予以评价结果，足以导出其诉讼上请求而成为论据，则原告请求即属具一贯性；如就此未能获得肯定之结论，则原告之主张本身欠缺实体法的正当性，应以其请求为无理由予以驳回”[37]。如前文所述，倘若原告之主张不具备一贯性之要求，调解人员仍予以调解的话，无疑会对实体法之规定产生强烈的背离，故调解人员在对知识产权案件进行调解时，首先应审查原告之主张是否符合一贯性的要求。

2. 注重调解中被告抗辩的重要性审查

在原告之主张通过一贯性审查之后，调解人员应就被告之抗辩进行重要性审查。所谓被告抗辩的重要性（Erheblichkeitsprüfung），是指“审理被告据以答辩之主张本身，是否足以导致将原告之请求认为无理由而予驳回”[38]。如果就此获得肯定之结论，则被告之主张即属具有重要性，此时调解人员可就本案进行接续的调解工作。反之，倘若调解人员认为被告之主张欠缺重要性，则应予指明或表明其所持此方面的法律观点，并由被告选择到底是直接放弃抗辩成立和解还是继续进行调解。

3. 注重对调解过程中双方让步因素的归纳

从严格的法教义学出发，对《民诉法司法解释》第 107 条作扩张性的解释显然不妥，但是，面对实务中存在的“案多人少”的问题[39]，对上述条文作扩张解释似乎更符合司法实践的需要。前已论及，受知识产权案件的专业性影响，当事人双方为达成案件的快速化解决而进行的让步或者舍弃仍然保持在相当的容忍范围之内，且这些让步或者舍弃范围属于当事人的处分权范围。这也就意味着在后续的诉讼中，当事人仍然可能就该部分的争议进行协议简化处理甚至放弃部分诉讼请求，倘若“一刀切”地否认调解中让步对后续诉讼的影响，显然不利于诉讼效率的提高和诉讼成本最优原则的实现。笔者认为，在知识产权调解过程中，我们可对调解过程中双方让步的内容进行归纳并记录在案，倘若本案调解不成进入诉讼，该记录内容将随卷移送给法官，以供法官知悉并明了

---

37 许士宦：《集中审理之争点整理》，载《月旦法学教室》2012 年第 7 期。

38 沈冠伶：《诉讼标的之阐明与纠纷一次解决（上）》，载《月旦法学杂志》2017 年第 2 期。

39 例如，《广东法院知识产权司法保护状况（2019 年度）》显示，2019 年广东省全省法院新收各类知识产权案件 157363 件，同比增长 60.94%；其中全省法院新收一审知识产权民事案件同比增长 59.24%。与之对应的是，全省知识产权法官并未增加，反而呈现减少的趋势。

当事人在调解过程中的让步范围，进而以此促成后续诉讼中的争点整理及协议简化。

## 结语

由于知识产权过度依赖于民法学，加之知识产权理论准备尚不充分，我国《民法典》并未设置知识产权编。由此导致了法典中知识产权体系化的缺失，这种缺失使得我国知识产权处于解法典化状态，并对知识产权司法产生了较大影响。本文从《民法典》缺失知识产权编的影响出发，重点讨论了知识产权诉讼中的困境，从重视争点整理程序、宽认知识产权诉之客观合并及优化调解方法等层面提出了具体的应对方法。当然，日后知识产权法学的理论发展、学科的独立和成熟，以及其在后民法典时代的定位和立法安排，均会对知识产权诉讼产生较大影响，这将成为笔者今后关注的重点。

# 《民法典》实施背景下个人信息数据的知识产权保护

邱润根　包喻莎*

**【内容提要】**《民法典》确立了对个人信息的“人格权+法益”的保护模式，但这一保护模式对基于个人信息所形成的更广泛意义上的个人信息数据并不完全周延。信息的流动性带来了基于个人信息的创造性利用，这种创造性利用结果符合知识产权的客体属性，因而可以基于知识产权来保护这一动态的个人信息数据，以便利数据的再利用。基于对个人信息的爬取、收集、加工、加密等处理之后的数据化个人信息，可根据创造性处理结果采取商业秘密、汇编作品著作权、软件著作权、数据有限排他权等进行保护。

**【关键词】**《民法典》　个人信息数据　知识产权

几经争论的个人信息的保护问题随着《民法典》的出台暂时中止，形成了现有的“人格权+个人信息”保护模式。但是，基于人格权编保护的个人信息限于具有识别特征的个人信息（数字化后构成狭义的个人信息数据），基于总则编保护的个人信息只限于个人信息的法益，这使得《民法典》对个人信息的保护并不周延到更广泛意义上的其他与个人行为相关联的个人信息，更没有含纳个人信息混合利用和深度融合利用所形成的个人信息数据。在新技术所带来的大数据开发利用背景下，信息的流动性加快了对个人信息的利用行为，形成了

* 邱润根——南昌大学法学院教授、南昌大学立法研究中心研究员、法学博士，德国洪堡大学访问学者，主要研究方向：知识产权法、商法、经济法；包喻莎——南昌大学2019级硕士研究生，主要研究方向：知识产权法。本文为江西省社科规划重点项目“知识产权侵权中的权利边界研究”（19FX01）、江西省高校人文社会科学重点基地招标项目“金融数据的知识产权立法研究”（JD20110）的阶段性成果。

更大范围的由个人信息利用所带来的个人信息数据（即广义的个人信息数据），这使得基于个人信息所形成的个人信息数据在现有《民法典》框架下的保护面临困境，迫切需要寻求新的保护模式。

## 一、个人信息与个人信息数据

Buckland认为，信息包含三种含义，即作为事物的信息（Information as Thing）、作为过程或活动或传递行为的信息（Information as Process）和作为知识（特指事实、主题、事件）的信息（Information as Knowledge），而事物的信息包括数据（Data）、文本、文件和实物。[1]因此，信息大于数据。Rowley则认为，信息只是经过整理的、有意义的数据。[2]因此，在DIKW概念模式中，数据是事实和观察的结果，而信息是对事实的加工和赋予意义后的结果，数据大于信息。从哲学层面上讲，信息是一种事物的存在方式和运动状态的表现形式，它与物质和能量并列，是第一性的存在；而数据只是通过对信息加入主体“人”的认识过程而感知的存在，是属于认识论的范畴。在新技术条件下，基于“人”的认识，将客观存在通过数字技术手段重新呈现，构成当下话语中的数据，但技术手段的有限性导致并非所有客观存在的信息都能被呈现为数据，因此，数据实际上只是部分信息的数字化处理而带来的结果。

从广义上讲，个人信息是指与个人有关的各类信息，包括静态的个人自然信息和社会信息，比如血型、肢体状况、姓名、电话号码、住址等；也包括动态的个人行为信息，比如网上支付、移动轨迹、交易状况、网上点击等。在这些信息中，既有识别性特征强的信息，也有识别性特征不强的信息。从狭义上讲，“个人信息是指与特定个人相关联的、反映个体特征的具有可识别性的符号系统，包括个人、工作、家庭、财产、健康等各方面的信息”。[3]当这些狭义的个人信息被数字化处理而呈现为数据时，个人信息又常被称为“个人数据”，因而，在探讨个人信息与个人数据的关系时，有学者认为“个人信息”和“个人

---

1 Michael K. Buckland, Information as thing, Journal of the American Society, 1991, 42 (5): 351－360. 转引自叶继元、陈铭、谢欢、华薇娜：《数据与信息之间逻辑关系的探讨——兼及DIKW概念链模式》，载《中国图书馆学报》2017年第3期。

2 Jennifer Rowley, The wisdom hierarchy: representations of the DIKW hierarchy, Journal of Information Science, 2007, 33 (2): pp. 163－180. 转引自叶继元、陈铭、谢欢、华薇娜：《数据与信息之间逻辑关系的探讨——兼及DIKW概念链模式》，载《中国图书馆学报》2017年第3期。

3 王利明：《论个人信息权的法律保护——以个人信息权与隐私权的界分为中心》，载《现代法学》2013年第4期。

数据”可以通用。[4]因此，如果只是从狭义的概念来看，个人信息被数字化而形成数据，这些具备识别特征的个人信息数据既可以简称“个人信息”，也可以简称“个人数据”。但实际上，现有的新技术正在将更多的与个人有关的各种信息进行数字化，个人的静态信息、动态信息都在被数字化，具有识别特征的个体信息在被数字化，识别性特征不明显的个人信息也在被数字化。从这个广义意义上讲，个人信息数据的概念就不只基于识别性特征的个人信息数字化所生成的数据，而是范围更加广泛，还包括混合了个人信息的数据以及深度融合了个人信息的数据，甚至包括对这些个人信息数据二次利用处理所生成数据。因此，个人信息数据是一个不同于个人信息的概念，其外延更广。

## 二、《民法典》实施下个人信息数据保护面临的困境

### （一）《民法典》对个人信息保护的规定

个人信息的不当使用，可能会侵害个人权益，包括危害信息主体的尊严和自由，以及危及信息主体的人身和财产。大数据时代，在个人信息被数字化而成为数据时，对个人信息的保护演变成了一个新的课题，各国都在寻求法律保护方式。欧盟基于人的尊严的个人自治理论，采取了确权式立法的严格保护模式；而美国基于自由的个人自治，采取了以分散式规定为主的宽泛保护模式。[5]因此，欧盟委员会采用了个人数据概念，制定了统一的《欧盟一般个人数据保护条例》（GDPR）；而美国采用的是个人信息概念，并没有制定统一的个人信息保护法，只有加州在2018年制定了《加州消费者隐私法案》（CCPA）。我国对个人信息的保护采用的是个人信息概念，基于尊重人格和保护财产权益，采取“人格权+法益”的保护模式。

全国人大常委会在2012年12月28日通过了《关于加强网络信息保护的决定》，明确提出“国家保护能够识别公民个人身份和涉及公民个人隐私的电子信息”。之后，个人信息保护逐渐成为许多法律的必备条款，《消费者权益保护法》《网络安全法》都将个人信息确立为重要保护内容。[6]2020年5月28日通过的《民法典》更是明确将其列入总则编和人格权编之下予以保护。《民法典》在总则编第五章民事权利中第111条规定了“自然人的个人信息受法律保护。任何组织或者个人需要获取他人个人信息的，应当依法取得并确保信息安全，不得

---

4 梅绍祖：《个人信息保护的基础性问题研究》，载《苏州大学学报》2005年第2期。

5 刘新宇：《大数据时代数据权属分析及其体系构建》，载《上海大学学报（社会科学版）》2019年第6期。

6 高富平：《个人信息保护：从个人控制到社会控制》，载《法学研究》2018年第3期。

非法收集、使用、加工、传输他人个人信息，不得非法买卖、提供或者公开他人个人信息”。在人格权编第六章将个人信息与隐私权并列为人格权之下的权益予以保护。从现有《民法典》中的规定来看，对个人信息的法律保护，主要表现为人格权下的个人信息保护。其中，个人信息中的私密信息适用有关隐私权的规定，非私密信息的个人信息适用有关个人信息保护的规定。并且，在人格权编之下，个人信息只限于能够单独或者与其他信息集合识别特定人的各种信息，包括自然人的姓名、出生日期、身份证件号码、生物识别信息、住址、电话号码、电子邮箱、行踪信息等。这就意味着，在人格权编之下的个人信息概念应作限定解释，即能识别特定人的信息。不能识别特定人的各种与个人有关的信息则不属于人格权编中的个人信息，应该归为总则编予以保护的个人信息。因此，现有《民法典》对个人信息存在两个层面的法律保护：一是基于人格权编加以具体保护，但限于能识别特定人的个人信息；二是不能识别特定人的个人信息基于总则编的民事权利章节的规定予以一般性保护。

基于人格权保护个人信息，是因为个人信息与自然人个体关系密切，个人信息既是自然人个体在社会中标识自己以建立联系的工具，也是社会了解和识别每一个个体并开展活动的依据，因而个人信息更多地体现为一种自然人个体的人格权法律属性，是一种静态的描述。因此，对个人信息的人格权保护充分强调了对信息主体的保护，把信息主体的“知情同意”作为个人信息保护的基本要求，以便信息主体能够控制自己的信息。在个人信息的识别性特征不明显但基于流动而带来财产利益的情况下，则保护自然人个体的个人信息带来的法益。《民法典》的“人格权 + 法益”保护模式，针对的主体都是个人信息的原始提供者，其保护客体都是个人信息（或者个人信息被数字化后的个人信息数据）。

### （二）个人信息数据保护面临的困境

信息具有流动性，因而个人信息可被反复处理和利用。《民法典》在人格权编中也明确规定：“处理个人信息的，应当遵循合法、正当、必要原则，不得过度处理，并符合下列条件：（一）征得该自然人或者其监护人同意，但是法律、行政法规另有规定的除外；（二）公开处理信息的规则；（三）明示处理信息的目的、方式和范围；（四）不违反法律、行政法规的规定和双方的约定……”“处理个人信息，有下列情形之一的，行为人不承担民事责任：（一）在该自然人或者其监护人同意的范围内合理实施的行为；（二）合理处理该自然人自行公开的或者其他已经合法公开的信息，但是该自然人明确拒绝或者处理该信息侵害其重大利益的除外；（三）为维护公共利益或者该自然人合法权益，合理实施的其他行为。”[7]《民法典》的这一规定意味着，他人对个人信息的收集、存储、使用、加工、传输、提供、公开等处理方式只要遵循合法、正当、必要原则，且不过度处理，并符合上述法定条件，不构成对个人信息的侵害或不承担民事责任。

尤其是新技术的发展使各类静态的信息逐渐通过数字化被转化为动态的数据；同时，个人信息被首次数字化后，其作为个人信息数据还会与其他的与个人有关的信息简单混合或深度融合进行二次数据化应用形成新的数据，由此在静态的具有人格权属性的个人信息上衍生出动态的具有财产性的个人信息数据。信息技术的快速发展使得人类进入了数据化、网络化和智能化为特征的大数据时代。“这个时代最主要的特征是数据化生存，科学研究、商业活动、社会治理等无不依赖数据，数据成为支撑这个时代发展的新资源。”[8]在大数据时代，数据作为基础性的生产资料，日益成为企业提升竞争力的核心资产，海量信息尤其是个人信息的收集、多方流转、比对与再利用成为价值创造的源泉，同时也推动着个人信息生态系统（personal data ecosystem）朝着去中心化的方向重构。[9]

个人信息在被他人处理后所形成的新的个人信息数据，其个人信息数据的主体已经发生了改变。这意味着，在大数据时代，参与个人信息数据流动的主体不再限于静态的个人信息的原始自然人个体，还有其他对个人信息数据的利用者。而“现代科技的发展使得很多信息都以数字化的形式得以呈现，并称之为信息财产”。[10]因此，个人信息数据的财产属性使依人格权保护个人信息的力度显得非常有限；另外，基于个人信息利用所形成的个人信息数据的主体也非原始个人信息主体，因而这些个人信息数据并不存在原始个人信息时其主体的人格属性。

《民法典》的颁布给个人信息保护的争议暂时画上了句号，但《民法典》对个人信息保护的不周延又带来了新的问题。《民法典》中对个人信息的保护只限于个人信息首次数字化后能被识别个人特征的个人信息数据（此时，个人信息等同个人信息数据），并不周延到非识别特征的个人信息数据（比如，个人在互联网条件下的交易行为被记录，成为与个体有关的信息就无法被人格权编下个人信息所含纳），也没有周延到识别特征与非识别特征被混合后识别特征不明显的那些个人信息数据，更不周延到被深度融合后的个人信息数据。比如，利

---

7 参见《民法典》第1035条和第1036条。

8 高富平：《个人信息保护：从个人控制到社会控制》，载《法学研究》2018年第3期。

9 范为：《大数据时代个人信息保护的路径重构》，载《环球法律评论》2016年第5期。

10 王利明：《论个人信息权的法律保护——以个人信息权与隐私权的界分为中心》，载《现代法学》2013年第4期。

用个体的交易行为爱好而将准确的需求信息推送给个体，其中虽利用了该个体的个人信息，但在该推送过程中，商家并没有透露该个体的私人信息，只是结合了私人信息准确推送而已，因而在这种情况下他人只是合理利用了个人信息所形成的新的个人信息数据。同时，《民法典》针对的保护主体是能被识别到的个人信息的原始个体，因此《民法典》对个人信息保护的规定面对大数据时代所形成的新的个人信息数据保护面临着一系列问题：一是非识别特征的个人信息数据是否可以拥有权利？二是混合后的个人信息数据是否可以拥有权利？三是违法处理的个人信息数据是否拥有权利？四是合法处理的个人数据是否拥有权利？

## 三、个人信息数据基于知识产权保护的选择依据

在大数据时代，个人信息在新技术条件下通过数字化转化成了个人信息数据，并且这种转化已经有多方主体参与，数据也不只限于原始的狭义意义上的个人信息，尤其在个人信息经过加密处理转化成数据之后，一些个人信息在他人共享的过程中已经看不到个体的识别性特征。同时，“大数据技术下的社会可能超越私权利社会而形成合作共享的有机社会形式”。[11] 在这种社会形态中，信息的共享是社会的主要特征，而共享又必然带来信息的二次利用，并进一步放大信息的应用范围。

《民法典》规定“信息处理者不得泄露或者篡改其收集、存储的个人信息；未经自然人同意，不得向他人非法提供其个人信息，但是经过加工无法识别特定个人且不能复原的除外”。[12] 显然，《民法典》的这一“但书”规定说明，经过加工无法识别特定个人且不能复原的个人信息的二次利用并不构成对个人信息原始主体的侵权。那么，这些基于个人信息处理后的个人信息数据是否可以享有权利呢？《民法典》并没有明确答案，但为这个广义的个人信息数据保护预留了立法空间，因为，《民法典》最终没有采用“个人信息权”的概念，而只是采用了“个人信息”的概念。由于权利人可以基于“权利”（权能）去控制所有针对权利的法律行为，因而如果设定个人信息权，权利人就会基于“权利”资格去控制任何他人对其个人信息的法律行为，这必然会影响信息的流动。《民法典》对个人信息保护的有关规定采取“个人信息”概念，这意味着个人信息的主体只能基于具体的法律规定所保护的法益提出主张，因而不会导致请求主

---

11 吴伟光：《大数据技术下个人数据信息私权保护论批判》，载《政治与法律》2016 年第 7 期。

12 参见《民法典》第 1038 条第 1 款。

张的扩张而限制信息流动，进而影响信息共享，因此，基于共享而处理个人信息后的个人信息数据同样可以基于法律规定而享有法律上的利益，只是需要通过制定相应法律规定来实现。

在纷繁复杂的个人信息处理场景中，人格权保护路径这一前端的、静态的保护模式无法应对这一复杂挑战，因此，在个人信息处理的具体场景中应引入个人信息数据的“合理使用”，并重点规制个人信息数据的“不合理使用”行为，以协调个人信息数据保护与数据价值开发的关系。既然要注重关注个人信息数据的合理使用，就必须对个人信息数据一定程度的授权，只有在赋予权利的基础上，个人信息数据的参与创造者才能得到救济，才能有动力在大数据时代处理个人信息数据。由于个人信息数据与知识产权契合度高，因而基于知识产权保护具有正当性。

首先，个人信息数据契合知识产权的客体属性。“知识产权的特点都主要来自智力创造成果作为一种特定信息所具有的共享性。”[13] 比如，专利权的客体是一种处于公开状态的技术信息，著作权的客体是文学艺术或科学领域的表达信息，商标权客体是标示商品来源的特定信息。这些信息可统称为“非物质形态的知识信息”。[14] 从这个角度观察，个人信息与知识产权的客体性质相同，均是特定的信息，对于这些特定信息，“其权利不能架构在占有的基础上，不是对客体的圆满状态的控制”。[15] 并且，相对于有体物，个人信息与知识产权都不具有具体明确的物理边界，两者的边界都处于相对确定的状态，因而信息具备流动性。信息的流动性要求信息被大家共享，任何人不能对信息进行独占。“自古以来，信息一直是处于公共领域的公共素材或材料，是任何人均可以使用的资源。”[16] 个人信息和知识产权所具有的共享性决定了其作为“公共产品”的属性，作为“公共产品”，它们一旦生产，他人就可以在不损害原件的情况下非竞争性地使用，但这种使用并不意味着不支付对价。

其次，个人信息数据契合知识产权客体的非物质性和财产价值。个人信息数据作为一种信息，可因信息的无体而被复制，并由于复制而产生市场应用的财产价值。知识产权保护的客体也具有无体性和财产价值。与有体物可被权利主体通过占有而进行处分、收益而产生财产价值不同，个人信息数据的非物质

---

13　郑成思、朱谢群：《信息与知识产权》，载《西南科技大学学报（哲学社会科学版）》2006 年第 1 期。

14　吴汉东主编：《知识产权法》（第 5 版），法律出版社 2014 年版，第 6 页。

15　吕炳斌：《个人信息作为民事权利之证成：以知识产权为参照》，载《中国法学》2019 年第 4 期。

16　高富平：《个人信息保护：从个人控制到社会控制》，载《法学研究》2018 年第 3 期。

性决定了其财产性，而在大数据时代合法地发挥其作为生产要素的价值。个人信息数据同时具备人格和财产的双重属性，其中，初始的静态个人信息转化而来的个人信息数据可能会同时侵犯权利主体的人格和财产利益，但动态的个人信息数据通常基于市场流动而具有市场价值。知识产权保护的依据就是其客体非物质性所带来的财产价值，因此知识产权可以对个人信息数据提供有效的保护。

最后，对个人信息数据的保护契合知识产权法的立法目的。知识产权法通常具有双重立法目的，既要考虑对权利人的权利保护，也要考虑相对人对知识信息的分享权利。知识产权法的这种双重立法目的，导致知识产权的权利在本质上是一种法定的权利，即通过法律具体规定对知识产权的实施权。也就是说，知识产权法通常会明确规定权利人对知识产物的具体实施行为，这些具体的实施行为可由权利人控制，这些法律规定的具体行为的实施需要权利人许可，而这些法定行为之外的行为就是任何人的自由，因此，知识产权的权利是非扩张性的，这种权利的非扩张性构成了权利人的权利边界。个人信息数据也同样面临数据的自由利用和数据生产者的创造性劳动应予保护之间的平衡，因而个人信息数据保护可以选择基于知识产权保护的路径。

## 四、个人信息数据基于知识产权保护的具体策略

根据产生个人信息数据的参与者不同以及所处理的个人信息数据结果的特点，对个人信息数据的知识产权保护可以从以下几种权利视角加以考虑：

一是基于商业秘密进行保护。数据具有经济价值，而且具有非公开性和非排他性。[17] 因此，个人信息数据，不管是基于个人信息本身的初始数字化而成的个人信息数据，还是对非识别特征的广义的个人信息进行数字化而成的个人信息数据，抑或对混合了非识别特征的个人信息进行数字化而成的组合数据，它们都是由从事信息数字化转化的商家来完成的。比如，从事数字化活动的商家通常各自都会通过技术手段，对当事人的线上经济活动所涉及的信息（身份、点击、交易、支付等）进行记录，然后再将这些记录后的数据进行保存，当这些经济活动被商家作为其经营信息而通过保密手段进行保护时，这些与行为人相关的经济活动相关联的个人信息就可以被商家作为其商业秘密进行保护。

二是基于汇编作品著作权进行保护。当个人信息数据在被他人进行爬取、传输、使用、加工时，爬取者、使用者、加工者通常会运用自己的数据库编排

---

17　黎淑兰：《大数据产业发展背景下数据信息的知识产权司法保护》，载《人民司法》2020年第13期。

结构和方法，或者对数据库的内容进行选择，将这些识别特征的个人信息数据、非识别特征的个人信息数据进行有组织的混合排列。“当汇集型数据产品对于数据的选择、编排具有‘独创性’时，其可构成《著作权法》中的‘汇编作品’。爬取者、收集者或加工者就可以考虑基于汇编作品进行著作权保护。”当然，“《著作权法》保护的是独创性编排表达，并不是构成数据产品的数据本身”。[18]当运营商开发演绎型数据产品时，一般表现为偏好分析等类似研究报告的可视化数据内容，此时的数据产品完全脱离于原始数据，以期适应市场需求和用户体验，当其符合《著作权法》要求的“独创性”时，运营商可以对其享有著作权。当然，运营商仅有权排除他人对汇集型数据产品和演绎型数据产品整体结构的复制、传播，但不能禁止其他主体对汇集型数据产品中的信息或数据的利用。当个人信息数据的爬取、传输、使用、加工是被人工智能利用时，人工智能通常会在网络上自主收集获取信息，对海量信息进行提炼与归纳，依据信息进行“创作”，但这一人工智能的创作并不是人工智能完全独立自主的结果，而是使用人工智能的人的意志延伸，因此，这一“创作”物仍然可以基于著作权而被保护。[19]

三是基于软件著作权进行保护。当个人信息数据被深度融合和整合加工，尤其在个人信息数据被作为大数据的一部分时，从事大数据运算的软件开发者通常会按照其设定的软件程序进行甄别、提取，并对不同个体经济活动的行为信息进行赋值，之后将这些行为信息和与行为有关的个体信息进行整合，产生一种新的个人应用信息数据。由于软件开发者在整合时付出了创造性的智力活动，因此，软件开发者可以成为这些个人信息数据的权利主体，个人信息数据因而可被作为软件的内容进行软件著作权的保护。[20]比如，从事金融信贷产品开发的经营者，会对当事人之前的网上金融交易行为的及时履行进行赋值评估，并结合标识身份的个人信息数据，然后通过软件的设置来计算当事人的信用指数，再根据信用指数进行信用贷款。在这一软件开发时，通常会隐去当事人的身份信息，只是通过信用指数来决定是否给予贷款。这时候，个人信息数据实际上已经变成软件开发者的软件的内容，可以通过软件著作权进行保护。

四是基于数据有限排他权进行保护。在大数据时代，处理海量的个人信息数据并没有过多的智力投入，只是将大量的个人信息数据进行收集汇总，组成

---

18 毛立琦：《数据产品保护路径探究：基于数据产品利益格局分析》，载《财经法学》2020年第2期。

19 邱润根：《论人工智能“创作”物的版权保护》，载《南昌大学学报人文社会科学版》2019年第2期。

20 邱润根：《云计算中金融行为信息化的版权保护》，载《法治论坛》2019年第1期。

了大数据中的内容，这种大数据的集合通常由于缺乏著作权法所要求的“独创性”而很难被依照著作权加以保护，但由于进行大数据收集的参与者也付出了财力、物力和人力，因而应该对此作出法律回应。“为了避免没有独创性的大数据集合领域的市场失败，同时避免限制公共领域的行动自由，应当为耗费实质投入并达到实质规模的大数据集合设置有限排他权，即公开传播权。”[21] 设置有限排他权这一知识产权权利既兼顾了数据行业的利益，也兼顾了数据后续利用者的利益，亦符合知识产权法的双重立法目的。

## 结语

随着人工智能和区块链等新技术的发展，个人信息数据正在被大量地应用，参与数据应用的主体随之也大量增加。恪守狭义的个人信息数据概念虽能有效地对个人信息的原始主体在人格层面上予以救济，但随着广义的个人信息数据的开发，狭义的个人信息数据正在被混合和深度融合成大数据而被广泛应用。如何用更加广阔的视野来看待数据经济条件下的个人信息数据的财产价值，并予以保护显得更加重要。个人信息数据的确含纳原始个体主体的人格，但在大数据应用的条件下，这些与个体人格密切关联的狭义的个人信息数据，在新技术的应用过程中正在被弱化，因为与个人有关的广义的个人信息数据正在海量出现和被应用。如何来保护这些参与数据经济构建基础的创作者利益，显得更加迫切，因为只有鼓励数据创造，才能更好地促进新经济的发展。因此，在《民法典》实施后，在关注狭义的个人信息人格权保护的同时，也要重视运用知识产权制度来保护广义的个人信息数据。

---

21 崔国斌：《大数据有限排他权的理论基础》，载《法学研究》2019 年第 5 期。

# 标准必要专利禁令救济的法律规制

## ——兼议《民法典》的社会本位

黄运康*

**【内容提要】** 传统上，对标准必要专利禁令救济的法律规制遵循重行为、轻法益的考量思路，从“橙皮书”标准到“华为案”，欧洲法院侧重考察行为人的FRAND承诺责任，从而承担相应的不利后果，疏忽对法益特别是公共利益的关照。我国在西电捷通诉索尼公司、华为诉三星公司案中确立了标准参与者进行FRAND谈判的“过错规则”，实际上也是遵循欧洲的解释路径。美国的第三人受益合同解释规则兼具了灵活性和社会属性，通过修正的ebay案四要素以确定权利人承担的FRAND承诺责任，具有重要意义。因而，我国在标准必要专利禁令救济限制上，基于标准给权利人相对优势的议价地位，可利用竞争法原理进行调整；在所采取的手段和目的之间，运用比例原则的适当性、必要性和均衡性进行检测，以衡量禁令给第三方利益带来的影响；同时，《民法典》的社会本位和体系性也能为权利的绝对化倾向提供防御的通道，以此结合共同构建“行为—法益”的规制范式。

**【关键词】** 公平、合理、无歧视（FRAND）原则　专利劫持　《民法典》　比例原则　社会本位　公共利益

标准必要专利禁令救济一直是实践中的难题，对受FRAND承诺约束的标准必要专利权人适用禁令救济的适当性问题，不同国家的裁判规则所遵循的路径

---

* 黄运康——中南财经政法大学知识产权研究中心博士研究生，主要研究方向：知识产权法。本文系国家社科基金西部项目“司法改革背景下专利确权制度研究”（20XFX014）、高等学校学科创新引智计划（111计划）“新时代科技革命与知识产权学科创新”（B18058）、中南财经政法大学中央高校基本科研项目（202011502）的阶段性成果。

完全不一致。针对标准必要专利持有者的禁令限制，虽然“有限的禁令论”逐渐得到认可，但对限制的理据莫衷一是。

从法效果来看，针对标准必要专利的禁令救济既要防止权利人利用禁令实施劫持的行为，又要考虑到实施者采取拖延或者策略性谈判引发的反向劫持问题。为了弥合缺陷，需要寻找中间路线的替代路径，在过度保护与保护不足之间寻求均衡。更为重要的是，因禁令的排除效应对消费者自由选择权的损害，法院在决定是否授予禁令时，应在对权利人的适当救济与授予禁令的因果链上重新考量社会公共利益，以研究是否有更为合适的替代救济途径。

基于此，本文从竞争法、比例原则、《民法典》的社会本位三个不同维度论述对标准必要专利禁令救济的法律规制，解决禁令认定中公共利益关照不足的问题，以期对标准必要专利实践有所裨益。

## 一、专利侵权禁令救济在司法实践中的行为认定

专利的侵权救济借鉴了侵权责任法和物权法的规则，采用了“类物化”的认定范式，目的在于使被控侵权物恢复到未侵权时的初始状态。在日本以及德国一些大陆法系国家，针对知识产权纠纷原告的“物权”主张，对被告适用无过错责任原则；针对原告的“债权主张”，则对被告适用过错责任原则。[1] 基于专利的财产属性，当有侵权行为或者侵权之虞时，专利权利人得以要求侵权者停止侵权和赔偿损失，停止侵权被认为是对未来预期侵权可能产生损失的预先支付，为权利人提供防卫性的保护；赔偿损失则是对过去权利人因侵权行为受到的销量减少或商誉损失的补偿，为权利人提供进取性保护。

### （一）ebay 案启示：不可能弥补损害之推定的否定

美国在 18 世纪从英国移植了普通法与衡平法并行适用的法律体系，在普通法体系下，普通法法院处理普通公民之间的私权纠纷；而衡平法法院（大法官法院）的大法官根据旨令执行国王的正义，最初衡平法法院有广泛的自由裁量权，包括决定公民赔偿的案件。在这种并行制度下，不同法院的管辖权相互冲突。然而，美国的宪法制定者，尤其是亚历山大 · 汉密尔顿和反联邦党人，对赋予衡平法院和大法官以广泛的自由裁量权表示质疑，因此美国衡平法的管辖范围被有意识地局限于通过普通法无法获得充分救济的特殊事项。[2] 根据美国宪

---

1 郑成思著：《知识产权论》，法律出版社 2003 年版，第 272 页。

2 See Jorge L. Contreras，Injunctive Relief in US Patent Cases，Injunctions in Patent Law（Rafal Sikorski，ed.，2018 Forthcoming），2018.

法精神，衡平法法院填补普通法法院不能提供救济的范围。普通法院一般通过金钱赔偿判决的方式来补偿受害者损失，而衡平法法院可以通过非金钱的救济方式，如通过恢复原状、宣告性救济和强制性救济（禁令救济或限制令）等方式来补偿当事人的利益损失。

衡平法法院只有在普通法法院不能提供救济或者救济不足时才提供救济，这在美国法上被称为“无法弥补之损害”或“无法弥补之损失”规则：针对违反普通法赋予的权利，除非原告遭受无法弥补的损害，否则法院不会给予衡平救济。[3]在专利案件中，对“无法弥补之损害”推定是基于专利的财产属性。美国在专利法第261条规定：“专利应具有个人财产的属性，专利权赋予其所有人排除他人未经许可的制造、使用、许诺销售、销售专利产品的独占权利。”[4]关于专利财产属性与获得禁令救济的关系，美国联邦巡回上诉法院在1987年解释道：在涉及专利权的案件中，在专利有效性和专利侵权得以清楚证明的情况下，可推定发生了无法弥补之损害，法院可根据衡平原则授予专利禁令来防止这种损害的发生。这种推定部分源于专利授权的期限性，由于诉讼不会推迟专利的失效期限，因此时间推移将会造成专利权人无法挽回的损害。[5]美国之所以采取“有侵权就有不可弥补的损害就有禁令救济”的规则，一方面是知识产权作为财产权的体现，另一方面则是其强保护知识产权政策在司法上的体现。[6]因此美国用“无法弥补之损害”的推定解决禁令救济的适当性，受该推定的影响，颁布禁令更可能在专利案件中出现。直到2006年，在eBay v. MercExchang案中美国联邦法院彻底扭转了专利侵权案件中禁令救济的可得性。

在ebay案中，美国联邦上诉法院推翻了下级法院对无法弥补损害的推定。托马斯大法官在为该案撰文时重新检验了法院在作出禁令救济时的考量因素，他认为法院应依据公认的衡平原则来决定是否授予禁令救济，同时提出了四要素检验标准。[7]这一检验标准要求原告证明：（1）原告遭受了无法弥补的损失；（2）普通法赋予的救济，即金钱损害赔偿不足以补偿其所受的损失；（3）基于对原告和被告所受“困境”的衡量，衡平救济应被授予；（4）发布禁令不会损害社会公众利益。四要素标准重新衡量了权利人、被控侵权人和公众之间的利

3 See Jorge L. Contreras, Injunctive Relief in US Patent Cases, Injunctions in Patent Law (Rafal Sikorski, ed., 2018 Forthcoming), 2018.

4 See 35 U. S. C. 261.

5 Robert P. merges & Peter S. Menell & Mark A. Lemley, Intellectual Property in the New Technological Age, Third Edition, Aspen Publications (2003), p. 300.

6 李扬：《中国需要什么样的知识产权行为保全规则》，载《知识产权》2019第5期。

7 See eBay Inc. v. MercExchange, L. L. C., 547 U. S. 388, 391 – 97 (2006).

益关系，在重审时，法院基于四要素规则驳回了 MercExchang 公司的禁令请求。eBay 案要求权利人对四要素进行确认以获取禁令，实际是推翻了专利侵权案件自动获得禁令的做法，这与传统的无法弥补损害之推定截然不同。四要素标准除了将公众利益纳入专利侵权案件，实际上也是对专利实施市场竞争关系的矫正。在传统的衡平规则中，专利权利人只需证明有侵权行为与专利有效就能推定无法弥补损害的存在，即使被控侵权人能承担任何数额的侵权损害赔偿，这种不考虑客观情况而赋予权利人绝对的请求权使得禁令救济成为权利人的议价工具，严重损害自由竞争的市场环境。

在 Apple v. Motorola 案中，法院首次将 eBay 案四要素规则适用于标准必要专利禁令救济。考虑了禁令可能给消费者带来的损害，法院指出："特定产品被禁售，致使消费者无法购买到其偏好的产品，而且可能会影响相关产品市场的竞争秩序。"[8]另外，禁令产生的专利劫持[9]倾向于拉高许可费用水平，增加消费者获取商品的成本，这些都有损于公益。进一步，专利劫持会阻碍标准技术的推广，从社会经济效率的角度看，如果因个别专利权人的私权救济而损害行业标准化进程，则可能不符合公共利益。[10]

### （二）从橙皮书标准到华为案：事实标准与法律标准的二分法

在欧洲，橙皮书标准涉及关于 CD-R 与 CD-W 技术事实标准案件的纠纷，2009 年德国联邦最高法院在该案中解决了拥有事实标准的专利权利人禁令救济可得性的程序问题。该案提出了解决禁令救济的框架，即除非被告能证明：（1）被告已经向原告提出了无条件的、真实的、合理的和易于被接受的要约；（2）被告须预期履行其合同相关义务，包括向专利权人支付专利许可费或者提供财务账单、托管专利使用费，并遵守许可合同中的其他要约，比如履行挑战专利有效性的终止许可条款义务，否则原告能获得禁令救济。[11]该程序式条件明确了专利实施者善意许可谈判的义务，如果实施者已经按条件履行了该义务，专利权利人仍寻求禁令救济，实施者可提出滥用市场支配地位的抗辩。在"橙皮书标准"下专利实施者承担确定许可费的义务，但德国联邦最高法院并没有给出确定许可费条款的具体规则。在许可交易中，涉及专利许可费的交易信息

---

8 See Apple, Inc. v. Motorola, Inc., 869 F. Supp. 2d 901, 912 (N. D. Ill. 2012).

9 See Mark A. Lemley & Carl Shapiro, Patent Holdup and Royalty Stacking, 85 TEX. L. REV. 1991 (2007).

10 Jorge L. Contreras, Injunctive Relief in US Patent Cases, Injunctions in Patent Law (Rafal Sikorski, ed., 2018 Forthcoming), 2018.

11 KZR 39/06, IIC 2010, 369.

可能掌握在专利权人手中，对专利实施者确定许可费条款的硬性规定，因缺乏信息交流的互动模式不利于谈判的达成，谈判双方不对称地位还增加了机会主义的风险。在2011年的Motorola v. Apple案中，Apple就Motorola公司的GPRS标准专利未能提供合理的许可费，德国卡尔斯鲁厄高级法院适用了橙皮书标准中的规则，判令Motorola公司取得对Apple公司的禁令，禁令执行了一段时间直到Apple提供了合适的许可费率才停止。[12]

因橙皮书标准施加的条件过于严格，在实践中只有少数的潜在被许可人获得了法院支持，多数情况下，标准的锁定效应使得潜在被许可人倾向于提供更高的许可报价以获得法院的支持。直到2014年的华为案，[13]欧盟法院才确立标准必要专利的许可路径。欧盟法院（CJEU）总法律顾问Wathelet认为，橙皮书案与华为案的基础不同，在华为案中标准必要专利权利人受FRAND条款的约束，如果采用橙皮书标准将给权利人提供过度保护，而依照“三星安全港”又保护不足，因此寻求在“三星安全港”与橙皮书标准之间提供保护是合理的。为此，欧盟法院提出了一个旨在避免标准必要专利权利人滥用市场支配地位的有序治理框架：（1）标准必要专利权利人向侵权者书面告知具体的侵权方式；（2）在被控侵权人提出了进行FRAND许可谈判的意愿后，标准必要专利专利权人必须首先提供包含FRAND许可条款的书面要约，特别是必须包含具体的许可费和该许可费的计算方式；（3）被许可人按照公认的商业惯例，诚信地回应标准必要专利权利人的要约，不得拖延，如果被许可人不同意专利权人的要约，则必须及时提出书面的反要约。如果双方均未提供符合FRAND条款的要约，将被迫进行仲裁。在该规则下，双方均有积极协商的义务。

在欧洲的标准必要专利实践中，采用了事实标准与法律标准二分法的治理规则。橙皮书标准因行为人未作出任何有约束性的承诺拥有更强的排他权，普遍的观点是，在法律标准下标准必要专利权利人向标准组织自愿作出了不可撤销的许可承诺，基于专利合法授予享有的垄断性排除权受到FRAND承诺的约束，权利人只能按FRAND条件许可其专利，不管许可的数量、范围和性质。

### （三）日本：差止请求权与专利权利滥用

在日本，专利权人可以对侵权行为请求差止请求权，为权利人提供事中救济。如果不能给予被侵权的权利人适当救济，权利人取得的专利权就没有任何

---

12 Motorola v. Apple, 2012, Higher Regional Court of Karlsruhe, Federal Republic ofGermany, Case No. 6 U 136/11.

13 Huawei v. ZTE, 2013, Regional Court of Düsseldorf, Federal Republic of Germany, Case No. 4b O 104/12.

实际意义。差止请求权的目标无非是排除市场上存在的侵权产品，因此，差止请求权产生效力的时机和范围对专利权人而言至关重要。[14]

差止请求权的基本含义是停止正在进行的侵权行为，在提起差止侵害请求时，即法院作出“不得制造、销售专利侵权产品”的判决基础上，还可以请求采取废弃组成侵害行为的产品、拆除供侵害行为的设备等防止侵权行为得以继续的措施。[15]但是，日本专利法也规定了权利滥用的抗辩手段。专利权的滥用（非正当行使）会受到反不正当竞争法、反垄断法等法律的约束。[16]日本的《知识产权战略大纲》中也特别强调专利权的保护范围、行使方式等不能妨碍现代社会使用知识信息的自由，在推进知识产权的政策时，应通过兼顾竞争以达到促进公众利益的目的。

在涉及标准必要专利时，一些日本学者认为标准必要专利持有者请求禁令的行为可能阻碍技术进步，但另一些学者又主张因为标准必要专利是国际性的，在限制标准必要专利持有者的权利救济方面应与国际同步。在“三星诉苹果”案中，日本知识产权高等法院认为如果标准实施者能够证明：（1）标准必要专利权人作出了 FRAND 承诺；（2）实施者有接受 FRAND 授权的意向两个条件时，标准必要专利权人的行为就可认定为构成违反民法下的权利滥用，法院不应当支持其差止请求。[17]由此可见，基于权利人无节制行使差止请求权造成公众的不利益，日本运用民法的权利不能滥用原则来规定标准必要专利权人行使差止请求权的正确方式。

## 二、FRAND 承诺约束下必要专利权人禁令救济的正当性

FRAND 承诺在美国法下被解释为第三人受益合同，相对于欧盟在反垄断法框架下的解决路径，美国法院一般将标准必要专利权人与标准组织之间作出的 FRAND 承诺视为可执行的合同加以实施，许可费的裁决、禁令请求等均在该规则下解决。标准制定组织要求标准制定参与者所作的 FRAND 承诺，首先表现为要求其与实施者所达成的许可费要符合 FRAND 原则，而结果的达成则依赖在谈

14 ［日］增田和夫、田村善之著：《日本专利案例指南》，李扬等译，知识产权出版社 2016 年版，第 365 页。

15 ［日］增田和夫、田村善之著：《日本专利案例指南》，李扬等译，知识产权出版社 2016 年版，第 365 页。

16 ［日］青山纮一著：《日本专利法概论》，聂宁乐译，知识产权出版社 2014 年版，第85 页。

17 鲁甜：《知识产权停止侵害请求权限制研究》，中南财经政法大学 2018 年博士学位论文，第 114 页。

判过程中当事人达成协议的行为，[18]如果仅要求结果符合FRAND原则并不能实现FRAND承诺的目的，因为仅从结果无法判断双方当事人的具体行为，而目的的达成有赖于实现的过程。FRAND原则有多重维度的属性，不仅协议的协商过程受其规范，而且协议的内容、协议的履行方式也应符合FRAND原则，并且在协议完成之后，在先的协议又可作为可比专利或可比协议为下一次协商提供重要的依据。受FRAND原则的影响，标准必要专利权利人获得禁令救济的能力受到了限制，但该限制并非标准必要专利持有者具有实施强制许可的义务，潜在被许可人仍须通过法律检验以证明是“有意愿的被许可人”。

理论上潜在被许可人受禁令的威胁依然存在，当威胁转变成标准必要专利持有者的可得利益时就会损坏市场竞争。合同法和专利法都以权利保护为本位，以恢复权利的法律状态为界限，只能为市场竞争提供静态的保护，而竞争法保护动态的市场竞争，竞争法不局限于签订合同之前的行为，而是延及合同的签订及履行阶段的行为。[19]竞争法以动态竞争、效率竞争为导向，不限于保护市场静态的私人利益，对自由竞争秩序的关注以及行为法属性等特征给予竞争法广泛的适用范围，标准的成功依托于自由公平的市场竞争环境，标准市场的竞争强度与创新输出量之间呈现出强烈的相关性。[20]

### （一）合同法与FRAND承诺的禁令救济：禁令救济的非完全排除

一些评论家认为应在合同上禁止标准必要专利权人对侵犯负有FRAND承诺的标准必要专利的侵权人提出禁令。[21]根据这一观点，FRAND承诺代表着合约放弃寻求禁令的权利，致使标准必要专利权人请求禁令的行为违反FRAND合同，[22]因此主张利用合同法来完全排除标准必要专利权人获得禁令救济的能力。但对FRAND承诺的条款以及标准制定组织的知识产权政策详细分析并不能得出上述推论。

在“原权—救济权”的权利构造中，停止侵害请求权是专利法赋予权利人法定排他权下的应然之义，除非权利人以明确的方式表示放弃权利，否则在其

---

18 马一德：《多边贸易、市场规则与技术标准定价》，载《中国社会科学》2019年第6期。

19 范长军著：《德国反不正当竞争法研究》，法律出版社2010年版，第71页。

20 Christina Bohannan，Herbert Hovenkamp，Creation Without Restraint，Promoting Liberty and Rivalry in Innovation，New York：Oxford University Press，2012. 转引自孔祥俊：《论反不正当竞争的基本范式》，载《法学家》2018年第1期。

21 Joseph S. Miller，Standard-Setting，Patents，and Access Lock-in：RAND Licensing and the Theory of the Firm，40 IND. L. REV. p.351，p.358（2007）.

22 J. Gregory Sidak，THE MEANING OF FRAND，PART II：INJUNCTIONS，Journal of Competition Law & Economics，Volume 11，Issue 1，March 2015.

权利受到侵犯时主张禁令就具有正当性。若不存在法定的例外条件，专利权人可以拒绝向第三方许可其专利，并且保留自己实施的权利。在标准专利领域该构造同样适用，目前绝大多数标准组织都要求其成员依 FRAND 原则许可专利。例如，在典型的 FRAND 合同中，IEEE 目前要求标准必要专利权人确保标准必要专利的许可，“将根据合理的条款……没有任何不公平的歧视……提供给无数量限制的申请人”。[23] 同样的，ETSI 要求标准必要专利权人确认“准备按［FRAND］条款和条件将不可撤销的许可授予”符合标准产品的制造商。[24] 标准必要专利权人和标准制定组织之间的合同产生的具体责任取决于特定的 FRAND 条款的性质以及标准制定组织的知识产权政策，这可能会因标准制定组织不同而不同。[25] 很显然，FRAND 仅对合同条款作原则性规定，对合同内容、数量、履行期限、履行方式没有明确规定，专利权人也没有明示或默示地放弃权利的意思表示。

但受 FRAND 承诺约束的专利权人并非无限制地实施其权利，通过订立 FRAND 合同，标准必要专利权人同意不行使其某些法定权利。在不受限制的情形中，如果专利权人决定许可其专利技术，专利权人可以根据具体的商业情况选择被许可人，即可以向某一家公司许可而拒绝另一家公司的许可请求，如此规定的经济意义在于专利权人可以选择能为其提供最高回报的被许可人，以弥补在创新中的投入，一旦该权利受到某种限制，必须通过其他方式来弥补专利权人的经济损失。在标准市场中，涉及专利技术的交易变得更加频繁，标准的开放性和通用性有效降低了交易的成本，经营者利用标准的规模实施获取高额的经济回报，标准在经济上的成功取决于其商业模式和对技术的选择，而非法律干预。如果标准中专利排他权的行使不受任何限制，过高的激励就会导致专利权人的机会主义、权力寻租，并且标准实施者对非标准实施者的相对优势不是市场环境的适当平衡，标准组织为此引入 FRAND 原则，FRAND 原则方法论意义就在于对标准专利排他权的恰当干预而并非对非标准实施者的补偿。

虽然标准组织没有给出 FRAND 条款的具体语义解释，但并不妨碍从目的论的角度在一定范围内给出明确的规范指引。FRAND 条款均一致地指向许可磋商以确保标准化技术目标的实现，即 FRAND 承诺排除了标准必要权利人拒绝向有

---

23 根据 IEEE-SA 标准委员会章程 § 6. 2. b（2014）的规定，该章程给 SEP 权利人施加在标准有效期内提供 FRAND 条款许可的义务，载 http：//grouper. ieee. org/groups/pp-dialog/ drafts_ comments/SBBylaws_ 100614_ redline_ current. pdf，最后访问于 2020 年 1 月 20 日。

24 ETSI 即欧洲电信标准协会，See ETSI Intellectual Property Rights Policy，Annex 6， § 6. 1.

25 J. Gregory Sidak，THE MEANING OF FRAND，PART II：INJUNCTIONS，Journal of Competition Law & Economics，Volume 11，Issue 1，March 2015.

意愿支付FRAND价格的实施者使用标准必要技术的权利。就目的论意义而言，FRAND合同实际上是许可费的定价机制，在该机制下只有双方磋商没有达成符合FRAND原则的许可费，才会触发禁令救济。在该机制下，禁令救济滞后于许可费裁决。

### （二）专利法与FRAND承诺禁令救济：专有权穷竭要件未促成

专利法促进创新激励的对价是赋予权利人的短期垄断，相对于著作权、商标权权利期限的可延续性，专利权呈现出明显的期限性，并且专利维持的官费机制使专利权人有在专利期限内通过自己实施或许可实施获取经济回报补偿创新投入的强烈动机。因之，专利的经济学本质是预期性的经济利益，排他权之下的禁令救济权保障了发明人获取合理回报的能力。专利的激励理论强调技术信息的非专享性即专利制度的功能在于补偿技术开发活动中的成功发明人，然而，并不是提供的激励越多越好，提供多大程度的激励需要立法者认真考虑，以在权利人和公众利益之间作出精细的平衡。通过专利产品的销售价格或者通过订立专利许可合同所获得的提成费，专利权人获得了他期望的回报，美国主张只要在首次出售其产品之前给权利人提供控制权就足够了。[26] 为了防止权利人过强的控制权可能对公众利益造成的损害，美国法院在判例中确立了专利权的首次用尽原则，法院认为虽然公众有义务给予创新者补偿，但公众的权利和利益必须得到有效和公平的保护，对创新者的报酬以公众利益受损害为限。专利权利用尽理论认为当专利权人获得与其技术贡献相匹配的合理经济利益时，权利被认为已经用尽，任何人都可以非侵权式实施。专利权用尽需要满足两个要件：一是权利人有自愿作出行使权利的意思表示；二是权利人从技术贡献中获得合理补偿。为了消除技术扩散的阻力，对于专利产品或技术方法，专利权人在首次销售时被认为已经获得了合理回报，排他权已经用尽，此后专利权人不能再干预专利产品的流转。德国著作权法也有类似规定，根据《德国著作权法》第17条第2款，只要版权所有人曾同意过（在联邦德国境内）出售自己的作品，则以后他就再也无权过问、也无权制止其他人进一步销售他的作品。[27] 作出FRAND承诺的专利与进入公共领域的作品不一样，进入公共领域的作品丧失了原先所有权利，而标准必要专利持有者仅在如何行使权利这一点上就丧失了专有权。[28]

---

26 尹新天著：《专利权的保护》，知识产权出版社2005年版，第71页。

27 《德国著作权法》第17条第2款规定："如果著作原件或复制物经在本法适用范围内传播的权利人的同意以让与的方式进入流通领域，则允许对该著作的再次传播。"

28 郑成思著：《知识产权论》，法律出版社2003年版，第346页。

正如莱姆利和夏皮罗教授指出的，通过作出 FRAND 许可承诺，标准必要专利权人承认损害赔偿将足以对其标准必要专利的侵权行为进行补偿。[29] 依据这一观点，FRAND 承诺的效果是使专利权人基于专利享有的排他性救济权利已经被用尽，即不再有获得禁令救济的权利。该观点曾引起广泛质疑，从实践来看标准制定组织也无意在其知识产权政策中排除标准必要专利权人的禁令救济权。更普遍的观点是，FRAND 承诺是对禁令救济的限制而非排除，因为根据专利的经济学意义在权利人没有从专利技术获得合理回报前专利排他权不会自动消失，受 FRAND 承诺约束的权利人也没有作出处分专利排他权的意思表示。通过专利权人作出不可撤销的 FRAND 承诺仅表明：权利人自愿将专利置于商业流通的管道上，潜在被许可人具有获得实施专利的合理预期。此承诺仅满足权利用尽理论中的意思表示要件，在后续的磋商中，如果双方达成许可，则专利权人已经从专利技术中获得合理经济回报，权利才能被用尽。

### （三）反垄断法与 FRAND 承诺禁令救济：过度干预下的技术封锁或技术壁垒

在美国反垄断法或者欧盟竞争法下，反垄断机构针对标准必要专利侵权者的禁令有权进行反垄断调查。《美国谢尔曼法》第 2 条禁止“垄断或企图垄断，或与他人联合、共谋垄断商业和贸易的任何部分”的行为。[30] 要在该法下主张垄断行为成立，原告需要证明被告利用反竞争行为维持或者取得了市场支配地位以及垄断市场具有“极大的成功可能性”（dangerous probability of success）。[31]

在 Illinois Tool Works Inc. v. Independent Ink，Inc. 案中，美国最高法院判决，“专利并不一定赋予专利权人市场支配地位”。[32] 若其标准面临着其他标准或非标准产品的激烈竞争，标准必要专利持有者不具有或几乎不具有市场支配地位。[33] 在 2014 年 4 月 2 日，美国司法部反垄断当局发布针对三星电子的反垄断调查声明，排除令作为侵犯（标准必要）专利的救济存在着以下风险：专利

---

29 See Lemley & Shapiro，A Simple Approach to Setting reasonable Royalties for Standard-essential Patents，Berkeley Technology Law Journal，Vol. 28：1135.

30 15 U. S. C. § 2.

31 Spectrum Sports，Inc. v. McQuillan，506 U. S. pp. 447，453（1993）.

32 See Illinois Tool Works Inc. v. Independent Ink，Inc.，547 U. S. 28（2006）.

33 联邦贸易委员会主席 Deborah Platt Majoras 认可在标准制定过程中讨论专利许可使用费具有促进竞争的可能，若所选标准必须与竞争对手的标准竞争，SSO 所选技术的持有者可能几乎无法获得市场支配地位，载美国联邦贸易委员会网站，http：//www. ftc. gov/speeches/majoras/050923stanford. pdf，最后访问于 2020 年 1 月 10 日。

权人利用排除令的威胁获得超出技术自身合理价值的许可条件，以有效利用从标准制定过程中获得的市场支配地位。[34] 最初 ITC 颁发了针对侵犯三星标准必要专利的苹果电子产品的排除令，但美国贸易代表处（USTR）以排除令危害公共利益为由，否决了 ITC 的决定。[35] 基于贸易代表处的行动，反垄断局进而认为，对于其调查，无须采取进一步行动，因此关闭了对三星的反垄断调查，但表示会继续监视该领域内的进一步发展。反垄断当局的调查并未说明三星电子申请排除令的行为以损害消费者福利的方式破坏了市场竞争，对于三星的行为违反了哪项反垄断规则，在哪个市场具有支配地位，是否构成这种支配地位的滥用，反垄断当局并未指明，对专利劫持仅是理论上的简单推测。该案启示在构成专利垄断的判定上，应注意区分市场垄断和法定垄断，市场垄断与社会整体利益相背离而备受责难，法定垄断则是专利激励论在知识产权法上的具体应用，市场垄断和法律垄断都是市场个体趋利行为的客观结果，法定垄断有益于社会，当行使法定垄断权构成滥用、搭售、价格歧视等以索取市场垄断利益，反垄断法的干预才具有正当性。具言之，通过正常市场行为取得支配地位并未违反法律，只有利用排除令取得或者维持了支配地位才有可能构成《谢尔曼法》第2条下的垄断行为。反垄断局终止其针对三星调查的通知并未说明美国反垄断法认可的损害理论，反垄断局分析的缺失说明三星申请排除令的行为最多构成不正当竞争行为，可基于《联邦贸易委员会法》（FTC 法）第5条提出控告。[36]

在欧洲，欧盟委员会根据《欧洲联盟运行条约》（TFEU）第102条对标准必要专利持有者的禁令救济进行调查，需要满足两个条件：一是具有市场支配地位；二是滥用了市场支配地位。2012年1月欧盟委员会在对三星的调查中认为：若标准必要专利持有者已作出依据（FRAND）条件许可其标准必要专利的承诺，且禁令救济的针对对象愿意依据 FRAND 条件达成许可协议，则基于标准必要专利寻求禁令救济的行为可能构成滥用支配地位。[37] 欧盟委员会担心，三

---

34 《司法部反垄断局关于停止对三星使用其标准专利进行调查的决定的声明》（2014年2月7日），载美国司法部网站，http：//www. justice. gov/atr/public/press_ releases/2014/303547. pdf，最后访问于2020年1月10日。

35 《司法部反垄断局关于停止对三星使用其标准专利进行调查的决定的声明》（2014年2月7日），载美国司法部网站，http：//www. justice. gov/atr/public/press_ releases/2014/303547. pdf，最后访问于2020年1月10日。

36 J. Gregory Sidak, The Meaning of Frand, Part II: Injunctions, Journal of Competition Law & Economics, Volume 11, Issue 1, March 2015.

37 《欧盟委员会、反垄断新闻稿：委员会对三星电子关于使用标准必要专利的承诺的咨询》（2013年10月17日），载欧盟委员会网站，http：//europa. eu/rapid/press-release_ IP－13－971_en. pdf，最后访问于2020年1月10日。

星根据其移动标准必要专利在欧洲经济区（EEA）寻求针对苹果的禁令，可能是对欧盟反垄断规则所禁止的市场支配地位的滥用。

该案以三星同意在五年内不寻求对同意依照特定许可框架的标准必要专利实施者禁令结案。负责竞争政策的委员会副主席 Joaquín Almunia 认为："通过禁令强制执行专利是完全合法的，然而，当专利是至关重要的标准时，必须防止滥用，以使标准制定工作正常进行，消费者不必遭受所谓的专利战争的负面后果。"[38] 在摩托罗拉移动对苹果的禁令申请中欧盟委员会启动了类似的调查，在涉及 GPRS 标准中，摩托罗拉移动指控苹果侵犯其特定标准必要专利，欧盟委员会指出对愿意达成 FRAND 条款许可的潜在被许可方寻求禁令救济可能构成滥用市场支配地位，潜在被许可方在禁令威胁下可能会接受不合理的许可条款，从而扭曲授权谈判。与美国反垄断当局一样，对三星和摩托罗拉移动滥用市场支配地位的认定，欧盟委员仅做理论上的推演，在要件的判定上没能结合三星的行为作出具体认定。虽然在标准市场上专利权人禁令请求的行为具有反竞争的效果，但对市场支配地位的认定需要展开大量的市场调查和论证，同时还要考察行为人的主观心理状态，这对于主管机关具有很大挑战。

不容否认，反垄断调查对市场经营者是最具威力的干预手段，即使没有构成事实上的市场垄断，标准必要专利持有者在反垄断机构的压力下都倾向于签署和解令结案。三星与在欧盟委员会签署的和解协议框架中为许可协商设置程序性的"三星安全港"，即在专利权人提出 FRAND 要约之后，给标准实施者设置一定期限的反应时间，即使在期限的最后一天回应也不构成对要约的违背。该协商程序被认为过分地偏向必要专利实施者而可能导致实施者采取拖延战术。

虽然在反垄断法下的说理空白没有得到解决，但反垄断审查手段的强大非市场力量、立竿见影之效、反垄断机构脱离于司法体系之外等种种优势是行使非贸易目的的最佳手段，各国尤其是欧美发达国家的反垄断审查机构频繁对市场经营者发起反垄断审查，使用网络安全、贸易损害等理由阻却与其竞争的国外高新技术企业，人为制造技术壁垒或进行技术封锁，企图遏制竞争对手，拖延技术发展进程。在技术发展过程中，反垄断法的过度干预将适得其反，甚至具有排除市场竞争的效果，影响标准目标的实现。

---

38 《欧盟委员会、反垄断新闻稿：委员会对三星电子关于使用标准必要专利的承诺的咨询》（2013 年 10 月 17 日），载欧盟委员会网站，http：//europa. eu/rapid/press-release_ IP - 13 - 971_en. pdf，最后访问于 2020 年 1 月 10 日。

## 三、限制标准必要专利禁令救济的法律依据

### （一）竞争法与标准参与者行为约束

竞争法是行为规制法，与以权利为本位的专利法和合同法不同，它是以市场为本位的，旨在维护自由公平的市场竞争秩序，因此它是以市场效果为评价媒介的法律技术，如果市场参与者的行为对市场秩序破坏力达到一定的限度，竞争法就有干预的正当性。一方面，在涉及标准产品的市场上，标准产生的锁定效应大大削弱了专利实施者的议价能力，在不对称的谈判结构中，标准必要专利持有者有利用这种议价能力去攫取经济利益的强烈动机，并且借助标准的网络效应使得破坏力进一步加大，有可能扩散至整个标准市场，从而影响市场竞争秩序。另一方面，受制于FRAND承诺边界的模糊性和内容的不确定性，标准实施者可能故意拖延FRAND合同的谈判，或恶意磋商，故意隐瞒与达成协议有关的重要信息等，以实现非正当目的。标准市场的竞争行为可能产生各种消极后果或负外部性，通过市场转嫁给消费者。

围绕标准产品的开发研究和实施可能存在两种不同的竞争模式，一种是标准的创新者和实施者同时进行标准技术产品的研发和实施，在横向和纵向市场上都存在竞争，任何一方利用标准劫持另一方都可能会推高竞争成本或交易成本，如在Microsoft v. Motorola一案中，原、被告双方都是802.11（无线局域网标准）和H.264（视频压缩标准）标准的必要专利持有者及标准产品实施者，横向和纵向市场都存在竞争关系。另一种是标准的创新者和实施者不存在竞争上的交叉关系，两者彼此存在于上下游市场，在标准市场价值链的不同位置。典型的比如在专利非实施主体（NPE）商业模式中，专利权人不实施专利，依靠收取许可费获取利润。在以上情形中，由于存在直接或间接竞争关系，处于相对优势地位的标准必要专利权人可能压制另一方接受不利的交易条件，转嫁生产成本，甚至迫使另一方接受明显不合理的交易条款。直接的原因在于标准的锁定效应使实施者对专利权人产生非对称的依赖关系，进而破坏实施者市场地位的独立性。对相对优势地位产生的市场竞争秩序破坏，我国曾经在2016年的《反不正当竞争法（修订草案送审稿）》第6条加入“滥用相对优势地位规制”条款，旨在规制经营者利用优势地位攫取不正当利益，而又未达到市场垄断地位符合《反垄断法》规制对象的范畴，但是经过激烈的争议该条款被迫放弃。较多的观点认为，针对与市场竞争关系的密切的问题，可以通过反垄断法

中禁止滥用市场支配地位的规定予以解决，[39]反不正当竞争法新增的规定可能导致与反垄断法界限被混淆。通过该修正案草案的讨论形成的共识是，滥用相对优势地位应该受到法律的规制，只是出于法律技术的考虑没纳进《反不正当竞争法》中。

事实上，在反垄断法将相对优势地位予以明确规制之前，可以利用《反不正当竞争法》第2条规定的“一般条款”予以规制。“一般条款”规定了“扰乱市场竞争秩序，损害其他经营者或者消费者的合法权益的行为”，都属于反不正当竞争法调整的范围。在标准市场中，经营者利用标准或者FRAND承诺的模糊性违反正常的商业道德或者商业惯例，损害其他经营者利益或者消费者利益的行为，都应该制止。申言之，可构建“行为—法益”的分析范式，如果经营者行为具有非法性，不符合正常的商业实践，并且该种行为会破坏市场竞争秩序，就应该受到法律调整。如果经营者例如标准必要专利权人在相关市场构成垄断地位，并且滥用了这种支配地位，可利用反垄断法进行调整。

### （二）比例原则与多方利益均衡

比例原则起源于亚里士多德的理论，即正义是双方之间的一种合比例性，以抽象的原则为中介。[40]然而，经过几个世纪的法律实践，比例原则在此过程中提炼和发展了亚里士多德的原始理论，通过法律实践，亚里士多德的抽象概念得到更精确的定义。但是，亚里士多德的理念——正义由抽象原则所调和的双方之间的合比例性，仍然作为当代比例原则的一部分传承下来。现代比例原则作为手段与目的的相称性原理得到更好的适用，它由三个子原则组成，包括手段与目的相称的适当性原则、在诸多手段中选择利益损害最小的必要性原则和采取措施手段带来的利益要大于损失的均衡性原则。它是演绎和归纳法律方法的综合体，因而可以调和普通法和大陆法体系的冲突。[41]同时，作为冲突的解决规则，它也可以缓和实在法和普通法之间的价值分歧，将各国的法律实质规则融合成一体。在标准必要专利禁令救济规制的场合，既要防止专利权人的劫持行为，也要预防标准实施者的反向劫持。因而，在法律进行干预时，必须要考量专利权人、实施者和消费者三方之间的利益均衡，达到法律手段与目的的适当性、必要性与均衡性。

首先，在适当性与FRAND承诺责任的确定上，FRAND承诺的目的在于通

---

39 王晓晔：《论滥用“相对优势地位”的法律规制》，载《现代法学》2016年第5期。

40 Engle, Eric, The History of the General Principle of Proportionality: An Overview (July 7, 2009). 10 Dartmouth Law Journal 1 - 11 (2012).

41 Id.

过规范标准参与者的行为来促进标准市场的繁荣。一方面，标准市场需要确保最先进的技术投入标准中，以实现标准的快速更新和换代升级；另一方面，标准实施者获取标准技术的成本也会影响标准产品的推广及普及，成本越高，表现在产品价格越高，消费者的购买热情将会消减。在确定FRAND承诺的责任承担时，应综合权衡两方面的因素。在橙皮书标准中，因给实施者施加过重的谈判义务几乎导致禁令救济直接被授予，而在“华为案”中，欧盟法院修正了橙皮书标准，该标准实际只关注标准参与者的行为，对消费者利益疏忽关照。我国法院在西电捷通诉索尼公司、华为诉三星公司案中确立了标准参与者进行FRAND谈判的“过错规则”，实际上也是遵循欧盟的解释路径。但在比例原则的适当性下，必须综合考虑所采取措施是否能够促进目的的实现，因而，公共利益也是不可忽视的考察因素。

其次，必要性与FRAND承诺责任承担方式优化。必要性要求在诸多能实现法定目的的手段中，选择对利益损害最小的方式，又称“最小侵害原则”。在调整FRAND承诺责任和侵权责任中，禁令救济、法定许可费、持续性许可费都能实现对权利人的救济，但法定许可费存在潜在的反向劫持风险，极易导致实施者的拖延或策略性谈判，因而，禁令救济和持续性许可费可针对不同情形规制劫持问题。对于禁令救济，如果专利权人属于非实施主体（NPE）或者涉及专利仅是大规模组件的小部分专利，专利权人实施排他权产生的杠杆效应过大，就无法通过必要性检验，而应授予持续性许可费。相反，如果实施者拒绝进行FRAND合同谈判或不履行生效的法律文书，禁令救济就是可行的。持续性许可费并非强制许可，若在确定之前，仍允许以公开、公正的方式自主协商确定许可费相关事宜，“持续许可费就只是持续性许可费，而非强制许可”，[42]秉承市场优先、法律滞后干预的原则。

最后，均衡性与多元利益分析。均衡性分析是不同利益之间的比较，从法价值上看，既要考察法律价值的不同位阶也要进行比值上比较，在经济意义上要达到的是“帕累托最优”。在均衡性分析中，法院需要考虑授予禁令可能导致的实施者产品产量减少、被迫关闭门店等重大损失情形，还应考虑是否会影响消费者的产品选择权及产品价格上涨影响社会福祉等因素，如果禁令对专利实施者、消费者的利益损害过大，超出必要专利权人的可得利益以及拒绝禁令可能影响创新主体投入标准的积极性等，法官需要充分发挥裁判的艺术作出恰当的平衡。

42 Paice LLC v. Toyota Motor Corp（504 F 3d 1293）（2007）.

（三）《民法典》社会本位的规范作用

社会本位贯穿整部《民法典》，相较于《民法通则》时代的权利本位，《民法典》的社会本位体现在众多条款中，这些条款将《民法典》构建出民事活动的规则体系。其中，《民法典》第 7 条规定了民事活动应秉持诚实、恪守承诺的基本准则；第 132 条规定民事权利不能滥用损害国家利益、社会利益或他人合法权益；第 844 条规定订立技术合同应有利于知识产权保护和科学技术进步的社会目的；另外，第 999 条人格权的合理使用、第 1025 条名誉权的限制等例外情形，所有权的绝对化受社会公共利益的限制；第 1165 条侵权责任的过错推定、第 1166 条无过错责任原则，除了对侵权者的惩罚之外，还有为他人利益、社会利益的考量。知识产权的民事权利性质规定在《民法典》的第 123 条中，明确了知识产权属于《民法典》调整的民事权利范畴。《民法典》对知识产权侵权的救济体现的也是体系化和社会化的思维。

对于知识产权侵权的民事救济，《民法通则》采用的是“类物化”的界定范式，《民法通则》第 118 条就曾规定，发生知识产权侵害时，规定权利人有权要求停止侵害，消除影响，赔偿损失的责任承担方式，即将“权利的属性”和“侵权的补救措施”进行同等化处理，权利的绝对化倾向特别明显。该规定与美国 eBay 案的早期规定有相似之处，eBay 案之前美国基于专利的经济属性和期限不可补偿性，认为发生侵权行为就有无法弥补的损害发生，因而有侵权就授予禁令。在 eBay 案中，法院回顾了专利侵权救济历史，并提出了四因素的衡平救济规则，旨在确保在授予知识产权与促进科学社会进步之间取得平衡。

《民法典》并未保留《民法通则》第 118 条，并在第 179 条中规定了 11 种民事责任的承担方式，在第 238 条中规定侵害物权的责任承担方式，在第 995 条规定人格权侵害的民事责任形式，并没有绝对地将停止侵害赋予受侵害的权利人，不再采用绝对权受到侵害就要停止侵害的救济形式，体现“所有权社会化”的理念，或私法的公法化倾向。对于侵权责任，《民法典》第 1167 条规定发生侵权行为时，赋予被侵权人请求侵权人承担停止侵害、排除妨碍和消除危险等侵权责任，将“权利的属性”和“侵权的补救措施”进行了明确区分，“停止侵害”的责任形式不再依附在权利属性上，而是转由侵权责任承担方式而具体化。这一转变使得《民法典》时代知识产权侵权责任承担方式更具灵活性和体系化，具体而言，在行使知识产权权利时，要遵守《民法典》第 7 条的基本准则，更不能违背第 132 条规定的权利滥用损害国家或他人合法利益，同时知识产权的利用要实现第 844 条规定的设立知识产权目的。因而，当确定侵权责任时，所应考虑的是《民法典》的体系思维，而非绝对权的性质。

此外，《专利法》作为《民法典》的民事特别法，在适用上具有优先性，其第 11 条确定了专利权的排他权性质。在构成侵权与停止侵权的因果关系上，《专利法》第 60 条规定侵权认定成立时，“可以”责令停止侵权，所采用的语言与《民法通则》第 118 条的“有权”相比缺乏硬度，在判定停止侵权时，还需要考量其他因素。基于标准市场的网络化和规模性，禁令救济在规模市场产生的破坏力将进一步被放大。根据科斯产权配置定理，此时，应将产权赋予最珍惜权利的一方，若赋予标准专利权利人，基于专利劫持的风险，会增加“谈判与决策的成本”，不利于交易达成，先行让使用者使用权利再通过经济补贴机制填补权利人损失的“赔偿法则”会降低系统的风险，契合《民法典》的社会本位之功效。

# 知识产权法与反不正当竞争法竞合的适用规则

卢纯昕*

【内容提要】在知识产权审判实践中，权利人同时依据知识产权法与反不正当竞争法提出主张已成为一种常规的诉讼策略，此时司法裁判面临知识产权法与反不正当竞争法的适用选择。知识产权法与反不正当竞争法之间并非单一的特别法与一般法的适用关系，而应是一种多重关系：商标法与反不正当竞争法之间构成规范排除竞合，商标法的专门规定优先于反不正当竞争法适用；专利法、著作权法与反不正当竞争法之间构成规范选择竞合，当事人可以选择任一规范行使权利。在知识产权法与反不正当竞争法的交叉保护领域，摒弃单一的知识产权法优先适用论，区分不同规范竞合类型构建知识产权法与反不正当竞争法的适用规则，既符合民法学上的规范竞合理论，又能够为司法实践中的法律适用提供清晰简便的指引。

【关键词】知识产权法　反不正当竞争法　规范竞合　规范排除竞合　规范选择竞合

## 一、问题的提出

《民法典》被誉为“民事权利的宣言书”，其调整范围涵盖了包括知识产权在内的私权领域。从知识产权体系的关联性和逻辑性解读我国《民法典》第123条，广义知识产权应包括两类：一类是通过知识产权法“设权”方式成立的专有性绝对权，另一类是通过反不正当竞争法“行为规制”方式获得保护的

---

* 卢纯昕——广东外语外贸大学法学院副教授，主要研究领域：知识产权法。本文系司法部国家法治与法学理论项目“知识产权纠纷中反不正当竞争法的适用边界”（18SFB3030）的研究成果。

知识财产法益。[1] 由此可知，知识产权法与反不正当竞争法是保护知识产权客体的两种重要方法。问题在于，当这两种不同的机制通过不同的路径实现对相同客体的保护时，会引发法律适用上的冲突。在司法实践中，权利人同时主张被告构成知识产权侵权和不正当竞争的情形非常普遍，意图获得双重保险。有学者在对涉及驰名商标的近两百个案件进行调查统计时，发现有超过 1/2 的当事人同时提出两种诉讼请求。[2] 还有另外一些案件，当事人回避了停止侵害知识产权的主张而径直选择制止不正当竞争的主张。当同一知识产品同时符合知识产权法与反不正当竞争法的保护规范时，如何避免适用结果上的矛盾，成为司法适用中亟待解决的问题。

传统的“优先适用论”认为，知识产权法应视为反不正当竞争法的特别法，知识产权法排除反不正当竞争法的适用。[3] 这一观点深刻影响了司法实践。在“星河湾”侵害商标权及不正当竞争案中，被告将与原告享有商标专用权的“星河湾”商标相近似的“星河湾花园”标识作为楼盘名称使用，最高人民法院再审判决认为，该行为容易使相关公众造成混淆误认，构成商标权侵权。对于该行为是否因使用“星河湾”知名商品特有名称而构成不正当竞争，最高人民法院持否定意见，理由是：“原告的楼盘名称和其商标文字部分完全相同，事实上该楼盘名称获得的商誉已经与其商标承载的商誉密不可分，已形成一个整体并由该商标承载的商誉体现出来，难以在商标权之外再独立构成知名商品的特有名称民事权益。”[4] 这一案例作为 2015 年最高人民法院十大知识产权案件之一，强调了知识产权法与反不正当竞争法之间的适用关系。最高人民法院认为，知识产权法和反不正当竞争法系特别法和一般法的关系，凡是知识产权专门法已经保护的领域，一般情况下，反不正当竞争法不再给予其重合保护。

随着知识产权理论与实践的发展，知识产权优先适用论受到了挑战和质疑，在学理上开始出现平行适用的观点。[5]“平行适用论”认为，知识产权法的适用并不排斥反不正当竞争法的适用，两部法律是平行适用的关系。[6] 司法实践也出

1 参见［日］中山信弘著：《多媒体与著作权》，张玉瑞译，专利文献出版社 1997 年版，第6－8 页。

2 参见谢晓尧著：《在经验与制度之间：不正当竞争司法案例类型化研究》，法律出版社 2010 年版，第 69 页。

3 韦之：《论不正当竞争法与知识产权法的关系》，载《北京大学学报（哲学社会科学版）》1999 年第 6 期。

4 最高人民法院（2013）民提字第 102 号民事判决书。

5 郑友德、万志前：《论商标法和反不正当竞争法对商标权益的平行保护》，载《法商研究》2009 年第 6 期。

6 张伟君、庄雨晴：《“〈商标法〉优先适用论”辨析》，载《知识产权》2020 年第 6 期。

现了平行保护的新做法。在2019年裁判的“微信红包案”中，法院就表达了平行适用的观点。在该案中，被告未经许可在其经营的“吹牛”应用软件中使用与原告涉案美术作品相近似的电子红包聊天气泡和开启页的行为，被认定为著作权侵权行为。对于原告可否就“微信红包”相关页面的使用寻求反不正当竞争法的保护，法院认为，“原告主张‘微信红包’相关页面构成有一定影响的装潢，有一定影响的装潢具有识别商品来源的作用，故原告上述主张是就‘微信红包’相关页面寻求标记类经营成果的保护，与其主张著作权法保护的利益不同，原告可以在著作权法之外同时寻求反不正当竞争法的保护”。[7] 类似的裁判还发生在商标领域。如在2020年裁判的“新百伦”案中，在“New balance”运动鞋的N字母已取得注册商标权的前提下，对于原告能否主张N字母装潢作为有一定影响的商品装潢受反不正当竞争法保护，法院认为，“有一定影响的商品装潢”系《反不正当竞争法》明确规定的受保护权益，其与注册商标权分属彼此独立的知识产权类型。“在被诉侵权行为可能同时构成商标侵权及不正当竞争时，属于请求权竞合，权利人可以明确择一法律关系对涉案行为进行主张。本案原告明确主张通过《反不正当竞争法》而非《商标法》保护其权益，已经就法律保护依据进行了选择，并无不当。”[8]

当权利人同时提出停止侵害知识产权与制止不正当竞争的主张时，司法裁判将面临知识产权法与反不正当竞争法的适用选择。此时是将知识产权法视为反不正当竞争法的特别法，排除反不正当竞争法的适用，还是承认两部法律的平行适用关系同时支持两种诉讼请求，目前理论界和实务界仍未有统一的看法。这一问题的厘清，有助于协调知识产权法与反不正当竞争法的适用冲突，划定反不正当竞争法在知识产权领域的适用边界。

## 二、适用规则的法理基础：规范竞合理论

在我国《民法典》中，知识产权是不可或缺的民事权利。知识产权法作为私法，与民法学理论息息相关。在知识产权领域内探讨同一知识产品受两种不同法律规范保护时应适用何种法律的问题，运用民法上的规范竞合理论能为问题的解决提供最佳思路。[9]

---

7 北京互联网法院（2019）京0491民初1957号民事判决书。

8 上海市浦东新区人民法院（2017）沪0115民初1798号民事判决书。

9 梁志文：《论知识产权规范竞合及其解决路径——兼评最高人民法院的一则解释》，载《法商研究》2006年第2期。

### （一）规范竞合的特征

民法上的规范竞合，也称法律要件竞合或法条竞合，是指同一案件事实同时符合数种法律规范的法律要件。[10] 当权利人同时提出停止侵害知识产权与制止不正当竞争主张时，知识产权法与反不正当竞争法适用冲突的本质属于同一案件事实可以援引不同的法律规范进行裁判的情形，符合民法上规范竞合的构成要件。

依照规范竞合的一般理论，知识产权法与反不正当竞争法的规范竞合有三个特征：其一，同一法律事实同时符合知识产权法和反不正当竞争法规范的构成要件。申言之，对知识产品的不当利用行为，牵涉知识产权法与反不正当竞争法，同时满足知识产权侵权和不正当竞争行为的构成条件。其二，数个法律规范所调整的法律关系主体同一。例如，在假冒他人商标这一事实中，行为人的假冒行为可能既构成商标侵权行为，又构成不正当竞争行为，商标权人是该侵权关系与不正当竞争关系中的同一权利人。这有别于权利冲突的概念，权利冲突是共存于同一客体上归属于不同主体的权利互相矛盾或相抵触的法律模态。[11] 例如，因企业名称的登记层级与商标注册不同，将他人在其他行政区域登记的企业名称作为自己的商标注册所引起的商号权与商标权的冲突属于权利冲突，此时商号和商标分属不同的权利人。其三，数个法律规范规定的法律效果不同。这里的法律效果不同，指的是规范竞合所产生的法律效果不能相互吸收。[12]

### （二）规范竞合的处理

规范竞合所引起的问题依据竞合类型的不同，解决路径也有所不同。从法律效果的角度出发，规范竞合可分为法律效果相同的竞合与法律效果不同的竞合两种情形，这两种情形又可细分为请求权竞合、规范累积竞合、规范排除竞合、规范选择竞合与规范限制竞合五种具体类型。[13]（如下图所示）

10 龙卫球著：《民法总论》，中国法制出版社2001年版，第133页。

11 曹新明：《论知识产权冲突协调原则》，载《法学研究》1999年第3期。

12 梁志文：《论知识产权规范竞合及其解决路径——兼评最高人民法院的一则解释》，载《法商研究》2006年第2期。

13 龙卫球著：《民法总论》，中国法制出版社2001年版，第133－134页。

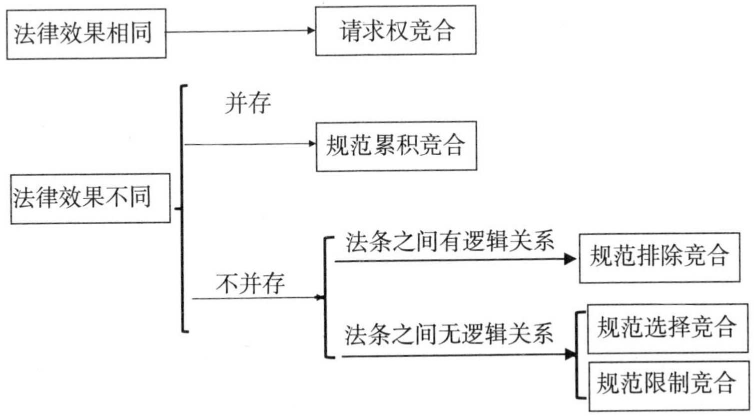


**民法上的规范竞合类型图**

规范竞合的第一种情形是法律效果相同的情形。当同一法律事实触及数个法规的构成要件，引起的法律效果相同时，竞合并不会产生严重的问题。因为不同的法条规定的法律效果是同一的，研究适用哪个法条并无实际意义。然而，这种情况将产生“请求权竞合”，即基于同一法律事实产生数个在内容上完全相同或重叠的请求权，此时当事人可以选择其中之一行使。[14] 例如，出租人在租赁合同到期日有权要求承租人返还房屋，这既是基于合同之债产生的请求权，又是基于物权产生的请求权。承租人返还房屋不仅履行了租赁合同的义务，而且履行了返还原物的义务。请求权竞合表明，当基于同一给付内容的义务产生不同请求权时，当事人只能要求对方履行一次。[15]

规范竞合的第二种情形是法律效果不同的情形。当竞合导出的法律效果不能彼此相互吸收时，依照这些不同的法律效果之间的关系又可以将规范竞合分为两类四种情形。第一，当事人拥有数个不同给付内容的请求权，这些请求权在性质上可以并存，可以同时主张。这种竞合关系被称为“规范累积竞合”或“请求权聚合”。[16] 例如，无权占有他人所有之物，所有权人不仅可以请求无权占有人返还原物，在特定情况下还可以要求其返还占有期间该物产生的孳息。这些法律效果在性质上可以同时存在并同时发生效力。第二，当事人拥有数个不同给付内容的请求权，且这些请求权在性质不能并存时，只能适用其中的一

14　［德］卡尔·拉伦茨著：《德国民法通论（上）》，王晓晔、邵建东等译，法律出版社 2003 年版，第 251 页。

15　［德］卡尔·拉伦茨著：《德国民法通论（上）》，王晓晔、邵建东等译，法律出版社 2003 年版，第 352 页。

16　王泽鉴著：《法律思维与民法实例：请求权基础理论体系》，中国政法大学出版社 2003 年版，第 203 页。

种，这涉及应适用哪个法条的问题。在考虑适用何种法条时，首先关注的是法律事实所触及的不同法条之间的逻辑关系。如果是处于不同位阶的法条，应遵循“上位法优于下位法”的原则；如果是处于同一位阶的法条，则依照不同的情形遵循“后法优于前法”或“特别法优于普通法”的原则。[17] 在法条之间存在逻辑关系的前提下，由于两种规范是相互冲突的，一种请求权规范的适用排除了另一种请求权规范，因此这种竞合关系被称为“冲突性规范竞合”或“规范排除竞合”。[18] 其次，若法条之间不存在上述逻辑关系，依照竞合的法律效果之目的与性质又可细分为两种情况。当不同性质的法律效果均可达致相同目的时，此时法律效果的实现由当事人选择，但只能以一重为限。这种竞合被称为“规范限制竞合”。[19] 而当不同性质的法律效果所欲达到的目的不同时，基于这些法律效果不能并存，此时赋予当事人选择权，在适用其中一种法律规范后，不能再主张其他请求权。这种竞合关系被称为“规范选择竞合”或“择一竞合”。例如，在买卖标的物存在瑕疵的情况下，买受人可以依据标的性质与损失的大小，请求出卖人维修、减少价金、解除合同或损害赔偿。因标的物质量问题产生不同的法律效果，由于这些法律效果不能并存，不能同时行使，买受人只能择一而行。规范选择竞合与规范限制竞合的区别在于，在规范选择竞合的情况下，当事人行使一个请求权后，其他请求权归于消灭；而在规范限制竞合的情况下，当事人行使请求权后，其他请求权只有在请求权人所依据的请求被满足的限度内，因目的已达才相应归于消灭。[20]

若同一法律事实同时符合知识产权法与反不正当竞争法的规范要件，在法律适用上应依照民法的规范竞合原理作出判断。问题的关键在于辨别知识产权法与反不正当竞争法之间的规范竞合属于何种类型，从而得出解决的方法。在作规范竞合的类型判定时，有必要结合知识产权各单行法以及反不正当竞争法的历史起源、立法价值及正当性基础等方面综合作出定性。从知识产权法的演变史看，知识产权法一开始由著作权法和专利权法构成，直到19世纪下半叶知识产权法完成从关注“创造”到关注“对象”的现代化转型后，商标法才正式纳入知识产权法的框架之中。[21] 商标法在很长一段时间内被视为知识产权法大

---

17 黄茂荣著：《法学方法与现代民法》，中国政法大学出版社2001年版，第171页。

18 ［德］卡尔·拉伦茨著：《德国民法通论（上）》，王晓晔、邵建东等译，法律出版社2003年版，第349页。

19 参见龙卫球著：《民法总论》，中国法制出版社2001年版，第134页。

20 黄茂荣著：《法学方法与现代民法》，中国政法大学出版社2001年版，第170页。

21 See Brad Sherman and Lionel Bently, The making of modern intellectual property law: the British experience, 1760-1911. Cambridge University Press, 2008, pp. 194 – 199.

家庭中被忽视的拖油瓶（stepchild），[22] 这从另一个侧面反映出商标法与专利法、著作权法等保护创造性成果的知识产权制度存在很大的不同。因此，在作知识产权法与反不正当竞争法规范竞合的类型判断时，应区分不同的知识产权单行法进行分别对待。

## 三、适用规则的承继：优先适用论的延续

基于商标法与反不正当竞争法在历史起源与正当性基础上的紧密联系，商标法与反不正当竞争法普遍被认为是特别法与一般法之关系。[23] 在美国等国家，商标法一直被视为反不正当竞争法的重要组成部分。当商标法与反不正当竞争法发生规范竞合时，商标法应优先适用。

### （一）商标法与反不正当竞争法的特殊渊源

商标法和反不正当竞争法皆来源于普通法上对欺诈侵权的规制。从严格意义上讲，商标法规则的产生早于反不正当竞争法。历史上第一起可考证的普通法商标侵权判例是 1584 年的 Sandforth 案，同是羊毛布料生产者的被告在自己低质量的商品中使用了原告的标记“J. G.”。[24] 而首次使用“不正当竞争”术语的案件是 1803 年的 Hogg v Kridy 案。[25] 此后，英美法系的普通法逐渐将制止仿冒（passing off）发展为规制欺诈侵权的一个分支，而商标侵权正是制止仿冒的一种重要类型。商标法起初的核心是保护消费者免受欺诈以及保证经营者在市场上的诚实行为。[26] 商标法在一开始并没有赋予商标持有人以财产权利。直到 19 世纪中期，随着制止仿冒的规则得到广泛的接受和商标功能的拓展，对商标财产观的讨论才开始兴起。将商标保护视为商誉保护的一种手段，成为当时商标财产权的有力解释，这也将商标侵权从欺诈的束缚中解放出来。[27] 在不存在欺诈消费者的情况下，商标权也能获得保护。随着商标的财产性质获得认同，商标开始单独立法，并从早期的制止仿冒中独立出来。商标法的保护目标继而

22 See Sonia K. Katyal, Trademark Intersectionality, 57 UCLA L. Rev. 57 (2009).

23 孔祥俊著：《反不正当竞争法的创新性适用》，中国法制出版社 2014 年版，第 104 页。

24 See Keith M. Stolte, How early did Anglo-American Trademark Law begin? An answer to Schechter's Conundrum, Fordham. 8 Intell. Prop. Media & Ent. L. J. 505 (1998).

25 See Hogg v Kirby. [1803] . 32. E. R. 336.

26 See J. Thomas McCarthy, McCarthy on Trademarks and Unfair Competition (4th Edition). Thomson/West, 2007. §5: 2.

27 杜颖著：《社会进步与商标观念：商标法律制度的过去，现在和未来》，北京大学出版社 2012 年版，第 251 页。

转为保护消费者不受欺骗以及保护商标权人的财产利益。早期反不正当竞争法在很大程度上则是为保护商标和防止欺诈，如在美国反不正当竞争法发展的三个阶段中，第一个阶段的立法和司法判决都与保护商标和商号直接相关。后来，随着商标财产权解释的发展，商誉成为商标法和反不正当竞争法的连接点：商标法以绝对权的方式保护符合特定要求的商标，而反不正当竞争法则以欺诈为依据保护商业标记。在商标财产化发展的同时，反不正当竞争法也开始迅速扩大，覆盖了很多制止仿冒无法涉及的商业活动。此时商标法已经成为广义反不正当竞争法的一部分。因此，从两者的起源上看，反不正当竞争法与商标法具有历史同源性，均以防止欺诈为起点开始发展。商标法对商标的保护是反不正当竞争法对商业标记保护的一部分，是从其中单独分离出来的特别立法。

从商标法与反不正当竞争法的正当性基础看，两部立法都关注市场提供的商品信息质量，旨在维护市场的统一性。目前主流的知识产权正当性理论很难为商标法提供一个合理的解释。例如，自然权利论对“商标多取决于生活中现有的标记而非劳动产物”的现象无能为力；而功利主义则因保护商标的目的不在于鼓励创造而难有立足之地。[28]商标法通过信息经济学却能得到较好的解释。保护商标的意义在于鼓励生产者提高产品质量和减少消费者的搜寻成本。[29]根据信息经济学理论，交易中会存在一方信息多于另一方的信息不对称问题，而商标为交易双方创造了一种交流的渠道，允许商标所有人通过商标播报其产品信息。一方面，有了商标，消费者可以对购买过的商品进行质量评估，并依据以往的购物经验选择合适的市场提供者。消费者依靠商标可以将产品与特定的产品提供者相联系，这使消费者的搜寻成本大大降低。另一方面，由于消费者可以依据商品的质量和商标“认牌购物”，生产者便有了投资商品质量的动力。反之，若没有商标作为指引，市场将无法奖励优质的产品提供商和惩罚劣质的产品提供商，这将会导致商品生产者不愿就产品的质量付出努力，以至于劣质的商品充斥整个市场，结果市场将变成“柠檬市场”。[30]正如爱德华·萨姆·罗杰斯所言，“没有商标，就没有高质量的信用，也没有低质量的责任”。[31]因此，在商标上建立财产权的意义在于达到鼓励在产品质量上投资和防止消费者受欺

28 See William M. Landes & Richard A. Posner, Trade-mark Law: An Economic Perspective, 30 J. L. & ECON. p. 265 (1987).

29 See J. Thomas McCarthy, McCarthy on Trademarks and Unfair Competition (4th Edition). Thomson/West, 2007, §2: 3.

30 See George A. Akerlof, The Market for "Lemons": Quality Uncertainty and the Market Mechanism, 84 Q. J. Econ. 488 (1970).

31 Edward S. Rogers, The Lanham Act and the social function of Trademarks, 14 Law & Contemp. Probs. 173 (1949).

骗的双重目标。[32]反不正当竞争法的重要理论基础在于维护市场的完整性，[33]从而保证竞争不受扭曲。这种市场的完整性同样体现于市场上信息的质量。不诚实的销售者会向消费者提供虚假的商品或服务信息。这在一方面体现为仿冒他人的商业标识，攀附他人的商誉，另一方面也表现为对自己商品或服务的信息作出不实表述来掩盖其瑕疵。市场上虚假信息的泛滥，会导致消费者的搜寻成本增加和经营者投资产品质量激励的减少，这将使市场竞争遭受扭曲。因此，制造混淆、误导行为等损害市场商品信息质量和破坏竞争秩序的不正当竞争行为成为反不正当竞争法规制的重要类型。由此可见，两部法律均同时保护生产者的利益和消费者的利益，两者在规范冲突时有相同的立足点。

### （二）优先适用论的应用

基于商标法与反不正当竞争法的特殊渊源，商标法与反不正当竞争法之间应是特别法与一般法的关系，这与最高人民法院在“星河湾”案中的结论一致。正因为商标法与反不正当竞争法的此种特殊关系，我国《反不正当竞争法》在2017年修订时，删除1993年《反不正当竞争法》第5条第1项“假冒注册商标”的内容，将侵犯注册商标专用权的行为统一由《商标法》进行规制，实现了《商标法》与《反不正当竞争法》的有效衔接。

当一种规范规定的情况是另一种规范要件中的特别情况，并且属于立法者将后一种规范中的某些情况单列出来时，第一种规范便是第二种规范的“特别法”，第二种规范则视为第一种规范的“一般法”。[34]在同一法律事实同时满足这两种规范时，便构成规范排除竞合。一个案件事实若同时满足商标法与反不正当竞争法的规定，商标法属于前述的第一种规范，反不正当竞争法属于前述的第二种规范，在法律适用上依照规范排除竞合的规则解决，即特别法的法律效果排除一般法的法律效果。即使当事人选择了一般法，法院也拒绝予以保护；只有在特别法没有规定的情况下，才适用一般法的规定。[35]这是由于：一方面，特别法是对一般法部分规定的单列与细化，此时援引一般法并无必要；另一方面，若无视特别法的规定直接适用一般法，将使特别法的特殊调整意图无法实

32 See Ralph S. Brown, Advertising and the Public Interest: Legal Protection of Trade Symbols, 57 Yale L. J. 1165 (1948).

33 See Barton Beebe, Thomas Cotter, Mark A. Lemley, Peter S. Menell, Trademarks, Unfair Competition, and Business Torts, Aspen Publisher, 2011, p. 3.

34 ［德］卡尔·拉伦茨著：《德国民法通论（上）》，王晓晔、邵建东等译，法律出版社2003年版，第348页。

35 梁慧星著：《裁判的方法》，法律出版社2003年版，第42页。

现。规范排除竞合规则的适用是法院行使职权的结果，而不是当事人行使选择适用法律规则的权利。例如，在假冒他人注册商标的案件中，当事人同时提出停止侵害商标权和制止不正当竞争行为的主张，法院应适用商标法的规定进行裁判；而在当事人仅提出制止不正当竞争行为的主张时，法院既不能超越原告的诉讼请求适用商标法进行裁判，也不能违反规范排除竞合规则适用反不正当竞争法加以裁量，而应尽释明之责，告知当事人应依照商标法提起诉讼。若当事人仍坚持其制止不正当竞争行为的诉讼请求，法院应判决驳回诉讼请求。[36]

前述"新百伦"案作为中外企业之间商业标志的法律纠纷，其价值在于通过司法裁判规制商标抢注行为。该案的焦点在于，在被告的"N"商标已取得注册并按规定使用的情形下，如何为在先使用而在后注册"N"商标的原告提供有效的救济，其实质应是注册商标之间的冲突。案件的复杂之处是，原、被告的"N"商标及其核定使用的商品范围十分接近，而这是商标注册机构核准注册所形成的注册商标共存之局面。尽管原告为了防止由此带来的混淆可能性，意图借助在先的反不正当竞争法上的合法权益（即其在先的未注册商标）来对抗被告，[37]然而依据优先适用论，本案在原告已将"N"注册为商标的前提下，法院不应绕过商标权而为原告提供反不正当竞争保护。这一判决可能对商标注册体系造成冲击，导致被告合法注册的商标被虚置。对于注册商标之间的共存，可通过设置合理的调解方案，依据案件的具体情况责令双方当事人正确使用商标、附加区别标志来减少标志的冲突程度。[38]

## 四、适用规则的调整：平行适用论的引入

与商标法和反不正当竞争法之间有密切联系不同，著作权法、专利法虽与反不正当竞争法在保护知识产品上出现交集，却是从不同角度实现对知识产品的保护。因而当一个案件事实同时满足两类法律的规范要件时，不能简单认为著作权法、专利法是反不正当竞争法的特别法，它们之间应构成规范选择竞合。

### （一）著作权法、专利法与反不正当竞争法的不同规制角度

从起源上看，著作权法与专利法并非从反不正当竞争法中单独列出，它们之间不存在特别法与一般法的关系。专利法、著作权法与反不正当竞争法之所

---

36　孔祥俊著：《反不正当竞争法的创新性适用》，中国法制出版社2014年版，第106页。

37　王太平：《我国普通未注册商标与注册商标冲突之处理》，载《知识产权》2020年第8期。

38　王太平：《商标共存的法理逻辑与制度构造》，载《法律科学（西北政法大学学报）》2018年第3期。

以构成规范选择竞合，是基于它们在立法基础、作用机制和法律效果等方面存在的差别。

专利法、著作权法与反不正当竞争法的法律基础和立法价值并不相同。对专利法的解释理论包括自然权利论、人格权论、报偿论、分配主义等多种理论，然而这些理论却难以对专利法的实质范围提供有力的支撑。目前解释专利法的主流理论是功利主义理论，认为专利法的基础目的在于激励创新，[39] 而且仅在有鼓励创新必要性的前提下才授予专利权。这种对创新的激励，不等于对技术成果实现“完美地控制”。[40] 对著作权法的解释基础则主要包括自然权利论和功利主义。大陆法系国家主要以自然权利论为基础，如法国采取自然权利论中人格理论，德国则采取人格理论和功利主义双重基础；[41] 而在英美法系国家，功利主义在著作权法中占主导地位，著作权法被视为对创造物的生产与传播以及其投资的激励。专利法和著作权法的相似之处在于其立法目的均在于鼓励创新。反不正当竞争法规制不正当竞争行为的基础则在于保持市场的完整性，防止市场失灵。[42] 反不正当竞争法起源于 19 世纪后半期，当时的欧洲工业化发展引入自由竞争原则。由于知识创作物、商业思想等信息进入市场经济的产业化中，自由竞争原则也演化为知识创作物的自由竞争。[43] 自由竞争原则要求市场通过价格机制发挥作用，然而单靠市场的力量在自由竞争中保证公平竞争被证实仅是一种美好的愿望，因为通过损害竞争或者欺骗公众的方式来获得竞争优势的诱惑太大。[44] 于是，反不正当竞争法通过禁止性规定恢复了自由竞争与公平竞争的平衡，防止竞争扭曲。可见，反不正当竞争法重在防止市场竞争受到扭曲，对创新的鼓励效果很有限。基于专利法、著作权法与反不正当竞争法的立法目标存在较大差异，当同一事实同时符合这两类法律的规范要件时，这些法律规范之间并不存在一种规范排除另一种规范的不兼容性。相反的，它们是从不

39 See Dan L. Burk & Mark A. Lemley, Policy Levers in Patent Law, 89 VA. L. REV. 1579 (2013).

40 See Lawrence Lessig, Intellectual Property and Code, 11 St. John's J. Legal Comment. 635 (1996).

41 See Estelle Derclaye, Matthias Leistner, Intellectual property overlaps: a European perspective, Hart, 2011, p. 299.

42 See Barton Beebe, Thomas Cotter, Mark A. Lemley, Peter S. Menell, Trademarks, Unfair Competition, and Business Torts, Aspen Publisher, 2011, pp. 3 –4.

43 See J. Thomas McCarthy, McCarthy on Trademarks and Unfair Competition (4th Edition), Thomson/West, 2007, §1: 1.

44 See Frauke Henning-Bodewig eds, International Handbook on Unfair Competition, C. H. Beck. & Hart & Nomos, 2013, p. 1.

同角度评价同一问题，是基于不同的调整目的对同一事项作出不同的判断与定性。[45]

当同一知识产品同时符合专利法（或著作权法）与反不正当竞争法的构成要件时，其产生的法律效果并不相同，且在性质上不能并存。例如，侵犯著作权、专利权的民事责任包括停止侵害、损害赔偿等承担方式，制止不正当竞争的民事救济也包括上述两种类型。尽管义务主体具有相同的给付义务类型，这些请求权的产生基础和所受限制却并不相同。基于著作权、专利权侵权与基于制止不正当竞争所产生的禁止请求权和损害赔偿请求权在构成要件、禁令范围和损害赔偿数额上存在诸多差异，因此两者发生法规竞合时所产生的法律效果是不同的。不仅如此，这些类型相同、内容有别的法律效果在性质上是不能并存的。基于防止重复获利的考虑，当其中一种法律效果实现，另一种法律效果将随之消灭。[46]

（二）平行适用论的应用

因同一法律事实同时符合多种地位平等的法律规范，产生多个不同的法律效果，且这些法律效果之间不能并存，此时即构成规范选择竞合。基于著作权法、专利法与反不正当竞争法不同的规制角度，著作权法、专利法与反不正当竞争法的适用关系应是规范选择竞合。在构成规范选择竞合的情况下，由于这种竞合是两部法律从不同角度调整同一法律事实的结果，任一法律效果的实现都能满足权利人的诉讼请求，因而当事人可选择实现其中一种法律效果。例如，在前述的“微信红包案”中，在被告的行为构成著作权侵权的情况下，原告依旧可就“微信红包”相关页面的使用寻求反不正当竞争法的保护，理由是著作权法与反不正当竞争法的规制角度是不同的。著作权法对创造性成果的专有保护与反不正当竞争法对经营产生的竞争利益的保护并不重合，著作权法与反不正当竞争法可对同一知识产品进行平行保护。又如，我国新修订的《著作权法》在第 52 条列举了著作权侵权的情形，通过对比原告具有独创性的作品和被告的表达之间的相似程度，以及被告的行为性质判定是否构成侵权。我国《反不正当竞争法》第 8 条则规定了误导行为的构成要件，误导需要被告作出不实陈述导致具有改变消费者的评价，使消费者的购买力发生不当转向的可能性。然而，在某些情况下，著作权侵权与误导可能同时发生，这将涉及著作权法与反不正

45 孔祥俊著：《反不正当竞争法的创新性适用》，中国法制出版社 2014 年版，第 106 页。

46 See Sui Pengsheng, On the Concurrence of Legal Relations, China Legal Science, vol. 2, (2014).

当竞争法的规范竞合。以复制或篡改他人的作品用于自己的宣传资料为例，在京情缘坊诉艳阳天顺侵犯著作权纠纷案中，原、被告均为从事婚庆服务的企业，被告未经原告同意使模仿其网页内容的设计，并使用原告网站上享有版权的照片。从著作权法的角度出发，由于原告网页是文字性介绍、图片排列以及背景音乐等都具有独创性的结合，是一种独特构思的体现，因此原告对其网页享有著作权。被告的网站与原告的网站构成实质性相似，被告的行为属于著作权侵权行为。[47] 在这个案件中，被告的行为又构成对公众的虚假陈述行为，由于网页的相似性程度高，有导致受众群体作出错误决策的可能。因此，从反不正当竞争法的角度出发，被告的行为可同时构成误导。然而，著作权法与反不正当竞争法的法律切入点与侧重点并不相同。在主张著作权侵权时，法律保护的起点在于作品的独创性和模仿的相似性；而在主张不正当竞争之诉时，法律干预的起点则在于陈述的真实性以及对导致公众错误决策的可能性。[48] 在这种情况下，倘若权利人同时提出两种诉讼请求，法院应释明要求当事人请求其中一种诉讼请求。[49]

## 结语

知识产权法与反不正当竞争法的适用关系可从动态和静态两个层面加以阐释：动态层面上，反不正当竞争法对知识产权法的空白地带实现有限的补充保护；静态层面上，在反不正当竞争法与知识产权法的交叉地带，两者属于规范竞合。

对于知识产权法与反不正当竞争法竞合的处理，应以民法上的规范竞合原理为基础。在知识产权法与反不正当竞争法交叉保护同一知识产品时，两者的适用关系并非单一的特别法与一般法的关系，而是一种多重关系。就商标法与反不正当竞争法的关系而言，基于商标法与反不正当竞争法的特殊渊源，商标法优先适用的规则应得以承继。商标法与反不正当竞争法之间构成规范排除竞合，商标法的专门规定排斥反不正当竞争法的适用。就专利法、著作权法与反不正当竞争法的关系而言，基于创造性成果法与反不正当竞争法在立法基础、规制角度、法律效果等方面的区别，应引入平行适用规则。著作权法、专利法等创造性成果法与反不正当竞争法之间构成规范选择竞合，

47 北京市东城人民法院（2008）东民初字第02623号民事判决书。

48 谢晓尧著：《在经验与制度之间：不正当竞争司法案例类型化研究》，法律出版社2010年版，第310页。

49 孔祥俊著：《反不正当竞争法的创新性适用》，中国法制出版社2014年版，第107页。

当事人可以选择任一规范行使权利。摒弃单一的知识产权法优先适用论，通过区分不同的情况来处理知识产权法与反不正当竞争法交叉保护时的适用关系，既符合民法学上的规范竞合关系理论，又能够为司法实践中的法律适用提供清晰、简便的指引。

# 知识产权中的“在先权益”保护

## ——基于《民法典》权益保护模式的分析

欧阳福生*

【内容提要】权利与利益的保护应有所区分，比较法上的区分模式有法国法的间接区分模式、德国法的直接区分模式以及英国法的类型化模式。各类区分模式有着各自的特点，但共同点是设立机制对利益的保护范围进行限定。我国民事立法关于民事权益的保护采用的是法国法模式，立法上对权益没有进行区分，实务中对利益范围的限定却呈现德国法模式或法国法模式，较为混乱。“在先权益”是知识产权领域常用的概念，对其保护应当区分“在先权利”与“在先利益”。“在先利益”基于使用而产生，未注册商标经过使用有一定影响力，才能产生受法律保护的利益，技术方案需投入产业领域使用方可获得可保护的利益。对“在先利益”的限定，应考虑从《反不正当竞争法》与《民法典》设定相关机制。

【关键词】权益　立法模式　保护　知识产权　在先利益

权益包括权利与权利以外的利益。有关权益保护的法律规范，实质上是对权益保障与行为自由的权衡。对利益进行限定，是为了厘定侵权责任的范围，不使行为人负担过重责任，以免动辄得咎，妨碍行为自由。因此，利益应当受到法律保护，但其保护范围和程度不能与权利相提并论。关于权利与利益的区分，在比较法上有法国法的间接区分模式、德国法的直接区分模式和英国法的实用型模式。三种基本模式均强调权利与利益应当区别保护，对利益的保护有所限制，主要区别是以何种方式对受保护的利益进行限制。

---

* 欧阳福生——广州市越秀区人民法院知识产权庭副庭长、知识产权博士研究生。

权利与利益均可根据法律行为、事实行为、法律规定的其他方式取得。因而权益取得的方式是多样的，存在不同主体基于不同取得方式针对同一客体主张不同类型权益的可能性，即权益冲突。以取得时间界定权益，可以分为在先权益和在后权益，如果两者不能共存，就会产生权益冲突。两者发生冲突时，一般会引发两方面问题：是否应当保护在先权益？以何种方式保护在先权益？我国民事立法对在先权益的保护，主要体现在商标法、专利法、反不正当竞争法等知识产权法律规定的制度上。这些法律规定并未区分权利和利益，也没有限定利益的保护范围。司法实践中，涉及在先权益尤其是“在先利益”的案件，“在先利益”应否得到保护，是否影响在后权益取得等问题，认定不一，裁判尺度大相径庭。本文试图通过权益保护的三种基本规范模式谈利益保护限定的必要性及限制方式，进而梳理与检视我国立法对在先权益保护存在的问题，不揣浅陋，求教于大方之家。

## 一、比较法上的权益区分模式

关于权益区分的立法模式，大体存在三种：一是以法国民法为典型的间接区分模式，其法律规范为《法国民法典》第1382条、第1383条，西班牙、比利时、意大利的民事立法大体可归入此类。二是以德国民法为代表的直接区分模式，其法律规范为《德国民法典》第823条、第826条，我国台湾地区、奥地利、葡萄牙的民事立法可归入此类。三是以英国侵权行为法为代表的类型化模式，其法律规范为对利益保护的过失侵权行为规则。

### （一）间接区分模式

《法国民法典》第1382条、第1383条为侵权行为法的一般条款，“人的任何行为给他人造成损害时，如果行为人对行为的发生具有过错，则应当赔偿损害”。[1]第1382条针对故意侵权行为，而随后的第1383条针对过失侵权行为。依据该两条款的文义，只要有过错、损害、因果关系，行为人就须承担民事责任。损害为侵权责任构成要件之一，其含义是权益受侵害而形成的效果或结果。法国侵权行为法实行完全赔偿的损害赔偿原则，受害人的所有损害都可获得赔偿。[2]基于此，立法对损害概念进行从宽认定，具体表现为：（1）将损害界定为

1 ［德］格哈特·瓦格纳著：《当代侵权法比较研究》，高圣平、熊丙万译，载《法学家》2010年第2期。

2 ［德］U. 马格努斯主编：《侵权法的统一：损害与损害赔偿》，谢鸿飞译，法律出版社2009年版，第3-6页。

一种利益丧失，原则上任何利益丧失均属于一种损害；（2）原则上不区别利益性质，无论利益是否具有财产上或经济上的价值，其丧失均属于一种损害。[3]因此，法国民法对权益保护是开放的，权利和利益在立法上未作直接区分，无论是侵犯权利，还是侵犯利益，只要损害发生，均可构成民事侵权。

法国民法虽对权益保护未直接进行区别，但在实务上权益是有区别的，且对利益保护有所限制。[4]限制的方法是在个案中就“过错”采用不同的认定标准，以及要求利益损害与侵权行为之间有直接因果关系。例如，在涉及人身利益的案件中，行为人负有谨慎的预防和注意义务，须采取一切措施避免造成对他人权益的侵害，但在纯粹经济利益的案件中，行为人是否承担侵权责任，取决于是否实施了不正当竞争行为，其行为是否“一个诚实商人”的标准。[5]又如，在一个主张保护纯经济损失案件中，甲撞伤乙歌手，致丙取消其主办的演唱会，法国最高法院认为丙的损失非属直接，不得向甲请求赔偿。[6]需要注意的是，虽然通过“过错”“直接因果关系”等控制机制实现对利益的限制，但法国司法实务上对利益的保护较为宽大。

### （二）直接区分模式

《德国民法典》中与权利保护有关的法律规范体现在该法第 823 条第 1 款，“故意或有过失地不法侵害他人的生命、身体、健康、自由、所有权或者其他权利的人，有义务向该他人赔偿因此而发生的损失”[7]。对利益的保护体现在该法第 823 条第 2 款：“违反以保护他人为目的的法律的人，担负同样的义务。依法律的内容，无过错也可能违反法律的，仅在有过错的情形下，才发生赔偿义务”[8]，以及第 826 条：“以违反善良风俗的方式故意加损害于他人的，有义务向该他人赔偿损害。”[9]前述三小款规定，设定了三种侵权类型：侵害权利、违反保护性法律规定、故意背俗。第 823 条第 2 款、第 826 条没有规定被侵害的对象，如果以违反保护性法律规定和故意背俗方式侵害权利，该两条规定可作为权利人的请求权基础，但对利益的救济只能适用该两条的规定。不难发现，对权利的保护，无须考虑行为人的行为是否违反了保护性法律规定，是否违反了善良风俗，

---

3 陈忠五：《法国侵权责任法上损害之概念》，载《台大法学论丛》第三十卷第四期。

4 王泽鉴著：《侵权行为法》，北京大学出版社 2016 年版，第 364 页。

5 ［德］格哈特·瓦格纳著：《当代侵权法比较研究》，高圣平、熊丙万译，载《法学家》2010 年第 2 期。

6 王泽鉴著：《侵权行为法》，北京大学出版社 2016 年版，第 364 页。

7 陈卫佐著：《德国民法典》（第 4 版），法律出版社 2015 年版，第 317 页。

8 陈卫佐著：《德国民法典》（第 4 版），法律出版社 2015 年版，第 317 页。

9 陈卫佐著：《德国民法典》（第 4 版），法律出版社 2015 年版，第 318 页。

主观要件上的要求也更为宽松，而对利益的保护则需要符合严格的构成要件。

《德国民法典》对权益保护设立了严格条件，体现了有限救济的立法思路。一方面，该法第823条第1款以列举的方式，明确限定权利内容为生命、身体、健康、自由、所有权。该款同时预留了“其他权利”的兜底条款，为权利扩张提供空间，通说认为，其他权利性质上与条款列举的五种权利性质相同，应是绝对权。另一方面，该法第823条第2款、第826条没有限定权益类型，保护的客体范围既可能为特定的权利，包括绝对权和相对权，也可能为利益，包括纯粹经济损失和人身利益，但是两款规定设立了违反保护性法律规定或故意背俗的侵权构成要件，权益保护范围因此受到限制。对于一些新型权益，如果行为人没有以违反保护性法律或故意背俗的方式实施侵权行为，被侵害人难以获得救济。为此，德国法院对第823条第1款规定的“其他权利”作扩大解释，通过一系列判例创设一般人格权与营业权，以弥补立法对人身利益和财产利益保护的不周。营业权虽有近百年发展，但在实务上始终受到批评、质疑。例如，在有名的电缆案中，甲挖断乙的电缆，致丙工厂停工不能生产时，是否构成侵害丙的营业权，德国联邦法院采用否定的见解，认为营业权被侵害之损害赔偿，须以被侵害者与企业经营具有内在关联不易分离之关系为要件，对企业的侵害具有直接性。我国台湾地区学者王泽鉴认为，因营业权被侵害造成的损失，可以分为两类：一类是附属于权利被侵害而发生，如毁损他人之计程车，致其不能营业而产生财产上的不利益，此等损失与权利受侵害有相当因果关系，得请求损害赔偿；另一类是所谓的纯经济上的损失，非因权利被侵害而发生，不具有社会公开性，范围不确定，不能仅因为加害人具有故意或过失，即令其负赔偿责任。[10] 显然，营业权犹如一个口袋，企业遭受的与营业有关的一切损失均可界定为营业权保护的范围，并可基于《德国民法典》第823条第1款规定受到保护。这突破了德国立法对权利与利益进行区别保护的框架，使得利益与权利处于同等保护地位。由此带来的革命性变化，有悖于权益应当得到有限保护、以保障行为自由的立法理念。

### （三）类型化模式

英国对权益的保护沿袭了普通法的传统。在13世纪时，英国采取令状制度，在根据令状提起诉讼的过程中，出现了“直接侵害诉讼”的形式和“间接侵害诉讼”的形式。“直接侵害诉讼”对以暴力等方式直接侵害人身、财产权利的行为予以刑罚，并附带对受害人给予损害赔偿。“间接侵害诉讼”针对非暴力

---

10 王泽鉴著：《民法学说与判例研究》，北京大学出版社2015年版，第519－520页。

的间接侵害，是对“直接侵害诉讼”的补充。1852 年，英国颁布了《普通法诉讼程序条例》，废除了诉讼形式，在直接侵害和间接侵害的基础上，产生了一系列新的侵权行为，采取“无限多重原则”，使英国侵权法成为由各种具体侵权行为责任的规定和大量具体侵权诉讼的法院判例构成的法律汇编。[11] 英国侵权法属于非成文法的判例法，缺少贯彻侵权法的一般原则，是一种类型化的侵权法，以不同要件、保护不同权益区分不同的侵权行为类型，包括对人身安全和自由的侵权行为、对财产的侵权行为等故意侵权行为，以及过失侵权行为。可见，英国法对权益的保护，并没有严格区分权利和利益。但是，在过失侵权案件中，英国法院认为行为人对不确定的、间接的经济损失不负注意义务，对其行为造成的损害不承担赔偿责任。因而，注意义务的判断标准成为划定利益保护范围的准则。通过“Hedley”[12] 和“Capro”[13] 案件，英国法院确立了过失经济损失赔偿原则，行为人与受害人之间有亲密关系，行为人负有注意义务，对被害人的损失应当得以预见。此项原则的确定提供了一项诉讼控制机制，避免了对纯经济损失给予以过多保护，同时对值得法律保护的利益给予充分救济。

### （四）小结

无论是间接区分模式、直接区分模式还是类型化模式，总体上都强调权利和利益的保护不能置于同等地位，利益的保护应当有所限定，只是限定机制各有不同。法国法模式力图在实务中界定和解释“损害”，从而排除不值得法律所保护的利益；德国法模式已明文设定“违反保护性法律”和“故意背俗”来限制利益的保护范围，通过司法创设营业权、一般人格权来扩大对新型利益的保护范围，但颇受各方质疑；英国法模式则通过对“注意义务”的解释来划定利益的保护范围。

---

11 杨立新：《世界侵权法的历史源流及融合与统一》，载《福建论坛（人文社会科学版）》2014 年第 6 期。

12 Hedley Byren & Co Ltd. v. Heller & Parstners Ltd. （1964）AC 465. 在该案中，英国贵族法院认为，银行对特定人提供关于客户信用的不真实信息，致其误为投资而遭受损失时，因当事人间具有特殊信赖关系，成立违反注意义务而负侵权责任。转引自王泽鉴著：《侵权行为法》，北京大学出版社 2016 年版，第 365 页。

13 Capro Idustries plc v. Dickman （1990） 2AC 605. 该案涉及会计师的法定年度审计查账报告，因内容不正确致第三人遭受损失，应否赔偿的问题。英国贵族法院认为在当事人间需要有一种特殊关系，始发生注意义务而成立过失责任。转引自王泽鉴著：《侵权行为法》，北京大学出版社 2016 年版，第 366 页。

## 二、我国民事立法的权益区分模式及实践状况

### （一）立法层面的辨析

《民法总则》第1条规定，“为了保护民事主体的合法权益……”；第3条规定：“民事主体的人身权利、财产权利以及其他合法权益受法律保护，任何组织或者个人不得侵犯。”《民法总则》的立法目的之一是保护民事主体的合法权益，且确定了合法权益受法律保护的基本原则。《民法总则》第五章“民事权利”明文设定了人格权、物权、债权、知识产权、继承权、投资性权利，规定个人信息、数据、网络虚拟财产受法律保护，同时设定民事权益兜底性规定，“民事主体享有法律规定的其他民事权利和利益”。可见《民法总则》法律条文采用“民事权益”表述，没有直接区分权利和利益。该法对物权、债权、知识产权等传统的民事权利冠以“权利”之名，但个人信息、数据等新型权益属于权利还是利益，未予明确，同时允许新型权益基于兜底性条款获得法律保护。我国《侵权责任法》有关民事权益保护的法律规定，在立法模式上与《民法总则》一致。《侵权责任法》第2条第1款规定，“侵害民事权益，应当按照本法承担侵权责任”，第2款采用“部分列举＋兜底性条款”的立法方式明确民事权益的范围，列举了包括生命权、健康权等18种权利，并以“等人身、财产权益”作兜底性条款方式。此外，第6条第1款也是以“民事权益”指明《侵权责任法》的保护客体。

2021年1月1日施行的《民法典》对《民法总则》《侵权责任法》中的前述规定未作实质性修改，因此，《民法典》对权益的保护承继了以往民事立法的保护模式。主流观点认为，我国民事立法采纳了法国法模式，没有对权利和利益进行区分，无从对二者进行不同程度的保护。全国人大法工委原副主任王胜明明确表示，《侵权责任法》对民事权利和利益的保护没有采纳德国模式，对民事权利和利益在保护程度和构成要件上不作区分。[14] 葛云松教授也认为，从文义解释来看，《侵权责任法》第6条第1款（现为《民法典》第1165条第1款）是法国法模式，没有像德国法那样将绝对权利和其他利益区分开来并给予不同程度的保护，而是同等保护。[15] 但也有观点认为，我国民事立法的权益保护模式属于德国法模式，主要理由是，将“民事权益”作为侵权责任构成要件的要素之一，为权利与利益的区分保护提供了可能性，立法上虽然没有对权利与利

14 王胜明主编：《中华人民共和国侵权责任法解读》，中国法制版社2010年版，第10页。

15 葛云松：《〈侵权责任法〉保护民事权益》，载《中国法学》2010年第3期。

益予以区分，但鉴于利益不具有权利的归属效能、排除效能及社会典型公开性等特点，故在认定侵权成立时，有必要对权利与利益进行区分，而在法国法模式下，只能依靠对“损害”的限定实现保护的意图，但这种做法并不适合我国。[16]

本文认为，我国民事立法的权益保护模式属于法国法的间接区分模式。德国法模式最显著的特点是在立法上直接对权利和利益进行区分保护，并通过“违反保护性法律规定”和“故意背俗”来限定利益的保护范围。法国法以“损害”为中心，无论是权利还是利益遭受损害，立法上的保护程度是完全一致的。实务上，法国法院以“过错”和“直接因果关系”两要件来界定“损害”，从而实现对利益保护的限制。我国民事立法对权利和利益未作区分，《民法典》第 1165 条第 1 款中的“侵害他人民事权益”，与法国法上的“损害”，具有相同的含义，均是指受害人权利或利益遭受侵害的结果。另外，“过错”和“因果关系”是我国侵权法理论和实务认可的侵权责任构成要件，这与法国法院在实务上的做法并无二致，以此实现了对权益保护范围的间接限制。总结来看，我国民事立法对权利和利益保护是开放的，没有明文设定只有特定权利可受保护，也没有对利益的保护规定严格的限制条件。

### （二）司法对新型权益的认定和保护

尽管立法层面呈现的权益区分模式为法国法的间接区分模式，司法实践却是另一番景象。对新型权益的确认和保护，有些案件严格区别权利和利益，采用德国法的“违反保护性法律规定”和“故意背俗标准”限定利益的保护范围；有些案件不严格区分权利和利益，笼统地认为受害人的权益遭受了“损失”，行为人应当承担民事责任。兹举几个案例予以阐述。

司法实践中已出现“性生活权”“贞操权”“祭奠权”等新型人身权益案件。这些新型权益是否应当给予保护；如果给予保护，是作为权利保护还是利益保护存在争议。有些法院认为这些不属于立法上的民事权益，不应当给予保护，如河南省洛阳市中院在（2016）豫 03 民终第 239 号案中认为原告主张的性生活权利不属于法律保护的权利；又如，在重庆市第五中院的（2014）渝五中法民终字第 05274 号案中，原告主张贞操权，法院认为贞操权并非我国立法规定的民事权益，被告隐瞒已婚事实与原告同居的行为给原告造成一定感情伤害，但未侵害原告合法权益；徐州市中级人民法院（2016）苏 03 民终 2606 号民事判决认为被告通知原告祭奠属于道德义务，原告主张的权利不属于法律保护民

---

16　曹险峰：《我国侵权责任法的侵权构成模式——以“民事权益”的定位与功能分析为中心》，载《法学研究》2013 年第 6 期。

事权益的范围。有些法院认为应当给予权益保护，应否对权利和利益予以区分，即保护方式是以一般人格权案件来处理，还是作为人格利益保护在认定上并不一致。例如，东台市人民法院（2014）东民初字第0510号案认定祭奠权作为人格权一种，是人格权益的具体体现；而在合肥市中级人民法院（2015）合民一终字第04584号案中，法院认为祭奠权并非民事权利，而是受法律保护的利益，法院认为被告自行将死者下葬而未通知原告，此种行为虽有不当，但不违反善良风俗，故对原告诉请不予支持。

纯粹经济损失是否给予权益保护是近年司法实务遇到的热点问题，普遍的司法观点认为纯粹经济损失具有不确定性，无法预见，故受害人不能获得赔偿。但也有相反的裁判观点将纯粹经济损失作为利益予以保护，并从因果关系、损失是否必然发生以及有无违反相关规定等方面对利益保护范围进行限定。例如，在北京市第一中院（2015）一中民终字第9837号案中，被告建筑物倒塌致使原告俱乐部遭受经营收入、租金收入的损失，法院认为原告的损失与被告侵害行为之间有因果关系，且该损失必然发生，故判决支持原告的诉讼请求。又如，在大庆市中级人民法院（2016）黑06民终427号一案中，法院以行为违反相关规定作为赔偿前提，认为被告迟延为被告办理退休手续，违反了当地《关于对参加集体劳动家属实行退养的若干规定》，致使原告遭受经济损失，应当承担赔偿责任。

### （三）检讨

我国立法的权益区分模式属于法国法模式，对权益保护采取开放态度，没有为新型权益进入法律保护范围设置较高门槛。然而，司法实践对权益的确认和保护并无固定模式或"套路"。一方面，对传统、常见民事权利的保护显示出明显的德国法模式，参照适用德国法的规定和理论对限定利益的保护范围。以权益受侵害作为侵权责任构成要件，即侵权责任是否成立，首先要看有无受法律保护的权益，并在认定过程中严格区分权利和利益，如果不属于立法明文设定的权利，原则上不给予保护。这与法国法以"损害"为侵权责任构成要件，产生了损失原则上要承担赔偿责任的模式有显著区别。另一方面，对新型权益的确认和保护，在保护模式上"摇摆不定"，有些案件的认定体现了德国法模式，有些案件又带有法国法模式。《最高人民法院关于确定民事侵权精神损害赔偿责任若干问题的解释》虽然是有关精神损害赔偿的司法解释，但对处理新型人身权益案件亦有指导意义。该解释第 1 条、第 3 条[17] 创设了以“人格尊严权”和“人身自由权”为内容的一般人格权，将一般人格权与生命权、健康权、身体权等特定人身权利置于同等保护地位，只要“遭受非法侵害”，受害人就可以主张精神损害赔偿，并设立人身权利与利益区别保护的规则，对侵害利益的方式提出恶意背俗的要求，责任认定比较严格。可见，最高人民法院司法解释采用德国法模式确认和保护新型人身权益。前述有关新型人身权益的案件，法院的裁判思路并非完全一致，部分案件要求较低，认定为应受法律保护的利益，却没有要求行为人必须以恶意背俗实施侵害行为。在纯粹经济损失的确认和保护上，司法实务倾向于采用德国法模式，认为这类财产型利益并非权利，不受法律法律保护。但也有例外，部分案件适用法国法模式，将其纳入保护的范围，且参照法国法运用“过错”“因果关系”等机制对财产型利益保护范围进行控制。

司法实务在权益保护模式上呈现的“混乱”，有多方面的原因。首先，我国民法整体上继承了德国法以权利为中心，而不是法国法以损害为中心的民法传统。从我国民法建构的法律制度来看，“法益是损害的前提，从积极的方面界定民事利和利益，体现民法作为权利法的特征，只有首先规定各种法益之后，才能够进一步规定侵害法益的后果，即损害”。[18] 无论是在司法实务，还是法学教学中，民事法律制度的理解和适用，往往从有无权益、权益是否侵害的路径去思考。其次，成文法国家的法官无造法的权力，法官自由裁量权受到法律规范文义及立法目的的限制。法律未明文设立的权利和利益，法官只能运用法律方法在立法趣旨下进行解释，若无解释空间，则排除对新型权益的保护。最后，随着社会发展，新型权益不断涌现，完全不给予保护，违背了朴素正义观念。故此，部分案件法官超越现有法律规范的立法目的，基于事物本质和基本伦理对法律进行续造，将某些新型权益纳入保护范围。总体来看，对新型权益的保护，立法层面是开放的，司法却是保守的，但也有例外，部分案件敢于突破民法传统和既有裁判思维。

---

17 《最高人民法院关于确定民事侵权精神损害赔偿责任若干问题的解释》第 1 条规定：因人身权益或者具有人身意义的特定物受到侵害，自然人或者其近亲属向人民法院提起诉讼请求精神损害赔偿的，人民法院应当依法予以受理；第 3 条规定：死者的姓名、肖像、名誉、荣誉、隐私、遗体、遗骨等受到侵害，其近亲属向人民法院提起诉讼请求精神损害赔偿的，人民法院应当依法予以支持。

18 王利明：《侵权法一般条款的保护范围》，载《法学家》2009 年第 3 期。

## 三、知识产权中的“在先权益”立法及司法实践

“在先权益”这一法律概念在知识产权领域广泛使用。大体是因为知识产权属于无形财产权，同一客体上可能存在不同种类的知识产权，如一幅名画，权利人可主张著作权，也可申请注册为商标，获得商标专用权。权益主体不一，就会产生权益冲突，由此而来的权益归属之争需以权利产生的先后顺序来断定。顾名思义，两权益相比较，在先产生的称为“在先权益”。

### （一）关于“在先权益”保护的法律规范

《商标法》关于“在先权益”保护的法律规范是第 9 条、第 32 条和第 59 条规定。《商标法》第 9 条规定：“申请注册的商标，应当有显著特征，便于识别，并不得与他人在先取得的合法权利相冲突”；第 32 条确定了不得恶意抢注制度，“申请商标注册不得损害他人现有的在先权利，也不得以不正当手段抢先注册他人已经使用并有一定影响的商标”；第 59 条确定了商标先用权制度，“商标注册人申请商标注册前，他人已经在同一种商品或者类似商品上先于商标注册人使用与注册商标相同或者近似并有一定影响的商标的，注册商标专用权人无权禁止该使用人在原使用范围内继续使用该商标，但可以要求其附加适当区别标识”。结合《最高人民法院关于审理商标授权确权行政案件若干问题的规定》第 18 条的规定，“……在先权利，包括当事人在诉争商标申请日之前享有的民事权利或者其他应予保护的合法权益……”可知《商标法》第 9 条、第 32 条前半段提到的“在先取得的合法权利”和“在先权利”，实质上是指“在先权益”，包括在先取得的权利和利益。我国实行商标注册制，权利人对未注册商标享有一定利益，或其他类型的权利，如企业名称权、著作权等。因此，《商标法》第 32 条后半段及第 59 条保护的是未注册商标在先权益，包括“在先权利”和“在先利益”。

我国《专利法》第 69 条规定：“有下列情形之一的，不视为侵犯专利权……（二）在专利申请日前已经制造相同产品、使用相同方法或者已经作好制造、使用的必要准备，并且仅在原有范围内继续制造、使用的……”该规定确定了专利法上的先用权制度。“先用”是指以非公开方式进行的使用，不公开“使用”，在后申请的技术方案或方法才能获得专利。[19] 为此，先用权人对不公开的技术方案或方案享有权利或利益，可能是商业秘密权、著作权等，也可能是可期待的经济利益。故专利法上先用权的范围不限于权利，还包括利益。

---

19　王迁著：《知识产权法教程》，中国人民大学出版社 2016 年版，第 353 页。

### （二）“在先权益”的司法保护

前述法律规定对“在先权益”的保护体现为“禁用”和“不侵权抗辩”，即禁止他人申请注册商标时侵犯他人“在先权益”，使用有在先权益的商标或专利技术不构成商标侵权与专利侵权。“在先权益”并非一种独立权益类型，针对在先权益受到的侵害，权益人获得救济的请求权基础有：一是《商标法》第 33 条的规定。侵害“在先权益”的注册商标，权益人可申请宣告注册商标无效。二是《反不正当竞争法》的相关规定。如果他人使用的注册商标是权益人有一定影响力的未注册商标、企业名称等商业标识，权益人可依据《反不正当竞争法》第 6 条提起不正当竞争之诉。如果在先使用的技术属于商业秘密，权益人可依据《反不正当竞争法》第 9 条提起诉讼。三是《民法典》第 1165 条的规定。若行为人与受害人之间无竞争关系，不能认定为不正当竞争行为时，可依据该条规定提起普通侵权之诉。司法实践中，对于侵害在先特定权利，如侵害著作权、姓名权、企业名称权、商业秘密权的案件，责任构成要件明确，争议较小，法院比较容易认定。但对于侵害“在先权利”之外的“在先利益”的案件，责任之认定常常难以形成一致的意见。

首先，抢注没有一定影响力的未注册商标，是否构成侵权的裁判观点不一。杭州市中级人民法院在（2018）浙 01 民终 4546 号案中认为，该行为违反《反不正当竞争法》第 2 条的规定，构成不正当竞争。《反不正当竞争法》第 2 条为一般条款，其中第 2 款规定：“本法所称的不正当竞争行为，是指经营者在生产经营活动中，违反本法规定，扰乱市场竞争秩序，损害其他经营者或者消费者的合法权益的行为。”依该规定文义解释，《反不正当竞争法》保护的客体与《侵权责任法》并无二致，包括权利和利益。对于有一定影响力的商标，如前所述，权益人可基于《反不正当竞争法》第 6 条规定获得权利救济。没有一定影响力的未注册商标，当然不能适用《反不正当竞争法》第 6 条，但可否适用该法第 2 条第 2 款之规定呢？这涉及未注册商标是否产生享有值得法律保护的利益，若有利益，是否必然获得保护等问题。《反不正当竞争法》第 2 条第 2 款指明反不正当竞争行为的构成要件为“违反本法规定 + 扰乱市场竞争秩序 + 损害合法权益”。显然，仅损害利益并不当然成立不正当竞争，还需具备“违反本法规定”和“扰乱市场竞争秩序”两要件。但何谓“违反本法规定”？是违反第 1 条的立法目的，还是违反《反不正当竞争法》第二章有关具体不正当竞争行为的法律规定呢？实务界与理论界均存在争议。“扰乱市场竞争秩序”又是何种含义？是指行为人与受害人需有竞争关系，还是指行为违反了诚实信用原则和商业道德呢？这些问题不厘清，《反不正当竞争法》第 2 条第 2 款就很难得以正确理解和适用，对未注册商标利益的保护也会因此出现过度保护或保护不足的难题。

其次，将他人在先未公开使用，但不属于商业秘密的技术方案申请专利并获得专利权，应否给予救济呢？显然，该行为不侵犯商业秘密权，不能适用《反不正当竞争法》第9条，能否适用《反不正当竞争法》第2条第2款之规定呢？如果要适用，又会涉及前文已述的问题。

最后，如果“在先利益”不能获得《反不正当竞争法》保护，可否“降维”，寻求侵权责任法上的保护，认定为构成普通民事侵权？这触及权益保护模式，对利益保护是否应当予以限制，以及采用何种方式予以限制。

## 四、权益区分保护下的“在先利益”取得及限定

“在先利益”保护在实践中遭遇的问题，其根源仍要追寻到我国民事立法的权益保护模式。解决该问题，需要从权益保护模式着手，从立法上对权利和利益进行区分，并建构机制对利益保护范围进行限定。

### （一）未注册商标利益的取得及限定

依照现行法律规定，有一定影响力的未注册商标才能产生值得法律保护的利益，不具有一定影响力的未注册商标原则上是不给予保护的，这是竞争自由的需要。事实上，无一定影响力的未注册商标不具有识别商品来源的作用，对在先使用人而言，不会因此获得利益，并无保护的必要。因而，需要以“有一定影响力”来认定未注册商标利益的取得。

对未注册商标利益的限制，《反不正当竞争法》第2条、第6条已设定了相关机制，只是需要我们进行符合立法目的的解释。《反不正当竞争法》第2条第2款规定了不正当竞争行为的构成要件：违反本法规定+扰乱市场竞争秩序+损害合法权益。《反不正当竞争法》第2条为一般条款，“违反本法规定”的含义包括违反该法第二章所列举的不正当竞争行为的规定。该法第6条为保护有一定影响力未注册商标的请求权基础。侵害有一定影响力未注册商标利益，显然违反了第6条的规定。“扰乱市场竞争秩序”需要行为人与权益人之间存在市场竞争关系，同时要求行为人的行为违反诚实信用与商业道德。恶意抢注未注册商标，在性质上属于违反商业道德的行为。总的来看，《反不正当竞争法》通过“违反本法规定”与“扰乱市场竞争秩序”对未注册商标的利益保护范围进行了限定。

如果双方无竞争关系，侵害未注册商标的利益则属于普通民事侵权，应获得《民法典》有关侵权责任法律规范的保护。《民法典》对利益保护范围没有

限定，容易导致责任泛滥，妨碍行为人自由。笔者建议，可在侵权责任编上设定违反诚实信用原则、善良风俗的侵害方式以及行为人主观上存在侵害故意来限定利益的保护范围。

（二）未公开使用技术方案利益的取得及限定

技术方案不经使用不能带来利益，故技术方案能否产生受法律保护的利益，以权益人有无将技术方案投入产业应用作为判断条件。有无公开使用，使用过程中是否采取保密措施，不影响利益的取得。实际上，《专利法》第 69 条规定的先用权制度，对可产生利益的技术方案的使用作出了要求，“在专利申请日前已经制造相同产品、使用相同方法或者已经作好制造、使用的必要准备”。

对于侵害技术方案所产生的利益，《反不正当竞争法》没有明确规定具体的不正当竞争行为，故缺乏认定为具体不正当竞争行为的法律依据。有些观点认为，在缺乏具体不竞争行为法律规定情况下，可适用该法第 2 条第 1 款的原则性规定，即“经营者在生产经营活动中，应当遵循自愿、平等、公平、诚信的原则，遵守法律和商业道德”。笔者以为，《反不正当竞争法》第 2 条第 2 款明确设立了不正当竞争行为的构成要件，第 2 条第 1 款的规定可用来解释何谓“扰乱市场竞争秩序”，但不宜作为不正当竞争行为的判断标准。即使此规定可为法官提供法律续造的基础，扩大法律适用范围，也应当仅限于对权利的侵害，不宜据此规定将侵害利益的行为认定为不正当竞争行为。相对于权利而言，利益主体和范围具有不确定性，宽泛保护必定有害于自由竞争市场的形成。当然，《民法典》第 1165 条第 1 款可作为技术方案利益的请求权基础。只是对其利益范围的限定，仍然可通过设定侵害方式及主观故意来实现。

## 结语

权利本质上是一种利益。法律设立了权利的取得条件和效力范围，利益具备了立法所规定的要件，即成为权利，故权利是法定化的利益。法律天然的滞后性、封闭性，决定着值得保护的利益不能第一时间内上升为法定化的权利。因此，对利益的保护是现实的必然需要。由于利益边界不明，缺乏对外公示途径，如果给予过强的保护，恐会带来侵权泛滥，社会公众动辄得咎，进而妨碍民事主体正常的民事行为。所以，对权利和利益应当进行区别保护。“在先权益”是知识产权法中常用的概念，基于权利和利益之区分，对“在先权益”的保护，也应当区别“在先权利”和“在先利益”。

# 《民法典》视阈下视听作品著作权保护的逻辑进路

## ——围绕近年来司法判决独创性标准展开

夏朝羡*

**【内容提要】**《民法典》时代的到来，势必存在与诸多法律规范的协调甚至重构。特别是2020年11月，新《著作权法》修改通过。其中，视听作品提及13次，成为一大亮点。视听作品著作权问题再度引发学界和实务界的高度关注。由于法律融贯性不足，当下我国视听作品司法认定中存在二元立法与作品类型标准的冲突与尴尬、法律逻辑与现实需求之间的矛盾凸显等问题，亟须统一视听作品构成要件，以要素类型化解构独创性标准实现视听作品司法认定的规范路径。

**【关键词】**《民法典》　视听作品　电影　独创性　作品类型

## 引言

正式步入《民法典》时代，势必存在与诸多法律规范的协调甚至重构，对理论研究和实践探索也提出了新的要求。值得注意的是，作为法典化的制度安排，《民法典》将数据、网络虚拟财产等新兴权益纳入法律保护范围，且多处涉及对知识产权的规范和调整。其中，该法第123条对知识产权权利客体予以规定，即在总则部分民事权利专章中将知识产权中的作品、发明等客体进行了“举例+兜底性”的说明，对知识产权特别是著作权制度升级再造提供了源头指

* 夏朝羡——华东政法大学知识产权专业博士研究生、上海市高级人民法院办公室二级主任科员。本文系国家社会科学基金重大项目“媒体融合中的版权理论与运用研究”（19ZDA330）的阶段性研究成果。

引。在《民法典》相对开放式立法理念的影响下，2020 年 11 月修改通过的《著作权法》中作品类型也采用开放式标准。新《著作权法》将于 2021 年 6 月 1 日起施行，对比 2010 年《著作权法》，“视听作品”的出现是一大亮点，新法中视听作品出现频率达 13 次。关于“电影作品、电视剧作品及其他视听作品”[1]类型的区分依据及相应著作权的权利归属认定[2]等问题使得视听作品司法认定的规范路径显得更为复杂。深究其因，源头还是未厘清视听作品的独创性标准。而近年来理论与实务界争议较大的一系列视听作品相关案件也与独创性标准的判断有密不可分的关系。因此，如何从独创性标准判断展开对视听作品规范路径的研析，值得进一步探讨和研究。

## 一、视听作品演进：以独创性标准的发展逻辑为主线

独创性（originality），或称原创性、创造性、初创性，是著作权正当性的基石，对智力成果能够获得著作权保护起到决定性的作用。独创性是作品区别于其他人类劳动成果的关键，只有具有独创性的外在表达才能成为著作权法意义上的作品。[3]以德国为代表的大陆法系国家即作者著作权体系认为作品仅指人格的、精神的创作，要达到严格的创作高度才能受到著作权法保护。以美国为代表的英美法系国家即版权体系在 feist 案之后逐渐抛弃“额头流汗”原则，对独创性有一定的质与量的要求。无论是以作者权利为中心的作者著作权体系，还是以经济利益为中心的版权体系，当前世界上主要国家著作权法都将独创性作为作品受著作权保护的前提条件。如我国《著作权法实施条例》第 2 条将作品定义为“文学、艺术和科学领域内具有独创性并能以某种有形形式复制的智力成果”。《美国版权法》第 102 条（a）规定，对固定于任何有形载体的作者的独创作品予以版权保护。[4]欧盟诸多版权指令中除规定“独创性”或“作者自己的智力创作”外不得再要求其他受保护的条件。但是，几乎未见有任何国家或地区的立法以及国际条约对独创性进行明确规定，而是更多依赖于实践中的理解与适用。在理论与实践的相互作用下，独创性标准的发展对作品在著作权法上的演进有重要影响。以视听作品为例，从早期电影到后来的视听作品，历经独创性被承认、标准细化的演进过程。

---

1 参见《著作权法》第 3 条。

2 参见《著作权法》第 17 条。

3 王迁著：《知识产权法教程》，中国人民大学出版社 2019 年版，第 27 页。

4 17 U. S. C. A. § 102.

### （一）独创性被承认：从活动的图像到电影作品

于中国人而言，电影是西方舶来品。它早期在法国、英国、美国萌芽和传播，从不入流到风靡，与电影业的蓬勃发展、资本涌入产生行业竞争有密切关系。直到相应法律纠纷不断产生，吸引了立法者的注意。从活动的图像到电影作品的演进，从著作权法意义上来说，其实是连续画面独创性被承认的过程。

活动的图像是电影最早的祖先，就如一种新语言的最初发音一样，实际上意味着“快速摄影”。在人们眼前以每秒钟24格画面（从前是16格画面）的速度转动的影片，之所以能给人以运动的幻觉，是因为反映在视网膜上的形象不会立即消失。[5]将活动的图像制作成电影肇始于19世纪，随后发展出电影产业。1888年，世界上最早的电影《朗德海花园场景》问世，时长共计2秒，每秒12帧。直到1895年，世界上第二早的电影《工厂的大门》诞生，它是由单一机位、对着工厂大门拍摄的几分钟画面，摄制了大门本身以及门前进进出出的人物。早期这些电影仅仅记录画面，均为无声电影，伴随着收音技术的进步，才有了有伴音画面的电影。而后在拍摄手法、手段、方法的改进以及蒙太奇的创造性作用下，电影成为独立于文学、美术的艺术类型被社会认可。

在采用封闭式立法的国家和地区，作品类型法定要求只有被纳入法律规定的一类作品才能受到著作权法保护。而在正式进入著作权法成为一类作品之前，电影以不同的形式获得了著作权法一定程度的保护。西方国家版权法历史上出现过以图片、戏剧作品保护电影的情形，而中国近代南京国民政府时期也曾以美术作品保护电影。

此外，从前述电影的演进情况来看，电影最早即为活动的图像，动态感是电影的重要特点之一。如《美国版权法》第101条规定：电影是含有一系列有关联的图像，在连续放映时如伴有声音，连同声音同时放映给人以活动的印象的音像作品。而根据我国《著作权法实施条例》，电影作品和以类似摄制电影的方法创作的作品是指摄制在一定介质上，由一系列有伴音或者无伴音的画面组成，并且借助适当装置放映或者以其他方式传播的作品。电影作品和以类似摄制电影的方法创作的作品的构成要件包括：固定性、连续画面、借助装置放映等，立法上未注意动态感的要求，值得在立法修改中引起注意。

### （二）独创性标准细化：从电影作品到视听作品

独创性是作品的核心要件，其概念及判断标准较为复杂，也历经了发展变

---

5 ［法］乔治·萨杜尔著：《世界电影史（上）》，徐昭、胡承伟译，中国电影出版社1982年版，第1－2页。

化。尤其是作品独创性是一个不具有确定含义的概念，同时基于法律传统和价值取向的不同，世界主要国家的司法实践对独创性的判断形成了以作者权体系与版权体系不同的标准。然而，无论是以经济激励为基础的版权体系国家，还是以作品体现作者人格为基础的作者权体系国家，作品独创性的判断标准都在朝一致的方向调适，这表明独创性判断标准的调适是必然的趋势。[6]例如，德国著作权客体的保护要求达到严格的创作高度，而后逐渐接受依据客体不同采用不同标准的事实，发展出“小铜币”理论，其目的在于：对于不同著作的创作高度采取不同程度的要求，对于一般的文学、科学作品，要求较平均水准为高的创作高度，称“特别个性”，而对于电脑程式等则适用“小铜币”理论，或称“单纯的个性”，“小铜币”即单纯但刚好仍具有保护能力之创作，应视为著作权保护能力之最下限。[7]虽然英美法系早期采取的“额头流汗”原则对独创性采取明显低于其他国家的标准导致版权保护范围过于宽泛，但对版权的宽松保护也就意味着对创作自由与借鉴的相对压缩，属于私权保护对公有领域的不合理限制。后来美英等国等相继提出独创性需要达到最低程度的创造性要求。随着经济全球化进程的加快，各国交流的日益密切，传统意义上的两大体系的独创性规定已经慢慢趋同，逐渐走向融合。[8]

正是因为对独创性的认识是伴随电影产业发展和更新中的，法律对独创性标准的要求也在调整和进一步细化。早期法律保护的是画面，这与当时市场中存在大量无声电影有关。电影声音从最开始的机械记录方式到光学记录方式，从磁性记录方式再到现在的数字记录方式，从单声道到模拟立体声再到如今的多平面数字立体声，从早期的不被承认发展到今天与画面并驾齐驱被称为“视听”的综合艺术。[9]

随着电视行业的发展，世界各国的立法者逐步意识到电影作品应涵盖对电视节目的保护，因此产生“以类似摄制电影的方式创作的作品”（或“以电影摄影术类似的方法创作的作品”）。“以类似摄制电影的方式创作的作品”一词来自《伯尔尼公约》（1948 年布鲁塞尔版本）“cinematographic works and works produced by a process analogous to cinematography”即“电影作品和以电影摄影术类似的方法创作的作品”。但现行 1971 年《伯尔尼公约》第 2 条（1）规定“cinematographic works to which are assimilated works expressed by a process analo-

---

6 刘铁光：《作品独创性判定标准调适的准则及其遵守的路径——以体育赛事直播画面独创性的判定为例》，载《苏州大学学报（法学版）》2019 年第 4 期。

7 李伟文：《论著作权客体之独创性》，载《法学评论》2000 年第 1 期。

8 骆电著：《作品传播者论》，法律出版社 2010 年版，第 50 页。

9 王丰：《浅析电影还音技术的发展历程》，载《现代电影技术》2014 年第 9 期。

gous to cinematography”，文义上似没有体现“电影作品和以电影摄影术类似的方法创作的作品”，而是仅体现了“以电影摄影术类似的方法创作的电影作品”。公约文字有微调，似将电影作品解释为涵盖了类似电影的创作方式形成的作品。

其实，伴随着录音技术的进步，有声电影日益盛行。在《伯尔尼公约》之后，后来的 WPPT、各国立法纷纷采用“audiovisual works”（视听作品）。视听作品，顾名思义，有视觉、听觉方面的感官刺激，不仅保护画面，也保护其中的声音。从电影作品到视听作品，语词的变化背后体现的是世界范围内著作权立法、司法对视听作品独创性标准的逐步细化，应当以一类独立的作品统称之。

## 二、视听作品司法裁判中存在的问题：适法不统一

《民法典》对作品客体予以了规定，但将作品的内涵、外延等具体问题交给部门法规范。《著作权法》对独创性要求为著作权提供了正当性基础，而独创性标准的变动和发展扩张了著作权保护的作品范围。因此，有了文字作品、音乐作品等一系列作品类型。但相应的，由于立法有限性、独创性难以界定，以及标准本身也在调整，带来了视听作品适法不统一的问题。

### （一）二元立法与作品类型标准的冲突与尴尬

我国现行立法规定了 9 类作品，与此同时又区分电影作品（包含以类似摄制电影的方式创作的作品，为表述方便，本文将以“类电作品”简称）与录像制品，两者的区分标准主要是独创性程度高低，电影作品（含类电作品）独创性标准高，受狭义著作权法保护，制作人享受作者权保护，而录像制品独创性标准相对较低，其制作者依邻接权受保护。同时，在著作权侵权纠纷案件中，认定电影作品与录像制品有现实意义，因为录制品的赔偿标准远低于作品。

在二元立法背景下，司法裁判者可能面临电影作品（含类电作品）与录像制品的选择与认定。现以《百家讲坛》系列案件的裁判情况分析梳理：在无讼网站，以“百家讲坛”为关键词搜索出 117 份裁判文书。除名誉权、保险、合同、商标、不正当竞争等非著作权相关案由以及刑事、裁定书和录音制品、文字作品等类型如涉音频、书籍、图片的案件外，筛选出 48 个涉《百家讲坛》著作权案件，具体法院认定情况详见下表。

**表 1　涉《百家讲坛》著作权纠纷案件梳理**

| 序号 | 案号 | 案由 | 涉案作品 | 作品类型及主要理由 | 经济损失/合理费用 |
|---|---|---|---|---|---|
| 1 | (2014)深南法知民初字第41号 | 著作权权属、侵权纠纷 | "百家讲坛"系列作品《故宫探幽》20 集 | 未明确（赔偿金额反推类电作品）：根据涉案电视节目《大故宫（第一部）》的署名情况，该作品的著作权人为中央电视台。经中央电视台合法授权，原告在授权范围内享有涉案电视节目《大故宫（第一部）》的独占专有的信息网络传播权，该权利依法受到法律保护。 | 11 万元/2 万元 |
| 2 ~ 47 | (2019)京 0491 民初 11129 号 | 著作权权属、侵权纠纷 | "百家讲坛"系列作品《太平公主》(18 集) | 类电作品：关键在于涉案作品表现形式而非创作方法。首先，涉案作品是具有可固定性的视频文件，是存储在某一载体或介质上，由一系列有伴音的画面组成，并借助适当装置放映的、内容完整统一的视听作品。其次，涉案作品是中央电视台创制的"百家讲坛"系列节目的一部分，经过导演选题、邀请专家、组织现场、后期制作等综合劳动制作而成的、完整且唯一的视听作品，其表现形式是邀请学者作为主讲人按照制作方规划进行的"模拟讲座"。最后，涉案作品由中央电视台对不同素材进行选择，凝聚了导演、主讲人、摄影、服装、灯光等有关专业人员的创造性劳动，体现了制作人的策划构思和编排创作，也体现了主讲人的文学感悟，是声音与画面有机结合、多镜头剪辑、组合而成的艺术表现，有较高独创性。 | 10 万 ~ 45 万元不等 |
| 48 | (2010)浦民三(知)初字第 782 号 | 侵害录音录像制作者权纠纷 | "百家讲坛"《长恨歌》(共 41 集) | 录像制品：许多学术界著名人士由幕后推出，以通俗易懂的形式将许多晦涩知识传播于民众之中，栏目收视率逐年提高，成为中国某某电视台科学教育频道的一款品牌栏目。从百家讲坛的播放情景可以知道其采用主讲人授课形式进行，某某电视台采用固定机位方式拍摄，并在授课间隙穿插相关形象、图像及文字。 | 1 万元/4200 元 |

从上表可见，在 48 个案件中，有 46 个为关联批量案件。案例 1 为央视国际网络有限公司诉深圳市迅雷网络技术有限公司，由深圳市南山区人民法院审理，判决书中未明确作品类型，但从损害赔偿金额反推似类电作品；案例 2 ~ 47 为

央视国际网络有限公司诉上海宽娱数码科技有限公司，由北京互联网法院审理，认定类电作品；案例48为央视国际网络有限公司诉上海某某网络科技有限公司，由上海市浦东新区人民法院审理，认定录像制品。案情相似，原告均为央视国际网络有限公司，甚至46个批量案件与案例48的原、被告都一致，只是审理法院不一样，时间上相隔近十年，是审判理念与规则发生了变化？还是地域差异？

此外，笔者对近几年涉及讲座类节目的著作权纠纷案件进行了梳理，选取其中较有代表性的案件进行整理，详见下表。

表2　涉讲座类节目著作权纠纷案件梳理

| 序号 | 案号 | 案由 | 涉案作品 | 作品类型及主要理由 | 经济损失/合理费用 |
|---|---|---|---|---|---|
| 1 | （2014）徐民三（知）初字第754号 | 侵害作品信息网络传播权纠纷 | 《开讲啦》（64期） | 类电作品：具有独特的节目主题，凝聚了主持人、演讲嘉宾、策划、导演、导播、音乐、摄像、灯光、化妆、舞美、技术制作、视觉设计、后期制作等众多人员的创造性劳动，形成了具有独创性的视听结合形式的智力成果，可以认定为以类似摄制电影的方法创作的作品。 | 105000元 |
| 2 | （2016）京73民终274号 | 侵害作品信息网络传播权纠纷 | 《商务礼仪》（20集） | 录像制品：虽表示金正昆享有著作权，但燕园中心负责全部资金投入、录制与制作，独家享有电视播映权、录像和图书产品的出版权，并组织安排演讲、授课和讲座等推广活动。 | 5万元/公证费1万元、律师费1万元（二审改判提高金额） |

从表2讲座类节目相关案件裁判结果来看，节目的性质或类电作品或录像制品，细看节目内容，其实大同小异，但判决结果却大相径庭。例如，从“央视网”及“哔哩哔哩”分别找到上表中两案涉及的节目《开讲啦》《商务礼仪》在2014年、2016年的节目视频，一一观看后会发现节目的风格、方式等差不多，并没有突破一般讲座类节目的摄制模式，但前者被认定为类电作品，后者却被认定为录像制品。这样的同案不同判，与当下法院系统司法体制综合配套改革的精神大相径庭，应当引起重视。

### （二）法律逻辑与现实需求之间的矛盾凸显

如前所述，二元立法下，司法裁判者面临区分电影作品与录像制品的难题，毕竟独创性何为高、何为低并没有统一标准的尺度，容易陷入逻辑困境，而这又与对包含电影、类似电影在内的相关作品给予司法保护的现实需要之间产生了矛盾。例如，2020 年 4 月宣判并引起广泛关注的中央国际网络有限公司诉上海聚力传媒技术有限公司著作权侵权及不正当竞争纠纷一案中，对于涉案的体育赛事直播节目，法院认为独创性标准无高低之分，只有有无之别，只要体现作者的个性就满足独创性的最低要求。[10] 当裁判者对类电作品的独创性标准放得过低，以至于连续画面类的著作权案件中包括游戏直播、电视剧等节目也通常以类电作品的形式认定，出现“万物皆可类电”，形成类电作品一统天下的局面。类似的，2020 年 9 月 23 日，北京新浪互联信息服务有限公司诉北京天盈九州网络技术有限公司案和央视国际网络有限公司诉暴风集团股份有限公司案再审判决作出，该两案自 2015 年起，历经一审、二审、再审，其间不同法院观点不一，最终裁决或回归初审判决结果和理由，或维持二审判决结果但改变二审的作品定性。这种案例的钩沉与反复，实际上反映出当下视听作品司法认定的难题与无奈。且该两案的再审判决系由同一家法院同一个合议庭作出，裁判结果的一致性自不在话下，若不同承办法官、不同法院、不同地域，是否还能保持统一？再如，广州网易计算机系统有限公司诉广州华多网络科技有限公司侵害著作权及不正当竞争纠纷一案中，对涉案的“梦幻西游”在线网络游戏，一审法院认为其核心内容包括游戏引擎和游戏资源库，经由用户在终端设备上操作后，引擎系统调用资源库的素材在终端设备上呈现，产生一系列有伴音或无伴音的连续画面，这些画面具有丰富的故事情节、鲜明的人物形象和独特的作品风格，表达了创作者的思想个性，且能以有形形式复制，此创作过程与“摄制电影”的方法类似，因此涉案电子游戏在终端设备上运行呈现的连续画面可认定为类电影作品，该作品的“制片者”应归属于游戏软件的权利人。[11] 该案二审驳回上诉，维持原判。

就体育赛事直播案而言，从现行法来看，电影作品与类电影作品采用不同的独创性标准并无法律上的依据，强行将高水准电影创作与反映作者个性的类电影作品区分开来，与现行法律有所不符，疑有司法叠加之意，存在法律逻辑上的断裂。同时，游戏直播案中，游戏直播画面又因创作过程类似于摄制电影而被定为类电影作品。实际上，这种裁判思路反映出法院在认定独创性时较多地参照电影，这是出于对立法初衷的一种回应，无可厚非。但将创作过程、手法的考察等同于独创性标准的判断依据抑或重要参考依据，是否过于僵化？

此外，从现实层面来看，作品独创性的判断往往被过度简化为寻找“作者

10 上海市浦东新区人法院（2017）沪 0115 民初 888829 号民事判决书。

11 广州知识产权法院（2015）粤知法著民初字第 16 号民事判决书。

个性的体现”，使得判断流于主观化，与侵权判断中实质性相似的认定也脱节。“表达”要素是区分不同类别作品的内在依据，需要根据作品的表达形式建立细化的独创性判断标准，由此实现与侵权认定规则的协调。[12]

## 三、现有问题之原因剖析：法律的融贯性不足

《民法典》颁布后，著作权司法保护在法典层面获得支撑和指导，而寻求视听作品司法认定中适法不统一背后的根源，主要是相关法律的融贯性不足。

### （一）立法：电影作品与类电作品并行（电影、电视剧及其他视听作品并行）

单纯沿袭《伯尔尼公约》文本翻译，采用电影作品与类电作品并行之法，实则没有考虑到背后的价值意蕴，特别是国际条约的背景、世界各国立法趋势以及中西方的语言思维习惯。事实上，在当下，电影作品与类电作品并行没有实质意义。这可能是中西方思维方式不同所致，在中国人看来这种归纳或者说是概念甚至有些幽默，是不是也可以产生以类似绘制美术作品的方式创作的作品？通常按照中国学术理论与实践研究习惯，对电影作品进行扩大解释，完全可以涵盖以类似摄制电影的方式创作的作品，何必多此一举，增加一个拗口又没有表达更多内容的类电作品？这个问题在新《著作权法》实施后可能更加复杂，因为新法将视听作品分为电影、电视剧及其他视听作品，且对电影、电视剧与其他视听作品的权属归属进行了有所区别的规定，相比原先的电影作品与类电影作品更加模糊不清。

当然，一定要将两者区分开来，那电影作品是需要经过广电总局备案的，与纪录片的形式有所不同，这方面电影作品与类电作品确实有区别，但这种区别并不是著作权法意义上的差异。著作权法上类电作品的独创性要求与电影作品其实并没有太大差别，否则类电作品无法与电影作品并列。

现在不少网友拍摄并上传的视频非常有创意，美感更加不在话下，如李子柒的视频，记录生活，来源于生活又美不胜收，算不算类电作品？同样，一些摄制、剪辑很精美的 VLOG 算不算？这些没有备案为电影作品的，是不是都算类电作品？假设某“电影”通过备案为电影，但毫无创意，同态复制了他人公有领域的作品，能作为电影作品吗？显然不行。既然电影作品与类电作品的实

---

12　谢晴川：《论独创性判断标准“空洞化”问题的破解——以科技类图形作品为切入点》，载《学术论坛》2019年第5期。

质是都具有较高的独创性，而且这种独创性不存在明显的东风盖过西风的问题，若类电作品独创性不高可能就成为录像制品，而不能被称为作品，那么这种将两者并行的价值何在?

正因为电影作品与类电作品的模糊并行，给司法实践带来了不少问题：(1) 类电作品成为电影作品的兜底，没有充分考虑独创性要求，将本身未达到电影作品独创性高度的作品纳入类电作品的保护范围。(2) 类电作品与录制品的界限不清，将本应落入录制品范围的作品纳入类电作品的保护范围，提高了录制品的保护水平，特别是损害赔偿金额。

### (二) 司法：作品独创性权威标准缺位

无论是同案不同判，还是类电作品大一统的局面，究其原因，主要是独创性标准缺位。何为独创性，我国著作权法律框架下并未规定。仅《最高人民法院关于审理著作权民事纠纷案件适用法律若干问题的解释》第15条规定，由不同作者就同一题材创作的作品，作品的表达系独立完成并且有创作性的，应当认定作者各自享有独立著作权。即强调独立创作并有创作性。对于不同作品类型的独创性标准，现行立法更是没有提供相应依据。当然，目前各地法院出台的一些办案指引等文件资料可供参考。例如，例如，就电影作品的独创性，《广东省高级人民法院关于审理侵害影视和音乐作品著作权纠纷案件若干问题的办案指引》规定：电影作品的“独创性”要求较高，一般具有电影制片者与电影导演鲜明的个性化的创作特征；在摄制技术上以分镜头剧本为蓝本，采用蒙太奇等剪辑手法；由演员、剧本、摄影、剪辑、服装设计、配乐、插曲、灯光、化妆、美工等多部门合作；投资额较大；等等。对戏剧、小品、歌舞等表演方式进行拍摄时，拍摄者采用镜头拉伸、片段剪辑、机位改变、片头片尾美工设计、将场景从室内改变到室外等摄制方式，均不能够产生电影作品，其拍摄成果应认定为录音录像制品。具备下列特征的音乐电视（MTV）一般应当认定为录音录像制品：没有导演和制片者的个性化创作，制片者信息不明确；没有或仅有简单的故事情节，主要是对歌星演唱以及群众演员配合表演的再现；拍摄目的主要用于卡拉OK演唱而非在影院和电视台放映，歌词歌曲在其中起主导作用，词曲作者的贡献占主要部分；投资额较小；等等。

《百家讲坛》系列案件中法院认定为类电作品的理由是，判断涉案作品属于类电作品还是录像制品，关键在于涉案作品的表现形式而非创作方法。首先，涉案作品是具有可固定性的视频文件，是存储在某一载体或介质上，由一系列有伴音的画面组成，并借助适当装置放映的、内容完整统一的视听作品。其次，涉案作品是中央电视台创制的《百家讲坛》系列节目的一部分，是经过导演选题、邀请专家、组织现场、后期制作等综合劳动制作而成的、完整且唯一的视听作品，其表现形式是邀请学者作为主讲人按照制作方规划进行的“模拟讲座”。最后，涉案作品是由中央电视台对不同素材进行选择，凝聚了导演、主讲人、摄影、服装、灯光等有关专业人员的创造性劳动，体现了制作人的策划构思和编排创作，也体现了主讲人的文学感悟，是声音与画面有机结合、多镜头剪辑、组合而成的艺术表现，具有较高独创性。综上，《百家讲坛》系列作品达到了类电作品的创作高度，应当认定为类电作品。

参考上述电影作品标准对《百家讲坛》节目的独创性进行分析：（1）如节目介绍所称，“让专家、学者为百姓服务”，在专家、学者和百姓之间架起“一座让专家通向老百姓的桥梁”，旨在普及中国优秀传统文化。一方面，从节目形式来看，系模拟讲座。采用主讲人授课形式进行，某某电视台采用固定机位方式拍摄，并在授课间隙穿插相关形象、图像及文字（声音与画面有机结合、多镜头剪辑）。另一方面，从整体感觉来看，节目风格似评书。为吸引观众，编导会要求主讲人一开始必须制造一个悬念，如易中天说裸体痛骂曹操的祢衡是自己找死。讲和坤，谁是发现和坤的伯乐？而且每3~5分钟得有一个包袱，隔几分钟一个小高潮，为了吸引观念的注意力，这种形式其实有点像评书。且《百家讲坛》的评书感越来越强，以至于人们说有走向单口相声的趋势。如果这种模拟讲座、穿插画面有带入感效果的电视节目制作方式本身有独创性，符合类电作品保护要求，那么是否意味着电视节目版式本身能够获得保护？（2）判决书中指出节目系经过“导演选题、邀请专家、组织现场、后期制作等综合劳动”，然而任何小型的拍摄、录像一般都需要这项步骤和内容，大量名师讲座录播的拍摄也需有导演、现场布置、后期制作等。这并不是构成独创性标准的核心要求。（3）判决书中“也体现了主讲人的文学感悟”与独创性无关，因为电影作品的独创性不在于被拍摄者，而是连续画面切换，表达思想情感，或上下衔接带来美感。中间穿插的部分画面很短，即使是穿插的画面有独创性，也仅为该画面的独创性，并不会使得整个《百家讲坛》节目的画面具有独创性。（4）《百家讲坛》成为类电作品后，主讲人是表演者吗？教师讲课生动活泼、适时播放视频和图片解释说明问题，播放背景音乐，摄制下来，是否这堂课可以成为类电作品？如果说《百家讲坛》是没有表演者的视听作品，类似《动物世界》，那画面衔接总要体现思想或者美感。除了前后一两分钟的背景资料介绍，主要画面是主讲人在讲，手势、表情都是极有限的，拍摄角度切换、远近带来的画面的衔接变化也非常有限，难谓太多美感。当然如果降低这种美感要求，采用较低的独创性标准，也可以，但要全国一盘棋，才能适法统一。

## 四、视听作品司法认定的规范路径：纾解立法、司法障碍

《民法典》实施后，相关法律法规必然会进入解释与适用的大融合阶段。而我国著作权法律制度建立时间还不算长，在学术界代表不同体系的著作权保护观点时常会有冲突。虽然学术界的争论是建立和完善中国著作权理论必不可少的环节，但是也应该注意到它对立法和司法的影响。[13]针对视听作品司法认定中存在的问题及成因，可以从纾解立法、司法障碍两个方面对症下药。

### （一）统一视听作品构成要件

现行《著作权法实施条例》对作品及创作进行了定义："作品是指文学、艺术和科学领域内具有独创性并能以某种有形形式复制的智力成果。""创作是指直接产生文学、艺术和科学作品的智力活动。"后者显然没有超出前者的内涵范围，反而有类似循环认证之感。即使如此，也给出了一般作品以独创性为核心的构成要件。但视听作品目前在名称上都未进行统一和明确，故应首先在命名上予以确定，即以动态画面切换来反映情节或表达美感的作品是视听作品。《著作权法》修改过程中先是将"电影作品和以类似摄制电影的方法创作的作品"改为"视听作品"，最终又改为"电影作品、电视剧作品及其他视听作品"，实则将视听作品的内部再行分成电影、电影剧及其他视听作品，再度将问题复杂化。若沿着新《著作权法》的文义，似将视听作品分为两种，一种是电影作品、电视剧作品，另一种是其他视听作品。特别是第 17 条对两种情况下的权利归属进行了分别规定，即传统的电影作品、电视剧作品的著作权由制作者享有，但编剧、导演、摄影、作词、作曲等作者享有署名权，并有权按照与制作者签订的合同获得报酬。而其他视听作品的著作权归属由当事人约定；没有约定或者约定不明确的，由制作者享有，但作者享有署名权和获得报酬的权利。

那么这是否意味着传统的电影作品、电视剧作品和其他视听作品这两种情况下采用不同的作品构成要件？答案是否定的。因为从体系解释的角度看，无论是新法还是现行法，都对作品类型予以列举式的规定，只是新法对作品类型采取了开放式的标准。每一类作品有其构成要件的特殊性，正因如此，才能成就为一类作品。虽然视听作品涉及画面、音乐等元素，各相应的元素可能本身也是作品，但正是视听作品本身的独特构成要件造就其能单独自立一类。若新《著作权法》中视听作品的两种情况是采用不同的构成要件标准，那么就不能被称为视听作品，而必有其他一种在视听作品之外或者说两种情况的区分不至于

13 金渝林：《论作品的独创性》，载《法学研究》1995 年第 4 期。

达到不同的要件标准。因此，亟须统一视听作品构成要件。需要指出的是，新《著作权法》没有明确视听作品的动态感要件，乃本次修法之缺憾。著作权法律制度从无到有，从有到精，作品类型、权利种类和内容等在理论实践发展过程中逐步精华化，是社会发展的必然走向。因为从前文视听作品的演进可见，从活动的图像到电影作品的独创性获得法律认可，直到电影、电视剧等各类视听作品独创性标准细化，围绕始终的都有动态感，正是这种动态感，让活动的图像到视听作品这一路进化的过程跟音乐、文字作品有所不同，也是视听作品被称为视听作品的独特之处。故有必要在构成要件中对动态感的要求予以明确。

### （二）以要素类型化解构独创性标准

版权价值的创造不同于一般商品价值的创造，由于版权价值蕴含在智力劳动成果和具体的版权产品之中，智力劳动成果的创造和版权产品的生产制作表现出顺次继起的阶段性，故版权价值不是一次性创造出来的，版权价值的形成过程就是版权价值在不同阶段的创造和转移过程。[14] 无论是用采高标准还是低标准，立法、司法选择导向需要一致，才有利于同案同判，实现适法统一。尤其是在司法裁判过程中，“地方性知识”的差异对于同一案件可能就会有不一样的见解，不利于统一裁判规则的建立。而缺乏统一裁判规则，就会浪费很多时间、精力和花费，会增加可能在法律上引起的价值观念争议，并确保争议会在很大的范围内高概率地发生，裁判结果的可接受性就会更差。[15] 对此，可以考虑要素类型化解构独创性标准的判断，即分析独创性标准时，依据作品类型化的不同考察不同要素。这也符合《最高人民法院关于全面加强知识权司法保护的意见》（法发〔2020〕11号）的要求，即应根据不同作品的特点，妥善把握作品独创性判断标准。而根据不同作品类型采用相应的独创性标准也更符合著作权法发展的潮流和实际需求。要妥当地解决这个问题将独创性标准予以确定，就要依赖于相应的司法解释或实施条例的进一步完善。

当然，《民法典》颁布后，法律体系将逐步完善和稳定。在一定时期内，为确定性作出太多牺牲，对成文法或判决先例的司法解释过于形式，无法对诸个案间的相似和相异处合理地加以考虑，而这些相似和相异处只有当我们从社会目标的观点来加以考虑时才看得见。[16] 因而在分析视听作品独创性标准时，也

---

14 段桂鉴等著：《版权价值导论》，商务印书馆2017年版，第42－43页。

15 ［美］凯斯·R. 孙斯坦著：《法律推理与政治冲突》，金朝武、胡爱平、高建勋译，法律出版社2004年版，第127页。

16 ［英］哈特著：《法律的概念》，许家馨、李冠宜译，法律出版社2018年版，第194－195页。

要充分结合司法审判和社会需求的实际情况作出周全考察，完善相应的要素，以实现法律的内在逻辑自洽和体系融贯。对视听作品而言，独创性标准应考虑的要素：（1）导演或制片人个性化程度及其在作品中的贡献率高；（2）情节构思、技术手法不过于简单；（3）投资额相当。既考虑精神特色的产出，也重视物质投入的相当。对视听作品独创性标准进行精细化的要素确认，要充分考虑是否体现创作者的个性、创作构思与方法、投入与付出三个方面，且三个方面是动态体系平衡的。即如果要素中个性化程度极高，以至于出现了惊世骇俗风格的作品，对其他两个要素的程度可以相对偏低，但不应低于一般水平。同理，构思或投入方面要素水平非常高时，对个性化要求也可以相对偏低。不过，这种偏低或者偏高都是相对的，三个方面要素本身是考察视听作品独创性标准所必备的。

# 竞业禁止制度下的商业秘密保护

## ——基于《民法典》第123条展开

曾　涛*

【内容提要】《民法典》第123条没有改变商业秘密的法益性质，商业秘密不具有著作权、商标权、专利权同等的排他效力。竞业禁止制度应当基于商业秘密的法益属性而设立，目的在于平衡企业利益、员工利益与社会公共利益。目前我国对于竞业禁止制度的规定相对粗浅，适用标准模糊不清。对于竞业禁止的适用主体、适用对象、效力认定、责任承担等重要问题的认识，理论和实践中都存在较多分歧。对于竞业禁止制度的完善和发展，不仅需要进一步明确竞业禁止制度的执行标准，也需要企业加强自身的商业秘密保护制度建设，为有效适用竞业禁止制度创设有利环境。

【关键词】《民法典》第123条　竞业禁止　商业秘密　劳动合同

我国《民法典》第123条将商业秘密列为知识产权的客体，这是继《民法总则》第123条首次规定商业秘密为知识产权保护的客体之后，再次在民事立法上确认商业秘密在知识产权体系中的法律地位。尽管对商业秘密的保护，尚未制定如《著作权法》《商标法》《专利法》一样的知识产权单行法，但从近年来对《反不正当竞争法》修改次数、修改内容来看[1]，商业秘密保护力度已经得到不断加强。业界提供的情况表明，通过竞业禁止协议来规制离职员工可能实施的侵害商业秘密行为，已成为企业保护商业秘密的常用措施。早在2015年

* 曾涛——华东政法大学知识产权学院2019级博士生，主要研究方向：知识产权法。

1 《反不正当竞争法》先后于2017年11月、2019年4月进行修改，两次修改的内容均涉及商业秘密条款。

4月由南京市人民检察院发布的《侵犯商业秘密犯罪案件调研报告》也已分析表明，该院办理的侵犯商业秘密案件，其中80%是因为雇员离职引起的。[2]因而，竞业禁止协议与保护商业秘密的关系，涉及企业利益与人才自由流动。如果认可禁止协议的强约束力，无疑能强化保护企业利益，但会增加对人才流动的限制。反之，从严认定竞业禁止协议的约束力，促进人才流动自由度，则容易造成商业秘密的泄露。所以，竞业禁止协议效力范围的划定，其实关涉企业利益与社会公共利益。而如何认定竞业禁止协议的效力，需要对商业秘密的客体范围进行检视。本文从《民法典》第123条之规定谈起，分析该规定所确定的知识产权客体体系，厘定商业秘密权益的性质，进而阐释竞业禁止协议与商业秘密的关系，分析法律适用问题，最后提出若干完善制度的建议。

## 一、《民法典》第123条与商业秘密权益属性

商业秘密属于一种财产，对商业秘密的占用、使用、处分会产生权益，这种权益究竟属于何种性质，学界历来存在争议。有些学者使用了“商业秘密权”的概念[3]，认为其属性是一种权利。《反不正当竞争法》第9条将商业秘密界定为有秘密性、商业价值并经权利人采取保密措施的技术信息和经营信息。由于该规定使用“权利人”的表述，故在司法实践中也常将商业秘密产生的权益称为“商业秘密权”。但也有学者在考察美国、德国、法国有关立法及TRIPs协议中相应内容后，认为各种立法文件中从未规定所谓的“商业秘密权”，学者及司法机关根据《反不正当竞争法》中“权利人”的表述使用“商业秘密权”，是一个既无比较法渊源又无理论依据的概念的推论，进而认为“商业秘密权”是一个虚妄的概念。[4]

《民法典》第123条以“列举式”规定加“兜底”规定的方式从客体角度对什么是知识产权进行了定义性描述。[5]商业秘密属于知识产权的客体，而知识产权被普遍认为是一种绝对权。于此而言，依据《民法典》第123条之规定，

---

2 转引自邓恒：《商业秘密保护中竞业禁止的现实困境及解决路径——考察制度的理论基础为研究范式》，载《法律适用》2021年第2期。

3 一些知识产权法教程使用了“商业秘密权”概念，参见张玉瑞著：《商业秘密保护法》，中国法制出版社1999年版；孔祥俊著：《商业秘密法保护原理》，中国法制出版社1999年版；吴汉东主编：《知识产权法》，北京大学出版社2007年版。

4 孙山：《无根的“商业秘密权”——从制定法看“商业秘密权”的虚妄》，载《河北法学》2011年第3期。

5 吴汉东：《民法典时代知识产权法的体系化和法典化》，载《中国知识产权报》2020年6月18日。

是否可以认为商业秘密权益是一种绝对权？如果属于绝对权，无疑会具有绝对权的排他属性。有此权利者，得请求一般人不得侵害其权利。[6]《民法典》出台后，一种观点可称为同等论，认为商业秘密因《民法典》第123条获得完整财产权的排他属性，是和专利权、商标权、著作权等平起平坐的典型知识产权，可以对抗一切未经许可获取、使用、披露商业秘密的行为。[7]然而，该观点无法否认即使在《民法典》实施后，商业秘密权益依然不能对抗如下几种行为：一是不能禁止他人通过反向工程获取商业秘密，并持有、使用、披露商业秘密。二是不能禁止他人合法持有、使用相同的商业秘密，即商业秘密可由多主体同时占有。三是他人故意泄露商业秘密而为第三人或社会公众知晓时，商业秘密权益人无法阻止第三人无偿使用商业秘密。商业秘密可独立研发或反向工程获得，能由多个民事主体持有等特性，意味着商业秘密权益与绝对权的排他属性格格不入，难以融入民法建构的民事权利体系。

本文认为，商业秘密权益不是权利，而是值得法律保护的利益，是一种法益。法益之效力不能与权利相提并论，不具有绝对权的排他性，可由多个民事主体持有，但可禁止他人未经许可的占用、使用、处分等侵害商业秘密的行为。《民法典》第123条虽然将商业秘密列为知识产权的客体，但不能以此来推断商业秘密权益是一种与著作权、商标权、专利权平起平坐的绝对权。我国《民法典》所设立的权益保护模式，不对权利和利益进行区分，侵害权利与侵害法益的构成要件并无二致。《民法典》多个法律条文出现“权益”表述，如“为了保护民事主体的合法权益……”“民事主体的人身权利、财产权利以及其他合法权益受法律保护，任何组织和个人不得侵犯”，因此，权利和法益在概念上并无严格界限。从这个意义上理解，知识产权亦并非严谨的“权利”，其中包含着知识产权法益，严格来说，应当称为知识产权权益。商业秘密作为一种法益，纳入知识产权权益体系，是立法的正确选择。商业秘密权益的法益属性，并没有因为商业秘密被列为知识产权客体而彻底改变。

## 二、竞业禁止制度与商业秘密保护的关系

商业秘密权益是一种法益，而法益可由多个主体合法持有，排他性较弱。竞业禁止制度源自英美法系的代理关系，后扩张适用于劳动关系领域，成为保护用人单位的商业秘密的一种有效的手段。竞业禁止制度应当基于商业秘密权

6 王泽鉴著：《民法总则》，北京大学出版社2009年版，第95页。

7 转引自李扬：《商业秘密法律保护中的几个基础性问题》，载微信公众号“知产财经”，2020年12月16日。

益之属性而设立，不能为了强化商业秘密保护之需要，而不顾信息自由流通的价值，打破个体利益与社会公共利益的平衡。

（一）竞业禁止制度的由来及发展

竞业禁止制度起源于西方，最早规定于民法的代理制度，旨在用法律防止代理人对被代理人利益的损害[8]。后该项制度延伸到公司法领域，用于规制公司的董事、经理、高级管理人员在职期间的从业限制。英美法系将公司与公司的董事、高管的关系界定为代理关系，大陆法系国家将这两者的关系界定为委任关系，而无论哪种关系，后者均是为前者的利益而服务的，所以公司的董事、高管承担竞业禁止义务的依据是其对公司应尽的忠诚义务。但是该项忠诚义务所限定的主体以及有效期间都有局限性。为了防止劳动者在离职之后对企业利益造成损害，之后竞业禁止制度又被扩大适用于劳动关系领域，通过限制负有保密义务的劳动者的择业自由来保护经营者的商业秘密。从竞业禁止制度的发展脉络可知，在公司法语境下，竞业禁止义务是法律为防止公司的董事、高管将个人利益凌驾于公司利益之上，对其择业自由所作的强制限定，这是一种法定义务；在劳动合同法语境下，竞业禁止义务是用人单位为了保护自身利益而对劳动者施加的一种限制，是劳资关系不对等状态下竞业禁止制度的扩张适用，这是一种约定的义务。

关于竞业禁止的定义，在我国现有的法律体系中并没有给出明确的定义，其规定散见于《公司法》《合伙企业法》《个人独资企业法》《中外合资经营企业法实施条例》[9]和《劳动合同法》[10]的相关规定中。从文义表述上来看，这些法律的规定有一定的重合性，但是《公司法》等商事法律与《劳动合同法》所规定的竞业禁止的立法目的不同，前者是为了防止公司的董事、高管滥用职权便利损害公司利益，这种竞业禁止义务的承担不以掌握公司的商业秘密为前

---

8　倪才龙主编：《商业秘密保护法》，上海大学出版社 2005 年版。

9　参见《公司法》第 148 条规定："董事、高级管理人员不得有下列行为……（五）未经股东会或者股东大会同意，利用职务便利为自己或者他人谋取属于公司的商业机会，自营或者为他人经营与所任职公司同类的业务……"《合伙企业法》第 30 条规定，合伙人不得自营或同他人合作经营与本合伙企业相竞争的业务。《个人独资企业法》第 20 条规定，投资人委托或聘用的管理个人独资企业事务的人员，未经投资人同意，不得从事与本企业相竞争的业务。《中外合资经营企业法实施条例》第 37 条第 4 款规定："总经理或者副总经理不得兼任其他经济组织的总经理或副总经理，不得参与其他经济组织对本企业的商业竞争。"

10　参见《劳动合同法》第 24 条第 2 款："在解除或者终止劳动合同后，前款规定的人员到与本单位生产或者经营同类产品、从事同类业务的有竞争关系的其他用人单位，或者自己开业生产或者经营同类产品、从事同类业务的竞业限制期限，不得超过二年。"

提，其所调整的公司和管理的管理人、负责人两个平等的主体之间的民事法律关系；后者是为了保护用人单位的竞争优势，防止用人单位的商业秘密外泄，形式上是调整用人单位和劳动者之间的劳动合同关系，实质上是立足于维护市场竞争秩序，调整不同经营者之间的竞争关系。由此，竞业禁止制度可以从两个层面上来理解：法定的竞业禁止是指依据法律规定禁止公司的董事、高级管理人员在职期间自营或为他人经营与本企业有竞争关系的业务。约定的竞业禁止是指依据双方当事人约定，用人单位的高级管理人员、高级技术人员和其他负有保密义务的人员不得在离职后的特定时间内自营或为他人经营与原单位有竞争关系的业务。

### （二）竞业禁止制度在商业秘密保护中的运用

在劳动合同法律关系中，竞业禁止与商业秘密是相伴而生的，没有商业秘密即无须竞业禁止，这一点在理论和司法实践中都已被认同。诚然，竞业禁止不是保护商业秘密的唯一方式，但是竞业禁止制度在商业秘密保护方面具有独特的价值，这是因为竞业禁止是一种防止泄密的事前预防措施，商业秘密的价值性基于其秘密性，一旦被公开其价值性便荡然无存，事后的救济并不能保障商标秘密持有人因此而获得的市场竞争优势，所以就商业秘密的保护方式而言，事前防范的意义远远大于事后的侵权救济之举。

再者，商业秘密自身的特点也催生了竞业禁止制度在商业秘密保护方面的现实需求。首先，商业秘密作为一种有价值的信息被劳动者用于工作之所需，劳动者成为商业秘密的载体，劳动者的流动总是不可避免地伴随商业秘密的转移。美国所规定的“不可避免的披露”也正是基于此番考虑，即无论雇主与雇员之间是否存在竞业禁止协议，根据前后雇主的竞争性、雇员在前后两家单位中承担职务的相似性等证据，法院有理由认为该雇员必定会在履行其新职务的过程中不可避免地披露前雇主的商业秘密[11]。所以商业秘密具有天然的易泄露属性。商业秘密往往与劳动的工作经验、技能和知识融为一体，劳动者泄露商业秘密可能是无意识的，即使是劳动者有意泄露原单位的商业秘密给新单位，也是在原单位不知情的情况下泄露秘密的，这也使得商业秘密被泄露后不易被发现。假设原单位发现泄密的情况而启动商业秘密侵权救济，众所周知，商业秘密的侵权诉讼是一项“持久战”，作为持有商业秘密的企业一方不但要承担繁重的举证责任，而且诉讼周期长，即使最后认定构成商业秘密侵权，而很大可

---

11 甄世辉：《对我国商业秘密保护中竞业禁止问题的新思考》，载《河北法学》2008年第11期。

能已经超过了劳动合同规定的最长2年的竞业禁止期限，判决劳动者竞业禁止的客观基础已经不复存在，而这与原单位要求劳动者尽快停止到竞争对手处工作、以防泄密的初衷是相悖的。

以上商业秘密自身的特点以及商业秘密侵权救济的巨大程序消耗，使得竞业禁止制度在商业秘密保护方面展现出尤为重要的价值和不可替代的作用。但是竞业禁止制度也限制了劳动者的自由择业权和个人发展权，作为一项具有公共政策属性的制度设计，竞业禁止制度应该在用人单位、劳动者和市场自由竞争三者利益之间找寻最佳的平衡点，防止该项制度单纯地沦为用人单位维护自身利益、限制自由竞争和人才自由流动的工具。

## 三、竞业禁止制度在商标秘密保护适用方面的问题

诚如加拿大学者米希尔森所言："人类社会中的法律制度从来就没有（而且也极不可能有）把作为社会秩序之基础的那种契约责任完全交由合同当事人自己去约定。"[12] 包括公司董事、高级管理人员在内的人员在职期间须遵守公司的商业秘密，这是作为劳动者不言自明应当承担的劳动义务，即使没有合同约定也不能视为劳动者不存在保密义务。劳动关系语境下的竞业禁止制度主要是用于约束劳动者从原单位离职之后的保密守约义务，具体到法律条文的规定集中体现于《劳动合同法》第23条、第24条之中。然而，我国目前对竞业禁止制度的规定多有模糊之处，实践操作标准不明确，以至于竞业禁止制度有被滥用之嫌。

### （一）竞业禁止制度所保护的对象

《劳动合同法》第23条规定劳动者的保密事项包括两部分内容：一是用人单位的商业秘密，二是与知识产权相关的保密事项。就商业秘密而言，《反不正当竞争法》规定商业秘密可分为技术秘密和经营秘密，那么竞业限制协议所约束的商标秘密是否与《反不正当竞争法》语境下的商业秘密内涵相同呢？目前法律的规定并不统一。劳动部《关于企业职工流动若干问题的通知》中将约定竞业禁止的保护对象规定为商业秘密，其他的部门规章和地方性法规多数规定为技术秘密，如科技部1997年《关于加强科技人员流动中技术秘密管理的若干

12　［加拿大］特德·哈罗德、米希尔·米希尔森著：《秘密信息和技术"诀窍"——加拿大法院审理商业秘密案件的司法实践》，马雅清译，载《外国法译评》1999年第3期。

意见》[13]。笔者认为，竞业禁止制度本质上是为了防止不正当竞争，维护竞争秩序，这是《反不正当竞争法》首要的立法宗旨。而《反不正当竞争法》并未对技术秘密和经营秘密予以区别对待。约定的竞业禁止制度是为保护商业秘密而设，也就应该与《反不正当竞争法》统一法律术语保持内涵一致，不应该将经营秘密排除在竞业禁止的范围之外。并且从商业秘密保护的实际需求来看，有些企业可能不涉及技术秘密，但是其经营秘密是企业盈利的主要来源，如不加以保护，同样会对企业利益产生重大损害。

其实，“与知识产权相关的保密事项”这一表述也过于模糊，通常来说除了商业秘密，其他知识产权客体需要保密的情形并不多见。著作权的客体是作品，创造作品的目的就是传播作品，作品本身不具有秘密性的特征。商标等商业标记本质上是符号，本身不存在商业秘密，专利的实质是以公开换垄断，本身就排斥秘密性。从目前竞业禁止案件的审理实践来看，也没有因为商业秘密之外的需保密的其他事项而引起的竞业禁止纠纷，所以《劳动合同法》第23条关于“与知识产权相关的保密事项”主要还是作为兜底条款，但实际适用的可能性不大。

### （二）承担竞业禁止义务的主体

《劳动合同法》第24条规定，竞业限制的人员限于用人单位的高级管理人员、高级技术人员和其他负有保密义务的人员。此处的高级管理人员和高级技术人员适用负有保密义务推定原则，即无论其是否真实掌握企业的商业秘密，都推定其负有保密义务。这里有两个问题：

一是该条规定的“高级管理人员”是否能约束公司的董事、高级管理人员，合伙企业的合伙人，个人独资企业的管理人，中外合资经营企业的总经理、副总经理（以下统称公司董事、高管），换言之，公司的董事、高管离职之后的竞业禁止义务是否受《劳动合同法》的调整。一种观点认为公司的董事、高管也是公司的劳动者，由于离职后竞业禁止同样与董事的工作权发生冲突，因此必须适用《劳动合同法》有关离职后竞业限制的规定。另一种观点认为，公司的董事、高管离职后承担竞业禁止义务须以签订竞业禁止协议为前提，有约定的适用《公司法》《合同法》等民商事法律规格；没有约定的，视为不承担竞业禁止义务。笔者认同后一种观点，因为公司的董事、高管与公司之间的法律关系和普通劳动者与用人单位之间的法律关系是不同的，前者是代理或委任的民

---

13 王学先：《商业秘密保护中竞业限制问题》，载《大连海事大学学报（社会科学版）》2009年第4期。

事法律关系，后者是具有人身和财产双重依附性的劳动法律关系，不同的法律关系法律调整的方式不同，责任承担方式也不同。《劳动合同法》中规定的竞业禁止义务承担主体不应包含公司的董事、高管，第24条关于“高级管理人员”的规定容易与《公司法》等规定的“董事、高级管理人员”在法律适用上导致混乱，需要立法作出进一步的澄清和释明。

二是关于“其他负有保密义务的人员”是否可以扩大适用于企业的全体人员。现在很多企业为了节约管理成本，并不对涉密员工及涉密程度加以区别，而是要求所有员工都签署统一的竞业禁止协议。这种做法不但违反了法律的规定，而且不合理地限制了不负有保密义务的劳动者的自由择业权以及社会人力资本的自由流动，呈现出竞业禁止制度被滥用的情形。所以这里规定的“其他负有保密义务的人员”在司法适用上是否还有进一步解释的空间，也有待探明。

### （三）竞业禁止协议的效力问题

关于竞业禁止协议的效力问题涉及两个方面：一是竞业禁止协议生效的前提，二是竞业禁止协议生效的条件。

前文提到，承担竞业禁止业务须以掌握商业秘密为前提，那么除了商业秘密，竞业禁止制度是否还能保护企业其他的商业利益也是一个有争议的问题。有学者认为：“竞业禁止协议保护的合法利益除了雇主的商业秘密外，还包括避免因雇员任意跳槽至竞争性公司造成雇主不利或因此商业利益受到伤害。”[14]企业为培养人才不可避免地会有成本的投入，企业的这种投入即体现为劳动者的知识、技能和经验的提升。这种人才流入竞争对手处必然会造成企业自身利益的损失，那么企业能否基于这种人才培养成本的投入而提出竞业禁止要求，各国有不同的把握标准。是否把正当的商业利益狭隘地解释为商业秘密，抑或作扩大解释，这与本国的知识产权保护水平及产业政策息息相关。[15]我国的法律规定显然是将这种“正当商业利益”等于商业秘密，但是在具体适用法律时，如何区分用人单位的商业秘密与劳动者自身的职业技能又成为一个法律适用的难题。

《劳动合同法》第23条规定，用人单位与劳动者约定竞业禁止条款的，应当向劳动者支付补偿金。如果用人单位不支付或者是以明显不合理的低价支付补偿金，竞业禁止条款是否有效，实践中有两种不同的处理意见，一种是以深

---

14　朱建新、陈辉、沈兵：《竞业禁止义务的产生及竞业禁止协议效力的判断》，载《法律适用》2003年第10期。

15　邓恒、周园：《论商业秘密保护中竞业禁止的适用范围》，载《知识产权》2017年第3期。

圳、宁波等地的法院为代表，认为用人单位未支付补偿金的，竞业禁止条款无效。另一种是以上海的法院为代表，用人单位不支付补偿金的，劳动者可以主张违约责任，但是不能据此认定竞业禁止条款当然无效。关于竞业禁止协议效力认定呈现两种完全不同的意见，也能从中反窥法律规定的简单粗陋，以至于法律适用的自由裁量标准过大。笔者认为，用人单位不支付补偿金或者以明显不合理的低价支付补偿金的，认定竞业禁止协议无效更为合理。因为竞业禁止制度本身就已经牺牲了劳动者的择业自由，使劳动者面临生存与发展的窘境。用人单位不支付补偿金，劳动者的基本生活需求就可能不被保障。只认定用人单位违约，本来就处于弱势的劳动者还须再花费成本去追究用人单位的违约责任，实则是更为加重了劳动者的负担。所以直接认定竞业禁止条款无效会更加符合劳动者的权益保障，并且有利于防止企业用明显的低价补偿金限制自由竞争和人才的自由流动。

### （四）违反竞业禁止的责任承担方式

对于劳动者违反竞业禁止的法律责任，《劳动合同法》第23条规定劳动者应承担违约责任，向劳动者支付违约金，同时第90条也规定劳动者违反竞业限制给用人单位造成损失的，应承担赔偿责任。违约责任只能约束合同的双方当事人，依据违约责任用人单位只能追究劳动者的责任。但是劳动者到与原单位有竞争关系的新单位就职，新的单位是竞争优势的既得利益者，原单位是否可以追究劳动者和新单位的连带责任，这一点法律并没有明确规定。

《劳动合同法》第91条规定："用人单位招用与其他用人单位尚未解除或者终止劳动合同的劳动者，给其他用人单位造成损失的，应当承担连带赔偿责任。"实践中这条规定被参照适用于竞业禁止案件的纠纷处理中，但是这里关于"损失"的界定容易引发歧义。如上文所述，竞业禁止制度是为了保护企业的商业秘密，如果劳动者跳槽到新单位后并未泄露原单位的商业秘密，是否意味着没有给原单位造成损失，那么新单位就不用承担连带责任了？笔者认为这里不宜对"损失"作过于狭隘的解读。从行为性质上来，竞争者招用负有竞业禁止义务的劳动者，其二者系共同实施了不正当竞争行为；从行为的结果来看，一说认为该类行为侵犯的是企业的劳动债权[16]。同时这种行为也使原单位的商业秘密面临随时被泄露的风险，破坏了商业秘密的稳定性和安全性。竞业禁止制度独特的价值在于其事前的预防性，规定用人单位承担连带责任可以起到一定

---

16 姚建军：《竞业限制不正当竞争诉讼研究——以竞业限制与商业秘密的关系为视角》，载《法律适用》2013年第2期。

的威慑作用，防止用人单位为不正当竞争目的而“挖墙脚”。

## 四、完善商业秘密保护中竞业禁止制度的思考

竞业禁止制度既是商业秘密保护的一柄“利剑”，也是平衡用人单位、劳动者和市场竞争秩序的一个有力杠杆。该制度如果利用不当或过度滥用，不但会侵害劳动者的合法权益，甚至会造成社会关系的失衡。所以有必要针对我国当前的竞业禁止制度进行完善和发展，一方面要习惯法律的相关规定，使竞业禁止制度的执行标准更加清晰，操作流程更加规范；另一方面企业要加强自身的商业秘密保护制度建设，为有效适用竞业禁止制度创设有利环境和基础。

### （一）细化竞业禁止制度的法律规定

竞业禁止制度是一项实践性很强的制度设计，因此更需要一套相对标准的执行规范。以违反竞业禁止义务的劳动补偿金为例，《劳动合同法》并没有规定劳动补偿金的支付标准，但是很多国家都规定了补偿金的支付标准。如《德国商法典》第 74 条就规定：“竞业禁止期间，雇主应给予雇员离职前最后一年的年报酬的一半以上作为补偿，否则竞业禁止协议没有约束力。”[17] 法国按限制竞业期间的长短分别规定，2 年以下的给付受雇期间报酬的 1/3 或 2/3，超过 2 年的给付全额，并将有无经济补偿作为竞业禁止合同是否有效的条件[18]。我国多地的地方性法规中也规定了劳动补偿金的支付标准。例如，《深圳经济特区企业技术秘密保护条例》把竞业限制的经济补偿金规定为“以员工离职前一年，从企业获得的年报酬的 2/3”。北京市《中关村科技园区条例》规定竞业限制的经济补偿金“不得少于该员工在企业最后一年年收入的二分之一”。借鉴国外支付补偿金标准的规定以及我国地方性法规关于支付标准的先行实践，有必要在更高的法律位阶层面（如《劳动合同法》）设定竞业禁止补偿金的最低支付标准。因为竞业禁止并不是禁止劳动者从事劳动，而是限制了其选择劳动岗位的自由，因此是对其熟悉劳动技能应得报酬的补偿性支付，所以不宜按照劳动者离职前年收入的全额支付，事实上《劳动合同法草案》中规定了竞业禁止补偿金应不低于劳动者的年工资收入，因为用人单位的极力反对而最终予以删除。所以在设定支付标准下限时既要照顾到劳动合同的利益，也要兼顾企业的实际负担能力，设定离职前年工资收入的二分之一作为最低支付标准较为适宜，企业可以

---

17　杜景林译：《德国商法典》，中国政法大学出版社 2000 年版，第 28 页。

18　甄世辉：《对我国商业秘密保护中竞业禁止问题的新思考》，载《河北法学》2008 年第 11 期。

在此基础上规定更高的支付标准。

关于竞业禁止补偿金的支付方式，《劳动合同法》的规定是“在解除或者终止劳动合同后，在竞业限制期限内按月给予劳动者经济补偿”。依照法律规定，竞业禁止补偿金应该是在劳动者从原单位离职之后，由原单位按月支付给劳动者，但是实践中有的用人单位在劳动合同中约定支付给劳动者的工资中已经包含竞业禁止补偿，法院也认可该约定的支付方式是有效的。笔者认为，约定工资中包含竞业禁止补偿金有可能成为企业拒不支付补偿金的“挡箭牌”，从而变相克扣劳动者的工资。这种支付方式的效力应该分两种情况对待，如果劳动合同中约定了工资中包含竞业禁止补偿金，并且在工资中有体现且这种体现与劳动竞业期限相一致，可以认可其效力；如果劳动合同中虽有约定，但是在工资构成中并没有体现，不应认可其效力。劳动者的竞业限制期以两年为限，劳动者在企业工作超过两年的，其工资构成或者金额相比于前两年并未发生变化的，如果认定用人单位已经支付了补偿金在逻辑上也难以自洽。

再如，关于竞业限制的期限，《劳动合同法》规定了2年的时间上限。但是商业秘密的种类多样，脱密周期有长有短，“一刀切”式的设限并不符合各类商业秘密实际保护的需求。从保护劳动者自由择业的角度，法律宜设立竞业禁止的最长周期，但是也应为例外情形留出“口子”。为鼓励企业尽量缩短竞业禁止的时间限定，可以规定竞业禁止周期与支付补偿金相结合，如果企业停止支付补偿金，视为自动解除竞业限制，如果2年法定的竞业实现已满，企业认为劳动者仍需履行竞业禁止义务的，可以与劳动者协商支付更高的补偿金以保证竞业禁止期的延续。

### （二）适度地分类管理商业秘密

在很多案件中，劳动者几乎是无意识地泄露了原单位的商业秘密，主要在于用人单位的商业秘密管理制度不健全，仅在劳动合同中笼统地约定劳动者应当保守属于企业的商业秘密，商业秘密的内容、载体以及权利边界都不甚清晰，劳动者难以区分哪些内容属于企业的商业秘密。另外，劳动者在竞业禁止案件中提出其掌握的信息不属于商业秘密的，实践审理中通常不会按照侵害商业秘密案件的审理流程，对商业秘密的内容、载体、构成要件等逐一进行审查，而是结合涉案信息的内容以及劳动者在原单位所从事的工作内容综合作出判断，这时就更需要用人单位有一套完善的商业秘密保护制度，以此来证明劳动者所负竞业禁止义务的内容载体。

具体而言，用人单位应当对本企业的商业秘密实施分类分级管理。分类管理是指将商业秘密按照经营秘密或技术秘密进行分类。因为这两类信息类型不同，在法律上的证明标准也不同，分类之后有利于圈定各类商业秘密的涉密人员。分级管理是根据商业秘密对企业的重要程度将之划分为不同的级别，秘密等级越高的涉密信息，知悉的人员应该越少，相应的保密措施也应当越完善，以保证保密措施的适当性与商业秘密的价值性相适应。

对商业秘密的保护不能仅凭一纸合同就一劳永逸，还需采取适当的保密措施。根据《最高人民法院关于审理不正当竞争民事案件应用法律若干问题的解释》第 11 条的规定，用人单位可以采取的保密措施可以分为三类：物理隔离、限制访问和保密协议[19]。关于保密协议的内容，不宜写得过于概括或笼统，否则可能会因为保密信息指向不明而无效。应该结合自身企业的商业秘密持有情况，详细列明需要保密的具体内容。如果本企业的涉密信息较多，在劳动合同中作了原则性规定的情况下，还可以另行签订单独的协议，并且可以制定企业商业秘密管理细则，或者在企业员工手册中，根据劳动者职责和岗位的不同，再对保密义务予以细分。如此通过一整套的制度和配套的保密措施，才能搭建企业商业秘密保护的网络体系，使劳动者明确知悉自己所承担的保密义务和竞业禁止义务的具体内容，有的放矢。

---

19 参见《最高人民法院关于审理不正当竞争民事案件应用法律若干问题的解释》第 11 条第 3 款：“具有下列情形之一，在正常情况下足以防止涉密信息泄漏的，应当认定权利人采取了保密措施：（一）限定涉密信息的知悉范围，只对必须知悉的相关人员告知其内容；（二）对于涉密信息载体采取加锁等防范措施；（三）在涉密信息的载体上标有保密标志；（四）对于涉密信息采用密码或者代码等；（五）签订保密协议；（六）对于涉密的机器、厂房、车间等场所限制来访者或者提出保密要求；（七）确保信息秘密的其他合理措施。”

# 实务研究

# 粤港澳大湾区行政法治协调的立法进路

冯泽华　杜承铭*

【内容提要】广东省与香港、澳门在海关、税务、经济活动、环境治理等行政领域的管理制度、执法标准、执法程序方面存在巨大差异，生产要素在大湾区内流动遭到各种有形和无形壁垒。行政法治协调理应成为大湾区法治化建设的重要抓手。立法是实现行政法治协调的规范基础和逻辑前提。运用“组织＋技术＋监督”的三维分析框架可知，区际立法协调机构缺位、现有法律规范的协调作用微弱以及粤港澳法律备案审查制度尚待完善是大湾区行政法治协调面临的立法障碍。从宏观层面来看，大湾区行政法治协调的立法进路既要置于国家治理体系中开展，又要尊重港澳的高度自治权；从微观技术来看，大湾区应建立以珠三角单方协调为基础、粤港澳自主联合协调为桥梁、中央主导协调为保障的多层次行政法治协调立法模式。唯有各方互通有无、相辅相成，方能实现大湾区行政法治协调的良性发展。

【关键词】粤港澳大湾区　国家治理体系　行政法治协调　立法

## 一、问题缘起

长期以来，学界将粤港澳三地的民商事法律冲突、刑事法律冲突作为中国区际法治理论的研究重心，似乎这两者即为粤港澳大湾区建设首当其冲的法律

---

* 冯泽华——广东财经大学法学院博士后，法学博士，主要研究领域：宪法学与行政法学、港澳法学；杜承铭——广东工业大学教授，博士生导师，主要研究领域：宪法学与行政法学。本文系教育部哲学社会科学研究重大课题攻关项目“粤港澳大湾区法律建设研究”（项目编号：20JZD019）的阶段性研究成果。

挑战。实务界对此回应热烈。内地与香港、澳门签署多份区际民商事司法协议，为包括广东省在内的内地与香港、澳门跨境民商事法律活动的顺利开展保驾护航，也积极致力于共享警务信息，共同打击跨境犯罪，为三地居民营造和谐稳定的社会环境。综观大湾区多年来的法律合作实践，民商事法律冲突已取得初步的良好调适效果，打击跨境犯罪也取得了一定成效，但三地的生产要素依然未能实现高效便捷流动，“大门开，小门不开”以及“单向开放”的现象尤为突出，许多合作项目的成果不尽人意。究其根源，行政法治差异是粤港澳法律合作仍未能取得实质性突破的主要原因。在行政法领域，属地管辖原则是“帝王条款”。粤港澳分属不同的法域，分别建立了较为成熟的行政法律制度及其运行机制。广东省与香港、澳门在海关、税务、经济活动、环境治理等行政领域的管理制度、执法标准、执法程序方面存在巨大差异，生产要素在大湾区内流动遭到各种有形和无形壁垒。相比于可通过平等主体间意思自治的方式进行“内部消化”的民商事法律冲突，行政法治差异的协调需要完善的行政法治协调机制提供坚如磐石的生产要素流动保障，否则再完善的私法体系亦难以突破区际行政壁垒，毕竟在“一国两制”格局下，难以通过单方面的行政命令和行政安排攻克行政壁垒。行政法治协调理应成为大湾区法治化建设的重要抓手。所谓行政法治协调，是指不同法域或者不同行政区域调适彼此间行政法律制度及其价值观念、运行机制差异，从而促进府际合作向纵深发展的法律活动。立法是实现行政法治协调的规范基础和逻辑前提。研讨立法问题可为大湾区行政法治协调形成完善的法秩序提供思想基础和理论支撑。基于此，本文拟从立法角度对大湾区行政法治协调存在的问题进行透视。

## 二、大湾区行政法治协调的立法障碍

### （一）组织层面：区际立法协调机构缺位

大湾区内的立法权包括特别行政区立法权、广东省立法权、经济特区立法权、设区的市的立法权等，各方立法权限不同且错综复杂，这一现象容易影响到大湾区内各市的行政法治协调。首先，香港、澳门除国防、外交和不属于特区自治范围事项外，其余事项均可立法。相比于广东省和珠三角九市，港澳的立法权限较大，包括外事立法权、与资本主义制度相适应的经济制度立法权等。只有当特区立法因不符合中央管理的事务及中央和特区的关系时才会被全国人大常委会发回而失效。其次，广东省在不同宪法、法律、行政法规相抵触的前提下可以制定省级地方性法规。然而，广东省在许多经济领域无法单独制定有关法规，如税收法规；广东省在外事方面亦无签署国际协议的权限。再次，深圳、珠海经济特区所制定的经济特区法规可以等同于法律，除《立法法》第8条和第9条的规定外，原则上不受立法事项的制约。[1]在长期的实践中，深圳充分行使经济特区立法权，制定出一批符合深圳经济发展需要的经济特区法规。[2]然而，经济特区法规仅适用于经济特区范围内且需经过全国人大及其常委会的授权。最后，广州、佛山等设区的市在不同宪法、法律、行政法规以及省级地方性法规相抵触的情况下，可以就城乡建设与管理、环境保护、历史文化保护等事项制定地方性法规。显然，设区的市的立法权限更小，甚至在许多与港澳合作的领域没有相应的立法权限，或将被动地依托省级立法权甚至是中央立法权进行协调。

虽然粤港澳三地的立法权限不一致，但在制度层面设置统一的区际立法协调机构尚无征兆，不利于合作各方在同一平台上及时获悉他方的立法动向，无助于大湾区行政法治协调规则在立法层面的对接。大湾区各立法主体现有的立法权限并不足以协调所有的区域公共事务，如跨境合作中的高新科技、互联网等涉及国家安全问题的事务，亟须中央的授权方可为之。而没有统一的区际立法协调机构，就无法有效整合合作各方的授权需求。合作各方只能沿用已有的渠道请求中央授权。“九龙治水”式请示授权既增加中央处理大湾区立法协调工作的负担，又不利于合作各方以大湾区建设为最大福祉统一立法理念。[3]目前在中央层面设置的大湾区建设领导小组是具有中国特色的高规格议事协调机构，旨在将高层决策落到实处。但领导小组只能协调宏观上、原则性的合作问题，无法满足大湾区行政法治协调常态化的立法需求。总之，大湾区合作各方立法权限不一致且区际立法协调机构缺位，使得大湾区行政法治协调的立法资源无法有效流动，彼此的法律规则亦就难以对接和整合。

### （二）技术层面：现有法律规范的协调作用微弱

1. 列于基本法附件三的全国性法律和专门性规范的协调功效低

列于基本法附件三的全国性法律（以下简称全国性法律）和专门性规范[4]

1 但从立法实践来看，经济特区立法触碰专属中央立法事项几乎没有可能性，参见王成义：《深圳经济特区立法权：历史、学理和实践》，载《地方立法研究》2019年第1期。

2 例如，深圳制定《深圳经济特区道路交通管理处罚条例》，在处罚方式、罚款数额等方面突破我国《道路交通管理条例》的具体规定，如大幅提高罚款数额。

3 根据理性人的假设，合作各方在通过已有渠道上报中央授权的过程中，基于城市自身发展利益，或会“夹带私货”——请求授权所产生的利益偏向于本城市，这将进一步加剧城市间博弈的复杂性。

4 “专门性规范”是笔者创设的与“列于基本法附件三的全国性法律”相对的学理概念，是指全国人大、全国人大常委会、国务院等中央机关依据宪法和基本法赋予的可针对港澳问题直接立法的权力而制定的专门性法律规范，如《中华人民共和国香港特别行政区选举第十三届全国人民代表大会代表的办法》。

可以作为区际行政法治协调的规范依据。然而，在大湾区行政法治协调的立法实践中，全国性法律和专门性规范的作用尚未完全激发。这一局限表现为以下两点：

第一，为避免引发蚕食特别行政区立法权的质疑，无论是全国性法律，抑或专门性规范的规制事项均带有一定的限制。一方面，全国性法律并未就不属于特别行政区自治范围的事项进行适当延伸，在国家级非物质文化遗产保护、跨境环境治理、跨境府际纠纷等明显不宜由港澳单方面解决的事项上尚未展开立法尝试。另一方面，迄今为止，专门性规范方面除了全国人大常委会批准《内地与香港特别行政区关于在广深港高铁西九龙站设立口岸实施“一地两检”的合作安排》以外，与大湾区建设直接相关的中央统一立法尚未出台。总之，当前大湾区居民的湾区意识不强，参与法治建设内生动力不足，与全国性法律和专门性规范在理论层面与制度层面的准备不足息息相关。

第二，全国性法律和专门性规范的中央监督机制尚付阙如。一方面，在全国性法律尚未在特别行政区立法实施的情况下，中央如何监督和推进在制度上尚无清晰的路径。另一方面，专门性规范在港澳实施乃至日后在大湾区实施的质量评估体系以及监督机制的建构均无清晰的法治路径。总之，全国性法律和专门性规范在大湾区行政法治协调的现实作用微薄，与其在宪法和基本法框架下的法律地位不相匹配有关，无助于彰显中央立法协调规范在大湾区建设的权威性。

2. 区际行政协议的软法效力无法满足协调需求

区际行政协议[5]在大湾区行政法治协调中可产生事实上的约束力（软法效力），但这种软法效力越来越不能满足大湾区深度建设的需求，有必要增强协议的“硬效力”。靶向痛点，方能立竿见影。与同法域区域行政协议一样，[6]区际行政协议亦会存在如下问题：

第一，规范依据不明。从法解释学的角度而言，区际行政协议可从宪法、基本法、地方组织法等多部法律获得规范依据，但这是从法理推导而来的，区际行政协议终究不是基于法律的明文规定而签署的。随着大湾区建设的不断深入，区际行政协议的现实障碍将越发明显，如央地权限的划分不清将导致区际行政协议触及中央事权。一旦中央无法及时授权，区际行政协议的履行将难以得到有效保障。

---

5　区域间政府签署的行政协议统称为“区域行政协议”。根据法域的标准，不同法域间政府签署的行政协议称为“区际行政协议”，而在同一个法域内不同区域间的政府签署的行政协议称为“同法域区域行政协议”或者“域内行政协议”。

6　朱最新：《论珠三角经济一体化中的行政协议》，载《战略决策研究》2012年第1期。

第二，审批程序缺位。区际行政协议之签署并无法律的明文规定，直接导致审批程序的缺位。有些涉及中央与地方重大关系的区际行政协议却没有履行审批的程序，如《粤港合作框架协议》《泛珠三角区域合作框架协议》等。而有些行政协议涉及合作事项并不大，却经过中央批准，如《泛珠三角区域外经贸合作备忘录》第4条第1款规定："本备忘录于二〇〇四年八月十一日经国务院港澳事务办公室同意后签署。"再如，《广东省科学技术厅与澳门特别行政区政府科技委员会科技合作协议》第7条第2款规定："本《科技合作协议》于二〇〇四年五月十二日在澳门特别行政区签署，共两份，分别报上级主管部门的审批。批准后生效。"可见，当前区际行政协议是否需要履行审批程序并无统一的做法，公权力行使容易失范，不利于切实保障协议的落地。

第三，法律位阶不清。朱最新教授已就内地各种类型同法域区域行政协议的法律位阶有了初步设想，[7]但目前学界鲜有对区际行政协议的法律位阶进行探讨。在实践中，除了全国人大确认合宪的区际行政协议可获得专门性规范的地位之外，其他类型的区际行政协议的法律地位是否等同于政府的抽象行政行为仍未明确。

第四，区际行政协议的纠纷解决阙如。叶必丰教授认为，行政协议应当包括违约责任条款和纠纷解决机制条款。[8]综观粤港澳的多份区际行政协议，这两类条款最为屈指可数。大湾区建设的"基本法"——《深化粤港澳合作推进大湾区建设框架协议》连最为基本的纠纷协商条款亦缺位。由于区际行政协议违约责任和纠纷解决机制的尚付阙如，一旦合作一方不履行，另一方只能通过行政渠道加以协调，效果无法保证。

3. 作为行政法治协调机制的示范法缺位

据公开资料显示，中国管理科学研究院台湾法律研究所于1989年草拟的《大陆地区与台湾地区人民关系法建议草案》是最早的示范法成果。[9]而影响最为深远的是1991年由韩德培、黄进共同草拟的《大陆地区与台湾、香港、澳门地区民事法律适用示范条例》，在公布之初，受到各地同行重视。[10]但近30年来，该示范法并没有受到应有的重视，中国立法实践中运用示范法并不积极，这既与示范法研究本身处于冷门状态有关，又与实务界对示范法的内在价值并

---

7 朱最新：《论珠三角经济一体化中的行政协议》，载《战略决策研究》2012年第1期。

8 叶必丰等著：《行政协议：区域政府间合作机制研究》，法律出版社2010年版，第9页。

9 王志文：《港澳问题与两岸法律冲突》，载《法令月刊》1992年第1期。

10 韩德培、黄进：《制定区际冲突法以解决我国大陆与台湾、香港、澳门的区际法律冲突——兼谈〈大陆地区与台湾、香港、澳门地区民事法律适用示范条例〉》，载《武汉大学学报（社会科学版）》1993年第4期。

没有清晰的认知有关。为增强示范法在中国各法域立法的协调作用，自《大陆地区与台湾、香港、澳门地区民事法律适用示范条例》公布后，学界又草拟了若干部示范法，主要包括1991年司玉琢和李兆良共同草拟的《统一区际海事冲突法（草案）》[11]；1995年韩德培和黄进共同草拟的《深圳经济特区涉港澳民商事关系法律适用条例（建议稿）》[12]；而作为首部由内地、香港、澳门、台湾的学者共同起草的示范法——《两岸四地合同法示范法·通则》，肇始于2013年并于2014年完成第一稿[13]。作为对学界的回应，全国人大常委会制定的《中华人民共和国涉外民事关系法律适用法》吸收了中国国际私法学会草拟的《中华人民共和国国际私法示范法》的立法精髓，填补了区际冲突规范的空白。然而，《中华人民共和国涉外民事关系法律适用法》与区际冲突规则有一定的区别，仍没有彰显出示范法的作用。

诚然，以往中国学界在谈及示范法的适用畛域时，普遍局限于民商事范畴，这与行政法蕴涵强大的公权色彩有关，更与中国立法实践中行政区行政思维根深蒂固有关。事实上，示范法在行政法领域亦可有广阔的适用空间，如1946年，美国统一州法律委员全国会议正式批准了第一部示范州行政程序法。[14]可见，当行政区行政转向区域行政时，现有的立法实践及其模式将面临制度上的巨大挑战。在上位法尚未确立区域共同立法的合宪性或者合法性地位时，所有区域合作主体将难以推进区域法治协调，而行政法方面的示范法探索新的协调机制发挥了鲶鱼效应。

### （三）监督层面：粤港澳法律备案审查制度尚待完善

1. 珠三角九市的地方性法规与政府规章审查制度尚未完全形成合力

大湾区除了需要重点解决粤港澳三地行政法治差异而导致人流、物流、资金流、信息流等生产要素无法高效便捷流动，以及根深蒂固的画地为牢和争龙头的思想形成的单边开放格局等问题以外，还需要率先统合珠三角九市的立法，形成制度合力，共同促进行政法治协调。然而，在立法实践中，珠三角九个城市之间既有共同利益，也有不同诉求，在跨界污染防治、邻避设施选址、带有

---

11 沈涓著：《中国区际冲突法研究》，中国政法大学出版社1999年版，第63－70页。

12 韩德培、黄进：《深圳经济特区涉港澳民商事关系法律适用条例（建议稿）》，载《法学评论》1995年第6期。

13 杨立新：《〈两岸四地合同法示范法·通则〉的编纂及其主要内容》，载《河南财经政法大学学报》2015年第1期。

14 ［美］阿瑟·厄尔·邦菲尔德著：《联邦行政程序法与州行政法》，姚金菊译，载《甘肃行政学院学报》2011年第3期。

负外部效应大型基建项目的实施、水资源利用等方面不可避免存在府际冲突。这里兹举几例。第一，鉴于环境污染的流动性，行政区行政无法自行从根本上解决这一公共事务的问题，因而各地的环境保护立法需要建立府际合作机制。然而，当前珠三角九市的环境保护规范普遍没有跨区域共同治理的制度。例如，广东省漠阳江流经江门、云浮，但作为漠阳江主流区的阳江市在制定《阳江市漠阳江流域水质保护条例》时，仅将漠阳江保护的范围局限于流经本市阳春市、江城区、阳东区干流及支流的集雨面积，并不包括环境污染的区域合作问题。第二，城市规划往往具有溢出效应。在深中通道方案的论证过程中，广深两个核心城市便出现激烈的博弈。广州坚持深中通道采用全隧道方案，深圳坚持东隧西桥方案。[15] 几番讨论后仍未达成共识，最终采用了东隧西桥方案。由于通道可能影响大型船舶航行，广州未来在制定航海运输方面的规范时，方向或许会有所改变。总之，珠三角九市的地方性法规与政府规章审查制度尚未以大湾区建设为导向形成合力，对彼此间的行政法治协调产生巨大张力，不利于以统一的步伐加强与港澳的深度合作，最终减缓大湾区的建设进程。

2. 港澳本地法律的备案审查制度缺乏外部监督

中央将大湾区定位为推动香港、澳门与内地同发展、共繁荣的新平台，即意味着三地需要在发展理念、法律制度、生活方式等方面深度合作。因此，在保持一国宪法制度统一的前提下，港澳和珠三角九市应当思考如何与他方的法律制度对接，以利于“一国”与“两制”实现良性互动。然而，长期以来，港澳本地法律备案审查制度缺乏外部监督，阻碍港澳本地法律与珠三角九市法律规范的衔接。综观“白皮书”，截至 2013 年年底，全国人大常委会收到香港特区报请备案的法律共 570 件。全国人大常委会也依法批准和备案香港特区行政长官和立法会产生办法修正案。[16] 这似乎映射出香港立法机关依法履行备案义务，全国人大常委会亦依法履行相关职责。实际上，正如有学者所言，全国人大常委会接受备案不代表其积极履行审查的职权，尤其是目前备案审查工作并不透明的情况下，更容易引起质疑。[17] 据官方文件显示，十三届全国人大以来，

15 王梦恕：《深广中通道东隧西桥方案和全隧方案比选》，载《隧道建设》2015 年第 5 期。

16 中华人民共和国国务院新闻办公室：《“一国两制”在香港特别行政区的实践（2014 年 6 月）》，载《人民日报》2014 年 6 月 11 日，第 13 版。

17 胡锦光、刘海林：《论全国人大常委会对特区立法的备案审查权》，载《中共中央党校（国家行政学院）学报》2019 年第 3 期。

全国人大常委会尚未发回一部港澳本地法律。[18] 而且，官方文件没有明确指出港澳回归以来本地法律的备案情况。这或表明自港澳回归以来，港澳立法机关制定的本地法律均符合基本法关于中央管理的事务及中央和香港特区的关系的条款。但这依然不能排除港澳法律备案审查机制缺乏外部监督的现实，容易引发只备案不审查的外界观感，无助于中央立法监督权威性的彰显。进一步而言，在实践中，珠三角九市的地方性法规或者地方政府规章多由广东省高校的法律专家学者或者行业协会、商会等组织的专业人士起草。若全国人大常委会并未就港澳本地法律与珠三角九市法律规范衔接的情况向社会公布，那么专家学者起草一份与港澳法律有效衔接且契合实际的规范便难乎其难。

## 三、大湾区行政法治协调的三维立法结构

### （一）单方协调：增强珠三角九市立法协调力度

珠三角九市单方协调是大湾区行政法治协调的基础性工程，是确保广东省以统一的法治步伐与港澳进行行政法治协调的前提。增强珠三角九市立法协调力度主要包括以下几点内容：

第一，广东省人大及其常委会、广东省人民政府积极出台珠三角九市行政法治协调规范。广东省人大及其常委会、广东省人民政府在尊重珠三角九市各自地方立法权的基础上，以大湾区行政法治协调为价值导向，通过出台省级地方性法规和政府规章，统一回应九市参与大湾区行政法治协调的具体诉求，并引导九市地方立法的协调发展。鉴于广东省在政府管理规范化、社会治理与公共服务以及营商环境国际化与法治化上稍逊于港澳，[19] 广东省除了积极与港澳协调三地的行政法律制度以外，还可积极借鉴港澳先进的行政管理经验，更好

---

18 《全国人民代表大会常务委员会法制工作委员会关于2019年备案审查工作情况的报告》指出："十三届全国人大以来，香港特区报送备案的本地法律43件，澳门特区报送备案的本地法律36件。经初步审查，没有发现需要将有关法律发回的情形。"参见沈春耀：《全国人民代表大会常务委员会法制工作委员会关于2019年备案审查工作情况的报告——2019年12月25日在第十三届全国人民代表大会常务委员会第十五次会议上》，载《中国人大》2020年第5期；《全国人民代表大会常务委员会法制工作委员会关于2020年备案审查工作情况的报告》也指出："一年以来，香港特别行政区法律20件，澳门特别行政区法律21件。我们对香港、澳门特别行政区报送备案的法律开展审查，尚未发现需要发回的情形。"参见沈春耀：《全国人民代表大会常务委员会法制工作委员会关于2020年备案审查工作情况的报告——2021年1月20日在第十三届全国人民代表大会常务委员会第二十五次会议上》，http：//www. npc. gov. cn/npc/c30834/202101/239178b5d03944c7b453ddc6bdd7c087. shtml，最后访问于2021年4月23日。

19 参见张紧跟：《论粤港澳大湾区建设中的区域一体化转型》，载《学术研究》2018年第7期。

地下好大湾区这“一盘棋”。在立法实践中，深圳主动自行规定单方协作义务，如《深圳经济特区海域污染防治条例》第35条规定：“当海域发生重大污染事故影响或者可能影响到相邻地区海域环境时，海救中心应及时将有关情况报告上级有关主管部门并通报相邻地区主管部门。”可见，深圳在致力于环境保护的同时，还实行“自我限制”。再如，《上海市大气污染防治条例》专章规定“长三角区域大气污染防治协作”，并详细规定上海市参与长三角区域大气污染防治的具体步骤，开创地方立法协调区域发展的先河。这些有益经验值得在珠三角九市广泛推广。同时，为进一步促进深圳建设中国特色社会主义先行示范区并提升珠三角九市的国际化水平，广东省可积极请求全国人大常委会授权，允许深圳甚至珠三角九市根据改革发展的需求，就行政管理等领域的特定事项暂时调整或者暂时停止适用法律的部分规定，允许珠三角九市或者深圳在药品、食品、环境治理等领域认可或者采用港澳的监管标准。

第二，加强广东省人大常委会对珠三角九市的地方性法规、地方政府规章的备案审查。按照《立法法》的规定，广东省人大常委会可对珠三角九市的地方性法规进行合法性审查。珠三角九市的地方政府规章应当报广东省人大常委会和广东省人民政府备案。因此，广东省人大常委会要切实做好对珠三角九市的地方性法规和地方政府规章的合法性审。合法性审查运用在广东省内所有地方性法规和地方政府规章，确保这些法律规范对人流、物流、资金流和信息流的规定能够经得起法律的检验，保障珠三角九市法秩序的稳定，率先建立珠三角九市的统一市场。

### （二）自主联合协调：构筑区域示范法协调机制

#### 1. 示范法的类型与特点

立法协调是处理区际法律冲突最有效、最彻底的方式，然而，粤港澳存在客观现实差异，实现完全的法律统一与“一国两制”精神相悖。[20]从诸多区域立法协调方式来看，示范法有助于促进不同国家或者法域的法律协同化发展，充分彰显区域政府间进行立法协调的自主性。示范法类型多样，按照适用地域范围的角度，示范法可分为国际示范法、国家示范法和区域示范法（见表1），按照部门法的角度，示范法可分为民商事示范法、行政示范法以及刑事示范法。按照规定内容和价值取向的角度，示范法可分为实体性示范法、程序性示范法和冲突性示范法。这里重点对第一种的划分类型进行探讨。顾名思义，国际示

20　陈欣新：《大湾区框架内澳门与珠海法律衔接与协同立法》，载《港澳研究》2020年第1期。

范法是国际组织为促进成员国法治协调而制定的供成员国作为立法指南的法律文本，具有跨国适用性的特点，如《国际商事仲裁示范法》《国际商事合同通则》。国家示范法是指复合法域国家为了促进国内不同法域法治协调而制定的供不同法域作为立法指南的法律文本，具有全国性适用的特点，如《大陆地区与台湾、香港、澳门地区民事法律适用示范条例》《美国示范州行政程序法》。而区域示范法是指复合法域国家的部分区域为促进法治协调而制定的供该区域内不同法域作为立法指南的法律文本，具有区际适用性的特点，如《粤港澳大湾区调解示范法》《粤港澳大湾区仲裁示范法》等。

**表1　示范法比较**

<table>
<tr><th colspan="2">示范法类型<br>比较</th><th>国际示范法</th><th>国家示范法</th><th>区域示范法</th></tr>
<tr><td rowspan="4">相同之处</td><td>规范属性</td><td colspan="3">官方或者半官方性＋民间性</td></tr>
<tr><td>适用领域</td><td colspan="3">公法（行政法＋刑事法）和私法</td></tr>
<tr><td>功能</td><td colspan="3">促进法律协调</td></tr>
<tr><td>制定的权限</td><td colspan="3">三种类型的示范法立法权限一致，相互间可借鉴立法经验</td></tr>
<tr><td rowspan="3">不同之处</td><td>立足点</td><td>兼顾各成员国的法律制度</td><td>兼顾全国各行政区域的法律制度</td><td>兼顾某一区域不同法域的法律制度</td></tr>
<tr><td>具体起草人员</td><td>由国际组织认可的法律专家组成起草课题组</td><td>由国家认可的法律专家组成起草课题组</td><td>原则上由该区域的不同法域的法律专家共同组成起草课题组</td></tr>
<tr><td>适用范围的特点</td><td>跨国性</td><td>全国性</td><td>区际性</td></tr>
</table>

以行政法治协调功能为立法导向，区域示范法的适用具有这几个特点：第一，法律适用的自觉性。区域示范法承继一般示范法的无法律拘束力特征，各法域主体是否借鉴或者采纳该法规范文本高度依赖于自觉性。第二，适用领域的全面性。一方面，区域示范法既可适用于民商事法领域，也可适用于行政法领域，更可适用于刑事法领域。另一方面，区域示范法既可适用于实体法，又可适用于程序法，更可适用于冲突法。第三，制定主体的广泛性。区域示范法的制定主体包括官方性或者半官方性的机构、民间机构或者法律专家。第四，适用地域的区际性、可扩展性。区域示范法的区际性是指区域示范法适用于具有多法域的同一区域，区域之外无法直接适用。但以原适用区域为中心向外拓展，适用区域示范法的地域越来越接近甚至覆盖整个国家时，区域示范法即演变为国家示范法，此即区域示范法的可扩展性所在。特别注意的是，荆洪文博

士将区域示范法的英文翻译为 regional model law，[21] 笔者认为，“regional” 不足以凸显区域示范法的区际性，宜用具有区域含义但侧重区际性的 “interregional”。第五，制定权限的无上限性。为了增强规范的前瞻性，区域示范法既可根据区域内不同法域的立法权限而调整相关事项，亦可触及中央事权的事项。之所以如此，是为了方便大湾区各法域能争取到中央授权从而获得更充分的改革权限。若将区域示范法局限于各法域主体的立法权限，则不利于扩大区域示范法对区域公共事务进行治理的示范空间。正如王春业教授指出，学者之任务在于理论研究，异于决策部门之工作，研究成果应具有超前性，不必拘泥太多。[22]

2. 区域示范法作为大湾区行政法治协调机制的制度理性

传统视角着重于国际示范法和国家示范法的理论研究，忽视了一国内不同法域亦具有法治协调需求的现实。粤港澳大湾区由三个行政法律制度差异较大的区域组成，区域示范法在调适三地行政法治差异上具有广阔的适用空间。区域示范法作为大湾区行政法治协调机制具有严密的法治逻辑，主要表现在以下几个方面：第一，大湾区具有适用区域示范法的社会基础。首先，法治共识生成。广东省依法治省成效显著，香港和澳门的法治观念较强。其次，文化观念相近。粤港澳三地人文相亲、文化相融、同声同气。最后，经济互动频繁。粤港澳区域经济一体化逐步形成，对区域法治协调需求大。第二，适用区域示范法有助于彰显区域整体利益。在“一国两制”框架下，囿于粤港澳的立法权限不同且立法不具有域外效力，三地就公共事务进行共同立法不具有可行性。区域示范法高度尊重粤港澳三地的行政法律制度，充分体现三地的发展利益，是三地共同的法律智慧结晶。第三，区域示范法在大湾区行政领域的适用需求高于民商事领域。民商事领域可通过仲裁、调解等方式调适法律冲突，因而需要破解的是三地的司法裁决互认问题。而行政领域并不依赖于意思自治。大湾区急需区域示范法建构协同发展的行政法治，攻克阻碍生产要素流动的行政壁垒。

考虑到区域示范法具有软法属性以及行政法的公法属性，大湾区行政法治协调的区域示范法需要在粤港澳三地政府部门的指导下，由三地高校的法学院系、法学会、律师协会的法律专家学者以及其他行业协会的实务工作者联合组成起草课题组。在具体行政领域的起草方式上应当采取先易后难的进路，不要奢求大而全，应着眼于行政法治协调的具体细节能否对接和落实。鉴于社会保障领域长期受到忽视，存在的问题更多，需要协调合作的空间更大和更为迫切，

---

21 荆洪文：《区域示范法：作为湾区民商事法律冲突解决路径的追问》，载《暨南学报（哲学社会科学版）》2019 年第 12 期。

22 王春业著：《区域合作背景下地方联合立法研究》，中国经济出版社 2014 年版，第 135 页。

也更能激发公众的参与热情，法治协调的民意基础更为坚实。因此，区域示范法制定之价值导向宜确立为社会保障重于经济发展。同时，考虑到社会日新月异，区域示范法与时俱进尤为必要。欧盟为了促使成员国经济社会发展政策的顺利施行，一般会制定共同的指导方针。成员国根据指导方针安排各自的年度行动计划。而后，由欧盟定期评出行动计划的最佳实践，并倡导成员国共同学习。[23] 为避免区域示范法与时代脱节，社会公众可对滞后的区域示范法提出修改意见，示范法起草课题组根据有关修改意见做到废、立、改、释并举，以营造区域示范法与大湾区行政法治协调的良性互动氛围。

### （三）中央主导协调：革新中央立法协调机制

#### 1. 设立区际立法协调机构

综观我国国家机构体系，我国尚无专门的地方立法协调机构，区际立法协调机构自不待言。[24] 值得肯定的是，2018 年大湾区建设领导小组的成立意味着将有相应的平台协调区际立法。然而，从大湾区建设领导小组的组成成员可知，除港澳两位行政长官外，其他成员均为国家领导人，小组成员均身兼多职，只能从根本上把握大湾区建设的方向，难以时刻掌握具体的动向。因此，除了成立领导小组，还需设立大湾区区际立法协调机构，以便于各市在统一的平台进行行政法治协调。鉴于港澳享有相对独立的立法权，设立区际立法协调机构，将对港澳行使立法权产生宪制影响。而设立区际立法协调机构属于严格意义上的重大改革，应由全国人大通过行使重大事项决定权，设立大湾区区际立法协调机构，由该协调机构就粤港澳三地无法推进的法治建设事项进行协调。全国人大闭会期间，区际立法协调机构受全国人大常委会领导。从国家机构的地位而言，宜将区际立法协调机构定位为全国人大的专门委员会。[25]

区际立法协调机构下设若干个办公室，负责日常管理工作。其中，主任委员会是最高管理机构。主任委员会由主任一名、副主任两名、委员若干人组成，委员包括全国人大常委会法工委、国家发改委、国务院港澳办、广东省人大常委会、港澳特区政府、珠三角九市代表。主任由粤港澳三地政府分别推选一名

---

23 朱最新：《区域经济一体化法律治理模式初探》，载《广东省行政学院学报》2011 年第 3 期。

24 邹平学、冯泽华：《粤港澳大湾区立法协调的变迁、障碍与路径完善》，载《政法学刊》2019 年第 5 期。

25 也有学者将类似机构定位为全国人大常委会下的一个独立工作委员会，或者作为各法域有关方面支持的独立的官方工作委员会，参见黄进主编：《中国的区际法律问题研究》，法律出版社 2001 年版，第 14 页。

候任人，并通过随机方式从中产生。主任采用轮值制，任期三年，任期届满后，由两名副主任随机产生新一届主任。主任委员会投票决定事宜时以过半数通过为原则，涉及大湾区根本性问题时需要三分之二以上通过。

2. 完善中央立法协调规范

（1）完善全国性法律体系建设

在大湾区建设的背景下，全国性法律在区际行政法治协调中可发挥重要作用。笔者认为，完善全国性法律体系建设可从以下几个方面进行。

首先，以不属于特区自治范围的事项为导向适度增加全国性法律的数量。由于大湾区的国防、外交事项已存在一套横跨三地的有效运作体系，全国性法律可在特区自治事项范围外“下功夫”，具体包括：第一，具有授益性的事项。例如，《国家勋章和国家荣誉称号法》《科学技术进步法》等具有授益性的规范可成为全国性法律，在不影响港澳的高度自治权和不减损港澳居民权益的情况下，更好地发挥全国性法律对港澳的统合作用，促进人心回归。第二，粤港澳融合程度高的事项。全国人大及其常委会可以粤港澳融合程度高的事项为导向制定法律规范，并使其成为全国性法律，有助于减小三地行政法律规范的差异，消解分歧。第三，具有国家统合功能的事项。例如，《国歌法》等涉及国家统合问题的规范成为全国性法律，能够增强港澳居民的国家认同感。值得注意的是，全国性法律的增加须遵守必要性原则——确有必要的，提前研判港澳社会对全国性法律的舆论导向，方可将全国性法律列入附件三中。

其次，建立全国性法律修改制度。基本法仅明确规定全国性法律的增减程序，但并没有涉及修改程序，这给全国性法律的修改创造“想象空间”。以《国籍法》为例即可证成全国性法律修改制度的实践价值。中央鉴于部分港澳居民国家认同感缺失的现状，可在修改《国籍法》时加入明确的“入籍誓词”，完成对港澳居民中的中国公民之“入籍”教育，是一种重要的路径。[26]那么，《国籍法》修改后，接下来是否需要按照基本法关于全国性法律增减的程序走下去即成为一个重要问题。笔者认为，中央修改列于基本法附件三中的全国性法律，需要征询基本法委员会和港澳特区政府的意见，而中央业已履行基本法关于全国性法律增补的程序，新修改的全国性法律无须再履行。如修改的全国性法律由港澳通过立法方式实施，则由港澳特区政府重新向立法会提出法案进行修改。

最后，建立全国性法律强化实施制度。该制度的主要内容有：第一，转化为专门性规范。中央有必要建立一套机制，督促有关主体履行立法实施的宪制

26 田飞龙：《认同的宪法难题：对“爱国爱港”的基本法解释》，载《法学评论》2015 年第 3 期。

责任。全国人大及其常委会经过严格评估后，认为确实不存在立法实施全国性法律的可能性，可依据宪法和基本法专门制定内容相似的专门性规范，将其在港澳直接实施，从而实现立法目的。从学理性质而言，这一种专门性规范或主要为决断型专门性规范，因为本应通过全国性法律的方式在港澳实施法律，最后演变为通过专门性规范的方式，这就往往牵涉到重大的、根本性的社会问题。从法治逻辑而言，倘若中央可通过专门性规范在港澳实施中央立法，自然舍弃在实践中立法阻力较大的全国性法律方式。第二，全国性法律的解释问题。宪法和基本法尚未明确全国性法律的解释问题，那么，全国性法律由谁负责解释？毋庸讳言，全国性法律的作用在于通过国防、外交以及不属于港澳自治范围内的事务，在港澳进一步彰显“一国性”。质言之，全国性法律主要是规定国家行为的法律。依照基本法的解释制度，这些法律不属于港澳法院有权自行解释的范畴。但是列于基本法附件三中的全国性法律在港澳的实施有两种形式，需要分别考虑。笔者认为，全国性法律通过立法实施后形成的港澳法律可由港澳法院进行解释，但港澳法院仍需要参照基本法的解释机制依法提请全国人大常委会。在实践中，全国人大常委会已就国籍法在香港的实施问题进行解释，有效地化解相关争议。[27]这足以折射出只有全国人大常委会对全国性法律具有解释权，而港澳的任何机关不具有解释权。尽管如此，为了避免港澳有关部门越权而出现违反宪法和基本法的情形，全国人大在强化全国性法律实施的过程中，有必要依法明确其独立享有全国性法律的解释权。2020年出台的《香港特别行政区维护国家安全法》依法明确“本法的解释权属于全国人民代表大会常务委员会”，这可为日后的全国性法律解释模式提供路径参考。

（2）以授权为导向完善专门性规范体系

专门性规范是全国人大及其常委会、国务院依照宪法和基本法赋予的权力，为保持港澳繁荣稳定，专门制定的能够在港澳直接实施的法律规范。与在港澳实施的全国性法律相比，最大的不同是专门性规范无须在港澳公布或者立法实施即可在当地实施。为激发港澳参与大湾区建设的内生动力，专门性规范的立法方式宜定位为授权。毋庸讳言，随着大湾区建设的深入，越来越多的公共事务触及中央事权。基于大湾区行政法治协调的实际情况，粤港澳必然要在一些特定区域上进行跨境公共事务的治理，这些公共事务或因跨境而缺乏权力保障，诸如河套地区共同开发、推动互联网深度融合等。若无中央的授权，区际行政法治协调无法突破部门利益的壁垒，更无法通过宪法之门。根据基本法规定，

---

27　参见《全国人民代表大会常务委员会关于〈中华人民共和国国籍法〉在香港特别行政区实施的几个问题的解释》。

港澳可享有中央授予的其他权力。因此，中央可就某一事项或者系列事项作出授权决定，授予粤港澳三地政府跨境协调公共事务的权力，并明确相关主体行使权力的范围、方式以及如何履行合作协议等问题，确保大湾区行政法治协调严格遵循宪法和基本法。为保障授权程序更高效，可由大湾区区际立法协调机构负责整合粤港澳三地政府提请中央授权的事项。区际立法协调机构经研究后，就迫切需要授权的事项提请全国人大及其常委会、国务院授予粤港澳三地先行先试的权力。

（3）明确区际行政协议的法律效力

第一，分区域确立区际行政协议的法律效力。从实践来看，内地与香港、澳门签署的区际行政协议这一实现区际合作形式，能够充分发挥地方积极性且维护港澳高度自治权的法治精品。然而，学界普遍认为，区际行政协议缺乏法律依据，不具有法律效力，只具有事实上的约束力。[28]这是因为区际行政协议尚未按照宪法、立法法规定的立法程序转化为通行于全国（含港澳）的法律，是否履行完全依赖于缔约主体的自觉性，故学界将区际行政协议视作“软法”具有一定的合理性，这也是大湾区建设的法治基础被质疑不牢固之近因。[29]按照《立法法》的规定，中国现有的规范体系划分为：宪法、法律、行政法规、地方性法规、规章和规范性文件等形式，显然不包括区际行政协议。为增强区际行政协议的权威性，提高合作各方履约的自觉性，全国人大常委会应借鉴域外有益经验，根据国情，积极调配立法资源，确立区际行政协议为中国法的渊源，从而明确缔约方的合作方式、权利义务关系、纠纷解决机制等内容，为大湾区深度建设保驾护航。

结合“一国两制”的实际，在不涉及重大法律问题的情况下，可由内地与香港、澳门根据各自的法律传统与法理学说，分别确定区际行政协议的法律位阶。对于内地各级政府而言，可将区际行政协议的效力确定为高于缔约机关所制定的部门规章或者地方政府规章、规范性文件，但不高于行政法规或者地方性法规。而在涉及重大法律问题，如中央与港澳的关系问题等不属于港澳自治范围的事项时，可参照广深港“一地两检”的立法模式，由全国人大常委会确立广东省及珠三角九市与港澳签署的区际行政协议的合宪性，从而赋予区际行政协议在粤港澳三地的法律拘束力。总之，根据实际情况，分区域确立区际行政协议的法律效力，最大限度地有机结合中央全面管治权和港澳高度自治权。

---

28 崔卓兰、黄嘉伟：《区际行政协议试论》，载《当代法学》2011 年第 6 期；慕亚平主编：《区域经济一体化中的法律问题研究——以粤港澳大湾区为例》，社会科学文献出版社 2017 年版，第 32－33 页。

29 朱孔武：《粤港澳大湾区跨域治理的法治实践》，载《地方立法研究》2018 年第 4 期。

第二，区际行政协议应履行审批程序。在新时代全面依法治国的背景下，加强法律规范的备案审查工作业已成为共识。区际行政协议的内容往往涉及跨境公共事务，属于地方的重大事项，理应参照法律规范接受严格监督。为提高区际行政协议的制度化和规范化水平，增强协议的法律效力，确保公权力依法而为，有必要建立区际行政协议的审批程序。具体而言，内地与香港、澳门签署的区际行政协议可由区际立法协调机构批准后生效。

3. 健全粤港澳法律的备案审查制度

从“一国两制”的制度理性来看，港澳特区法律体系长期与内地区隔，形成了自身独特的法律制度，保持了经济社会的繁荣稳定。然而，法律制度差异并不意味着大湾区不能实现法治协调发展。港澳特区不实行社会主义制度，但港澳和内地均实行市场经济，完全可基于平等市场环境在法制建设上下功夫、谋合作、促融合。当前，内地不断降低港澳居民到内地从业的准入门槛，而港澳相应行业却未对内地居民进行对等调整，失衡的合作导致交易成本高企，整体的效益不高，势必招致一方居民的不满。因此，探讨港澳与内地的互利合作问题，应该因地制宜地采用宪法而非国际私法思维，尽可能从国家治理的立场去寻求大湾区行政法治协调的最大公约数。

内地法制与港澳法制统一于中华人民共和国的宪制框架内。在保持国家宪法制度统一的前提下，大湾区可在法制体系上建构衔接机制，将港澳本地法律备案审查工作纳入国家备案审查体系中，从而推动大湾区法治资源要素的贯通。详言之，宪法和法律委员会应通过备案审查机制，以宪法秩序统合大湾区的融合发展，助推港澳融入大湾区建设。一方面，宪法和法律委员会先行在法规备案审查上统合珠三角九市市场要素，消除地方保护主义，为珠三角九市与港澳合作奠定一体化的根基；另一方面，鉴于宪法乃港澳和内地共同的宪制基础，宪法和法律委员会可探索运用宪法扫除大湾区行政法治协调时遇到的障碍，消除珠三角九市与港澳不合理阻隔的制度性因素。[30]2017年12月，全国人大常委会对广深港高铁“一地两检”合作安排作出合宪性决定，以定分止争，凝聚共识，更好地促进港澳融入国家发展大局。

以港澳法律不同立法目的为标准，可分为两大审查依据。第一，以融入国家发展大局为立法目的的港澳法律。鉴于宪法乃粤港澳三地共同的宪制基础，宪法和法律委员会可探索如何运用宪法和基本法扫除内地和港澳在合作中遇到的法律难题，消除大湾区不合理隔离的制度性因素。第二，以规制自治范围事

---

30 参见邹平学、冯泽华：《改革开放四十年广东省在粤港澳法律合作中的实践创新与历史使命》，载《法治社会》2018年第5期。

项为立法目的的港澳法律。宪法和法律委员会依据基本法对港澳法律进行审查后将意见提交全国人大常委会，全国人大常委会在咨询基本法委员会后决定是否发回法律。除了完善港澳本地法律备案审查工作之外，为消除香港普通法对香港融入国家发展大局潜在的区隔性因素，全国人大常委会对与基本法相抵触的普通法要敢于"亮剑"，依据《香港基本法》第160条规定，调动长期从事普通法研究的力量，逐步加大对香港普通法的审查力度。

## 结语

粤港澳大湾区建设重在规则相互衔接，这必须开展法律合作，从法律合作开始，实现从合作、合作与协同并举，最后实现大湾区规则的融通、贯通和联通。一个重中之重的方向是通过行政法治协调的方式推动大湾区区域法律合作乃至合作与协同并举。粤港澳过往的合作实践充分表明：生产要素流动不顺畅的根源在于合作各方长期画地为牢和争龙头思想形成的单边开放格局，致使三地行政法治不协调，行政法律规范互动性弱，各项规则自然难以有效衔接。鉴于此，在大湾区框架下，着重推动行政法治协调能裨益于重新配置粤港澳的法治资源，消解行政区划对生产要素跨境流动的阻隔，从而逐步消除地方保护主义，为区域经济一体化奠定制度基础。大湾区行政法治协调的立法进路可由珠三角九市单方协调到粤港澳自主联合协调，再到中央主导协调逐步推进。唯有粤港澳互通有无、相辅相成，方能实现大湾区行政法治协调的良性发展。

# 粤港澳大湾区法治与区域法治转型

张亮　黎东铭*

**【内容提要】** 粤港澳大湾区在性质上属于国内区域合作，但它的特殊性又提出了新的法律挑战。长期以来，我国没有对区域合作形成有效的法治回应，在区域合作上存在着贯穿理念、实践与理论的整体性欠缺，具体表现为法治理念未形成、法律体系不完善、法学研究不充分三个方面。湾区法治的构建无法脱离我国区域法治发展的大背景，未来应当立足区域法治的整体性欠缺，以湾区法治的建设为支点，完成面向区域合作的法治转向，在粤港澳大湾区实现真正意义上的法律治理。

**【关键词】** 粤港澳大湾区　湾区法治　法治观　法律资源　法学研究

时代的前进与国家的发展，总是伴随着制度的革新与社会的变迁。这些过程，又由各项作为“子命题”的任务来完成，这也是为什么从历史的角度上看，每一个国家在不同阶段都有着鲜明印记的目标、主题和任务。就此而言，粤港澳大湾区（以下简称大湾区）无疑是属于我们这个时代的“子命题”之一。然而，作为国家战略的大湾区当前正面临诸多法律问题。一方面，作为国内区域合作的一种形式，大湾区将承继我国区域法治发展中存在的一般性问题。另一方面，由于湾区合作中经济、政治、法律、文化和自然等多种因素将在“一国两制”的背景下发生深度的融通融合，显而易见的差异也将带来越来越多的新课题、新挑战。

区域合作的本质意味着大湾区是我国区域法治整体的组成部分。因此，对

---

* 张亮——中山大学法学院院长、教授、博士生导师，主要研究领域：国际经济法。黎东铭——中山大学法学院博士研究生，主要研究方向：国际经济法。

大湾区法治问题的讨论，需要重视对其中特殊性问题的针对性解决，最终又必须以我国区域法治整体为归宿而无法独立于我国区域法治发展的大背景。在这个层面上，将大湾区问题与区域法治整体结合具有双重意义，一则，大湾区法治构建仍会面临许多区域法治发展中长期存在的问题，仍然需要以对这些问题的回答为构建基础。二则，作为区域法治新的出发点，大湾区能够使区域法治的新老问题得到更加生动具体的呈现。

本文认为，我国区域法治建设表现出整体性的不足，并贯穿于区域法治发展的理念、实践与理论三个层面，证明我国还没有完成面向区域合作事务的法治转向，区域法治在我国仍未成熟。大湾区法治建立于我国区域法治的基础之上，未来我们需要通过大湾区推动我国法治建设在区域合作上的意识觉醒，实现面向区域合作的法治转型，这既是大湾区法治的核心与基础，又是大湾区法治的基本任务。

## 一、区域法治的湾区视角：新时期的新挑战

在区域合作的语境里，大湾区表现出“一国两制”的国内区域合作本质、政府推动的合作特征以及“治理依法”的合作形式。但由于大湾区的特殊性，又会使得区域合作中的一般性法律问题产生变化。

### （一）“一国两制”增加合作的法律创新难度

“一国两制”下的国内区域合作，是大湾区最根本的属性。这是自港澳回归以来，我国立足于治港、治澳实践在此方面所进行的新探索，是“一国两制”基本国策在实施过程中的新发展，是我国在建设中国特色社会主义现代化国家进程中所进行的历史性选择。习近平总书记在庆祝香港回归祖国20周年大会上说道：“作为直辖于中央政府的一个特别行政区，香港从回归之日起，重新纳入国家治理体系。”[1]十九大报告中提到：“要支持香港、澳门融入国家发展大局，以粤港澳大湾区建设、粤港澳合作，泛珠三角区域合作等为重点，全面推进内地同香港、澳门互利合作，制定完善便利香港、澳门居民在内地发展的政策措施。”[2]重新纳入国家治理体系以及融入国家发展大局，体现了在不断演进的历

---

1　参见《习近平在庆祝香港回归祖国20周年大会暨香港特别行政区第五届政府就职典礼上的讲话》，载新华网，http：//www. xinhuanet. com/politics/2017 －07/01/c_ 1121247124. htm，最后访问于2020年11月30日。

2　习近平：《决胜全面建成小康社会夺取新时代中国特色社会主义伟大胜利——在中国共产党第十九次全国代表大会上的报告》，载人民网，http：//cpc. people. com. cn/n1/2017/1028/c64094 －29613660. html，最后访问于2020年11月30日。

史脉络中港澳地区发生的角色转变，为大湾区奠定了现实基调。一方面港澳特别行政区在国家方针政策层面将能够更频繁地出现，与内地进行更便利的交流；另一方面则表明了港澳地区将被赋予与其他地方政府一样的功能期待，主动将自身优势融入国家治理与发展过程中，共同助力推动国家进一步改革开放，担起实现中华民族伟大复兴的历史重任。

这一论断可通过大湾区合作的相关文件来得到佐证。当前大湾区主要的两份纲领性文件分别是《深化粤港澳合作推进大湾区建设框架协议》[3]（以下简称《大湾区框架协议》）以及《粤港澳大湾区发展规划纲要》[4]（以下简称《大湾区规划纲要》），所涉内容体现出共融于国家发展的基本精神。我们在其中可以看到，在主体身份上大湾区表现为国内地方政府之间的平等合作——这本身便与过往以关税区身份所进行的CEPA模式合作有着明显的区别，而大湾区合作的指导思想、基本原则、战略定位和发展目标以及具体合作任务等方面，亦基本属于国内公共治理与公共物品提供的范畴，有着明确的国家层面的互促发展要求，以及区域层面的互利共赢思想。

然而，发生在大湾区中粤港澳地区合作定位的改变以及在我国发展战略中的角色转换，并未因其可放置于“一国”之下来考虑的现实而变得更加简单，因为“两制”为合作形成了现实挑战。这当然并不是在说“一国两制”下便无法进行十分有效的区域合作，相反由于港澳特别行政区自身拥有的高度自治权，在某种程度上可以说满足了区域合作中地方政府的自主性需求，因此在这个意义上，甚至可以说大湾区展现出更为优秀的发展潜质。其中主要的疑虑在于，目前为止我国区域合作并没有形成（至少在法律层面）比较成熟的模式，无直接可用的理论指导或实践经验，大湾区实际上将处于“摸索式进行”的过程。如果我们能够看到，以往其他区域合作中很多问题长期存在并且重复发生，如相对分割的行政区划便往往被认为导致了一种与区域经济一体化相悖的“行政

---

3　2017年7月1日上午，在习近平总书记见证下，香港特别行政区行政长官林郑月娥、澳门特别行政区行政长官崔世安、国家发展和改革委员会主任何立峰、广东省省长马兴瑞共同签署了《深化粤港澳合作推进大湾区建设框架协议》，参见《习近平出席〈深化粤港澳合作推进大湾区建设框架协议〉签署仪式》，载中国政府网，http://www.gov.cn/xinwen/2017-07/01/content_5207260.htm，最后访问于2020年11月30日。该协议全文见http://www.ndrc.gov.cn/gzdt/201707/W020190909487713229129.pdf，载国家发展和改革委员会网站，最后访问于2021年4月16日。

4　2019年2月18日，中共中央、国务院印发了《粤港澳大湾区发展规划纲要》，参见《中共中央国务院印发〈粤港澳大湾区发展规划纲要〉》，载中国政府网，http://www.gov.cn/zhengce/2019-02/18/content_5366593.htm#1，最后访问于2020年11月30日。

区经济”现象，[5]那么我们就必须注意，在单一的政治、经济与法律体制下的区域合作已经反复纠缠的问题，若发生在具有不同的政治、经济与法律体制区域合作中，或许问题的解决难度会明显增加。在某种程度上，问题的复杂化可能来源于问题的复合化：来自“9”的固有问题与“2”带来的新问题同时发生[6]。

上述疑虑在深层次上来源于当前我们这样的困惑：大湾区所想要进行的是什么程度的合作？是限于简单互帮互助、提供便利以发挥各地优势，还是试图打破行政壁垒，真正走向各地资源要素融通融合？不同的方式决定了对法律不同程度的要求，但都会通过与实定法规定发生联结的方式，告知我们现有法律是否能够满足它的需要。因为很有可能法律并没有为我们预留足够的空间。

当然，如果只是前一种方式，那在这方面的过度讨论将显得杞人忧天。但若是后者，尽管更加容易超出法律的范围，但又必须尽可能在法律的视野里进行调整和应对，因为“国家是由国内的（不同于国际的）法律秩序创造的共同体。国家作为法人是这一共同体或构成这一共同体的国内法律秩序的人格化。从法学观点来看，国家问题因而就是国内法律秩序问题”。[7]

### （二）大湾区合作法律手段仍然缺乏

在政府推动下进行，是大湾区合作的基本特征。《大湾区框架协议》对大湾区作出“市场主导，政府推动”的原则要求，要“充分发挥市场在资源配置中的决定性作用，更好发挥政府作用，推动各种生产和生活要素在区域内更加便捷流动和优化配置”，并且具体内容实施是由“四方每年提出推进粤港澳大湾区建设年度重点工作，由国家发展和改革委员会征求广东省人民政府和香港、澳门特别行政区政府以及国家有关部门意见达成一致后，共同推动落实”。[8]在《大湾区规划纲要》中，亦写明：“广东省政府和香港、澳门特别行政区政府要加强沟通协商，稳步落实《深化粤港澳合作推进大湾区建设框架协议》与本规划确定的目标和任务。”[9]由政府推动，说明大湾区的具体事务更多依赖政府行为与行政手段。当然，这又是一种在法治下的政府推动，要遵守“‘一国两制’，

---

5 王健等：《“复合行政”的提出——解决当代中国区域经济一体化与行政区划冲突的新思路》，载《中国行政管理》2004年第3期。

6 即广东省广州、深圳、佛山、东莞、珠海、中山、惠州、江门和肇庆九个城市以及香港、澳门两个特别行政区。

7［奥］凯尔森著：《法与国家的一般理论》，沈宗灵译，商务印书馆2017年版，第269页。

8 参见《深化粤港澳合作推进大湾区建设框架协议》。

9 《中共中央国务院印发〈粤港澳大湾区发展规划纲要〉》，载中国政府网，http://www.gov.cn/zhengce/2019-02/18/content_5366593.htm#1，最后访问于2020年12月2日。

依法办事……尊崇法治，严格依照宪法和基本法办事”。[10] 要“坚持用法治化市场化方式协调解决大湾区合作发展中的问题”。[11] 但正是在这里，显露了许多法治层面的应对不足。

首先，大湾区是否具有政府推动的法治基础？我们知道，之所以要通过政府合作进行推动，客观上是因为在现代法治国家，公共事务已经很难离开行政权力的保障，而区域发展的任务往往又必须通过政府间合作而不可能通过单一主体来获得实现。但是，大湾区由政府合作推动，在此方面可能仍然缺乏具体的法律规定。比如，政府间是什么样的关系？在政府推动下，又怎么样保证其他主体的有效参与？也即在政府推动的基础上，大湾区各方主体在政治地位以及权力上存在实际的不对等状况，如何在后续合作中合理平衡各个主体之间的关系？

目前，我们很难就上述问题获得清晰的答案。一方面，实定法上没有更多明确的规定，就“怎么参与”“如何参与”等问题在法律程序与方式上没有统一的标准。现实中，有关实践也只能在这样的情况下长期进行下去，如一直以来中央参与区域合作的方式多种多样，但法律上并没有这方面的任何规范。[12] 另一方面，理论层面也难以提供可行的做法，“已有的组织法研究重视行政机关的纵向关系即等级命令关系，而忽视行政机关的横向关系”。[13]

其次，大湾区是否具备有效的参与机制和手段？多地政府之间的合作，必然要有相关机制提供政府之间合作平台，以对区域事务进行相应的协商、规划和落实活动。这样的机制又最好能够在法律的保障下进行，因为法律的稳定性和可预测性，本身就有利于国家和社会效率价值的实现。而法律的强制力，又可以避免行政主体间的推诿扯皮和讨价还价。这也是为什么说“国家治理的效率通过法治可以更好地实现”。[14] 然而，虽然我国区域合作已经发展了一定时期，但很难说法律上已经存在相关机制，更常见的还是通过政策意见或规划文件等形成的相应机制进行，如联席会议制度。这样的效果并非很好，由于缺乏法律效力，所形成的机制、组织往往处于虚置状态，并没有起到想象中的平台作用。时常被诟病的地方还在于法律在此方面的缺位，地方政府对待区域事务

10 《中共中央国务院印发〈粤港澳大湾区发展规划纲要〉》，载中国政府网，http://www.gov.cn/zhengce/2019-02/18/content_5366593.htm#1，最后访问于2020年12月2日。

11 《中共中央国务院印发〈粤港澳大湾区发展规划纲要〉》，载中国政府网，http://www.gov.cn/zhengce/2019-02/18/content_5366593.htm#1，最后访问于2020年12月2日。

12 何渊：《论区域法律治理中的地方自主权——以区域合作协议为例》，载《现代法学》2016年第1期。

13 叶必丰：《行政组织法功能的行为法机制》，载《中国社会科学》2017年第7期。

14 张文显：《法治与国家现代化》，载《中国法学》2014年第4期。

显得较为随意，乃至造成“我国地方政府在区域合作治理中过多地依赖非正式制度，人际关系比较浓厚、规范化程度相对较低，缺乏稳定性和较强的约束力；正式制度不足，且出现‘地方化’‘部门化’等碎片化现象；制度之间相互冲突不协调问题时常出现”。[15]

以往粤港澳合作中，同样存在这样的问题。经过多年探索实践所形成的联席会议制度尽管一定程度上促进了合作成效，但在很多方面仍然需要改进，如一直以来没有形成常设性机构，下设的联络办公室只起到联络的作用[16]，其中负责具体事务的专责小组又缺乏横向之间的沟通协调。[17] 如今在大湾区下，关于体制、平台有一些新的内容[18]，如设立了粤港澳大湾区建设领导小组，体现了国家立足于过去的实践经验，完善区域组织领导以推动大湾区合作的坚定决心。当然，我们仍然需要进一步的工作。因为在依法治国的大背景下，任何游离于法律轨道外的区域合作活动，都会被视为对非正式机制的过度依赖，而成为对行为主体自身权威的减损，并在最后影响了对区域事务的推动和落实。

### （三）仍需“依法”与“治理”的互融互动

大湾区合作，必须符合我国依法治国原则的基本要求。中国共产党第十八届中央委员会第四次全体会议通过《中共中央关于全面推进依法治国若干重大问题的决定》（以下简称《决定》）里提出：“依法治国，是坚持和发展中国特色社会主义的本质要求和重要保障。”[19] 十九大报告提出：“全面依法治国是国家治理的一场深刻革命，必须坚持厉行法治。”[20] 这便要求，我国包括大湾区在内的区域合作，作为国家治理中的重要实践，应当符合上述内容的价值取向，保证区域内的“依法治理”目标实现。

“依法治理”与国家治理能力直接相关，是对法治提出的客观要求。区域合

---

15 周伟：《优化与整合：地方政府间区域合作治理体系重构》，载《理论探索》2016 年第 4 期。

16 慕亚平、王佩琳：《健全粤港澳紧密合作相关机构安排的构想》，载慕亚平主编：《粤港澳紧密合作中的法律问题研究》，中国民主法制出版社 2011 年版，第 96 页。

17 李建平：《粤港澳大湾区协作治理机制的演进与展望》，载《规划师》2017 年 11 期。

18 参见《大湾区规划纲要》第十一章。《中共中央国务院印发〈粤港澳大湾区发展规划纲要〉》，载中国政府网，http：//www. gov. cn/zhengce/2019 – 02/18/content_ 5366593. htm#1，最后访问于 2020 年 11 月 30 日。

19 《中共中央关于全面推进依法治国若干重大问题的决定》，载中国共产党新闻网，http：//cpc. people. com. cn/n/2014/1029/c64387 – 25927606. html，最后访问于 2020 年 12 月 1 日。

20 习近平：《决胜全面建成小康社会夺取新时代中国特色社会主义伟大胜利——在中国共产党第十九次全国代表大会上的报告》，载人民网，http：//cpc. people. com. cn/n1/2017/1028/c64094 – 29613660. html，最后访问于 2020 年 12 月 1 日。

作中的“依法治理”，不仅在于强调区域合作以法律为依据，同时要求法治对区域合作需要有所回应，以满足区域实践的客观实际，突出“依法”与“治理”之间的互融互动状态，而不仅是一种治理活动严格依据法律进行的状态描述，更不意味着不追求区域目标的实现。

当前，由于在推进湾区合作事务上现有法律的局限性，“依法”与“治理”之间互融互动状态仍需进一步实现。首先，法律赋予区域合作中的地方权力有限，自主性不足，地方政府不能单独决定区域合作事务的推进。但就区域合作性质而言，本身便要求治理手段、方式和内容上的创新，以能够灵活应对各种问题，然而现阶段法律又不能提供地方政府有效的治理工具。因此“在中国目前的政治体制下，地方政府官员往往会在‘创新’与‘守成’之间面临着极大的抉择”[21]，陷入了十分矛盾的境地。

其次，即便在权限范围内，具体事务的推进没有实质性效果。在以往粤港澳合作中，有学者便认为：“政府间形式上的交流很多，签署的文件也很多，但三地合作实质性的进展不多”。[22]比如，2011年深圳出入境检验检疫局和香港特区政府食物环境卫生署签订了《关于加强建立出口食品安全的合作协议》，建立了两地食品安全监管合作制度，但这一制度仅发挥了信息交流和通报的平台功能，并没有实质性的进展。[23]

## 二、湾区法治的区域视角：整体性问题

湾区法治构建中除了上述因特殊性而必然面临的新问题，作为我国区域法治的一部分，还需要回答区域法治的共性问题。长期以来，我国区域法治建设存在一种整体性的不足，贯穿于法治的理念、实践与理论层面。具体来说，湾区合作当下仍面临法治理念、法律体系与法学研究三个方面的不足。

### （一）法治理念层面

作为一项国家战略，大湾区是我国在当前发展阶段整合资源要素发挥区域优势，谋求新突破以应对发展压力的某种策略，是在符合国家大局的背景下，顺应国家发展思路及重点的变化所进行的制度创造。由于法律的稳定性与发展的动态性两者之间天然的矛盾，这一过程中的实践创新必然带来许多新问题，

---

21 韩福国：《地方政府创新：困境与抉择》，载《人民论坛》2013年第3期。

22 焦建：《粤港澳竞合再推进》，载《财经》2014年第12期。

23 张淑钿：《粤港澳大湾区城市群建设中的法律冲突与法律合作》，载《港澳研究》2017年第3期。

暴露出法律制度上的不足之处。

尽管作为体系性的区域一体化概念在官方层面正式出现的时间并不久，但区域政府间合作在我国实际上早已存在，甚至包括大湾区、京津冀、长三角等合作，在很早之前便已经有着类似的雏形设想。比如，在京津冀一体化发展历史中，早在1981年便成立了华北经济技术协作区（由京、津、冀、晋、蒙组成），这是中国第一个区域经济合作组织[24]，主要通过高层会商解决地区间的物资调剂。[25]1982年，又在《北京市城市建设总体规划方案》中首次提出“首都圈”的概念。[26]与此类似，粤港澳三地之间的合作在大湾区规划提出之前便长期存在，合作模式甚至更加成熟。早在20世纪70年代末，“随着珠三角成为国家改革开放的试验田和香港制造业北上，开启了粤港澳之间基于珠三角低廉劳动力和土地资源与港澳体制、资金和国际市场资源之间优势互补的‘前店后厂’分工合作模式”。[27]之后更是顺应需要，通过CEPA以及国务院《珠江三角洲地区改革发展规划纲要（2008～2020年）》等方式不断升级粤港澳之间的合作。并在这一进程中，出现了全国第一份内地省份和特区之间的合作协议——《粤港（澳）合作框架协议》。可见，当前我国区域一体化的各项规划，实际上都经历了数十年的实践演变。以往区域合作的形式、过程和内容，不仅满足了国家当时各方面建设的需要，更为重要的是，它们并未因年代的推移失去影响，而是作为这一时期区域合作的历史素材和实践积累，成为当前各种设想的构筑成分。它们所形成的经验，形成如今区域合作中的一种潜移默化的实践习惯，展现出绵延不断的生命力。

问题在于，数十年来区域合作实践给国家带来诸多成果，但许多根本性问题如区域合作的法律定位、性质与效力等没有得到很好的解决。比如，到目前为止我们仍然在为我国各式各类的区域合作形式探索合法性，为区域合作寻找最基本的法律约束力，亦仍然在合作过程中索取更多能够满足合作需要的法律工具。正是在这样的变与不变中，早些年我们所遇到的难题始终在与我们“再次相遇”，区域合作实践的发展亦总是伴随法律的“阵痛”。如果我们同意“法治理念的根源在于本国的经济、政治、文化和社会发展的需要，法治理念的内容主要来自本国的政治和法律发展的经验教训，外部的和历史的法治文化是法

24　刘世庆：《中国改革开放三十年的区域政策转型与演进》，载《经济体制改革》2009年第4期。

25　比如，北京与河北环京地市合作建立了肉蛋菜等生活资料基地和纯碱、生铁等生产资料基地。《战略提速背后，京津冀一体化为何“纠结”30年？》，载澎湃，https：//www.thepaper.cn/newsDetail_forward_1261303，最后访问于2020年12月2日。

26　王玉海：《京津冀都市圈及其历史使命》，载《前线》2019年第4期。

27　张紧跟：《论粤港澳大湾区建设中的区域一体化转型》，载《学术研究》2018年第7期。

治理念形成的背景和条件”，[28]那么这意味着当前区域合作实践并没有被转化成为某种法治理念成分，没有在法治层面形成理念引导，也因此才出现上述看起来不太符合区域合作的法治外观。

当然，我们并不能将上述情况视为法治建设中的有意为之。首先，尽管区域合作实践已有数十年之久，但整体上还是不够成熟，早先的合作程度往往较低，若只在于一般性的事务协调，并不会形成太多的法律问题。且在当时的情况下，法律并不能过于限制发展的需要，反之发展需要往往决定了法律的走向。其次，区域合作中许多内容事实上属于法治体系性问题[29]，甚至有些时候已不单纯是法律问题，往往“牵一发而动全身”，不得不慎而又慎，周全考虑。有学者便曾发出感慨：“尽管 20 年了，至少有些问题，也只是换了新装，风采却依旧。在这个世界上，有些问题或许就不大可能有什么变化；即所谓‘天不变，道亦不变’”。[30]这或许是对眼下情况最好的注解。

### （二）法律体系层面

法治对区域合作的回应不足，最直接的表现便是应对区域合作的法律资源不足。这对大湾区最直接的影响，便是导致大湾区建设的整个过程中可能都会面临许多来自法律层面的疑虑。比如，大湾区当前法律地位及合法性模糊。确立大湾区的直接文本主要是《大湾区框架协议》，它的性质在我国一般被视为行政协议，不属于通常理解的《立法法》上的法律渊源形式，无法作为大湾区的法律依据而提供直接的法律效力。这在一开始便为大湾区提出法律挑战。又如，大湾区合作的推进缺乏法律约束力。合法性及法律依据上的不清晰，自然使得区域合作对各方的约束力缺失，是否落实以及如何落实相关工作，很大程度上取决于各方的自发遵守。最后，大湾区缺乏有效的法律协调与合作机制，不利于通过法律解决区域融入过程中产生的冲突与问题。

大湾区合作法律资源的缺乏，不只是某些条款上的欠缺或是模糊，亦不仅仅是一门或是几门法律的不存在，而是一个表现出层次性的问题。

首先，宪法中没有直接规定。作为国家根本大法，宪法本身便是证成区域合作合法性的最高权威。然而，我国宪法中并没有涉及区域合作的直接规定，学界大多数做法是通过对宪法有关条文的解释完成宪法文本与区域实践之间的连接，包括《宪法》第 3 条、第 15 条、第 33 条、第 89 条等，包括国号序言等

---

28 谢鹏程：《论社会主义法治理念》，载《中国社会科学》2007 年第 1 期。

29 比如，区域合作中的央地事权划分，在我国便是长期存在的政治法律体制问题。

30 苏力著：《法治及其本土资源》，北京大学出版社 2018 年版，第 1 页。

都被用作联通宪法的方式。[31] 通过解释或许有助于发现法律条文中留下的区域合作的“痕迹”。正如有学者认为：“沿着解释的路径，最终都能找到区域行政规划、区域行政指导、区域行政协议、区域性组织和区域协作立法的法律依据”。[32] 然而，这只能满足我们最基本的合法性需要，在区域合作广阔的领域里，遍布着仍然需要规范的复杂细节，而缺乏宪法的直接规定将导致法律难以对区域合作进一步细化调整。与此同时，“解释论”的观点又会因为我国“并没有权威并且稳定的宪法解释机关……缺乏相应的法制土壤和环境”[33] 的客观原因而难以成为优先选择。可见，限于对宪法文本解释的方式，至少在目前还很难（甚至是不能）让区域合作获得在法律上的完满状态。

其次，缺乏区域合作方面有关的法律法规。在宪法之下，我国区域合作缺乏专门的法律法规，亦极少对区域合作事项作出安排的法律条款，基本是以一些原则性规定的形式散见于各种单行法或者行政法规中[34]，并且大多数不具备我们当前所讨论的区域合作层面意义，难以取得实质性效力。法律法规整体上对区域合作的回应，“就目前实际而言……仍处于在单行法中加以分散规定的阶段。也正因为如此，目前已有的区域合作法律条款基本上属于就具体事项的规定，对区域合作的法律机制、合作协议的必要条款和效力等普遍性问题尚未作出统一规定，因此只是为区域合作提供了基本的依据”。[35]

最后，即便有所规定，却又不一定符合区域合作的需要。一方面，很可能在同一内容上规定存在，不利于区域事务的统一。比如，在长三角区域合作的发展中，《上海市大气污染防治条例》和《江苏省大气污染防治条例》中皆体现了区域合作精神，但有关区域大气污染防止协作的内容规定至少从文本上难以看到区域协调的努力。[36] 另一方面，则是立法上不一定能充分考虑到区域的客观实际。特别是在大湾区中，区域内各地差异十分明显，经济发展水平、政

31 文正邦：《论国家治理体系中的区域治理及其法治和宪法保障》，载《上海政法学院学报（法治论丛）》2018 年第 6 期。

32 叶必丰：《区域经济一体化的法律治理》，载《中国社会科学》2012 年第 8 期。

33 何渊：《论我国区域法律治理的合宪（法）性控制及宪法修改——兼与叶必丰教授商榷》，载《南京社会科学》2015 年第 5 期。

34 我国《环境保护法》《水污染防治法》和《大气污染防治法》等法律对区域环境合作进行了一些规定，如《环境保护法》第 20 条第 1 款规定：“国家建立跨行政区域的重点区域、流域环境污染和生态破坏联合防治协调机制，实行统一规划、统一标准、统一检测、统一的防治措施。”

35 叶必丰：《区域合作的现有法律依据研究》，载《现代法学》2016 年第 2 期。

36 《上海市大气污染防治条例》规定的内容更加具体、丰富，而《江苏省大气污染防治条例》的规定相对粗线条，具体可对比《上海市大气污染防治条例》第六章“长三角区域大气污染防治协作”以及《江苏省大气污染防治条例》第五章“区域大气污染联合防治”。

治、文化及法律传统都有所不同，如果有关立法不能对这些因素进行考虑，很容易造成“在区域治理实践中，脱离区域社会经济发展需求、违反本土社会生活样态及民众通念的规范时有表露”。[37]

（三）法学研究层面

法学研究是我国法治建设的重要组成部分，是推动法治建设的重要力量。我们需要重视法学研究，是因为只有通过它才能对理论去伪存真、不断发展，才能看到实践活动的应然与实然。法学研究的基本目标是以理论为手段来完成对实践活动的指导，但最终它又必须回到实践，成为实践内容一部分的同时从其中获取更多丰富的研究素材。法学研究活动的进行，一方面，让我们得以将抽象理论和纸面规定与生动活泼的实践活动相连接，以反思的态度完成对法学理论内容的修正，并确保理论对具体实践的指引作用能够获得充分实现。另一方面，帮助我们在总结实践经验的基础上发散思维，对机制体制进行更符合实践需求的创新。因此，大湾区建设中必须给予法学研究充分的重视，当前理论上的难题也决定了我们需要通过研究活动来指导并改善具体的实践活动，需要通过法学理论的创新来推动湾区合作模式的探索和创新，以匹配大湾区的特殊性。

目前，我国法学研究在湾区法治问题上关注不足。首先，法学研究在内容上具有趋同性。学者们的主要关注点仍在于区域合作的合法性等基本理论问题上，认为“必须关注这种调控的合法（宪）性，必须解释实施这种调控所发生的组织结构上的变化，为区域经济一体化的法律治理提供学理支持”。[38] 内容上集中于大湾区（或粤港澳合作）的法律地位、法律构建、机制打造或是某些领域合作中出现的相关问题，趋同性比较明显。与此同时，在很多重要的基本问题上我们尚待进一步研究。比如，“全面管治权”、大湾区合作中各主体之间的法律关系，政府主体与公民之间法律关系等内容，都是与大湾区法治构建联系密切的重要议题。

其次，法学研究需要更加关注大湾区的客观实际。对大湾区法治的研究不应欠缺对现实情况的观察。当前，一些研究表现为更加重视理论上的逻辑自洽，忽视大湾区的具体现实，缺乏对客观规律的掌握。这样的后果，便是容易导致研究出现知识与实践之间的脱节，虚化了研究的必要意义，更减弱了结论的说服力和合理性，不利于将其转化成大湾区的实践工具。

最后，法学研究的方法与视角仍待丰富。大湾区是对区域要素资源协调配

---

37 眭鸿明：《区域治理的“良法”建构》，载《法律科学（西北政法大学学报）》2016 年第5 期。

38 叶必丰：《区域经济一体化的法律治理》，载《中国社会科学》2012 年第 8 期。

置的系统工程，多学科多领域在同一语境内发生结合。对此，法学研究讨论视角不应单一化，思维与方法需要摆脱法学规范性解读的惯性，增加对区域合作中其他重要学科（如经济学等领域）的理解与感知。而当前我国法学研究在包括大湾区在内的区域合作问题上研究角度仍待丰富。比如，有学者就认为“我国法学界对共同行政行为的讨论集中于诉讼，基本没有涉及它的社会治理和规制意义。其实，共同行政行为的首要意义在于协作治理和规制，因而是一种重要的区域协同行为”。[39] 缺乏多元的研究方法并不利于保证大湾区法学研究的科学性，因为在大湾区共融共通的背景下，事务复合化程度提高，学科知识必须进行综合考虑。

## 三、“面向区域”的大湾区法治转型

大湾区合作需要法治的充分回应，法治是大湾区治理的重要手段，只有法治才能最大限度地发挥大湾区得天独厚的资源禀赋。认真对待大湾区法治，最终需要从整体区域合作出发，完成面向区域合作的法治转型。在当前，这一目标包括塑造法治理念、完善法律体系、优化理论增量三个方面内容。

### （一）面向大湾区合作的法治理念转型

主动回应区域合作的法治理念是大湾区法治的基础。理念的重塑有利于促成法治对区域合作因素的吸收，使法治得以扎根于区域合作实践。塑造回应大湾区合作的法治理念，有利于在立法、执法与司法活动中形成“面对面”式的对区域合作需要的体察，减少法律成为大湾区发展阻隔的可能，由“形式法治”迈向“实质法治”，并最终实现“形式法治”与“实质法治”的统一。

塑造回应大湾区合作的法治理念，不仅是为了妥善处理当前法治与大湾区实践之间的关系，也是当前发展阶段的必然性要求。首先，回应大湾区合作的法治理念是依法治国思想的集中体现。依法治国思想对大湾区提出现实要求，不仅在湾区建设过程中必须始终强调法律的主导地位，强化法治权威，在合作的各个方面实现有法可依、有法必依，更要求大湾区中的法律必须系统完备、科学规范，符合大湾区许多治理方面内容的内在需要，形成大湾区的良法善治。回应大湾区合作的法治理念集中体现了依法治国思想的核心内容，是以后者为基础所进行的对区域合作内容的理念阐发，亦是依法治国思想在大湾区中的观念体现。通过这样一种法治理念，依法治国思想的基本要求才得以在大湾区中具体化、现实化，在区域合作中对各项实践活动形成有效指导。

---

39 叶必丰：《区域协同的性质行为理论资源及其挑战》，载《法学研究》2017 年第 3 期。

其次，回应大湾区合作的法治理念是推动落实大湾区的客观需要。一国两制的特殊性在一定程度上削弱了大湾区的制度动力供给。回应大湾区合作的法治理念，通过对大湾区需要的关注，得以将更多的区域实践囊括进法治的视野，借由法治为大湾区提供更加充足的动力。

最后，回应大湾区合作的法治观有助于国家治理能力的提升。国家治理首先是法律治理，国家治理能力也因而首先是法律解决治理问题的能力。国家治理能力需要从法治能力来着手，借助法治的规范性、强制力，更好地推动治理活动的进行，保障相关制度体制的创制和创新。塑造回应大湾区合作的法治理念，可以借大湾区治理实践，以点带面地促成区域法治理念的更新，进而帮助国家治理能力的整体提升。

回应大湾区合作的法治观，在目前至少包括三个方面内容。其一，重视法治与区域合作价值取向的协调。法治与区域合作在价值取向上高度契合，如法治强调平等、自由，而区域合作亦是区域内各方主体之间的平等合作，强调地位上的平等、自由参与。但有时，它们之间又存在矛盾。比如，法治强调公平，但区域合作则更加看重效率，追求区域内资源要素的融动融通，减少合作的成本。法治需要与大湾区合作在价值取向上实现协调共生。一方面，法治与区域合作在价值上的协调，不但能够将区域合作价值代入法治之中，避免法律在此过程中的合理性丢失，又有助于为区域合作注入更多的法治成分来增强其合法性基础。另一方面，与法治价值相协调的区域合作，最终将体现为对公平与效率的协调，帮助在大湾区中兼顾发展中的公平与效率。

其二，强调法治对区域合作目标追求的包容。发展阶段和客观情况不同，决定了法治与区域合作两者在发展目标和追求上往往存在不同。一方面，我国法治建设与区域合作各自发展阶段的不同，意味着两个体系在调整能力和需要上的不同，法治与区域合作之间可能经常不能匹配相互之间的需求与标准。另一方面，根据社会发展的规律来看，区域合作的发展尽管可能是一种渐进的过程，但变化的发生却又都十分迅速、剧烈，很容易带来法律上的新问题。因此，大湾区需要包容的法治理念，柔化两者之间由于目标与追求不同造成的冲突。通过目标上的协调，实现行动上的一致。值得一提的是，法治对区域合作目标的包容，并非法治对区域合作无原则的迁就，而是通过建立法治对区域合作的包容性理解，为两者之间因发展目标上的冲突提供缓冲的地带。

其三，注重法治对区域合作内容的主动引导。区域合作事务复杂，内容繁多，为了应对不同的情况，合作的机制、体制及治理的手段和措施可能会处在动态的变化过程之中。但这样的变化又往往与法律本身的稳定性要求相冲突。回应大湾区合作的法治理念，强调通过对大湾区实践需要的辨察，促成法治对区域合作内容的主动引导。主动引导意味着法治发展需要更加关心和贴近区域实践，但并不是摒弃了法律的稳定性要求，也不意味在这方面将彻底没有上述矛盾存在，而是通过加强法律层面对区域合作内容的技术性处理，增强法律的包容性与多元性，如具体到立法，这样的法治观会要求“不仅仅是对实践的被动回应，更要对社会现实和改革进程进行主动谋划、前瞻规划和全面推进”。[40]通过这些努力，哪怕不能在具体问题上面面俱到，至少能够提供大湾区框架性和方向性上的法律调控，避免导致法律上“失序”的状态出现。

### （二）面向湾区合作的法律体系转型

构建面向大湾区合作的法治，必须为大湾区实践配备充分的法律资源，只有发展了系统完善的法律体系，才能具备形成大湾区法律治理的基础。完善大湾区合作的法律体系，需要在方式、内容、目的及要求四个方面进行考虑。

在方式上，我们既要重视通过立法形成更多直接可用的法律规定，也要重视通过法律解释使法律变成“活的”条文，有效应对具体实践。但现阶段大湾区的客观情况决定了，当前最重要的是通过立法为区域合作提供法治保障。这是由于广泛的区域合作事务的推动在我国仍然缺乏明确的法律规定，单纯通过对条文加以解释的做法不仅难以提供实效，也无法将这些模糊的规定无限延伸，使各项区域合作活动都能进入解释的范围之中。我国迫切需要立法完善区域合作的法律体系，对各项工作加以规定，以此来获取对区域合作的法律约束力，克服区域合作固有的行政主义弊病。强调立法的原因还在于，在极具特殊性与复杂性的大湾区合作中，我们需要以明确具体而不是模糊的规定来引导合作，以避免在相关问题上的混乱。

在内容上，大湾区法律规范体系的完善应当着眼于宪法—中央立法—地方立法三个层次。首先，在合适的时机需要在宪法中增加有关的区域合作条款。作为国家根本大法，宪法以最高权威的方式对国家根本性问题进行了规定，增加区域合作条款对我国区域合作的发展具有重要意义。其次，大湾区需要制定一部统一的中央立法，对大湾区有关事务从整体上进行规范和引导。统一的中央立法有利于避免在大湾区中根据不同事务进行分散的立法，导致法律的碎片化，进而造成法律在内容上的不统一，阻碍区域合作的法律实效。最后，在宪法和法律下，重视区域合作中主体的实际需要，充分发挥地方自主立法的能动优势。完善地方立法，不仅是为了将宪法和法律中的相关规定落到实处，更是为了有针对性地结合地方实际情况，对现有的制度和机制进行创新，将区域内

40 王乐泉：《论改革与法治的关系》，载《中国法学》2014 年第 6 期。

的地方差异转化为发展优势。

同时，完善大湾区合作中的法律体系不应只限于国家立法，还需要重视大量的法律以外的社会规范，因为有时候“内在的道德规范可能比外在的制度准则更为重要。我国区域治理合作之所以遭遇困境，其原因就在于缺乏内在的道德性规范”。[41] 社会规范等“软法”之所以重要，正是因为它们是区域合作各方面领域中道德、价值理念的集中体现，有助于我们建立大湾区中功能互补的多元化规则体系。同时，社会规范还利于提升大湾区合作中的民主性、参与性及灵活性，破解以往区域合作中规则单一、手段单一的结构性问题。

在目的上，完善大湾区合作的法律体系，不仅要重视提供大湾区在我国的合宪（法）性基础，实现法律的有效控制，更需要通过法律的方式，丰富大湾区合作上的机制和手段，匹配更符合区域治理要求的大湾区制度供给，形成体系化的大湾区内合作模式，对大湾区合作中各种深层次问题进行有效疏导。区域合作的复杂性决定了只有体现国家意志的法律，才能够有效融合区域合作各方利益，满足区域公共事务日益多样化的客观需要，切实解决区域发展问题。在区域合作中，随着区域间事务的相互渗透，经济发展问题与社会公共管理往往会跳出行政区划，在内容上发生“区域化”转变并产生外溢影响，法律之外的其他方式难以汇集区域内合作意愿，建立合作主体对机制手段的认同感，提高对相关决定的执行力。

在要求上，对大湾区法律体系的完善，不应仅满足于形式上的周全和数量上的丰富，还需要重视法律规范的质量和实效。虽然对法律体系的完善时常以形式与数量上的外在要求表现出来，但本质上它们都是服务于法律资源“质量”的手段。完善大湾区法律体系的目标，是使法治能够回应大湾区合作的实践需要，而不是在形式与数量上的自我满足。大湾区法治的终极使命，是法治对大湾区合作需要的积极感知与回应，置身于区域实践之中并对大湾区现实进行主动谋划、前瞻规划，引领大湾区建设进程。这就意味着我们在充实法律形式和数量的同时，更需要注重“实现立法和改革决策相衔接，做到重大改革于法有据、立法主动适应改革和经济社会发展需要”。[42]

### （三）面向湾区合作的法学研究转型

构建面向区域合作的大湾区法治，还需要重视大湾区合作中的法学研究。

---

41 倪永贵：《区域治理合作的困境与突破——基于组织社会学的视角》，载《城市发展研究》2016年第8期。

42 《中共中央关于全面推进依法治国若干重大问题的决定》，载中国共产党新闻网，http：//cpc.people.com.cn/n/2014/1029/c64387-25927606.html，最后访问于2020年12月2日。

当前大湾区所面临的诸多问题，都客观表明需要通过法学研究来提供我们进一步制度创新与行动选择的理由。

面向大湾区合作的法学研究，首先，要求我们正视法学研究的作用。法学研究在大湾区中最重要的任务在于完成理论层面的推进，攻克当前所遇到的理论难题。之所以强调理论研究的地位，是因为“作为研究者，我们解决问题的能力是最为薄弱的，一个实践问题的解决一般要涉及多方面的因素。我们的使命应当是作出理论上的推进，通过理论来对实践发挥指导作用”。[43] 同时，在内容繁密、利益多元的区域合作中，我们需要法学研究始终坚持理性，避免因实践活动的紧迫而在研究问题上贪大求全。在大湾区中强调法学研究的理论任务，实际上是在强调重视理论研究的科学性，强调要坚持研究理性。只有如此，才利于我们拨开区域实践的迷雾，获得湾区法治的衡鉴标准，并完成对区域实践活动的科学指导。

其次，面向大湾区合作的法学研究，应当是回应大湾区现实的研究。法学研究要增强对大湾区中利益与法律需求的了解，紧跟区域合作需要，提升大湾区法学研究的问题意识，以形成对现实问题的针对性解决，增强相关研究活动的现实意义。一方面，我们要充分认识到，一切研究的目的都是满足现实的需要。“尽管理论可以指导、引导实践，但是，却不能衡量实践。我们任何时候都不能拿着理论这把尺子去剪裁现实。推动中国改革开放与法治建设的，不是前人先贤的思想理论，而是现实的需要。”[44] 另一方面，缺乏对大湾区现实关注的法学研究，研究结论必然缺乏实践说服力，容易因为不符合客观情况而难以为现实中的法律难题提供富有成效的解决方案。同时，我们必须密切关注实践的变化，便于在出现新问题或是问题扩大化的时候，通过理论指导具体实践及时调整相关环节。

大湾区合作中的法学研究，还要转变研究理念，更新知识谱系。区域合作发展是政治、经济与社会事务的不断发展，往往会发生技术的革新，以及治理手段、方式上的不断创新，进而带来许多超越传统法律视野的新问题。因此，法学研究要始终秉持一种开放的理念，勇于在不断变化的社会现实中与其他学科思想碰撞交流，通过内容上的互相吸收保持自身的先进性和科学性。在这样的过程中，努力更新相关的知识内容，在全面综合理解区域合作事务内容的基础上，促成法学知识架构的完善。只有这样，法学研究的多元价值理念才能得

---

43 陈瑞华：《从经验到理论的法学研究方法》，载《中国法律评论》2019 年第 2 期。

44 葛洪义：《多中心时代的“地方”与法治》，载《法律科学（西北政法大学学报）》2016 年第 5 期。

以形成，法学研究才能紧跟区域合作发展的趋势，灵活顺应趋势转变以进行不同角度的智识努力。

大湾区合作中的法学研究，要丰富研究方法和视角，增强学科包容性。“社会科学的知识、理论和方法正在成为法学的主流”，[45] 面向大湾区的法学研究活动也必须重视通过其他学科方法和视角来满足自身研究需求。这是因为区域合作涉及多领域内容，并且这些内容往往高度复合化。若法学研究没有与其他学科充分交流，双向互动，形成方法与视野上的多元，便不足于使法学理论获得指导大湾区实践的科学性基础。开拓法学研究的视野，本身是帮助我们发现大湾区多元化需要的过程，在理解需要以及原因的基础上，才有助于提供富有成效的研究结论。值得一提的是，对其他学科内容的重视，在本质上仍然应以法学研究的基本方法作为基础，而不是对其他学科知识、理论和方法没有原则地套用，最终目的是在大湾区中建立法学研究面向区域实践的丰富视角与方法，避免我们在大湾区的法学研究中出现这样的诘难：“当前，中国主流的法学研究存在的一个问题是，未能直面中国的法治实践和经验素材，缺乏对法治实践状况的深刻洞察，也缺乏对法律问题与其他社会现象勾连关系的关注。”[46]

## 结语

国家发展新阶段的需要催生了大湾区建设这一重大国家战略，通过区域合作的方式整合区域内部的资源优势，打造国家发展大局下的粤港澳“动力引擎”。然而，观察我国区域合作实践，法治对区域合作现实回应不足，在许多问题上没有形成有效调整。而在大湾区背景下，“新问题”正在与“旧问题”一同对我国区域法治发起挑战。

是挑战，或许更是契机。国家法治整体建设在要求弥合过去的不足，如火如荼进行着的区域合作实践在呼唤面向区域合作的法治转型。如今在大湾区这一重要的设想里，法治建设与区域合作之间应相融相生。首先，需要形成回应区域合作的法治理念，为区域合作塑造法治思想基础；其次，完善法律体系，满足区域合作所需的法律资源供给；最后，通过法学研究提供大湾区理论知识资源储备。通过以上三个层面的努力，完成我国区域法治的自我革新，为未来大湾区的法律治理奠定坚实基础。

---

45 冯象著：《木腿正义》，北京大学出版社 2007 年版，163 页。

46 陈柏峰：《社科法学及其功用》，载《法商研究》2014 年第 5 期。

# 控辩审对抗在认罪认罚从宽制度中的体现与调和

## ——以量刑建议机制为视角

杨建广　谭雨菲*

**【内容提要】** 在认罪认罚案件中，法院判决时一般应当采纳检察院的量刑建议，但实践中仍然存在法院在量刑建议之外进行判决的情况，且各地量刑建议采纳率差距较大。这一现象反映了控辩审三方在认罪认罚从宽制度中的对抗与博弈。控辩审的对抗在审查起诉和审判阶段均有体现，有必要通过保障控辩双方充分协商、提高量刑建议精准性、理顺检法衔接关系、落实庭审实质化等措施来进行调和，以使认罪认罚从宽制度稳定有效运作。

**【关键词】** 认罪认罚从宽　量刑建议　控辩审关系　司法机关　刑事被追诉人

## 一、问题引入：量刑建议机制中隐含着怎样的控辩审关系

2016年9月，我国开展了刑事案件认罪认罚从宽制度试点工作。《关于在部分地区开展刑事案件认罪认罚从宽制度试点工作的办法》（以下简称《试点办

* 杨建广——中山大学法学院教授、法治社会建设中山大学研究院常务副院长、广东省法学会诉讼法学研究会会长，主要研究领域：刑事诉讼法；谭雨菲——法治社会建设中山大学研究院助理，主要研究领域：刑事诉讼法。

法》）第20条[1]规定法院对认罪认罚案件作出判决时一般应当采纳检察院指控的罪名和量刑建议。2018年《刑事诉讼法》第15条对认罪认罚从宽制度作出了规定，认罪认罚从宽制度正式成为我国的法定制度。《刑事诉讼法》第201条吸收了《试点办法》第20条的规定，明确了在认罪认罚案件中量刑建议机制约束着法院最终裁判的形成，法院不得轻易偏离量刑建议进行裁判。量刑建议机制涉及控辩审三方的关系，需要三方进行协同，相互理解和尊重，各方切实履行好自己的职责，共同维护被追诉人的合法权益和信赖利益，使其得到更合理的处罚。有学者研究发现，在认罪认罚从宽工作试点阶段，试点地区平均采纳率为92%，部分地方的量刑采纳率不足60%。[2]2019年至2020年8月，全国量刑建议采纳率约为87.7%。[3]这一采纳率的统计包含了检察院审判阶段调整量刑建议后被采纳的情况。此外，有学者表示，不同地区量刑建议采纳率差距明显。[4]可见，实践中法院对检察院的量刑建议有不同的接受度。认罪认罚从宽制度是协同主义诉讼模式的体现，法院对量刑建议采纳与否是量刑建议机制的末端，从制度设计的层面看，当控辩审三方充分发挥协同作用时，量刑建议一般会被采纳。量刑建议是什么性质？法院不采纳量刑建议的原因是什么？实践中法院不采纳这一结果隐含了什么样的控辩审对抗关系？以上构成本文研究的问题切入点，需要结合理论和实证相结合的路径进行分析。

### （一）量刑建议的性质及效力

量刑建议是一种实现国家刑罚权的诉求活动，在我国现有司法语境中，量刑建议是指检察院对于被提起公诉的被告人，依法就其适用的刑罚种类、幅度

---

1 《关于在部分地区开展刑事案件认罪认罚从宽制度试点工作的办法》第20条：“对于认罪认罚案件，人民法院依法作出判决时，一般应当采纳人民检察院指控的罪名和量刑建议，但具有下列情形的除外：（一）被告人不构成犯罪或者不应当追究刑事责任的；（二）被告人违背意愿认罪认罚的；（三）被告人否认指控的犯罪事实的；（四）起诉指控的罪名与审理认定的罪名不一致的；（五）其他可能影响公正审判的情形。”

2 陈国庆：《量刑建议的若干问题》，载《中国刑事法杂志》2019年第5期。

3 参见《最高人民检察院关于人民检察院适用认罪认罚从宽制度情况的报告》（最高人民检察院检察长张军在第十三届全国人民代表大会常务委员会第二十二次会议上的报告），详见中国人大网，http：//www.npc.gov.cn/npc/c30834/202010/ca9ab36773f24f64917f75933b49296b.shtml，最后访问于2021年3月2日。

4 数据源于时任广东省人民检察院第二检察部主任沈丙友在广州市法学会诉讼法学研究会2019年年会上对广东省检察机关开展认罪认罚从宽工作情况的介绍，参见《广东省广州市法学会诉讼法学研究会召开2019年学术年会》，载中国法学会网站，https：//www.chinalaw.org.cn/portal/article/index/id/27320/cid/25.html，最后访问于2019年12月28日。

及执行方式等向法院提出的建议。[5] 从根本上讲，量刑建议是检察官向法官提出的对被追诉人进行制裁的请求。量刑建议与其他诉讼请求相比，不同之处在于前者是由国家公权力的代表提出，但是量刑建议与其他诉讼请求一样，不具有终局性，需要由法官审查后作出裁判。

认罪认罚案件中的量刑建议是“从宽”处理的具体表现，检察院在办理认罪认罚案件时听取被追诉人、辩护人或值班律师的意见，尽量与其协商一致，根据相关法律法规、案件事实以及双方达成的合意向法院提出量刑建议，法院在审判中听取各方意见，对量刑建议进行审查，一般情况下根据量刑建议作出最终的判决，这一过程形成了量刑建议的机制，成为认罪认罚从宽制度的重要内容。这种运作模式有效连接了控辩审三方，使三者的联系较以往更加紧密。控辩审三方的良好关系有利于增强司法公信力，稳定被追诉人的心理预期，对于认罪认罚从宽制度的有效实施具有重要意义。

### （二）法院不采纳量刑建议的实证分析

由上可知，即便在认罪认罚案件中，量刑建议也不具有强制性的约束力，法院并非必须要采纳量刑建议。但是，法院最终对量刑建议采纳与否能在一定程度上体现控辩审关系的协同情况，法院不采纳量刑建议意味着控辩审关系出现了分歧。为了探究在认罪认罚案件中法院不采纳检察院提出的量刑建议的具体情形，探明法院不采纳量刑建议的理由，为后文剖析认罪认罚从宽制度中的控辩审关系奠定基础，笔者拟对部分法院不予采纳量刑建议的认罪认罚案件进行实证分析。

1. 样本选取

在样本选取地域上，由于G省幅员辽阔，省内各地市法治化发展程度有所不同，且此前存在认罪认罚从宽试点地市，认罪认罚从宽制度全面实施后各地量刑建议采纳率差距较大，笔者便以G省为样本选取地。在样本选取审级上，由于一审案件较能直观地体现量刑建议的采纳情况，故笔者将案件审级限定为“一审”。在样本选取关键词方面，由于法院不采纳量刑建议的具体表达方式各不相同，为了使选取的样本尽量丰富和准确，笔者首先确定了“不予采纳”“不予支持”“不予认可”“不予接受”“予以调整”五个表述，将其分别与“认罪认罚”“量刑建议”进行搭配形成五个关键词组在北大法宝数据库及威科先行数据库中进行检索，对判决日期在2018年10月26日至2019年12月19日的公开案例进行查阅，筛选掉无关案例、合并重复案例，最终确定143份案例为本文

---

5 参见《人民检察院开展量刑建议工作的指导意见（试行）》第1条。

的研究样本。前述 143 份案例中法院不采纳量刑建议的理由统计如下表：

| 理由 | 量刑建议过重 | 量刑建议过轻 | 案件不应当适用认罪认罚制度 |
|---|---|---|---|
| 案例数量/份 | 105 | 37 | 1 |

2. 基于样本的分析

根据《刑事诉讼法》第 201 条的规定，法院在审理认罪认罚案件时一般应当采纳检察院的量刑建议，除非出现了特定的例外情况。如果对例外情况进行进一步分析，第 1 款第 1 项到第 4 项属于不应当启动刑事诉讼程序、不符合认罪认罚程序适用条件以及涉及罪名认定的情况，第 5 项兜底条款规定的其他情形应当参照前 4 项的规定作同类的解释；第 2 款则是对量刑建议精准度的规定。在第 1 款规定的情形中，法院不采纳检察院量刑建议并非基于对量刑建议内容本身的否定，而是对认罪认罚程序适用的排除。由此，法院不采纳量刑建议的理由主要可以归纳为案件不应当适用认罪认罚从宽制度以及量刑建议不当。

在 G 省 143 件法院不采纳检察院量刑建议的案件中，142 件的理由是量刑建议不当，占绝大多数，笔者在选取样本时也发现法院基于案件不应当适用认罪认罚从宽制度而不采纳量刑建议的情况极为少见[6]。在理由为量刑建议不当的案例中，法院认为量刑建议过轻的有 37 件[7]，占比约为 25.9%。而法院认为量刑建议过重的有 105 件[8]，占比约为 73.4%。此外，在该 105 件案例中，除其中 11 件是由于审判阶段出现新的量刑情节导致量刑建议过重外，剩余的 94 件均为法院认为检察院对现有案件事实作出判断后提出的量刑建议过重。由此可知，目前法院不采纳量刑建议的主要理由为检察院量刑建议过重。

值得注意的是，在法院因量刑建议过重而不采纳量刑建议的 105 件案例中，有 25 件案例的辩护人提出了与量刑建议不一致的量刑意见，其中有 6 件案例的辩护人的量刑意见被采纳或者部分采纳[9]，还有 3 件案例的辩护人虽未提出明确

6　该类案例在笔者统计的样本中只有一件，为周某英、周某通侮辱罪一案，广东省紫金县人民法院（2018）粤 1621 刑初 364 号刑事判决书。

7　如钟某某盗窃罪一案，广东省湛江市赤坎区人民法院（2019）粤 0802 刑初 138 号刑事判决书。

8　如杨某某危险驾驶罪一案，广东省珠海市斗门区人民法院（2019）粤 0403 刑初 464 号刑事判决书。

9　如周某某、罗某某开设赌场罪一案，广东省深圳市罗湖区人民法院（2019）粤 0303 刑初 460 号刑事判决书。

的量刑意见，但认为量刑建议过重[10]。这说明在量刑建议机制中，即便被追诉人认罪认罚，辩护人还是有可能对量刑建议有不同意见。此外，在部分样本案例中，辩护人同意检察院提出的量刑建议，但法院不予采纳[11]，这在一定程度上反映了法院对控辩合意不认可的情况。

综上，经笔者检索相关案例，发现法院基于前述“案件不应当适用认罪认罚从宽制度”不采纳量刑建议的案例非常少，绝大多数法院不采纳量刑建议的判决中载明的理由为“量刑建议不当”，即前述“量刑建议过重”或“量刑建议过轻”，这意味着量刑建议的精确度有待提高，同时控辩审三方对认罪认罚案件量刑建议的认识有待统一。从《刑事诉讼法》对认罪认罚从宽制度中的量刑建议机制所设计的运行轨迹来看，控辩审三方应当是呈现协作式的诉讼模式，在各自充分履行自身职责的情况下，检察院经过与辩方协商，提出科学准确的量刑建议，最终由法院予以采纳，而实际中法院的判决与量刑建议仍然会发生偏离，体现了控辩审关系在认罪认罚从宽制度中的不协调。

## 二、深入探究：控辩审对抗在量刑建议机制中的具体体现

量刑建议机制作为认罪认罚从宽制度中的重要内容，将控辩审三方紧密联系起来，能够充分体现控辩审之间的关系。由前文的分析可知，实践中仍然会出现法院不认可量刑建议的情况，这在一定程度上反映了控辩审三方存在的对抗关系。这种对抗关系在理论上源于三方的诉讼职责和利益诉求不同，在量刑建议机制各阶段都有体现。

### （一）控辩审对抗的理论解析

控辩审是刑事诉讼中最基础的三方构造，同时也是对抗最激烈、融汇最规范的三方构造。认罪认罚从宽制度的实施对控辩审的协同要求高于以往。长期以来，由于这三大主体所承担的诉讼职责和任务不同，利益诉求也有所区别，本应处于和谐状态的控辩审三方关系出现了一定的分歧，控辩审之间的对抗甚至冲突时有发生，对目前认罪认罚从宽制度中量刑建议机制的运行产生了一定的消极影响。

就控辩关系而言，双方的立场是对立的。检察院提起公诉的目的是请求法

---

10　如宁某某开设赌场罪一案，广东省吴川市人民法院（2018）粤0883刑初520号刑事判决书。

11　如邓某职务侵占一案，广东省广州市越秀区人民法院（2018）粤0104刑初1313号刑事判决书。

院确认被追诉人有罪并判处一定的刑罚，而辩方则是作出无罪、罪轻、减轻刑罚等辩解，这种对立的立场加上“敌我矛盾”观念的影响，若不对控辩关系的对抗加以节制，就会有发生冲突的可能。此外，检察院代表了国家公权力，有国家强制力作为后盾，拥有的诉讼资源和取证手段等较辩方都具有绝对的优势，辩方往往还需要从检察院获取相应的诉讼资源，控辩双方实力悬殊，难以实现平等抗衡。在这种条件下，辩方就容易产生抵触心理，部分被追诉人或律师甚至会为了己方的利益和权利与检察院极力对抗，检察院办案人员也可能会因为部分被追诉人或律师的行为而对辩方产生不良的印象，长久以往，双方的分歧和矛盾便会日益深化。由于目前被追诉人认罪认罚的从宽幅度主要是“从轻”，在这个幅度下，认罪认罚从宽制度的红利更多地分配给了司法机关，司法机关的效率大大提高，而被追诉人能享受到的益处非常有限，辩方自然希望通过各种方式得到更大的从宽幅度，这也会导致控辩双方对认罪认罚案件的看法和观点不一致，进而引起控辩关系的对抗。

在刑事诉讼三角结构中，法院处于居中裁判的位置，对刑事案件拥有最终的决定权，检察院不仅负有控诉的职责，还有法律监督职责，既是诉讼的一方，又对整个诉讼进行监督，这种双重职责导致控审关系存在一定程度的异化。不同人对事实认定和法律适用有不同意见实属正常，但我国司法机关存在的各类工作考核往往会以案件的办理结果作为指标，如法院的无罪判决率、量刑建议采纳率等会对检察院的工作考核结果造成影响，检察院的抗诉等也会对法院的考核产生影响。实践中存在部分检察院、法院办案人员过分关注检法认识分歧以及检察院诉讼监督职能的现象。[12] 此外，在认罪认罚从宽制度中，检察院发挥了一定的主导作用，部分法官对检察院主导量刑会有一定的不适与排斥，对于两院存在的分歧，若双方不能互相给予充分的尊重，理性对待，稍有处置不当就可能引发争论，甚至造成双方的矛盾。

近年来，审辩关系出现对抗甚至矛盾的现象时有发生，出现了片面强化冲突的“死磕派”律师、自我欣赏的“表演派”律师以及象征性参与的“配合派”律师，部分当事人及辩护人对法官缺乏信任和尊重，部分法官也在庭审过程中出现对律师进行压制，对辩方发言进行打断、限制等情况。法官、诉讼参与人自身存在的问题是造成这种审辩冲突的原因之一。更重要的是，在我国，代表控审的检察院和法院同为国家司法机关，他们之间形成的是一种“分工负责，互相配合，互相制约”的关系，控审关系较为紧密，辩方的边缘性明显。

---

12 刘慧、胡继恒、雷红英：《基层法院与基层检察院关系异化之反思》，载《长江大学学报（社会科学版）》2011年第10期。

出于效率等因素的考量，部分认罪认罚案件的法庭审理流于形式，难以发挥真实的审查作用，辩护权难以充分行使。除此之外，部分检察官认为向法院提起公诉后自己的任务就已经完成，在庭审过程中没有承担起指控被追诉人的主导责任，法官为了查明事实便介入控辩双方的对抗中，成为“第二公诉人”，发生了角色的错位，与辩方产生了对抗与冲突。

控辩审三方在刑事诉讼中有重要的地位，和谐的控辩审关系能够有力推动认罪认罚程序顺利进行。目前认罪认罚从宽制度中的量刑建议机制的实际运行情况与制度的设计存在一定程度的偏离，量刑建议机制的运行过程涉及控辩审三方，控辩审之间的对抗在量刑建议机制的各阶段都有体现，并对量刑建议机制产生了一定的消极影响。

### （二）控辩审对抗在量刑建议机制中的实践体现

1. 审查起诉阶段：量刑协商程度及量刑建议精准性有待提高

《关于适用认罪认罚从宽制度的指导意见》（以下简称《意见》）第 33 条[13]关于量刑协商和确定刑量刑建议的规定对检察院进行量刑协商的程度以及量刑建议的精准性提出了高要求。就量刑协商而言，建立在良好、协同的控辩关系上的量刑协商应当是充分有效的。然而，在实践中，部分检察官在审查起诉阶段与被追诉人方进行量刑协商落实还不够到位。

一方面，律师难以高度参与到量刑协商环节。在当前刑事辩护全覆盖的要求下，60% 以上认罪认罚的被追诉人通过值班律师获得法律帮助。但目前值班律师的功能属性较为被动，仅在签署认罪认罚具结书的环节需要在值班律师的见证下进行，而其他功能属性则需要依当事人申请而启动，很多值班律师发挥的作用仅限于作为认罪认罚的见证者、劝降者，难以深入辩护、帮助被追诉人进行协商的层面。此外，由于值班律师制度的经费保障不足，各地律师资源分

---

13　《关于适用认罪认罚从宽制度的指导意见》第 33 条：“量刑建议的提出。犯罪嫌疑人认罪认罚的，人民检察院应当就主刑、附加刑、是否适用缓刑等提出量刑建议。人民检察院提出量刑建议前，应当充分听取犯罪嫌疑人、辩护人或者值班律师的意见，尽量协商一致。

“办理认罪认罚案件，人民检察院一般应当提出确定刑量刑建议。对新类型、不常见犯罪案件，量刑情节复杂的重罪案件等，也可以提出幅度刑量刑建议。提出量刑建议，应当说明理由和依据。

“犯罪嫌疑人认罪认罚没有其他法定量刑情节的，人民检察院可以根据犯罪的事实、性质等，在基准刑基础上适当减让提出确定刑量刑建议。有其他法定量刑情节的，人民检察院应当综合认罪认罚和其他法定量刑情节，参照相关量刑规范提出确定刑量刑建议。

“犯罪嫌疑人在侦查阶段认罪认罚的，主刑从宽的幅度可以在前款基础上适当放宽；被告人在审判阶段认罪认罚的，在前款基础上可以适当缩减。建议判处罚金刑的，参照主刑的从宽幅度提出确定的数额。”

布差异较大，实现值班律师全覆盖尚有难度，导致值班律师发挥的作用不到位。检察院经过量刑协商后提出的量刑建议会对被追诉人产生实质性的影响，而大部分被追诉人对法律缺乏深入的了解，如果由其自行与检察官进行协商可能会导致控辩双方地位的不平等。即便被追诉人有辩护人为其辩护，辩方行使的辩护权也难以与公诉权站在平等的位置。控方有强大的举证能力，在证据收集方面有绝对的优势，而辩方则相反，要获得相关的证据有时还需要得到控方的同意。这种权利和能力的悬殊造成了我国长期以来“诉强辩弱”的现实，使得辩方手中难以掌握协商的筹码，在被追诉人认罪后，通常只能服从检察院的决定与安排，控辩双方无法进行充分的协商，控辩关系处于矛盾和失衡的状态。

另一方面，目前《刑事诉讼法》以及《意见》对量刑协商程序作出的都是原则性的规定，较为宽泛，缺乏具体实施的程序细则，办案人员在实践中进行量刑协商的方式五花八门，难以真正发挥协商的效果。从实践中看，目前的认罪认罚从宽是依职权从宽，而不是交易式从宽，辩护人以及值班律师的作用发挥有限。除了签署具结书，辩护人和值班律师的工作与非认罪认罚案件没有实质性区别，从他们的角度来看，可以进行协商的空间非常小。在实践中，辩方对量刑建议只能选择接受或不接受，鲜少有进行协商的余地，被追诉人认罪后，检察院根据现有证据告知被追诉人拟提出的量刑建议，如果被追诉人同意，就签署认罪认罚具结书，如果被追诉人不同意，就不再适用认罪认罚从宽程序。例如，有律师表示在办理认罪认罚案件时，部分案件在审查起诉阶段并没有严格履行量刑协商程序，被追诉人、辩护人或者值班律师只是起配合作用，不存在双方的协商。[14]

认罪认罚从宽制度的设计对量刑建议的精准性提出了很高的要求，给检察院带来了新的挑战。精准量刑建议不仅能体现被追诉人的意志，保护其期待利益，还能提高法院的认可度，对增强控辩审关系的协同具有重要意义。但是目前检察院办案人员在形成和提出量刑建议时缺少理论准备和实践经验，而且目前缺乏具体的实体从宽的幅度和标准，量刑建议精准性有待提高。

在认罪认罚从宽制度开展探索以前，我国在一定程度上存在“重定罪轻量刑”的习惯和传统，办案人员对量刑建议工作的实践经验和理论储备不足。我国开展认罪认罚从宽试点工作以后，《试点办法》并未强制要求检察院提出确定刑量刑建议，而是幅度刑量刑建议与确定刑量刑建议择其一，试点工作中办案

---

14 关振海：《检察机关落实认罪认罚从宽制度的四个建议》，载《检察日报》2019年8月2日，第3版。

人员还是倾向于提出幅度刑量刑建议。[15] 其他地区从 2018 年年底全面开展认罪认罚从宽工作，这些地区的办案人员相对而言更是缺乏提出精准的确定刑量刑建议的经验。可见，检察院办案人员对量刑建议的工作经验缺乏，确定刑量刑建议尤甚，不同地区的办案人员形成和提出量刑建议的能力有差别，这会对量刑建议的精准性造成影响。

除此之外，办案人员还缺乏具体明确的量刑规范的指导。我国现行法律对从轻减轻量刑的幅度不够明确，量刑优惠的层级和梯度不明显。《意见》第 8 条、第 9 条规定了从宽幅度的把握，但是该规定过于原则性，需要对认罪认罚的从宽的幅度和标准进一步细化。最高人民法院此前发布的两份《关于常见犯罪的量刑指导意见》只规定了 23 种罪名的量刑指导意见，且没有包含认罪认罚的单独量刑情节，认罪认罚从宽制度可以适用于所有类型的案件，前述指导意见对办理认罪认罚案件来说不够系统和完整，目前尚缺乏对检察院提出量刑建议的指导规范。认罪认罚作为一种量刑情节，在《刑法》中还没有相应的规定，量刑减让折扣的透明度有待增强，目前的量刑从宽都是估推性的，办案人员在缺乏具体参照标准的情况下提出精准的确定刑量刑建议的难度较大。

2. 审判阶段：检法分歧和庭审形式化仍然存在

在认罪认罚案件中，检察院在审前提出的量刑建议只具有“预断”效力，需要法院经过审判作出生效判决予以确认。在审判阶段，法官作为居中裁判者对案件进行审理，控辩审三方在这一阶段会有更多的接触与碰撞。

其一，部分法院与检察院对量刑建议的认识仍存在分歧。试点工作中，办理认罪认罚案件的法官和检察官往往是长期对接的，他们之间存在一种长期一对一的工作模式，通过日常办理的大量案件来进行磨合，对量刑建议的看法逐渐达成一致。但是认罪认罚从宽制度全面铺开实施后，大部分地区对此缺乏经验，部分法官与检察官对量刑建议的认识仍然存在分歧，法官有时认为量刑建议并不符合自身对案件的预期，二者尚处于互相探索、互相磨合的阶段。部分法官表示由于目前尚不存在公、检、法统一适用的量刑指南，检察院提出的量刑建议有时候会超过法院的常规量刑范围，与法院自身的量刑习惯不符，为了保证类案量刑的一致性，法官可能会超越量刑建议进行判刑。[16] 法官和检察官对量刑情节的认定存在一定的分歧，法官不采纳量刑建议很多时候是因为无法

15 《关于在部分地区开展刑事案件认罪认罚从宽试点工作情况的中期报告》指出，检察院提出幅度刑量刑建议占 70.6%，确定刑量刑建议占 29.4%。参见最高人民法院、最高人民检察院《关于在部分地区开展刑事案件认罪认罚从宽试点工作情况的中期报告》，载中国法院网，https：//www.chinacourt.org/article/detail/2017/12/id/3138224.shtml，最后访问于 2020 年 10 月 9 日。

16 周新：《认罪认罚案件中量刑从宽的实践性反思》，载《法学》2019 年第 6 期。

认定从轻或从重情节，对同一情节的量刑把握也不一致。此外，部分法官对量刑建议具有一定的抵触情绪。虽然法官对量刑具有最终的决定权，但是量刑建议机制对法官裁判的约束力较大，如果不存在特殊情况法官一般都应当采纳量刑建议，部分法官会出现不适甚至抵触的情绪，认为其量刑权特别是自由裁量权受到损害。[17]

其二，根据认罪认罚从宽的制度设计，控辩双方在审前就已经进行了协商，被追诉人及其辩护人或值班律师同意量刑建议并在认罪认罚具结书上签名确认。在这种情况下，庭审会有一定程度的简化，也正因为这种简化，开庭时间大大缩短，部分认罪认罚案件的庭审可能就会按照法定流程走完，但是实质性审查的深入程度有所欠缺。这样一来，法官最后的量刑主要是依靠阅卷，而在庭审上检察官论证量刑建议以及辩方就量刑建议发表意见的时间都非常有限。在庭审形式化的影响下，控辩审三方的沟通有限，部分案件的法官、检察官以及被追诉人方就难以形成共识。除此之外，在我国刑事诉讼中公检法三机关“分工负责，互相配合，互相制约”的关系使得检察院和法院具有天然的亲近性，而辩方作为在这种关系对立面的一方，法院容易对其抱有一种警惕和不重视，法院的裁判文书往往会对控方的公诉意见和证据进行详细的分析论证，而对辩方的主张和证据进行分析论证的详细程度不及前者。如果辩方的地位和意见得不到重视，庭审实质化被弱化，控辩审三方关系就会更多地呈现“等腰三角形”的结构，甚至会出现一定的矛盾。

## 三、解决路径：控辩审对抗的调和

由前述可知，在认罪认罚案件中，控辩审三方本应处在协同关系中，但实践中出现了一定的对抗和矛盾。良好的控辩审关系能够有效提高量刑建议的采纳率，有力维护国家机关的公信力、保障被追诉人的信赖利益，因此有必要对控辩审关系进行协调。

### （一）构建和谐的控辩审关系

认罪认罚从宽制度是对抗式诉讼模式向协作式诉讼模式的转变，对控辩审三方的关系和理念提出了更高的要求，只有三方都秉持同一理念，按照同一标准办案，方能让这项新制度行稳致远。虽然三方的诉讼职责和利益诉求各不相同，但正是这些区别构成了刑事诉讼稳定的三角结构，三方均需客观承认和理

---

17 卢乐云、曾亚：《认罪协商机制中的法官职权——基于C市认罪认罚从宽制度试点实践的考察》，载《广东社会科学》2018年第6期。

性看待彼此的立场和利益诉求，各尽其责，求同存异，在这个前提下构建和谐的控辩审关系。

首先，要增强控辩双方的平等性，通过采取制度性的措施为辩方提供更多的帮助，强化辩方的权利，明确检察官的客观义务与辩方的真实义务，使控辩双方平等武装、平等协商。在认罪认罚案件中，控辩双方应共同就如何更好地维护被告人的合法权益，使其得到一个更加合理的处罚来进行协作。基于此，控辩双方要互相尊重，寻求良性的沟通与互动，检察官要听取并重视被追诉人及其辩护人或值班律师的意见，律师也要积极参与到案件中去，从事实出发为被追诉人提供帮助，客观履行自身的职责。

其次，检察官要切实履行自身的主导责任，抓紧提升能力，真正把指控、证明犯罪的主导责任承担起来，把履职责任做到极致，同时也要意识到这种主导责任不是指挥刑事诉讼程序和决定诉讼结果的地位，最终在法庭上一锤定音的还是法官。此外，审辩双方要客观看待双方存在的认识分歧，当检察官和法官对案件的看法不一致时便按照制度设计的运行轨迹往前推进。在认罪认罚从宽制度中，一方面法官要对控辩双方协商一致的结果给予充分的尊重，另一方面检察官也要积极主动学习法官的量刑经验，在办理案件时尝试从法官的角度出发思考问题，按照法院的量刑指南和习惯提出量刑建议。[18]

最后，法官应当在检察官履行主导责任的基础上居中裁判，落实庭审实质化，发挥庭审的作用对案件进行审查，注重保障辩方的权利，给予被追诉人及其辩护人充分发表意见的机会。与此相对应，辩护人也要通过合理的方式表达意见和诉求，从客观的角度出发结合案件的实际情况为被追诉人辩护，与法官进行理性对话，既不“死磕”也不“走过场”。

### （二）调和控辩审对抗的具体举措

#### 1. 确保控辩双方充分协商

控辩双方就量刑建议进行协商是控辩关系在审查起诉阶段的主要体现，量刑协商程序能够体现被追诉人在认罪认罚上的意志，保障被追诉人认罪认罚的自愿性和真实性，也是检察官听取辩方意见，提出更精准、更符合各方预期的量刑建议的有效途径。充分有效的协商能够有力缓和控辩矛盾，为庭审打好基础，因此必须要确保控辩双方协商的充分性。

本文前述内容提到律师参与量刑协商出现的问题和阻碍。为了确保律师能

---

18 吴宏耀：《凝聚控辩审共识　优化量刑建议质量》，载《检察日报》2019 年 6 月 10 日，第 3 版。

够高度参与到控辩双方的量刑协商中去，为被追诉人提供有效的法律帮助，促进控辩双方充分进行协商，笔者建议从两个方面着手。首先，对于由值班律师提供法律帮助的案件，量刑协商应从以下四点进行完善：第一，检察院应当积极作为，落实权利告知，主动告知被追诉人有权申请约见值班律师并获得法律帮助，为被追诉人行使权利提供保障；第二，应当改变以往以办理案件数量为评定值班律师的主要标准的考核机制，变成对办理案件质量的要求。司法行政机关可以通过对被追诉人、驻所单位、办案机关等的回访，以确定值班律师在办理案件过程中有无切实履行自己的职责，并将其作为考核指标体系的重要内容；第三，检察官与被追诉人进行量刑协商时，如果被追诉人没有辩护人或者辩护人不到场，应当通知值班律师到场提供帮助，并给予值班律师了解案情的时间；第四，加大对值班律师的司法行政补贴力度，确保值班律师办理案件能够获得与其付出相对等的报酬，以提高值班律师办理案件的积极性。其次，应当充分保障辩护人的权利行使，在会见、调查取证等方面给予其便利。辩护人应当积极向控方反馈掌握的情况，与控方就量刑建议进行沟通交流，控方也应该重视辩护人的意见，认真听取并分析，从而实现双方的有效协商。

影响量刑协商程度的因素除律师参与外，还有程序本身的设计。据此，应当进一步细化量刑协商程序的相关规定，建立相应的配套措施，以规范控辩量刑协商的工作，使量刑协商发挥其应有之义，保障控辩关系的和谐发展。检察官承担的主导责任包含了在审查起诉阶段与被追诉人、辩护人和值班律师开展深入的协商。首先，应当建立并完善审查起诉阶段的证据开示制度。《意见》第29条规定，检察院可以针对案件具体情况探索证据开示制度，但是该规定缺乏强制性，检察院对是否建立证据开示制度具有选择权。在认罪认罚案件中，量刑建议是控辩关系的一个重要连接点。在量刑协商的过程中，控辩双方需要实现信息对称，被追诉人、辩护人或值班律师在同意量刑建议之前必须对案件有全面、充分的认识，才能在此基础上提出意见，进行协商。正如左卫民教授所言："如果被告人对自己有罪无罪的证据一无所知，却要让他自愿认罪，会带有浓厚的诱供和纠问色彩，因此证据展示是实现各诉讼参与主体信息对称的最好的办法。"[19] 笔者建议在审查起诉阶段明确建立证据开示制度，并对此不断进行完善。在检察院提出量刑建议前由检察官向辩方进行全案证据的开示，同时说明拟指控的事实、罪名、拟提出的量刑建议等，被追诉人到场、辩护人或者值班律师出席并发表意见，改变以往封闭的案件审查模式，使辩方对案情有充分的了解。证据开示能够保障被追诉人、辩护人或值班律师对案件的知情权，更

19　参见左卫民等著：《简易刑事程序研究》，法律出版社2005年版，第292页。

有利于实现控辩关系的平等。其次，应当加强检察官就量刑建议对辩方进行的释理工作。检察官在确定拟提出的量刑建议后，签署《认罪认罚具结书》前，应当向被追诉人以及辩护人、值班律师说明提出该量刑建议的理由。检察官要向辩方充分展示案件的事实证据以及提出量刑建议的依据和理由。如果辩方要求更轻缓的量刑建议，而检察官认为再进行调整会导致案件的不公正，就要承担说服辩方的责任，用案件事实、情节、天理、国法、人情让辩方能够理解量刑建议。最后，检察官应充分尊重辩方的意见，被追诉人、辩护人或值班律师提出量刑意见的，应当记录在案，不接受的应当作出书面回复并说明理由。

2. 提高量刑建议精准性

量刑建议的精准性在一定程度上会影响其可接受性，精准的量刑建议能够使控辩双方量刑协商的结果更容易被采纳，有助于调和控审关系。此外，法院采纳量刑建议意味着被追诉人的期待利益得以实现，对稳定控辩关系也有积极作用。据此，笔者建议在该阶段从提升办案人员能力和强化辅助条件出发来提高办案人员形成和提出量刑建议的水平。

一方面，要推动办案人员进行自我提升，加强办案人员对量刑建议的把握能力。办案人员需要树立"定罪与量刑并重"的观念，增强提出量刑建议的理论储备、丰富实践经验。检察院应当加强对办案人员的理论与实践培训，通过举办培训会、邀请专家学者举办讲座、举办优秀公诉人的座谈交流会、案件交流会等活动来提高办案人员的工作素养，推动办案人员互相学习。办案人员在形成和提出量刑建议时要加强对全案证据的审查，充分考量辩方意见及其他因素，注意类似案件量刑建议的相对一致。

另一方面，要为办案人员形成和提出精准的量刑建议提供有力的辅助条件。目前认罪认罚案件缺乏明确、系统的量刑指导规范，从宽幅度不明确，办案人员在形成和提出量刑建议时缺乏明确的指引，很大程度上影响了其所提出的量刑建议的精准性。据此，公、检、法、司应当统一从宽幅度，根据案件类型、被追诉人认罪认罚的阶段、具体情节、具体方式、被追诉人是否与被害方达成和解协议、调解协议或者赔偿被害方损失、取得被害方谅解等因素来科学设置认罪认罚的从宽幅度，在《关于常见犯罪的量刑指导意见》的基础上，总结试点经验，结合统一的从宽幅度，制定统一细致的量刑指导规范。对于量刑指导规范中没有规定的罪名或情况，则通过及时发布参考案例的形式为办案人员提供指引，避免办案人员在形成和提出量刑建议时"无据可依"，也使量刑建议更加规范化。除此之外，还应当充分利用大数据时代的特征，运用大数据统计、智能量刑算法来为办案人员形成和提出量刑建议提供参考。目前我国司法机关正在开展智能量刑预测的探索，部分检察院已经初步探索出大数据量刑辅助系统并投入使用，但是各检察院的量刑辅助系统的计算依据和算法并不统一。笔者建议在总结各地探索的成功经验的基础上，采用先进技术，探索建立并推广全国统一联通的量刑建议辅助系统，在全国各级检察院适用。该系统可以通过对现有的认罪认罚案例的量刑进行量化的研究，分析形成的数据可以作为制定和完善量刑指导规范的参考。办案人员在形成和提出量刑建议时将相关案情输入至系统，由系统根据《刑法》、量刑指导规范等相关规定以及现有的案例分析形成一份量刑建议参考意见，作为办案人员提出量刑建议的参考。量刑建议辅助系统还可以具备量刑展示功能，当辩方对量刑建议有疑问或有意见时，办案人员可以使用系统计算并展示相同或类似案件判决的具体数据，同时与案情相同或类似的非认罪认罚案件的判决数据进行对比，通过数据的比较可以让犯罪嫌疑人直观地感受到其认罪认罚获得的从宽处理。此外，还能将生成的量刑建议参考意见一并提交给法院，作为对量刑建议的辅助说明，为法官裁判提供参考。

3. 在理顺检法关系的同时落实庭审实质化

量刑建议机制对法院判决具有较强的约束力，部分检察官与法官对于认罪认罚从宽制度中的量刑建议在认识上存在分歧，导致检法关系出现了一些问题。解决检法在量刑建议上的分歧、理顺检察院与法院在审判阶段的衔接问题，能够有效缓和控审矛盾。

为解决检察院与法院在量刑建议上的分歧，除了前述确定统一的认罪认罚案件具体从宽幅度，制定统一适用的量刑指导规范以外，还应当加强检察院与法院在处理认罪认罚案件问题上的沟通。各级检察院与法院应当定期或不定期召开座谈会、交流会，就办理认罪认罚案件过程中遇到的需要磨合的问题进行沟通，研究讨论出一致认可的解决方法。法院不采纳检察院量刑建议的案件要作为重点讨论对象，剖析观点不一致的缘由，并就相关问题达成一致的看法，避免在类似案件中再次出现观点分歧的情况。此外，检察官与法官都应提高自身对量刑建议的认识，切实履行各自的职责，量刑建议并不等于量刑，量刑建议权是检察院固有的权利，而最终的量刑还是由法院作出的。但是法院需要对量刑建议予以尊重，不接受则需要按照认罪认罚从宽制度设计的轨迹来操作。此外，还需要认识到虽然在认罪认罚案件中法官自由裁量权出于刑事司法效率的考量作出了让步，但是检察院和法院在惩罚犯罪、保障人权方面的目标和方向是一致的，检察院与法院处在法律共同体中，其协调能够使司法机关将主要的资源和精力放在其他重要案件上，对刑事司法的整体进步具有重要意义。

目前《刑事诉讼法》及《意见》中只要求检察院提出量刑建议并随案移送《认罪认罚具结书》，笔者建议在认罪认罚案件中确立量刑建议报告制度，检察院提起公诉还需要提交一份量刑建议报告，在报告中详细说明提出该量刑建议的依据和理由，从而为法官提供一份直观的参考，有助于法院对量刑建议进行全面审查、判断量刑建议是否适当。[20]

除此之外，要充分发挥庭审对案件的实质审查作用，法官在庭审过程中不仅要对被追诉人认罪认罚的自愿性、合法性和真实性进行审查，还要对量刑建议进行审查，听取控辩双方的意见，双方达成一致的要尊重双方合意。如果在被追诉人认罪的情况下辩护双方就量刑的意见不一致，在法庭上可以辩论，最后由法官居中作裁判。法官要充分保障辩方的诉讼权利，必要时通过行使释明权来保障辩方辩护权的落实。

最后，应当强化法官裁判时的说理义务。法官对案件作出判决时，无论是否采纳量刑建议，都要对案件进行充分的说理，说明有关量刑事实对量刑的作用，采纳或不采纳控方、辩方意见的理由和依据，辩方提出异议或法院建议检察院调整量刑建议的情况、法院作出量刑的理由和法律依据等。裁判文书的充分说理有利于实现控辩审三方的和谐，发挥息诉服判的作用。

在认罪认罚从宽制度下，量刑建议工作被赋予了新的内涵，成为该制度中必不可少的一项机制，这一机制在运行过程中如何充分发挥控辩审三方的协同作用，共同推动和解决司法实践中遇到的难题，关系着认罪认罚从宽制度的顺利运行。目前法院不采纳量刑建议的现象反映了控辩审三方在认罪认罚从宽制度中存在的对抗关系。要改善控辩审关系的对抗状况，就需要通过各项举措对控辩审三方进行协调。量刑建议机制涉及的控辩审三方需要通力配合，承担起保障该机制以及认罪认罚从宽制度有效运行的责任，以确保其发挥应有的效用。

---

20 参见苗生明主编：《认罪认罚从宽制度研究——以重罪案件为视角》，中国检察出版社 2019 年版，第 86－87 页。

# 完善民间借贷中刑民交叉程序衔接机制的建议

袁碧华　袁继尚*

**【内容提要】**因民间借贷纠纷引发的刑民交叉问题，在理论界和司法实践中均存在诸多亟须解决的问题。如民事纠纷和刑事犯罪在法律事实上的相互交织，在性质认定上界限难分，民事责任主体和刑事责任主体的冲突等，尤其是民事责任与刑事责任诉讼程序上的冲突，使刑事追赃和民事执行不能有效衔接，导致债权人利益保护不周。应从注重保护国有权利到保护私有权利的倾斜的角度，在考虑没收违法所得与第三人利益平衡保护的原则下，明确追缴、退赔、返还、没收等财产刑的执行主体，坚持法院对涉案财物的最终处置权和司法审查权原则，以更好地实现刑事追赃和民事执行的有效衔接，从而更好地保护债权人的利益。

**【关键词】**民间借贷　刑民交叉　刑事追赃　民事执行

## 引言

何谓民间借贷？最高人民法院给出的定义是："民间借贷，是指自然人、法人、其他组织之间及其相互之间进行资金融通的行为。经金融监管部门批准设立的从事贷款业务的金融机构及其分支机构，因发放贷款等相关金融业务引发的纠纷，不适用本规定。"[1] 伴随着市场经济中金融市场的活跃，资金流动性越来越强，市场对资金的需求也越来越大，传统金融借贷要求高、效率低、手续

---

* 袁碧华——广州大学法学院教授，博士后合作导师，主要研究领域：商法学、金融法学；袁继尚——中国社会科学院研究生院民商法博士研究生（在职），新疆新天律师事务所高级合伙人。

1 参见《最高人民法院关于审理民间借贷案件适用法律若干问题的规定》。

复杂，且可用资金有限，难以满足日益扩张的市场需求。而民间借贷存在手续简单、方便快捷、方式灵活等诸多优势，因此民间借贷行为日趋活跃，规模不断扩大，甚至在2015年后“民间金融市场”一度空前繁荣。但由于手续不规范、征信体制缺失、法律规范不完善等原因，民间借贷所引发的纠纷也层出不穷，甚至出现“套路贷”“校园贷”等非法行为或灰色产业链。民间借贷纠纷案件近几年已成为最为常见的诉讼案件之一。另外，由于民间借贷往往实行高额甚至畸高的利息，并经常伴随各类暴力催收等恶性事件的发生，加上所涉人数众多，一旦发生纠纷，可能造成恶劣的社会影响。

民间借贷纠纷的复杂之处还在于其不仅仅涉及民事纠纷领域，也越来越多地涉及刑事犯罪领域，即刑民交叉领域。比如，由同一民间借贷行为引发的非法吸收公众存款罪、集资诈骗罪以及合同诈骗罪等。在司法实践以及学术讨论中，相当一部分法官及学者认为这些具备某些特征的民间借贷行为已经构成犯罪，但我国现阶段并没有明确且充分的法律依据来规范民间借贷中复杂的刑民交叉问题，给审判机关造成了不小的困扰。最高人民法院于2015年颁布了《最高人民法院关于审理民间借贷案件适用法律若干问题的规定》（以下简称《民间借贷司法解释》），虽对很多司法实践中的热点、疑点、难点作出了相应的解释和细化，2020年又针对实践中的新问题对《民间借贷司法解释》进行了修订，但还是有很多争议性问题没有根本性解决，而且由于部分规定太过于抽象，下级法院没有具体的可执行的标准。以该司法解释第5条第1款和第6条的规定为例。第5条规定：“人民法院立案后，发现民间借贷行为本身涉嫌非法集资犯罪的，应当裁定驳回起诉，并将涉嫌非法集资犯罪的线索、材料移送公安或者检察机关。”第6条规定：“人民法院立案后，发现与民间借贷纠纷案件虽有关联但不是同一事实的涉嫌非法集资等犯罪的线索、材料的，人民法院应当继续审理民间借贷纠纷案件，并将涉嫌非法集资等犯罪的线索、材料移送公安或者检察机关。”根据此两条的规定，民间借贷案件与涉嫌刑事案件属于“同一事实”，实行“先刑后民”，不是“同一事实”的，则可实行“刑民并行”。但该条文中的“同一事实”应作何解释并不明确，司法实践中也难以认定。导致如此不同结果的关键事实的判断标准却没有具体的明确的解释，难以给民间借贷纠纷的法律定性起到应有的指导作用。而且，即使刑法上认定的犯罪成立，并不必然导致民事法律行为无效，如合同诈骗罪与民法上的表见代理可以并存。换言之，构成表见代理的，进而肯定合同效力，但与刑法上的有罪认定并不冲突。

可见，在刑民交叉案件中，实际上存在两条并行的“主线”，一条是刑事法律关系，一条是民事法律关系；同时，这两条主线上也存在着两个最主要的冲突点，一个是实体法律关系的冲突，一个是程序法律关系的冲突。所谓实体法律关系的冲突，即刑事法律关系和民事法律关系中的权利义务的确定。例如，刑事责任和民事责任如何认定；在构成刑事犯罪的情况下，民事合同的效力如何认定（若未构成刑事犯罪，也就不存在刑民交叉的问题）；刑事责任主体和民事责任主体如何认定；刑事法律关系中的受害人如何认定；民事法律关系中债权人的合法权益如何保护等一系列问题。而程序法律关系的冲突，即通常所说的程序选择应该“先刑后民”，还是“先民后刑”，抑或“刑民并行”。刑民交叉的民间借贷案件，程序法律关系冲突的解决方式直接关系到对债权人利益的保护问题。对于民间借贷行为而引发的不断攀升的经济犯罪，大多法院对此采取的是“先刑后民”的程序方式，甚至一味强调“先刑后民”，而忽略了民事法律规定在规范、调整民间借贷法律关系中的重要性，甚至使部分有担保权益的债权人“被”成为刑事被害人，损害了债权人的合法权益。那么，存在刑民交叉的民间借贷案件中，如何处理二者实体法律关系中的冲突，才能既有力打击犯罪行为、维护社会稳定，又能保护交易安全、维护债权人利益；如何衔接二者的诉讼程序，才能兼顾效率与公平等。上述问题都非常值得研究，限于篇幅，本文将着重针对实践中较易忽视的一个问题——刑民交叉的程序衔接机制进行探讨。

## 一、刑事追赃的界定与性质

### （一）刑事追赃的界定

刑事追赃，是指在刑事司法活动中，侦查机关、检察机关和审判机关等对刑事案件的被告人通过犯罪活动所非法获取的一切赃款赃物予以追缴和责令其向案件被害人退赔的行为。刑事退赃，是指司法机关在刑事案件中依照法定程序，将从被告人手中缴获的赃款赃物退还给被害人的一种司法行为。

从我国《刑法》第64条和《最高人民法院关于适用〈中华人民共和国刑事诉讼法〉的解释》（以下简称《刑诉法解释》）第176条等[2]规定来看，我国现行法律对被告人违法取得的财物规定了追缴、退赔等措施，对被害人损失的财产也规定了追缴、退赔等措施。事实上，退赔就是责令被告人将非法占有或已

2 《刑法》第64条：“犯罪分子违法所得的一切财物，应当予以追缴或者责令退赔；对被害人的合法财产，应当及时返还；违禁品和供犯罪所用的本人财物，应当予以没收。没收的财物和罚金，一律上缴国库，不得挪用和自行处理。”《最高人民法院关于适用〈中华人民共和国刑事诉讼法〉的解释》（法释〔2021〕1号）第176条：“被告人非法占有、处置被害人财产的，应当依法予以追缴或者责令退赔。被害人提起附带民事诉讼的，人民法院不予受理。追缴、退赔的情况，可以作为量刑情节考虑。”

处置被害人的财产返还给被害人的意思，只是有时返还需以追缴为前提。从这个角度讲，追赃退赃可分为以下三个层次：第一，对于被告人因犯罪行为违法所得的一切财物，司法机关均可予以追缴；第二，属于被害人合法财产的，追缴后应当返还给被害人，属于违反法律规定的违禁品或供被告人犯罪所用的自有财物，应当予以没收并上缴国库；第三，被告人已将刑事法律关系中被害人的财产处置的，如已无法追回或法律上不应再追回，包括但不限于已被被告人挥霍或灭失等情形，应当责令被告人向被害人赔偿损失即退赔。

### （二）刑事追赃的性质

关于追赃退赃活动的性质在学界存有争议，归纳起来主要有两种：一种观点认为，追赃退赃活动是一种侦查措施，其作用是查清案件事实、证明犯罪事实。另一种观点认为，追赃退赃是一种民事强制履行措施，被请求人是因犯罪行为所生之债而需对请求人予以清偿，以此来保障财产权利遭受侵害的民事主体能够及时得到救济。[3] 笔者认为，前一种观点完全从刑事侦查需要的角度出发，忽略了追赃行为的债权属性和对被害人利益的保护等问题，后一种观点完全把追赃退赃活动纳入民事债权债务纠纷范畴，也失之偏颇。上述观点都未准确揭示出追赃退赃性质的实质。

追赃退赃活动毫无疑问属于刑事范畴，但亦有民事范畴的内容。从刑事法律关系的角度讲，它解决的是犯罪活动所引发的经济纠纷，准确地说，是公法上的债权问题。从民事法律关系的角度讲，它涉及的是因被告人的犯罪行为所产生的民事债权债务纠纷。追赃退赃活动的内容包括两部分：一是追缴被告人通过犯罪行为所取得的一切财物，或追缴后没收并上缴国库；二是将追缴的属于被害人的合法财产返还给被害人，如已无法追回或法律上不应再追回，责令被告人向被害人赔偿损失。追赃退赃活动和私法上债权的强制执行活动都以国家强制力为后盾，都是司法机关实施的司法行为，但前者区别于后者的根本性特征之一，就是追赃退赃活动是以刑事法律相关规定为依据的，而私法上债权的强制执行是以民事法律相关规定为依据的。追赃退赃工作的意义在于，一方面挽回了犯罪活动所造成的经济损失并惩罚了犯罪行为，另一方面也保护了被害人的合法权益。

---

3　徐晗璐：《涉众型经济犯罪追赃退赃相关问题研究》，华东政法大学 2018 年硕士学位论文，第 18 页。

## 二、从注重保护国有权利到保护私有权利的倾斜

在民间借贷刑民交叉案件中，财产处置中的“以刑代民”的情况很多，不利于保护债权人的合法权益，应从注重保护国有权利到保护私有权利倾斜。

### （一）私法上的债权与公法上的债权

财产刑是国家向被告人收取一定数额的金钱或没收其合法财产作为刑罚的一种方法。财产刑强调的是惩罚性和无偿性，属于公法上的债权范畴。而私法上的债权则是债权人请求债务人支付对价或赔偿所受到的损害的权利。私法上的债权强调的是对价性和补偿性。笔者认为，鉴于财产刑具有一定的可替代性，如可以通过剥夺人身自由或其他刑罚代替财产刑，而私法债权的对价性或补偿性决定了其清偿方式的金钱或财产属性，以及被害人或第三人合法权益应当得到充分保护，所以私法债权的执行优先于财产刑的执行。这是法律上正当性和实践中正义性的必然要求。

《刑法》第36条规定了附带民事案件中所确定的民事赔偿责任优先于同一犯罪行为所判处的罚金的执行。《刑法》第60条明确规定了犯罪分子于刑事判决生效前发生的合法债务的执行应当优先于没收财产的执行。[4]这是我国现行法律确立的民事执行应当优先于财产刑执行的基本原则。立法机关的价值取向在于对私法债权的保护。但这一立法意图在刑民交叉领域贯彻得不够彻底，本文认为，在财产刑和私法债权发生竞合时的解决机制中，也应全面确立私法债权执行的优先原则。当然，私法债权优先不是无原则的优先，优先保护的只能是合法的民事权益。对主观上明知是赃物的，即便是有偿收购，也应当追缴。对无偿取得而言，无论主观上是否明知为赃款赃物，均应当追缴。

### （二）刑事追赃与第三人利益保护

违法所得具有经济属性，经流转后可能存在向第三人追缴该违法所得的问题。集资犯罪所得的资金经流通已转移至第三人时，如果该第三人在取得财物时明知是犯罪所得，不但要追赃，可能还存在追究受让人掩饰、隐瞒犯罪所得刑事责任的情形。相反，如果第三人在取得财产时不知是犯罪所得并支付了合理对价，而且尽了善良辨识义务，不应当再追缴。这正是对善意第三人利益的保护。

---

4 肖建国：《论财产刑执行的理论基础——基于民法和民事诉讼法的分析》，载《法学家》2007年第2期。

刑事追赃与第三人利益的保护存在冲突，是在所难免的。关键是在二者之间如何寻求平衡点。《关于办理非法集资刑事案件适用法律若干问题的意见》所规定的将非法吸收的资金及其转换财物用于清偿债务或者转让给他人应当依法追缴的情形，强调的是"明知""无偿"及"明显不合理的低价"等，即主观上存在恶意。该意见标志着在刑事追赃活动中确立了善意取得制度，同时也以集资参与人所获得的利息、分红等回报不是合法收入为由排除了对回报性收入的善意取得。其逻辑是，鉴于集资参与人出借资金行为的违法性，其所订立的合同是无效的，集资参与人基于无效合同不能取得约定的回报性收入。但笔者认为，不能当然认为集资参与人出借资金的行为就是违法的，是否违法取决于集资参与人的主观意图及客观行为是否具有违法性。如果是合法的借贷行为，却将其利息收入认定为非法收入而予以收缴，显然是错误的。因此，在刑事追赃中一定要注重第三人利益的保护。

## 三、刑事追赃与民事执行程序衔接的完善建议

最高人民法院的司法解释中已明确了财产刑执行、对被害人民事赔偿责任的执行、所负正当债务的执行之顺序。[5]但该司法解释并未对财产刑与民间债务混同时的执行问题作出回应，实属遗憾。笔者认为，就刑事追赃与民事执行程序衔接而言，建议从以下两个方面进行完善。

一是从立法层面明确财产刑各执行主体的职责范围。早在1998年颁布的《最高人民法院关于执行〈中华人民共和国刑事诉讼〉若干问题的解释》（法释〔1998〕23号，现已失效）第358条和《最高人民法院关于人民法院执行工作若干问题的规定（试行）》（已于2020年修正）均有相应的规定，根据该规定，通说认为应当由人民法院刑庭执行。但也有观点认为财产刑应归由执行机构统一执行。主要理由是：由刑庭负责执行财产刑的做法，不符合审执分立原则的要求。[6]笔者认为，除不符合审执分离原则外，刑事追赃毕竟不同于民事案件的执行，可能涉及公、检、法三家司法机关。因此，如果仅有法院负责财产刑的执行，而排除公安机构和检察院对财产刑的执行，是不切合实际的。司法实践中，并非缺少执行主体，而是执行主体职责范围不明确且缺少统一的规定，以致刑事追赃活动中乱象丛生：审判部门、执行部门常常互相推诿，致使追缴、退赔、返还、没收等财产刑得不到及时执行，从而易导致公、检、法三机关谁

---

5 《最高人民法院关于适用〈中华人民共和国刑事诉讼法〉的解释》第527条："被判处财产刑，同时又承担附带民事赔偿责任的被执行人，应当先履行民事赔偿责任。"

6 罗伟：《财产刑的退赔和民事债务混同时的处置原则》，载《人民司法》2013年第20期。

都有权执行，谁都有权不执行的尴尬境地，不利于被告人、被害人和其他民间债务债权人利益的有效保护等。[7]

事实上，在司法实践中，公、检、法三家司法机关均是刑事追赃的执行主体，均发布了相应的规定或解释作为依据。比如，公安部为保证公安机关在刑事诉讼中规范办案程序，确保办案质量，提高办案效率等而制定的《公安机关办理刑事案件程序规定》、最高人民检察院为规范人民检察院扣押、冻结涉案款物工作，提高执法水平和办案质量等而制定的《人民检察院扣押、冻结涉案款物工作规定》（现已失效）以及《最高人民法院关于执行〈中华人民共和国刑事诉讼法〉若干问题的解释》（现已失效）等。在刑事案件中，三家司法机关的职能不同，决定了对涉案财产控制力的不同。侦查、起诉与审判机关的职能不同，对财产的控制力也不同，在追缴、退赔、返还、没收等财产刑的相关责任上不明确，立法上尚缺乏统一规定，多依靠零星的规定予以调整，无法解决实践需要。2021年3月1日起施行的《最高人民法院关于适用〈中华人民共和国刑事诉讼法〉的解释》（法释〔2021〕1号）在一定程度上强化了人民法院作为财产刑执行主体的地位，但仍未有效解决公、检、法三家司法机关关于财产刑执行方面的职责分工不明确的问题。应当首先从立法层面对追缴、退赔、返还、没收等财产刑执行主体的职责范围进行明确的规定。

立法层面明确财产刑执行主体的职责范围后，需要进一步确定上述财产的性质，尤其是否为特定物，以及是否涉及第三人利益等。如果财产为特定物且权属明确或不涉及第三人利益，在证据确实充分的基础上，财产刑可以就特定物优先执行。

二是坚持法院对涉案财物的最终处置权。三个执行主体之间可能存在冲突，可能涉及被害人损失退赔及第三人利益保护等冲突，需要从立法层面建立冲突协调解决机制。笔者认为，最为有效的方式就是坚持法院对涉案财物的最终处置权。坚持法院最终处置权的原则，即必须通过生效裁判文书才能确定涉案财物的最终处置。这对涉及财产刑与民事债务混同时的执行具有重要意义。由法院认定和处置财产，一方面有利于避免处理涉案财物的先前决定与法院最终裁判结果相冲突的现象，即有利于协调解决不同执行主体之间的冲突；另一方面便于更好地处置刑事涉案财产刑与民事债务之间的执行问题。这就是坚持法院对涉案财物最终处置权的优越性。

坚持法院对涉案财物的最终处置权，就要保障法院对先前处置涉案财物行为的审查权，否则，法院的最终处置权就难以保障。由法院对侦查机关处置涉

7 冯超：《刑事被追诉人财产权益保障问题研究》，河北大学2012年硕士学位论文，第14页。

案财物的行为实施最终司法审查权也是世界各国的通行做法。侦查机关应在处置涉案财物之前和事后主动接受法院的司法审查。这一点至关重要，也是坚持法院对涉案财物最终处置权的关键，因为在司法实践中对刑事涉案财物的处理主要集中在侦查阶段。事实上，由于刑事案件审理的需要，接受法院对先前处置涉案财物行为的审查权，也是隐性存在的。因为法院在审理刑事案件时，对涉案证据的认定，尤其对涉案财物的认定，本身就是对侦查机关行使司法审查权。[8]

三是正确处理“先刑后民”原则及刑事判决与民事判决的冲突问题。在司法实践中，一味强调“先刑后民”，甚至谈“刑”色变，不利于保护被害人或第三人的合法权益。事实上，只有极少数情况下，“先刑”才有必要性，更多的时候是可以“刑民并行”的。“先刑后民”还是“刑民并行”，应取决于民事案件的审理是否依赖于犯罪行为的界定或刑事案件的判决结果。如果民事案件的审理需要以犯罪行为的界定或刑事案件判决结果为依据，应坚持“先刑后民”，否则应按“刑民并行”处理。此外，在构成表见代理的案件中，代理人涉嫌犯罪的，不影响被害人向被代理人主张合同权利，不能以刑事案件会处理退赔或已责令退赔为由而否定被害人的民事救济权。财产类犯罪案件中的被害人另行提起民事诉讼的，可能涉及刑事判决与民事判决存在冲突的问题。在民刑交叉案件中，由于承担责任的形式不同，救济的法益也不同，刑事案件与民事案件对刑事被害人或者民事权利人的救济方式并不相同，即并无实质性冲突。同样，依据刑事判决的追赃与依据民事判决的执行程序也不冲突。

8　罗伟:《财产刑的退赔和民事债务混同时的处置原则》，载《人民司法》2013 年第 20 期。

# 粤港澳大湾区多元仲裁机制的融合与联通

## ——以中国南沙国际仲裁中心为例

谭国戬　刘琦　陈晓冰*

**【内容提要】** 仲裁是国际通行的解决商事纠纷的重要法律途径，具有充分尊重当事人意思自治、保密性强、便捷高效、公正专业等独特优势。粤港澳大湾区是我国开放程度最高、经济活力最强的区域之一，也是产生涉外商事纠纷的聚集地。而融合并联通粤港澳大湾区多元仲裁机制的优势之处，有利于打造大湾区法治化国际营商环境。本文通过对我国仲裁服务需求及仲裁机制的现状进行分析，以中国南沙国际仲裁中心为例，通过分析建设粤港澳大湾区多元仲裁机制融合与联通的必要性，探讨出有利于粤港澳大湾区发展的可行性建议，为粤港澳大湾区涉外商事仲裁的建设提供参考决策。

**【关键词】** 粤港澳　涉外　商事仲裁

随着"一带一路"国家倡议的实施，粤港澳大湾区内中国企业在走向世界的同时不可避免地会面临纠纷解决的难题。从我国加入的《纽约公约》（承认及执行外国仲裁裁决公约）以及粤港澳三方签订的互认执行仲裁裁决的协议来看，三方认可并执行彼此之间的生效仲裁裁决，可见，仲裁是处理粤港澳大湾区商事纠纷的重要解决方式。鉴于粤港澳大湾区"一国两制三法域"的特殊性，通过将大湾区内多元仲裁机制的融合与联通能够提高仲裁裁决的公信力，在有效

* 谭国戬——广东南方软实力研究院副院长、广州市政协委员，主要研究领域：金融法、房地产法、合同法、公司法、劳动法、行政法；刘琦——广东第二师范学院团委书记，主要研究领域：青少年法制教育；陈晓冰——广东卓信律师事务所实习律师，主要研究领域：行政法、劳动法、合同法、公司法。

解决区域法制冲突难题的同时提升公共服务保障能力。而可行性做法包括但不限于推动三地机制规则衔接、建设专业化仲裁员队伍、扩大仲裁裁决的互相认可及执行的范围、广泛推进国际商事仲裁案件远程庭审等方式。着重打造大湾区内多元仲裁机制的融合与联通，为粤港澳大湾区商事主体提供优质、高效的中国涉外仲裁机制，有利于进一步推动粤港澳大湾区法治化、国际化的营商环境建设。

## 一、国内涉外仲裁服务需求和粤港澳大湾区仲裁机制现状

随着中国对外“走出去”战略的纵深推进，对外经贸交流更为频繁，商事主体之间难免会产生纠纷。从中华人民共和国海关总署公布的数据显示，2020年1月至10月，我国进出口总值为259520.6亿人民币，比去年同期增加1.1%，其中出口总值为143296.1亿人民币，比去年同期增加2.4%[1]。可见，我国对外贸易的进出口交易额、交易量呈现逐年递增趋势。与此同时，根据2019年4月15日广州市中级人民法院发布《广州法院涉外民商事审判白皮书（2008~2018)》可知，广州两级法院共受理涉外民商事案件9051件，其中涉港澳案件的占比约七成，而一审受理涉外民商事案件总标的额累计达300多亿元人民币[2]。此外，据广州仲裁委员会官方网站可知，其作为广州地区唯一的民商事仲裁机构，受理案件数量亦与日俱增，位居全国之首。2020年1至6月，全委受理案件已经达到9115宗，较去年同期大幅增长52%，同时结案同比增长41.67%[3]。由此可见，中国对外经济贸易的不断扩大，伴随着涉外经济贸易争议纠纷的增加。

实践中，在涉外商事纠纷解决方式的选择上，离不开法院诉讼或仲裁机构仲裁这两种解决方式。相比之下，许多国家在解决涉外商事纠纷上更倾向于选择仲裁的方式。因为多数国家承认与执行外国法院判决的多边公约不多，且通过诉讼方式会出现法院相关材料域外送达困难、案件审理周期较长等条件限制；而相比之下，上百个国家和地区均加入《纽约公约》，因此仲裁裁决一般更能得到广泛承认和执行。但不可否认的是，由于境外国际老牌仲裁机构的公信力较高，商事主体间约定的仲裁条款多数指定境外的知名仲裁机构。如果仲裁程序

1 《2020年10月进出口商品主要国别（地区）总值表》，载海关总署官网，http：//www.customs.gov.cn//customs/302249/302274/302275/3357159/index.html，最后访问于2020年11月24日。

2 吴笋林：《十年受理涉外民商事案件9051件》，载《南方都市报》2019年4月16日，第A06版。

3 《广州仲裁委员会按下办案质效提升“快进键”》，载广州仲裁委员会官网，https：//www.gzac.org/gzxw/63502.jhtml，最后访问于2020年11月24日。

在境外进行，仲裁裁决在中国执行需要办理承认与执行的手续。这对国内的商事经营主体来说，无疑需要负担巨大的时间、人力、物力成本。因此，国内的商事经营主体对中国涉外仲裁服务是有巨大需求的，重视与发展国内多元化涉外仲裁机制具有急迫性与必要性。

在国内的涉外仲裁机制中，粤港澳大湾区的多元化涉外仲裁机制具有重要的发展前景。该区域作为我国开放程度、经济活力排行前列的地方，包含香港特别行政区、澳门特别行政区和珠三角九市。交通网络的日臻完备以及大湾区经济实力的突出，加强了周边国家、城市区域的人流、物流、资金流辐射力。随着粤港澳大湾区跨境投资和贸易日趋活跃，涉外商事纠纷更是呈现递增趋势。在多元化纠纷解决方式中，仲裁具有保密性强、程度灵活、审结快捷等特点，是化解粤港澳经济贸易纠纷的有效方式。为此，应充分发挥仲裁对粤港澳大湾区优化营商环境的重要作用。

近年来，粤港澳大湾区在推进仲裁多元化纠纷解决方式上有较大的发展，具体如下：

2018年9月，粤港澳大湾区“9+2”城市群仲裁机构共同发起成立粤港澳大湾区仲裁联盟。由广州、深圳、珠海、佛山、中山、东莞、肇庆、江门、惠州9个城市及香港、澳门两个特别行政区组成，其秘书处设立在中国南沙国际仲裁中心。该仲裁联盟于2019年2月召开了第一次工作会议，签署了《粤港澳大湾区仲裁联盟合作备忘录》。于2020年11月6日召开第二次工作会议，由澳门仲裁协会主办的仲裁联盟“十大经典案（事）例”发布会。成立粤港澳大湾区仲裁联盟在有效提高大湾区对外开放地位的同时加快了大湾区营商环境建设。

2020年9月，在广州南沙建设粤港澳大湾区暨“一带一路”法律服务集聚区。入驻集聚区的中心包括但不限于大湾区（广州）商事和公益诉讼审判中心、海事法律审判中心、知识产权法律审判中心、行政法律审判中心、互联网法律审判中心和公益诉讼协调指挥中心等审判中心，以及由南沙区委政法委员会、广东外语外贸大学和北京融商“一带一路”法律与商事服务中心的共建“一带一路”域外法查明（广州）中心等。与此同时，南沙国际仲裁中心（含广州金融仲裁院自贸区分院、广州知识产权仲裁院自贸区分院、广州国际航运仲裁院、粤港澳大湾区仲裁联盟秘书处）也整体迁入集聚区，继续推动粤港澳大湾区仲裁联盟常态化运作，积极发挥仲裁法律制度优势。[4]

此外，广州仲裁委员会的分支机构南沙国际仲裁中心在设立之初就备受青

---

4 宝纮：《粤港澳大湾区暨“一带一路”法律服务集聚区正式启用建设大湾区商事纠纷解决中心》，载《羊城晚报》2020年9月11日，第A02版。

睐。该中心于2012年10月23日在南沙区管委会的大力支持及协助下正式挂牌运作，是由中国广州仲裁委员会、香港、澳门仲裁界及法律专家在广州市政府和南沙区政府的大力支持下共同组建设立的国际商事仲裁平台。该平台备受关注的原因在于其充分尊重当事人的意思自治，同时利用互联网工具提升办案质量及效益，还积极引入现代企业管理理念，由理事会、仲裁员、监事会分别行使决策权、裁决权、监督权，以三方之间互相配合、互相制约的方式，搭建科学、高效的组织架构。该平台将粤港澳三地仲裁机构进行优势互补，共同推广仲裁品牌，推进市场化、国际化、法治化的营商环境。

## 二、粤港澳大湾区多元仲裁机制的融合与联通必要性

首先，仲裁是处理粤港澳大湾区商事纠纷的重要解决方式。因为中国是《纽约公约》的缔约国，并将《纽约公约》的适用范围延伸至香港、澳门两地；与此同时，内地、香港特别行政区、澳门特别行政区三方陆续签订了互认执行仲裁裁决的协议，具体包括《关于内地与香港特别行政区相互执行仲裁裁决的安排》《关于内地与澳门特别行政区相互执行仲裁裁决的安排》《关于澳门特别行政区与香港特别行政区相互认可和执行仲裁裁决的安排》。因此，应当重视仲裁在解决粤港澳大湾区商事纠纷的重要地位。但是在三地之间相互认可与执行原有生效仲裁裁决的范围之外，还存在部分领域的生效仲裁裁决是不承认与执行的。在这个涉外商事纠纷数量及类型日益增长的阶段，进一步扩大承认与执行生效仲裁裁决的范围具有迫切性，对完善粤港澳大湾区多元仲裁机制的融合与联通具有重要意义。

其次，粤港澳大湾区多元仲裁机制的融合与联通能够有效地解决法制冲突难题，抓住深入融合的机遇。目前，粤港澳三地还是存在不少衔接困难，大湾区11个城市法治水平参差不齐，且存在“一国两制三法域”的特殊性。在三种不同法律制度下开展的合作，不仅仅存在静态意义上的民商、经济等方面的法律制度冲突，更存在三地在立法权、司法权、执法权行使上的冲突。因此，粤港澳大湾区多元仲裁机制的融合与联通能够加快建设粤港澳大湾区司法合作平台，为创造国际化营商环境提供更好的机制保障。

最后，粤港澳大湾区多元仲裁机制的融合与联通有助于提升公共服务保障能力。仲裁在建设法治化营商环境和提升中国国际法律事务话语权方面具有重要地位。以中国南沙国际仲裁中心为例，该平台给予当事人高度的自由选择权利，如当事人根据自己的意愿，在不违背社会公序良俗以及仲裁地强制性法律法规相抵触的前提之下，可以通过平台自由选择适用的法律、仲裁模式、仲裁机构、仲裁语言，从仲裁员名册中选择仲裁员等。这种创新方式可以满足境内

外当事人各种需求，以便相应提供优质高效的专业仲裁服务。但是基于一些现实因素，粤港澳大湾区法律事务的对接难度较大，短时间内难以融合并联通三地争议解决机制，需要完善粤港澳大湾区仲裁机制的交流与衔接。如果能够将多元仲裁机制进行融合与联通，便有利于三地案件的统一受理、裁决互认、统筹规划、集中管理，提升公共服务保障能力，节省商事经营主体的人力、物力、时间成本。

## 三、粤港澳大湾区多元仲裁机制融合联通可行性及建议

### （一）增强港澳与珠三角九市司法互信，扩大仲裁裁决的互相认可及执行的范围，深化大湾区内仲裁合作

在中国加入《纽约公约》以及三地之间签订的相互认可和执行仲裁裁决协议的基础上，珠三角九市可以通过与港澳重新签署协议或者完善《内地与香港仲裁裁决承认与执行安排》《内地与澳门仲裁裁决承认与执行安排》等方式，进一步扩大互相认可和执行裁决的范围，并适当缩限公共秩序保留，以深化大湾区内仲裁合作。

### （二）充分联合港澳专业法律人士，研究并推动三地机制规则衔接的相互认可

打造高水平法治化营商环境，除了要有足够的硬实力，软实力亦是影响营商环境的重要因素，也就是说，要重视并且切实解决客观存在的三地之间“一国两制三法域”导致的法律冲突。以中国南沙国际仲裁中心为例，历经多次的研究与探索，逐步实现粤港澳大湾区司法规则融合对接。2020年4月29日，中国南沙国际仲裁中心在全球首次实现“一案四地”的商事仲裁远程庭审，三位仲裁员拥有不同法律背景，且分别来自粤、港、澳三地，在充分尊重当事人的意思自治的同时，凸显法制保障的优势地位。此次庭审的顺利进行，强有力地说明了大湾区规则衔接在商事仲裁领域的重要作用，说明强化三地机制规则衔接的相互认可，才能有序推进粤港澳大湾区建设。

### （三）建设粤港澳大湾区国际商事专业化仲裁员队伍，提高仲裁裁决公信力

党的十八届四中全会提出“完善仲裁制度，提高仲裁公信力”。仲裁裁决的公信力是仲裁事业的基石，仲裁员的专业水平更是提升仲裁裁决公信力的关键。以南沙国际仲裁中心为例，该中心是粤港澳大湾区仲裁机制融合的代表，特别

制定了三大庭审模式的程序性规则，为不同法域的当事人提供不同的服务。当事人有更强的自由选择权利，由此更加需要能够掌握粤港澳三地法律制度的高素质人才。从仲裁事业的长远发展来看，可以通过成立粤港澳大湾区国际仲裁培训学院，与国际知名仲裁机构交流学习，聘请权威的外国仲裁专家定期开展培训等方式夯实法律人才队伍基础，提升国内外企业对中国涉外仲裁机构的信任。

### （四）广泛推进国际商事仲裁案件远程庭审，实现纠纷解决的信息化和便利化

2020 年 4 月 29 日，中国南沙国际仲裁中心实现了全球首次“一案四地”的商事仲裁远程庭审，这宗争议金额超过 13 亿元的纠纷案件达成和解，从组庭到结案只用了 13 天[5]。这一远程庭审案件开启了低成本、高效率办理国际商事仲裁案件的先河，为更好地打造粤港澳大湾区建设，可以借鉴互联网仲裁的优势之处，结合自身实际情况，在加强规则制定、标准研发等工作的同时，打通大湾区内仲裁庭审地域限制，利用互联网工具来提升办案质量和效益，通过互联网可以完成从立案、组庭、举证、质证、审理、裁决、归档等一系列流程，为中外企业提供更便利、更高质量的法律服务，推进科技与法治深度融合，推进科学化、法制化国际营商环境。

## 结语

加强和完善粤港澳大湾区多元仲裁机制的融合与联通，对于打造解决国际民商事法律争议服务之都的目标具有重要意义。通过不断扩充和完善仲裁裁决的互相认可及执行的范围，探索建设三地机制规则衔接互认，打造专业化仲裁员队伍建设，推进国际商事仲裁案件远程庭审等方式，才能提高仲裁裁决的效率及公信力。当然，还需要关注市场需求和集群效应，提供优质的仲裁服务，推动建立共商、共建、共享的多元化纠纷解决机制，促进粤港澳大湾区营造法治化、国际化和市场化的营商环境的建设。

---

5 魏丽娜：《广州仲裁委开展全球首次“一案四地”远程庭审以规则、技术优势打造国际商事仲裁“广州模式”》，载《广州日报》2020 年 5 月 11 日，第 A6 版。

# 行政黑名单制度的双重性及其规制

冯健鹏　胡璟*

【内容提要】行政黑名单制度通过“向社会公布黑名单”和“对行政相对人开展失信惩戒”两个核心手段对违法违规的行政相对人施加作用，目前已成为广泛使用的治理手段，在确保监管力度的同时也存在被滥用的倾向。解决这一问题的关键在于准确界定其法律性质。从黑名单制度的核心过程出发，可以看出行政黑名单制度兼有行政指导和行政处罚的双重性质：向社会公布黑名单的过程，其法律性质为针对社会大众的行政指导和针对行政相对人的声誉罚；对行政相对人开展失信惩戒的过程，其法律性质则是以资格罚为主的行政处罚。对行政黑名单制度的法律规制应针对其双重性质，从创设法律依据、设定核心程序和补足救济监督机制三个维度展开。

【关键词】行政黑名单　失信惩戒　行政处罚

## 一、问题的提出

在服务型政府和社会信用体系建设的背景下，行政主体的工作重心逐渐转向事中事后监管，如何更有效地进行监管、达成行政目标成为亟须解决的问题。在此过程中，行政黑名单制度作为新型的监管工具逐渐得到了行政主体的青睐。所谓行政黑名单制度，通常是指行政主体通过对违反法律、法规等行为的主体设置“不良信息记录”，以一定方式向社会公布，并对其相关行为或权利予以限

---

* 冯健鹏——华南理工大学法学院教授，华南理工大学广东地方法制研究中心执行主任，主要研究领域：社会治理、法律程序理论、行政法理论；胡璟——华南理工大学法学院硕士研究生，主要研究领域：行政法。本文系国家社科基金重点项目“共建共治共享社会治理法治化的程序保障机制研究”（20AFX003）、广州市哲学社科规划 2019 年度课题“建国 70 年广州居民法治意识发展与法治建设研究”（2019GZQN12）的阶段性研究成果。

制的综合监管措施。[1]

早在2004年《行政许可法》实施、大量行政审批被取消的情况下，部分地方就开始尝试使用行政黑名单来提高执法威慑力，弥补审批取消后行政强制力的弱化。[2]2014年，国务院政府工作报告中指出："对违背市场竞争原则和侵害消费者权益的企业建立黑名单制度，让失信者寸步难行。"同年印发的《社会信用体系建设规划纲要（2014～2020年）》明确提出要"在现有行政处罚措施的基础上，健全失信惩戒制度，建立各行业黑名单制度和市场退出机制"。2015年，国务院在关于政府职能转变的工作通知[3]中再次提出要建立黑名单制度。2016年，国务院出台指导意见，[4]提出要对黑名单制度进行规范和完善。2017年至2018年，国务院取消了两批行政许可事项，同时提出要加强相关领域的事中事后监管措施，其中就包括建立黑名单制度。[5]2019年，国务院出台指导意见明确强调要规范认定并设立市场主体信用"黑名单"。[6]可见，行政黑名单制度以较高的频率在政策性文件中出现，逐渐得到了越来越多的关注和重视。

在行政执法实践中，行政黑名单制度得到了广泛的适用。行政主体通过食品黑名单、拖欠工资黑名单、安全生产黑名单等层出不穷、各式各样的黑名单来对行政相对人进行监管，相较于传统监管手段，行政黑名单制度成本更低、效果更强。在理论研究方面，学界同样对行政黑名单的监管有效性予以了认可，行政黑名单制度被视为"风险预警和失信惩戒机制"[7]"市场进入类行政审批的替代制度"[8]"治理工具创新"[9]，成为社会信用体系的一部分。

但与此同时，行政黑名单制度也陷入了被滥用的危机：动辄使用黑名单已

---

1 范伟：《行政黑名单制度的法律属性及其控制——基于行政过程论视角的分析》，载《政治与法律》2018年第9期。

2 刘平、史莉莉：《行政"黑名单"的法律问题探讨》，载《上海政法学院学报》2006年第2期。

3 《国务院关于印发2015年推进简政放权放管结合转变政府职能工作方案的通知》（国发〔2015〕29号）。

4 《国务院关于建立完善守信联合激励和失信联合惩戒制度加快推进社会诚信建设的指导意见（国发》〔2016〕33号）。

5 《国务院关于取消一批行政许可事项的决定》（国发〔2017〕46号）和《国务院关于取消一批行政许可等事项的决定》（国发〔2018〕28号）。

6 《国务院关于加强和规范事中事后监管的指导意见》（国发〔2019〕18号）。

7 兰皓翔：《行政黑名单制度研究：一个权利保护的视角》，载《山东行政学院学报》2017年第1期。

8 王克稳：《论行政审批的分类改革与替代性制度建设》，载《中国法学》2015年第2期。

9 王瑞雪：《政府规制中的信用工具研究》，载《中国法学》2017年第4期。

成为当下行政监管中一种时髦的做法，黑名单正在“普遍开花”[10]；于法无据、程序混乱、救济缺乏等诸多问题纷纷涌现，部分行政黑名单如不孝黑名单[11]、信访黑名单[12]等更是引起了巨大争议。对行政黑名单制度进行合法性规制势在必行。当前，尚无法律规范对行政黑名单到底属于何种行政行为进行规定或说明，法律性质的模糊是造成实践中诸多问题出现的基本原因；而我国学界对行政黑名单制度的法律性质的认定也尚未达成共识。

本文首先对行政黑名单制度的实施现状进行分析和归纳，然后结合行政行为形式理论、行政法律关系理论和行政过程理论对其进行性质定位，并在此基础上尝试提出解决行政黑名单实践困境的路径。

## 二、现状与困境

### （一）行政黑名单制度的规范现状

行政黑名单相关的法律规范整体数量庞大，涉及领域众多，囊括市场秩序、医疗卫生、知识产权、社会保障、安全生产、公共交通等社会生活的方方面面。

从规范的形式来看，行政黑名单常见的名称不仅仅局限于“黑名单”，还表现为“不良记录”[13]“严重失信名单”[14]“失信惩戒名单”[15]等。相关的法律规范既包括针对具体领域专门制定的行政黑名单法律规范，如《旅游市场黑名单管理办法（试行）》和《严重违法失信企业名单管理暂行办法》等；也包括在部分条文中体现或构建行政黑名单的法律规范，如《食品安全法实施条例》在

10　参见胡建淼：《“黑名单”管理制度之“黑名单”不能“黑上”》，载《人民法治》2017年第4期。

11　江苏、甘肃、江西等地建立“不孝黑名单”，提出不仅要将拒绝履行法定赡养义务的当事人列入司法机关的失信被执行人名单，还要将具有不孝行为的当事人列入相关部门的“忤逆不孝黑名单”，向社会进行公示并对其相关权利予以限制。参见《多地将忤逆不孝列入信用“黑名单”，这些地方开始行动了！不孝子孙面临严惩》，载搜狐网，https：//www. sohu. com/a/338267978_ 99921889，最后访问于2020年9月9日。

12　浙江、江苏、福建等多地出台失信信访人管理办法，建立信访人黑名单，引起社会争议。参见《多地出台文件惩罚失信访民学者称于法无据》，载财新网，http：//china. caixin. com/2019 -09-12/101461655. html，最后访问于2020年9月9日。

13　例如《深圳市生产经营单位安全生产不良记录“黑名单”信息管理暂行办法》《北京市工程建设领域农民工工资支付不良信用信息管理办法》。

14　例如《专利领域严重失信联合惩戒对象名单管理办法（试行）》《社会保险领域严重失信人名单管理暂行办法》。

15　例如《济南市失信联合惩戒对象名单管理办法》。

第 66 条，[16] 各省市的信用信息规范大多也规定了行政黑名单的相关内容。[17]

从规范的法律位阶来看，现行法律并未对行政黑名单制度作出明确的规定，仅有四部法律在部分条文中[18] 间接涉及了行政黑名单制度，且均是在规定要对相关主体建立信息记录或档案的同时，提及要对其中违法失信的主体进行公示或通报，并按照有关规定开展惩戒。行政法规中有直接规定行政黑名单的条文，[19] 但同样数量较少，且均是原则性和指导性的规定。部门规章中对行政黑名单的规定更为具体，如《严重违法失信企业名单管理暂行办法》《全国文化市场黑名单管理办法》均为专门的行政黑名单立法，明确了相关领域行政黑名单的实施主体、基本程序和适用范围。事实上，涉及行政黑名单的规范性法律文件绝大多数出现在地方性法规、地方政府规章和地方规范性文件中，呈现“多点开花”的局面。

整体来看，行政黑名单制度的法律规范存在着表现形式多元、以地方规范为主、效力层级较低的特点。而结合具体规范，可以从目的、内容和核心手段三个方面解析行政黑名单的制度模式。

从目的来看，行政黑名单与“信用”紧密挂钩。从相关法律规范第 1 条即立法目的条款来看，高频出现的两组词汇为：第一，“加强管理”“维护秩序（环境）”和“打击（惩戒）违法失信”。行政黑名单施行的直接目的便是对相关领域进行监管，及时有效地约束违法失信主体，维持该领域良好的运转秩序。第二，“信用体系建设”和“诚信社会”。行政黑名单制度的最根本和最终目的便在于推进社会各主体践行诚实守信、建设诚信社会。

从内容来看，行政黑名单制度主要针对的是行政相对人的如下行为：第一，违反法律、法规和规范性文件的行为。这其中以违反民事和行政法律规范的行为为主，如侵权、违约、不履行司法判决等，部分行政黑名单存在将刑事犯罪行为和违反道德行为纳入限制范围的情况。第二，曾经存在多次违法行为的情形。例如，《严重违法失信企业名单管理暂行办法》中就规定，若相对人存在因传销、虚假广告等违法行为在多年内被多次处罚的情形，则将被纳入黑名单。之所以将此类情形纳入行政黑名单的限制范围，除了惩戒相对人之外，也存在

---

16 《食品安全法实施条例》第 66 条：“国务院食品安全监督管理部门应当会同国务院有关部门建立守信联合激励和失信联合惩戒机制，结合食品生产经营者信用档案，建立严重违法生产经营者黑名单制度，将食品安全信用状况与准入、融资、信贷、征信等相衔接，及时向社会公布。”

17 例如《辽宁省公共信用信息管理条例》第 19 条和第 31 条、《广州市公共信用信息管理规定》第 26 条。

18 分别是：《基本医疗卫生与健康促进法》第 93 条、《疫苗管理法》第 72 条第 3 款、《药品管理法》第 105 条和《食品安全法》第 113 条。

19 例如《食品安全法实施条例》第 66 条、《保障农民工工资支付条例》第 48 条。

明显的警示和预防再次违法的目的。因而，行政黑名单所限制的对象是因为做出了违法违规行为或存在屡次违法、违规行为而处于“信用瑕疵”状态的行政相对人。

从核心手段来看，行政黑名单主要采取以下两个手段：第一，向社会公布黑名单。行政主体对行政相对人违法、违规的负面信息予以披露，形成相对人社会声誉的减损，一方面引发社会非难惩戒相对人、督促其改正违法行为，另一方面对社会大众进行风险提醒并威慑潜在违法者，从而达到控制违法行为和强化法律实施的双重治理效果。[20]第二，对黑名单中的行政相对人进行失信惩戒，对其行为和权利予以限制。具体措施主要包括如下：其一，加强监管。对黑名单内的相对人实施较一般主体更严格的监督检查措施，降低其再次违法的概率。其二，限制相对人的行为和权利。主要包括限制行政审批，限制参与招投标、信贷等活动，取消相关资质、行政奖励和政策性支持等，如果行政相对人为法人，还会对主要负责人或者法定代表人予以限制，如限制任职、注册公司、出入境等。失信惩戒不仅由主导该行政黑名单的行政主体本身实施，还有其他部门共同参与形成联合惩戒。

综上，可将行政黑名单制度的制度模式概括为：以推进社会信用体系和诚信社会建设为目的，以“信用瑕疵”的行政相对人的违法违规行为为内容，以向社会公布和开展失信惩戒为核心手段。

### （二）行政黑名单制度的实践困境

行政主体出于行政效能原则的考虑，通过行政黑名单制度，以较小的成本更高效地对行政相对人进行监督和管理。但是，在看到行政黑名单制度的有效性时，也不能忽略实践中存在的诸多问题：

第一，缺乏明确的法律依据支撑。现行法律和行政法规对行政黑名单的相关规定均为间接性或原则性条文，虽有针对具体领域的部门规章，但大部分行政黑名单法律规范为地方规范性文件，有的行政黑名单的制定以政策性依据为主，[21]而有的行政黑名单的制定虽然有法律或行政法规作为依据，但具体内容的规定十分泛化。这就造成：一方面，不少行政黑名单存在相关规定于法无据或违反上位法的情形，如行政黑名单中常见的限制相对人参与政府项目招投标

---

20 参见段礼乐：《羞辱性执法的信息经济学阐释——以企业负面信息发布制度为分析对象》，载《政法论丛》2018年第1期；门中敬：《失信联合惩戒之污名及其法律控制》，载《法学论坛》2019年第6期。

21 参见张家宇：《经济法语境下黑名单制度滥用的法律规制——基于案例的整理与研究》，载《中南大学学报（社会科学版）》2016年第4期。

的惩戒措施，在《招标投标法》中难以寻得法律依据；另一方面，部分行政黑名单存在滥权和过度监管的嫌疑，如部分行政黑名单将未经司法裁判确认的欠缴费用行为纳入监管范围，部分行政黑名单“一刀切”地将承担民事责任的相对人作为监管对象，[22]甚至有部分行政黑名单将轻微违法行为纳入监管范围。

第二，程序性内容设置混乱。黑名单制度虽然涉及多样的行政领域，但作为一种类型化的行政手段，“其在核心程序方面应当具有统一性”。[23]然而在实践中，行政黑名单的程序设置混乱、并无统一性可言：有的对具体认定和实施程序几乎不作任何规定，[24]实践中依赖于行政主体的自行发挥；有的原样照搬上位法，相关规范过于粗略；[25]有的则对实施的各个过程进行了具体详细的程序规定。[26]即便是在相同的程序中，不同的行政黑名单也存在差异，以异议程序为例，有的规定行政相对人在被正式纳入黑名单前可以进行申辩，申辩成功则不被纳入；[27]有的则规定在异议处理期间将继续开展黑名单的公示与处理活动。[28]这样的情形表明当前行政黑名单程序统一性的缺失，极易导致行政相对人的程序性权利受到侵害，不仅影响行政黑名单制度效果的发挥，也会削减行政主体的公信力。

第三，对行政相对人的权利保护和救济失位。现行的行政黑名单制度将视线聚焦于发挥行政黑名单的监管效果，相关法律规范中涉及对行政相对人的权利保护、后续救济以及对行政主体监督的条文数量几近于无。例如，在《旅游市场黑名单管理办法（试行）》中，全文几乎都是针对行政相对人的限制内容，虽然第17条提及对在黑名单管理过程中存在徇私舞弊等违法行为的行政主体及其工作人员追究责任，但如何追究、相对人的损失如何救济等具体细节则均未提及。

上述实践困境的形成，与行政黑名单法律性质的模糊有重要关系——有效性促使行政主体在实践中积极地实施行政黑名单制度，法律性质的不清晰则使

---

22　袁文瀚：《信用监管的行政法解读》，载《行政法学研究》2019年第1期。

23　徐晓明：《行政黑名单制度：性质定位、缺陷反思与法律规制》，载《浙江学刊》2018年第6期。

24　例如《温州市失信黑名单管理办法》。

25　例如《辽宁省严重违法失信企业名单管理实施办法（试行）》就原样照搬了其上位法《严重违法失信企业管理暂行办法》规定的“列入、公示、异议、移出”的基本程序。

26　例如《福建省工商（市场监管）系统严重违法失信企业名单管理实施办法（试行）》在《严重违法失信企业管理暂行办法》的基础上对程序性内容进行了细化和填补，进一步提出了诸如“提示公告、拟办审核、审批决定、信息公示”等具体的程序。

27　例如《旅游市场黑名单管理办法（试行）》。

28　例如《吐鲁番市社会法人失信行为惩戒办法》。

得现行法律难以对行政黑名单进行有针对性的规制，进而导致其在实践中容易游离在法治的轨道之外。

（三）行政黑名单制度的理论困境

和实践困境相对应的，是学界对行政黑名单制度法律定性的困难尚未达成共识。当前有代表性的观点包括："行政处罚说"将目光聚焦于行政黑名单中的惩戒措施及其对行政相对人产生的制裁效果；[29]"行政强制说"着眼于对社会大众公布行政黑名单的过程，提出其实际目的在于促使行政相对人履行义务，构成一种事实上的强制；[30]"行政事实行为说"则认为行政主体公布黑名单只是一种提供信息的事实行为，无论是对社会大众还是对行政相对人都不会直接造成权利义务的变更，具体又依据行政主体的行政目的形成了指引社会大众的"行政指导说"、预防风险的"公共警告说"、依法公开的"政府信息公开说"等；[31]"类型化说"则意图根据诸如所产生的实际效果、功能定位、对相对人的限权程度等特定标准，将行政黑名单划分为不同的类型后进行定性；[32]"行政过程论"认为应当从行政黑名单制度施行的整体动态过程出发，将行政黑名单切分为诸如"拟列入""列入""公布""惩戒"等递进的过程行为或特定阶段后再逐一进行定性。[33]

29 连建彬：《黑名单制度：市场进入类行政审批的替代制度》，载《陕西行政学院学报》2015年第2期；胡建淼：《"黑名单"管理制度——行政机关实施"黑名单"是一种行政处罚》，载《人民法治》2017年第5期；冯辉：《社会诚信背景下的"黑名单"制度研究》，载《政府法制研究》2017年第7期；周海源：《失信联合惩戒的泛道德化倾向及其矫正——以法教义学为视角的分析》，载《行政法学研究》2020年第3期。

30 王周户、李大勇：《公告违法行为之合理定位》，载《法律科学》2004年第5期；章志远：《作为行政强制执行手段的违法事实公布》，载《法学家》2012年第1期。

31 朱春华、罗鹏：《公共警告的现代兴起及其法治化研究》，载《政治与法律》2008年第4期；王青斌：《社会诚信危机的治理：行政法视角的分析》，载《中国法学》2012年第5期；施立栋：《论行政机关公布违法事实行为的法律性质》，载姜明安主编：《行政法论丛》（第17卷），法律出版社2014年版。

32 刘平、史莉莉：《行政"黑名单"的法律问题探讨》，载《上海政法学院学报》2006年第2期；张家宇：《经济法语境下黑名单制度滥用的法律规制——基于案例的整理与研究》，载《中南大学学报（社会科学版）》2016年第4期；门中敬：《失信联合惩戒之污名及其法律控制》，载《法学论坛》2019年第6期；王丽娜：《行政黑名单救济机制的困境与破解》，载《河南师范大学学报（哲学社会科学版）》2019年第2期。

33 林沈节：《食品安全重点监管名单的法律性质厘定——基于14个省级地方规范性文件的分析》，载《河南财经政法大学学报》2016年第6期；张杰：《我国食品安全"黑名单"的法律定位探析》，载《广西政法管理干部学院学报》2016年第5期；范伟：《行政黑名单制度的法律属性及其控制——基于行政过程论视角的分析》，载《政治与法律》2018年第9期。

当前的理论学说成果丰富，对行政黑名单的法律定性颇有启发，但也存在不足之处：前述诸学说或片面着眼于行政黑名单制度实施的某一过程或所产生的某些效果，或拘泥于使用单一理论工具，忽视了对整体实施过程和监管模式的考察，进而陷入非此即彼的思维定式，难以准确揭示行政黑名单制度的法律性质。同时，当前学界在对行政黑名单制度进行研究时，存在把行政黑名单与“违法事实公布”“行政处罚公示”“公共警告”“政府信息公开”等具有相似性的行政行为混同的情况，甚至认为行政黑名单制度完全等同于失信惩戒制度；“行政过程说”对行政黑名单制度的整体实施过程进行动态考察的方式更能帮助其准确定位，但对过程如何划分尚缺乏统一的标准，各个阶段间是否为单纯的递进关系有待进一步论证，缺乏与制度实践结合，并且将过程中的所有行为不加区分地纳入考察也略显冗余。

行政黑名单制度是典型的“先行先试”制度，在界定其法律性质的过程中有必要结合其制度实践的现状来综合考察。同时，考虑到行政黑名单较传统的行政手段更为复杂，应当开放视角、借助多种理论工具对其进行解析，以破除当前难以定论的理论困境。

## 三、行政黑名单制度的双重性质

对行政黑名单制度的法律性质进行分析，有必要综合运用行政行为形式理论、行政法律关系理论和行政过程论。行政行为形式理论关注行为的最终结果产生的法律效果，行政法律关系理论关注参与主体之间的权利义务关系，而行政过程论则强调关注行政过程中各个连续行为之间的关系以进行动态全面的考察。[34] 本文对行政黑名单制度法律性质的界定，首先着重考察其整体过程中起核心作用的过程，再在核心过程中考察所蕴含的行政法律关系和所产生的法律效果。

行政黑名单制度运作模式的起止节点分别是列入和移出：行政相对人在被列入行政黑名单后，开始受到行政黑名单的监管，而当其被移出行政黑名单后，其所受到的监管也就终止。列入和移出之间的过程，即行政黑名单的核心过程包括两部分：第一，向社会大众公布行政黑名单。第二，对被列入行政黑名单中的行政相对人开展失信惩戒。从相关规范的文义和实践情况来看，公布和惩戒并非递进的关系，而应该视为并列关系。如图 1 所示，行政黑名单包括如下主要过程：第一，“列入行政黑名单”；第二，“向社会公布”和“开展失信惩戒”；第三，“移出和救济等后续行为”。

---

34 江利红：《以行政过程为中心重构行政法学理论体系》，载《法学》2012 年第 3 期。

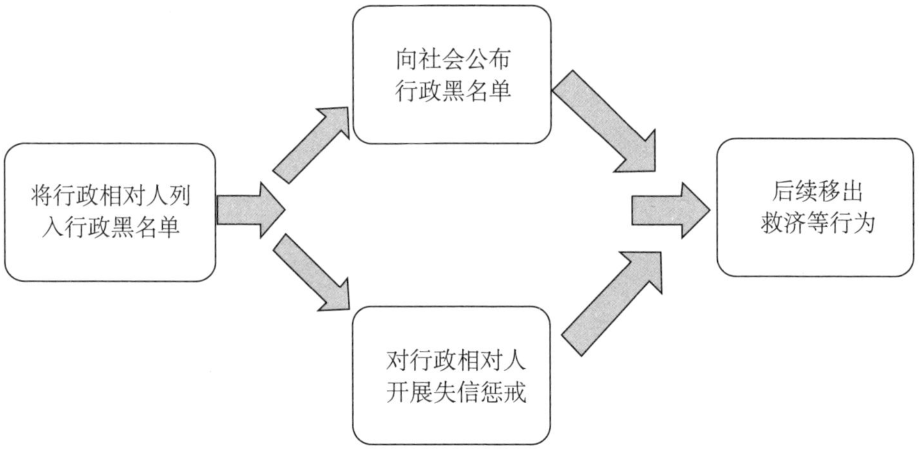


**图1　行政黑名单实施的主要过程**

仅仅依据列入和移出这两个节点来认定行政黑名单的法律性质是不够的，因为从制度整体来看，这两个行为都不是发挥主要作用的环节。尤其是列入行为，虽然其是造成行政相对人权利义务变更的起点，但是必须与后续的公布行为和惩戒行为相结合才能对行政相对人发挥出整体的法律效果。公布行为和惩戒行为是行政黑名单制度的典型特征，也是真正在发挥制度作用的核心过程，因此应当主要从核心过程出发来界定行政黑名单的法律性质。

### （一）向社会公布行政黑名单——行政指导和声誉罚

行政主体向社会公布行政黑名单的行为涉及三方法律主体，即行政主体、行政相对人和社会大众，实际上蕴含两对法律关系：第一，行政主体与社会大众。行政主体将行政黑名单作为一种信息传递给社会大众。第二，行政主体与被列入黑名单的行政相对人。行政主体通过公布黑名单的行为来对相对人施加监管。

对社会大众而言，行政主体公布行政黑名单的行为属于行政事实行为，其具体性质应当界定为行政指导：首先，行政主体公布行政黑名单的行为对社会大众并不直接造成权利义务的变更，是非强制性的；其次，从行政目的的角度来看，行政主体将信息传递给社会大众，一方面能够解决信息不对称的问题，为社会大众预防风险提供建议和提醒，另一方面也能够提倡和警示社会大众遵纪守法，否则将会承担“点名与羞辱”式的“声誉”风险，[35]最终达到指导社

35　王瑞雪：《政府规制中的信用工具研究》，载《中国法学》2017年第4期。

会大众共同建设诚信社会的目的。

对相对人而言，行政主体公布黑名单的行为实际上是运用声誉机制这一信息工具[36]来对行政相对人进行监管：声誉作为一种具有强信号功能的公共舆论，是一种边际成本相当高的严罚，[37]在我国社会传统中，“名声”受到大家的重视，个体往往不愿意受到来自社会舆论的负面评价。而被列入行政黑名单并向社会公布对行政相对人来说能够产生直接且显著的声誉减损，对其造成巨大的社会压力和心理压力，从而迫使其做出改变，努力保持诚实守信的状态，不再做出违法违规的行为。公布行政黑名单的做法具有明显的制裁性，能够有效提升行政主体对行政相对人的监管效果和对社会的治理效果。在法律性质上，应当归属于行政处罚中的声誉罚。

也有观点主张行政黑名单中的公布行为不具有行政处罚性质，主要包括如下两种：第一种观点认为，将相关信息对社会公布只会影响相对人的预期利益，而不会对其现有利益产生直接影响；第二种观点则认为，行政主体在向社会公布黑名单的时候本身不具有处罚的意思表示——“相对人名誉和信用贬损的发生，不受行政主体意思表示支配，也非行政主体所期待”。[38]第一种观点将目光局限于财产性利益，而忽视了声誉同样是相对人重要的直接利益。第二种观点则回避了公布行为所具有的明显制裁性，行政黑名单作为“负面清单”“消极评价”，行政主体在实施时有着明确的行为意思和价值导向，这种通过贬损相对人的社会声誉所形成的制裁效果当然是行政主体所期待的。

综上所述，行政主体向社会公布行政黑名单的过程具有如下性质：对于社会大众，公布行政黑名单的行为构成行政指导；对于行政相对人，公布行政黑名单的行为则构成行政处罚中的声誉罚。

### （二）对行政相对人开展失信惩戒——以资格罚为主的行政处罚

在行政主体对行政相对人开展失信惩戒的过程中，法律关系的主体为实施行政黑名单的行政主体和被列入黑名单进行惩戒的行政相对人。实践中，经常会出现其他行政主体配合参与进行联合惩戒的情况，但整体的惩戒过程是由实施该行政黑名单的行政主体所主导的。

---

36 应飞虎、涂永前：《公共规制中的信息工具》，载《中国社会科学》2010 年第 4 期。

37 吴元元：《信息基础、声誉机制与执法优化——食品安全治理的新视野》，载《中国社会科学》2012 年第 6 期。

38 范伟：《行政黑名单制度的法律属性及其控制——基于行政过程论视角的分析》，载《政治与法律》2018 年第 9 期。

从行政黑名单制度构建的初衷[39]来看，失信惩戒措施是对现有行政处罚措施的增补，从制度实践的情况来看，失信惩戒措施体现出不弱于甚至强于传统行政处罚措施的制裁性，因此可以认为失信惩戒在实质上是具有处罚性质的。

从行政黑名单中失信惩戒措施的内容来看，主要是加强对行政相对人的监管并对其有关行为和权利予以限制。这种限制可以按具体的内容划分为三类：其中最主要的一类是对资格的限制，也是失信惩戒中最主要的一类，主要包括限制或剥夺相对人获取公共资源、公共职位、公共服务、公共荣誉以及进入特定职业或行业的资格，[40]对相对人的负面影响和制裁力尤为突出，其性质应当归属于行政处罚中的资格罚。第二类是对人身的限制，如限制出境，其性质对应的是行政处罚中的人身罚。第三类是对声誉的限制，如取消所获得的荣誉称号，其性质对应的是行政处罚中的声誉罚。

有观点反对将失信惩戒措施全部认定为行政处罚，认为失信惩戒中只有个别措施如从业限制等才属于行政处罚，加强监管、限制或取消行政奖励、限制行政许可等措施均不属于行政处罚，而是属于行政主体自由裁量的范围。[41]如果将失信惩戒中的措施单个提取出来，对比《行政处罚法》中规定的行政处罚措施，加强监管、限制参评等措施确实不具备或者只具备较弱的处罚力度，将其视为行政处罚似乎确有夸大之嫌。但是这种截取部分的方式忽略了一个问题：失信惩戒措施并不是被单独使用的。无论是从规范内容还是从制度实践来看，失信惩戒措施都往往是以“组合拳”的形式出现的，加强监管等措施或许制裁性微弱，但和其他措施结合在一起时所体现的处罚意思和产生的制裁效果就得到了巨大的提升，因而从整体来看，失信惩戒可以被认为具有处罚性质。

因而，行政主体对行政相对人开展失信惩戒的过程可以被视为以资格罚为主的行政处罚。不过，认定行政黑名单制度属于行政处罚可能会引发如下争议问题：

第一，行政黑名单制度无法在现行的《行政处罚法》中找到，而兜底条款中的“其他行政处罚”又只能由法律和行政法规设定，规章和地方法律规范无权设定，若将其认定为行政处罚会造成其“合法性、合理性存疑的现实困局”。[42]应

39 《社会信用体系建设规划纲要（2014～2020 年）》中提出：“在现有行政处罚措施的基础上，健全失信惩戒制度，建立各行业黑名单制度和市场退出机制。”

40 沈岿：《社会信用体系建设的法治之道》，载《中国法学》2019 年第 5 期。

41 张晓莹：《行政处罚视域下的失信惩戒规制》，载《行政法学研究》2019 年第 5 期；贾茵：《失信联合惩戒制度的法理分析与合宪性建议》，载《行政法学研究》2020 年第 3 期。

42 袁文瀚：《信用监管的行政法解读》，载《行政法学研究》2019 年第 1 期。

当看到，行政处罚具有制裁性、处分性、不利性和法定性的法律特征，[43]而前述观点将认定行政处罚的重心置于法定性，认为只有法定的处罚措施才能称为行政处罚。但是，法定性不应当是行政处罚的唯一标志，行政黑名单制度及所包含的失信惩戒作为一种创新的、实践先于理论的治理手段，具备了对违法、违规行为的制裁性，限制或剥夺了行政相对人的资格和权利，并形成一定的不利后果，这种具有制裁性、处分性和不利性的行政手段，应被视为实质意义上的行政处罚。[44]此外，这种观点在逻辑上难以自洽：一方面，其默认当前的制度和措施是完全合法合理的，为了继续维持“合法合理”之态，所以不能“具有行政处罚性质”；而另一方面，行政黑名单制度法律依据模糊、需要进行合法性控制又是普遍的共识。承认行政黑名单制度具有行政处罚性质，确实是间接承认了其合法性和合理性方面问题的存在，但是这并不会造成所谓的“现实困局”，也不是对这种“社会创新治理”价值和效益的否定。相反，这是解决制度适用的现实困境、将其纳入法治化轨道的必要前提。

第二，如果将行政黑名单制度认定为行政处罚，是否有可能违反“一事不再罚”。首先，大多数行政黑名单将相对人被行政处罚作为纳入黑名单的情形，构成再次将不利后果施加于已受过处罚的相对人的情况。可行的解释是，行政黑名单制度与之前相对人所受的行政处罚“不是基于同一个事实”，行政黑名单是在处罚相对人的失信状态，“是对触犯不同法律规范的两个行为，从两个法律关系的角度进行的处罚”。[45]其次，如前所述，行政黑名单的公布和失信惩戒均具有行政处罚性质，存在双重处罚之嫌。可行的解释是，从我国现行法律[46]出发，“一事不再罚”的内涵为：若一个行为同时违反了两个以上法律法规的规定，可以给予两次以上的处罚，但如果是罚款则只能处罚一次；若一个行为违反一个法律法规的规定，而该法律法规规定可以并处两种处罚的，则并处并不违背一事不再罚原则。[47]在这个层面上，行政黑名单实施过程中的公布和失信惩戒是并处的“行政处罚”。归根结底，“一事不再罚”的初衷是防止过度处罚；在实践中，确有必要将行政黑名单制度置于具体语境中去考察其是否构成

43 胡建淼著：《行政法学》，法律出版社 2015 年版，第 223 页。

44 李晴：《论地方性法规处罚种类创设权》，载《政治与法律》2019 年第 5 期。

45 张晓莹：《行政处罚视域下的失信惩戒规制》，载《行政法学研究》2019 年第 5 期。

46 当前，我国《行政处罚法》对“一事不再罚”的具体规定只见于第 24 条：“对当事人的同一个违法行为，不得给予两次以上罚款的行政处罚。”

47 姜明安著：《行政法》，北京大学出版社 2017 年版，第 347 页。

“过度”。[48]

综上，在行政黑名单实施的两个核心过程中，向社会公布行政黑名单的过程具有面向社会大众意义上的行政指导性质和面向行政相对人意义上的声誉罚性质，对行政相对人开展失信惩戒的过程则体现出以资格罚为主的行政处罚性质。从制度整体来看，行政黑名单制度具有行政指导和行政处罚的双重法律性质。

## 四、行政黑名单制度的法律规制

依法行政要求行政主体在行使权力时，必须在合法的范围内进行，因而应当正视行政黑名单制度当前存在的问题，将其纳入法治的框架并对其进行严格的法律规制。结合行政黑名单制度所具有的双重性质，针对实施中的现实困境，至少可以从法律依据、正当程序和权利保护这三个维度展开。

### （一）创设法律依据

从行政黑名单制度所具有的双重性质来看，作为针对社会大众的行政指导，行政主体在实施行政黑名单的过程中对社会大众并不具有强制的意思表示，且指导的内容和目的合法、善意，通常情况下不会对社会大众的合法权益产生侵害，这种事实行为无须受到严格的法律规制。

而作为针对行政相对人的行政处罚，行政黑名单制度中作为声誉罚的公布行为和以资格罚为主的失信惩戒均会对相对人造成直接的负面影响，适用不当就很可能会侵犯相对人的合法权益。行政黑名单制度所具备的行政处罚性质要求其必须符合《行政处罚法》的规定。但是当前，现行的《行政处罚法》对行政处罚的设定采用“列举＋兜底条款”式的立法方法，虽然依据第11条的内容[49]似乎可以解释出地方性法规具有创设新的行政处罚种类的权力，但就实践情况来看，地方性法规仅可以在《行政处罚法》和法律、行政法规规定的范围内设定处罚种类，而不能创设新的处罚种类。[50]这就给行政黑名单制度的合法性打上了一个问号。

因而，行政黑名单制度法治化的第一步就是为其创设法律依据。

---

48　戴昕：《理解社会信用体系建设的整体视角：法治分散、德治集中与规制强化》，载《中外法学》2019年第2期。

49　《行政处罚法》第11条：“地方性法规可以设定除限制人身自由、吊销企业营业执照以外的行政处罚。法律、行政法规对违法行为已经作出行政处罚规定，地方性法规需要作出具体规定的，必须在法律、行政法规规定的给予行政处罚的行为、种类和幅度的范围内规定。”

50　李晴：《论地方性法规处罚种类创设权》，载《政治与法律》2019年第5期。

首先可能的路径是修改《行政处罚法》的内容，具体又有如下三种做法：第一，对《行政处罚法》第8条的内容进行增补，将行政黑名单制度作为一种新的行政处罚类型补充列举。第二，将《行政处罚法》第8条中的兜底条款修改为“法律、法规规定的其他行政处罚”，适当地增加地方性法规创设行政处罚种类的空间，[51]让行政黑名单制度能够依法被创设。第三，采用“概念条款+分类条款+层级保留条款”模式替代“列举+兜底条款”的立法模式，通过整体性的修改促使行政处罚实现类型多元化，将行政黑名单制度在具体的分类条款中予以固定。[52]第一种单纯增加列举的做法或许能够解决一时之急，但是随着社会的不断发展和政府治理能力的持续提升，很可能会涌现出其他新型的行政处罚形式，不停地增加列举显然“吃力不讨好”。第二种修改局部条款的做法和第三种重述立法模式的做法显然更利于行政处罚制度功能的发挥，在当前社会飞速发展且越发复杂的背景下，行政主体在治理中创设和使用新型治理手段的需求与当前《行政处罚法》的保守立场矛盾明显，修改《行政处罚法》确有必要。

但是，行政黑名单制度相较于现行法定的行政处罚具有特殊性，其实施的过程更具有持续性和复杂性，因而实施程序有必要在《行政处罚法》规定的既有程序基础上进一步细化和优化。因此第二条路径或许更能有效规范行政黑名单制度，这就是制定专门的社会信用法律，并在其中对行政黑名单制度进行规定。通过在专门的社会信用法律中规定行政黑名单制度，使得行政黑名单制度能够成为现行《行政处罚法》中的“法律、行政法规所规定的其他行政处罚”，并且能够对行政黑名单制度的制定实施主体、适用范围和基本程序作出基础性规定，为地方执行行政黑名单制度进行指引。

### （二）设定核心程序

行政主体在做出行政行为时应当遵循正当程序原则。当前行政黑名单制度在实践中呈现出程序设定模糊和杂乱的问题，主要集中在其行政处罚的部分中。应当在《行政处罚法》既定程序的基础上，结合黑名单制度本身的特点，设定更为细致的核心程序，至少要包括如下三个方面：

第一，事前告知和申辩程序。行政黑名单会对行政相对人的权利造成减损

---

51 参见余凌云：《地方立法能力的适度释放——兼论“行政三法”的相关修改》，载《清华法学》2019年第2期；黄喆：《地方立法设定行政处罚的权限困境与出路》，载《政治与法律》2019年第7期。

52 参见熊樟林：《行政处罚的种类多元化及其防控——兼论我国〈行政处罚法〉第8条的修改方案》，载《政治与法律》2020年第3期。

性影响，因此在决定将相对人列入黑名单前，需要提前通知相对人，告知的具体内容应当包括有关事由、法律依据、相对人将会面临的限制措施及其所享有的权利。告知后应当听取相对人的申辩，在申辩期间不应当急于开展公示和惩戒，如果申辩的理由成立应当取消列入黑名单。同时，行政黑名单带来的制裁效果丝毫不弱于现行行政处罚措施中的任何一种，应当赋予被列入黑名单的相对人申请听证的权利，让行政主体和相对人之间能够进行对话，这不仅能增强制度的民主性，也能够更好地推动后续措施的开展。

第二，事中异议程序。在行政相对人被列入黑名单进行公示并受到失信惩戒的过程中，如果出现信用已经修复但处罚仍在继续的情况、在公示过程中发现列入有误的情况或者惩戒措施超过必要限度的情况，相对人可以向实施黑名单的行政主体提出异议。行政主体应当及时对相对人的异议进行审核和调查，在公示中标明异议状态，并暂时性中止失信惩戒的实施，待对行政黑名单的实施过程进行复核后再作最终决定。如果异议成立，需要根据具体情形分别处理：对于信用已修复或实施行政黑名单的事实依据有误等“不应处罚”的情况，行政主体应当停止公示和失信惩戒措施；对于惩戒措施过度等“处罚不当”的情况，行政主体继续进行公示和失信惩戒，但应当将惩戒措施调整至适当的范围内。如果异议不成立，则行政主体继续开展对相对人的公示和失信惩戒。

第三，退出程序。具体而言，退出包括自然退出、主动退出和行政主体撤销三类。自然退出即被列入黑名单达到所规定的处罚时限，即由行政主体将相对人移出黑名单；主动退出在于激励相对人积极改正、保持守法诚信的状态，若相对人积极修复信用，可提前向行政主体申请退出黑名单；行政主体撤销即当出现行政主体在列入黑名单时确有错误或存在滥用职权等违法行为，造成对相对人的不当侵害的情况时，及时将相对人移出黑名单。行政相对人退出行政黑名单时，行政主体应当同时停止公示行为和失信惩戒措施。对于自然退出和主动退出，应当保留其被列入黑名单的记录；而对于行政主体撤销的情况，应当消除相对人被列入黑名单的记录。

至于行政指导的部分（即行政主体面向社会大众公布黑名单的行为），虽然由于行政指导自身的性质而使行政主体在程序上具有相对较大的自由裁量权，但依然应当受限于行政程序的一般要求。[53] 如在公布环节，应采用书面方式并为可能的利害关系人预留合理的时间；建立必要的备案制度以便各级行政主体所发布的黑名单保持一致；等等。

---

53 章剑生：《论行政指导及其程序》，载《浙江社会科学》2002年第6期。

### （三）补足救济和监督机制

在行政黑名单制度的行政处罚部分中，以行政处罚法律制度的标准而言，对相对人权利的保护存在不足，对行政主体监督也有所失位，有必要补足救济和监督机制：

在对行政相对人进行救济方面，完善行政救济机制和司法救济机制。在行政救济方面，除了前述设置异议和退出程序，还应当将行政黑名单纳入行政复议的范围；在司法救济方面，允许行政相对人提起行政诉讼，对行政黑名单的实施进行司法审查。相对人可以就公布行为和惩戒行为一起提出复议或诉讼，也可以单独就其中一个行为提出复议或诉讼，但不论哪种情况，为了更好地保护公民的合法权利，复议机关和司法机关应当就行政黑名单实施的整个过程进行审查。

在对行政主体的监督方面，可以通过为行政主体设定法律责任的方式来达到监督效果。对于列入错误、正当程序缺失、过度惩戒等违法或不当侵害行政相对人合法权利的行为，应当规定行政主体承担相应的责任。从公布行为的声誉罚性质出发，行政主体应当对其违法或不当行为进行公开道歉，消除对相对人声誉的不利影响，如果对相对人造成了精神损害，应该对其予以精神损害赔偿。虽然从现行《国家赔偿法》的规定来看，精神损害赔偿仅适用于人身权遭受侵害的情形，声誉罚并不在精神损害赔偿的适用范围内，但是向社会公布黑名单给相对人造成的声誉减损效果明显，违法或不当的公示极可能会给相对人造成精神损害，因而此处存在引入精神损害赔偿的空间。从失信惩戒的资格罚性质出发，行政主体应当撤销违法或者不当的惩戒措施，解除对相对人资格和行为的限制，归还相对人被违法剥夺的有关资质或荣誉称号，对相对人赔礼道歉并对就其所遭受的直接经济损失予以赔偿。同时，对存在滥用职权、徇私枉法等违法行为的工作人员予以处分和追责。

行政黑名单制度的行政指导部分虽然理论上不具有强制性，但依然有发生失误、造成社会大众损失的可能。[54] 例如，行政主体误将信誉良好的相对人列入黑名单中，造成其商业合作伙伴的经济损失。因此，同样有必要基于“有权利便有救济”的原理确保相关当事人在厘清权利受损状况的前提下享有救济的可能。

---

54　莫于川：《行政指导救济制度研究》，载《法学家》2004 年第 5 期。

## 结语

行政黑名单制度作为新型的社会治理手段具有其独特的价值，它能够高效便捷地对行政相对人进行强力监管，有力维护社会秩序。但是，当前行政主体在实施行政黑名单制度时带有明显的功利色彩，部分地呈现出片面追求行政效能和监管效果的情况，也就难以避免其被滥用所造成的负面后果。

任何制度都应当在合法的框架内运作，行政主体的任何行为都不能突破法治的边界。当前，社会整体的法治意识不断提升，行政主体在作出行政行为时应当优先注重合法性，在合法的前提下再去追求有效性，才能更好地令行政主体达成行政目标。因此，为了更好地发挥行政黑名单制度的作用，对其进行全面的法律规制势在必行。当然，这不会是一个容易的过程，现实中如何优化既有制度内容、如何更好地平衡合法性与效益性、如何构建与其他制度的联动机制等问题仍需要理论界和实务界的共同努力。

# 商业秘密善意第三人制度在我国的审视与完善

李超光　林秀芹*

**【内容提要】** 平衡论是知识产权制度的理论基础。现行《反不正当竞争法》对侵犯商业秘密善意第三人的空白与相关理论粗疏使得商业秘密持有人与正常市场交易主体方利益难以实现衡平，这种状态亦不利于市场交易安全与稳定。对此，明晰商业秘密善意第三人裁判思路与具体内容构建至关重要。文章在对现有地方性法规与司法实践探析后认为，宏观上要坚持利益衡平与公平原则，微观则需明晰善意第三人构成要件，把握善意准据时间，坚持持续性善意标准；在责任承担上，要进行通知前后不同层次的划分，通知前采用免责主义，通知后则采用附条件折中主义。

**【关键词】** 商业秘密　善意　第三人　善意取得　免责

知识经济时代，商业秘密作为一种与传统知识产权相区别的新型知识产权类型，其经济与战略价值日益凸显。而与之对应的是，侵犯商业秘密行为亦开始与日俱增，且在表现形式上，因科技手段发展、人类社会关系的复杂化以及商业秘密利用的效率化，商业间谍、猎头公司挖墙脚以及企业人才流动不断将侵犯商业秘密行为人扩展至除与商业秘密持有者雇员或业务伙伴外等“没有直

---

*　李超光——厦门大学知识产权研究院博士研究生，主要研究方向：知识产权法学；林秀芹——厦门大学知识产权研究院院长，教授，博士生导师，主要研究领域：知识产权法学。本文是国家知识产权局软科学研究项目“我国与‘一带一路’沿线国家知识产权合作机制构建研究”（SS19－A－03）、国家知识产权局“大数据的商业秘密保护问题研究”（ZX200702）阶段性成果。

接从商业秘密所有人处接收信息的人”，[1] 侵权主体渐由传统“二元直接简单化”向“多元隐蔽复杂化”扩张。对此，我国《反不正当竞争法》将第三人注意到其正接收的信息为他人商业秘密且向其披露系因违反保密要求规定所致的情形规定为“恶意第三人”，[2] 并因此根据案件细节承担从民事到行政不同程度的法律责任。

但与此同时，现实情况下个别侵犯商业秘密第三人在诉讼过程中会主张其在获悉所披露或转让商业秘密时，并不知其获悉商业秘密为第二人以不正当手段或违背保密义务所得事实而要求予以免责，即此时自己为善意第三人。事实上，作为对商业秘密侵权行为的免责抗辩，商业秘密善意取得是对动产物权善意取得制度[3]一种积极有效的借鉴，二者在立法目的、构成要件方面都存在某些相似之处，而主张商业秘密善意取得亦是第三人在侵权事实成立后为免除其法律责任的唯一法律“出逃点”。然颇为遗憾的是，我国现行《反不正当竞争法》对善意第三人问题并未涉足，我们仅能从对“恶意第三人”的反向推断与不具普适性的个别地区地方性法规规定中探寻该制度的意涵与内容。

有鉴于此，本文在探寻相关制度内容与司法实践基础上，分析其各自存在的制度缺陷与实践经验总结，并结合国内学者相关研究，以此在完善我国商业秘密第三人制度内容构建体系完整性的同时，整合与修葺我国商业秘密语境下善意第三人制度，为其在具体司法实践中的运用提供切实有效的法律支撑。

## 一、立法语境下我国善意第三人制度现状述评

改革开放以来，我国市场经济高速发展，在此背景下，关于商业秘密的立法规范与司法实践在不同区域有了不同程度的体现与发展。与此同时，个别经济相对发达地区由于市场经济发展和知识产权竞争需要，善意第三人立法规范也日渐出现于其地方性法规当中。以下将从现今关于商业秘密语境下善意第三

---

1 See Michael A. Epstein, Modern Intellectual Property, §2.03, pp. 2 - 15. cited in Ryan Lambrecht, Trade Secrets and the Internet: What Remedies Exist for Disclosure in the Information Age? The Review of Litigation, 1999, p. 317.

2 参见《反不正当竞争法》第9条第3款之内容。

3 对于善意取得范围，虽然我国《民法典》物权编第311条对动产、不动产一体视之，采纳广义理解，但理论界则更多将其范围限定于动产范围内，采纳狭义观点。相关论述可参见谢在全著：《民法物权论》，中国政法大学出版社1999年版，第218页；王利明著：《物权法研究》，中国人民大学出版社2002年版，第260-261页；江平主编：《民法学》，中国政法大学出版社2000年版，第371页；魏振瀛主编：《民法》，北京大学出版社2000年版，第240页；王玉花著：《物权法律制度构造基础研究——以物权绝对性为核心》，法律出版社2018年版，第253页；纪晓昕：《试析商业秘密中善意第三人的有关问题》，载《当代法学》2002年第3期。

人的立法探析出发，总结该制度内容并分析其不足，以期从制度根本上为该制度在我国的立法完善提供现实基础。

### （一）商业秘密善意第三人立法规范概览

整体上，我国现今涉及商业秘密善意第三人的立法规范主要体现于三个层次中，即全国性立法规定、地方性法规以及最高人民法院作出的相关立法解释，以下将予分述。

1. 全国性立法规定

为保护商业秘密持有者合法权益，我国《民法典》合同编第二分编第20章第3节“技术转让合同和技术许可合同”中部分内容涉及了对因善意第三人使用或披露商业秘密的行为而导致原持有者利益受损予以积极救济的内容规定。例如，在对第三人商业秘密获悉权源上，《民法典》第870条内容即规定了技术转让合同中让与人和技术许可合同的许可人（即本文所称之第二人，下同）的正当性权源要求。[4]反之，若其违反约定擅自许可第三人实施该项专利或使用技术秘密，将被要求立即停止违约行为并因此而承担违约责任。[5]对此，上述条款在涉及第二人无权处分所占有技术秘密时，《民法典》即规定了由第二人承担违约责任的基本准则。与此同时，《民法典》还对受让人（本文第三人）相关义务作了相应规范。例如，其第871条规定，技术转让合同的受让人和技术合同的被许可人应按照约定范围和期限，对让与人、许可人提供技术中尚未公开的秘密部分，承担保密义务。[6]显然，在该情形下，正常签署技术秘密转让合同的第三人（包含本文之善意第三人）[7]在获得所转让技术秘密后即需在约定范围内承担对未公开技术秘密的保密义务，反之，其将依据第873条承担相应的违约责任。[8]

---

4 《民法典》第870条规定：“技术转让合同的让与人和技术许可合同的许可人应当保证自己是所提供的技术的合法拥有者，并保证所提供的技术完整、无误、有效，能够达到约定的目标。”

5 参见《民法典》第872条之规定。

6 另外，《民法典》第869条还规定了技术秘密转让合同的受让人技术秘密使用许可合同的被许可人要按照约定使用技术并支付转让费使用费的义务。

7 但与此同时，该种境况本身即对正常流转基础上不同主体之间签署技术秘密转让合同的正常规定，而非对善意第三人的特有规定，即该法条并未针对此时第二人获悉技术秘密的不正当性情形予以考量。

8 《民法典》第873条规定：被许可人未按照约定支付使用费的，应当补交使用费并按照约定支付违约金；不补交使用费或者支付违约金的，应当停止实施专利或者使用技术秘密，交还技术资料，承担违约责任；实施专利或者使用技术秘密超越约定的范围的，未经许可人同意擅自许可第三人实施该专利或者使用该技术秘密的，应当停止违约行为，承担违约责任；违反约定的保密义务的，应当承担违约责任。受让人承担违约责任，参照适用前款规定。

综上，同《反不正当竞争法》一样，《民法典》相关内容并未就善意第三人问题予以直观化规定，其只是在文本规范上对无论是第二人抑或第三人的相关义务及对应违约责任之承担进行了相应规定，我们仅能从对上述条文规定的推断中去臆测关于善意第三人的相关制度构建。但可以肯定的是，上述规定无疑为后续善意第三人具体制度的修缮提供了先期基础。

2. 地方性法规

与部门法的间接规范不同，地方性法规对相关问题的规定相对较为具体，但在法规适用范围与地域分布上，一般集中在经济相对发达地区。例如，作为改革开放的排头兵，深圳于1995年即开始制定地方性法规对商业秘密给予法律保护，《深圳经济特区企业技术秘密保护条例》（2019年修正，以下简称《深圳条例》）[9]第36条第1款规定，技术秘密受让人或得悉人（本文第三人）不知道也无合理理由应当知道其获悉之技术秘密系非法转让或违约披露的，赔偿责任由非法出让人或披露人承担。对此，该规定在事实上明确了善意第三人的免责定性问题。与此同时，该条第2款还规定了第三人在得知其所获悉信息属非法转让或违约披露后应立即停止使用上述信息，并采取合理、有效措施承担保守秘密义务；在此过程中，其所遭受的损失及采取保密措施的花费，可向第二人追偿，无法追偿的，由原技术秘密持有者与第二人或第三人合理分担。而经技术秘密持有者书面同意，第三人可对该技术秘密继续使用。可以说，《深圳条例》比较全面地探讨了处理商业秘密善意第三人的基本规范。而在《广东省技术秘密保护条例》（2020年修正，以下简称《广东条例》）中，[10]第23条除规定对善意第三人侵害他人技术秘密情况下，赔偿责任由第二人承担的基本准则外，还对经技术秘密持有者同意并支付相应费用时，第三人可继续使用该技术秘密的后续性内容作了相应规定。[11]对此，《深圳条例》与《广东条例》在现有立法相关规定缺失基础上，开创了对商业秘密善意第三人予以制度规范的先河，不仅在制度层面上为善意第三人的免责作了定性规定，还对后续的责任划分与继续使用问题作了相应的细化规范，为我国相关制度的规范奠定了基础。

---

9　该条例于1995年11月3日发布，次年元旦施行，截至目前共历经2009年、2019年两次修正。其中，关于善意第三人的规定三次文本基本未曾变动，1995年版本规定于第33条，后两次修正版本均体现于第36条。

10　该条例于1999年3月7日施行，其间历经2010年、2020年两次修正，但关于第23条商业秘密善意第三人的内容未作更改。

11　除此之外，天津市、宁波市亦对之进行了规定，但二者的内容与我国《反不正当竞争法》的内容基本一致，故本文不再对此予以细述。相关内容可参见：《天津市实施〈中华人民共和国反不正当竞争法〉办法》（2010年修正）第16条、《宁波市企业技术秘密保护条例》（2010年修正）第21条之规定。

3. 相关司法解释

为正确规范化审理技术合同纠纷案件，2004 年 11 月 30 日最高人民法院审判委员会就具体侵犯技术秘密合同纠纷案件作了司法解释——《最高人民法院关于审理技术合同纠纷案件适用法律若干问题的解释》（法释〔2004〕20 号，2020 年修正，以下简称《解释》），在第 12 ~ 13 条中就侵犯技术秘密中善意第三人相关问题作了一定规范。具言之，《解释》第 12 条第 1 款规定，依据《民法典》第 850 条在认定侵害他人技术秘密合同无效后，[12] 善意受让人可在其取得时范围内继续使用该技术秘密，但应向该技术秘密持有者支付一定使用费用并因此而承担保密义务。可以看到，《解释》在制定理念上基本沿袭了《民法典》对正常情况下交易第三人的处理方式，限制了其使用技术秘密范围与后续的保密义务。在此之外，《解释》第 13 条还就第三人支付费用相关问题在《民法典》基础上进行了明确化规定，一方面，人民法院可根据技术秘密持有者请求，对依据第 12 条第 1 款可继续使用技术秘密的善意第三人的继续使用但拒不支付使用费行为判令其停止使用；另一方面，二者（即善意第三人与技术秘密持有者）就使用费支付问题发生纠纷的，当事人任何一方均可请求人民法院予以处理，这意味着无论是对于善意第三人还是技术秘密持有者而言，就支付费用问题，双方均可提起诉讼，从而避免了持有者“一言堂”，片面以使用费问题对善意第三人给予绝对性禁止使用局面出现，赋予了善意第三人以积极性救济。除此之外，《解释》还规定对于合理使用费的确定问题，人民法院可依据持有者通常对外许可使用费或使用者获得该技术秘密所支付的必要使用费，并合理考虑其技术开发成本、成果转化、应用程度及使用者使用规模与范围、经济效益等因素综合确定，具有现实指导意义。

### （二）商业秘密善意第三人现有制度缺陷

综观上述我国商业秘密善意第三人立法规定，尽管在某些内容建构与裁判理念上为现实情境下善意第三人问题作出了一定指导，然而从整体看，仍存在下述问题需予解决。

1. 规范层次的差异性

从规范意义看，上述针对商业秘密语境下善意第三人的具体规范较多体现于地方性法规当中，而具全国范围内适用的法律——《民法典》一方面在制度本身规定上过于原则和抽象，对具体适用规则欠缺规范，不具有现实指导价值；另一方面在客观上将侵犯商业秘密的善意第三人管制范围限制于违约情境下，

---

12 《民法典》第 850 条规定：“非法垄断技术或者侵害他人技术成果的技术合同无效。”

具有片面性。与此同时，地方性法规具体制度本身亦并未完全涵盖所有关涉善意第三人的规范，不同地区间具体规范参差不齐。例如，《天津市实施〈中华人民共和国反不正当竞争法〉办法》《宁波市企业技术秘密保护条例》（以下简称《宁波条例》）仅是原文照搬我国《反不正当竞争法》相关条文而已，不具有具体适用性。即便是内容相对完善的《深圳条例》与《广东条例》，亦仅是依据该地区自身经济发展现状出现的问题而作出的适用规范，会经常依据现时经济发展状况的不同情境作出适时更改，稳定性相对较差。上述两条例时至今日已作两轮修改。

2. 规范客体的片面性

从规范客体看，前述无论是具有全国适用范围的《民法典》，还是诸如《深圳条例》与《广东条例》等地方性法规，抑或最高人民法院出台的《解释》，在具体内容规范上，均将保护客体局限于技术秘密。但根据我国《反不正当竞争法》的规定，所谓商业秘密，是指不为公众知悉、具有商业价值性并经其权利人采取相应保密措施的技术信息、经营信息等商业信息。[13] 故在具化分类上，商业秘密不仅包含技术信息，而且包括经营信息，新修《反不正当竞争法》为了保障法律周延，甚至在前述两个具体类型之外增加了“等商业信息”的兜底规定，以此为社会后续发展中可能出现的具有价值的秘密信息予以全面涵盖。虽然在心理上受到不少学者的诟病，但纵然抛弃该兜底性规定，前述具体规范亦难在客体内容上实现对商业秘密商业第三人的全面覆盖。加之从目前的司法实践结果看，针对商业秘密善意第三人的案件主要集中于对经营信息的侵犯，而非对技术信息的侵犯，下文即有相关论述。综上，现有立法规定中针对商业秘密第三人的规范客体欠缺对经营信息的考量，具有片面性。

3. 具体规范的冲突性

在具体规范内容上，上述规定中有关善意第三人的内容甚至出现了不一致的情况，具体表现在：

其一，对于最终责任承担的问题，《民法典》与《深圳条例》均规定了由第二人承担责任的基本准则，[14]《解释》则对该种认知予以客观淡化或否认，其第13条第3款规定，无论第三人对其获悉之技术秘密在通知后继续使用与否，法院均应要求其向商业秘密持有者支付前期使用费用，若该第三人已向无权处分第二人支付，则应要求后者向商业秘密持有者予以返还。从文义上看，《解

13 参见《反不正当竞争法》第9条第4款之规定。

14 当然，《民法典》本身规定的是基于合同相对性原则而承担的违约责任。参见《民法典》第872条与《深圳保护条例》第36条第1款之规定。

释》事实上要求善意第三人承担支付合理费用的义务，而与此同时，第二人责任则仅限于返还收取费用而已，该规定客观上弱化了第二人的责任主体地位，与《民法典》及《深圳条例》存在不一致性。

其二，上述规定在对第三人后续使用所获悉技术秘密条件时亦存在不相一致性。例如，《民法典》与《解释》均要求第三人承担后续保密义务，然《深圳条例》与《广东条例》则未作该种要求，相反，二者要求第三人的后续使用要经过商业秘密持有者同意；又如，在对后续使用范围限定上，《民法典》与《解释》要求将第三人获悉之商业秘密的使用范围限定于原有范围之内（前者甚至还规定了期限要求），然两地方性法规则对此未作规定；再如，在有关后续使用费用的要求上，上述立法规范也难获一致。

可以说，现行立法下有关商业秘密善意第三人的规定无论是规范层次，还是具体内容设置均存在或多或少的瑕疵。具言之，具体规范的地域性难以保证相关规定的普适性；经营信息相关内容的欠缺亦会使得实践当中相关判决的于法无据，欠缺说服力；而具体规范内容的差异则更将导致判决的差异性，导致同案不同判局面的出现，影响司法公信力。为保障商业秘密语境下持有者与善意第三人的利益衡平，增强司法实践性，上述问题亟待解决。

## 二、司法环境下我国商业秘密善意第三人实践探析

回顾与审视司法案件不仅可从现实角度了解司法者对善意第三人的态度及判决理念，而且能从裁决说理过程中寻究该制度具体要件构成与责任承担的现实适用。以下将从具体司法实践角度出发，探寻善意第三人制度在我国现实司法环境当中的实际操作，以从中获得借鉴启示。

本文以“无讼案例”为检索平台，以“侵害商业秘密纠纷”“第三人”“善意”为检索条件，共检索到 7 宗案件，详见下表。

**商业秘密善意第三人案件梳理表**

| 序号 | 案件名称 | 案号 | 历审案例 | 备注 |
|---|---|---|---|---|
| 1 | 何伟东等诉南通市通业实业有限公司侵犯商业秘密纠纷案 | （2002）苏民三终字第 034 号 | （2001）通中民初字第 69 号 | 成立 |
| 2 | 成都益能达高能电池工程有限责任公司等与成都华西电子机械研究所有限责任公司侵犯技术秘密纠纷案 | （2005）川民终字第 237 号 | （2003）成民初字第 752 号 | 不成立 |

续表

| 序号 | 案件名称 | 案号 | 历审案例 | 备注 |
|---|---|---|---|---|
| 3 | 宁夏福民蔬菜脱水集团有限公司与宁夏正洋物产进出口侵害商业秘密纠纷案 | （2007）民三终字第1号 | （2005）宁民知初字第1号 | 不成立 |
| 4 | 烟台万斯特有限公司与刘云龙侵害商业秘密纠纷案 | （2013）烟民三初字第192号 | | 不成立 |
| 5 | 北京神脑资讯技术有限公司与北京广信联合国际教育咨询有限公司等侵害商业秘密纠纷案 | （2017）京0105民初85045号 | | 不成立 |
| 6 | 青岛市公用建筑设计研究院有限公司与北京大成华智软件技术有限公司等侵害计算机软件著作权纠纷案 | （2018）京73民终1249号 | （2013）海民初字第15447号 | 原则规定 |
| 7 | 宁波云医院有限公司、浙江全人健康产业发展有限公司侵害商业秘密纠纷案 | （2018）浙02民终1448号 | （2017）浙0212民初6100号 | 不成立 |

通过对该7宗案件通读后总结发现，有关商业秘密善意第三人的具体制度概括与判决思路情况大致如下。

### （一）宏观：定性与判决理念

宏观上，绝大多数案件第三人均以其不知情第二人侵犯持有者商业秘密为由主张免责，这也从侧面反映了善意第三人作为免责条款的定性。[15] 与此同时，还有一些案件具体指明了处理善意第三人侵犯商业秘密案件的指导理念。例如，在“青岛公用建筑设计研究院与北京大成华智软件公司等侵害计算机软件著作权纠纷案”中，北京知识产权法院即指出，在对待侵犯商业秘密善意第三人问题上，要兼顾商业秘密持有者合法权益与正当经营主体之利益，对后者在交易过程中所负注意义务不能要求过高，从而不适当地增大其市场交易成本。此外，裁判结果还要考虑对各方预期利益的影响，以及各方的缔约角色、判断能力，保护善意交易主体的合理信赖利益。[16]

---

15　但从现有案例情况来看，以第三人善意不知情来源于第二人的商业秘密是后者以不正当手段获悉抑或违反保密义务予以披露主张免责较难在司法实践下获得支持。参见正文表格中的内容。

16　参见北京知识产权法院（2018）京73民终1249号民事判决书。

## （二）微观：构成要件与责任

从具体制度构建看，首先，对商业秘密善意第三人制度的构成要件，司法实践主要集中在对第三人善意以及第二人无权转让的基础上，而鲜有将第三人支付合理对价作为其构成善意第三人的单独要件要求。[17] 例如，在前述“青岛公用建筑设计研究院与北京大成华智软件公司等侵害计算机软件著作权纠纷案”中，北京知识产权法院即认为，原审被告——青岛公用设计院通过正常招标程序购买涉案软件，并支付了合理对价，在上述软件交付使用后，其作为善意第三人合法取得了涉案软件所有权。在该案中，北京知识产权法院显然将支付对价仅作为一种善意推定予以考量，而非单独构成要件。同样，前文表格中其他案件对善意第三人支付问题的不予论述也从侧面实现了司法者对支付对价不作为一种善意第三人单独构成要价的佐证。其次，在对善意的判断上，绝大多数案件都强调第三人主观意图上的注意义务，将其作为客观推定第三人主观善意的认定方式。另外，根据上述案件分析，在善意准据时间问题上，我国司法实践偏向于持续性善意标准，即第三人不但要在获悉商业秘密时主观为善意，在后续披露与使用中也依然需保持主观善意状态。一旦第三人在此过程中知悉所获知商业秘密存在瑕疵，或商业秘密持有者向其发出第二人违法不正当获取或违反保密义务予以披露的通知，善意即丧失，第三人便因此丧失继续使用该商业秘密的权利，否则将构成侵权。在“何伟东等诉南通市通业实业有限公司侵犯商业秘密纠纷案”中，该案以商业秘密持有者通知作为第三人善意之分界，即善意第三人获得持有者通知后应停止使用、传播在先获得之商业秘密，否则

---

17　学理探讨中，不少学者主张，第三人支付合理对价是构成善意第三人的单独要件。例如，彭学龙教授即明确提出善意第三人成立包含支付合理对价的要求。对此，他认为，在善意第三人构成上，第三人支付适当的对价是该制度得以成立的要件，而无对价或仅支付很少的对价取得商业秘密并非真正意义上的市场交易行为，故不应受到商业秘密善意取得制度的保护。与之相对，汤茂仁则主张，如果第三人系支付合理对价或就商业秘密已经进行了投资等实质性改变自身状态的行为，商业秘密持有者要求第三人停止使用商业秘密的请求应受到限制，第三人支付对价合理与否，仅是判断是否应当知晓的标准。相关论述参见彭学龙：《商业秘密善意取得与动产善意取得制度之比较》，载《政法论丛》2001 年第 4 期；汤茂仁：《论商业秘密善意取得制度在我国的适用》，载《法律适用》2013 年第 12 期。

就有侵权之虞。[18] 该种善意准据时间标准与美国立法一致。[19]

另外，就善意第三人的后续使用具体操作问题，现有案件未曾涉及。[20] 但在前述“青岛公用建筑设计研究院与北京大成华智软件公司等侵害计算机软件著作权纠纷案”中，北京知识产权法院的判决为后续使用中双方利益的平衡进行了概括性强调，该判决指出，在后续使用方面，要考虑原商业秘密持有者的预期利益，在未出现权利义务重大失衡或其他特殊理由的情况下，不宜判令第三人停止使用，进而损害善意交易主体对正常商业秩序的信任。

## 三、完善我国商业秘密善意第三人制度内容的建议

利益衡平是知识产权制度的发展基石。在商业秘密经济与战略地位日趋凸显的时代背景下，加强对商业秘密持有者的周延保护至关重要，与此同时，维护正常交易活动下善良经营主体利益、保证市场交易安全稳定运行同样不容忽视，故在此意义上，对商业秘密持有者与善意第三人利益的衡平便成为应时之需。结合上文我国现有善意第三人立法制度与司法实践研析中发现的问题与制度缺陷，以下将探究其改善路径，借以均衡制度所涉利益触角，并对制度瑕疵进行“补牢”，加强其结构化程度，以期为我国商业秘密语境下善意第三人制度的建构提供启示与借鉴。

### （一）商业秘密善意第三人适用原则

1. 利益衡平原则

在对待商业秘密语境下的善意第三人问题时，整体要坚持利益衡平原则，主要体现于以下两个方面：

其一，对商业秘密持有者与市场交易安全的利益衡平。一方面，考虑到商业秘密在市场经济中对商业秘密持有者的价值性与重要性，要对其给予特殊保护，以此保障知识产权主体的生产积极性；另一方面，从市场交易安全看，又

---

18　参见江苏省高级人民法院（2002）苏民三终字第034号民事判决书。

19　《美国侵权法重述》第758节即规定：“行为人从第三人处获取信息，未注意到该信息属商业秘密且第三人披露行为违反对他人之保密义务；或行为人因过错获悉商业秘密，未注意到秘密性和错误。此时对接到通知之前的披露或使用行为不承担法律责任；而对接到通知之后的披露或使用行为，则对他人承担责任，除非在此之前已善意支付对价或已实际改变状态以致使其承担责任将显失公平。”该条文规定因参照系不同，将本文所称之“第二人”与“第三人”进行了倒置。See Restatement of Torts（1939）§758.

20　这是因为现实情况下关涉第三人的案件多以善意作为免责抗辩依据，而事实上绝大多数案件法官均对其予以否定，故现存案件鲜有涉及真正善意第三人后续使用问题。

要合理考量市场其他第三方交易主体在通常商业过程中所负注意义务的大小，避免对社会上其他经营主体科以过高注意义务，不适当地增大交易成本，影响市场交易规范化运行。故此，保护商业秘密持有者合法权益与维护正常合理交易信赖秩序应当是立法与司法机关同时追求的双向价值，两者不可偏废，不能片面强调商业秘密保护，而随意扩大责任范围，损害整个交易信赖秩序安全。

第二，对商业秘密持有者与善意第三人的利益衡平。在整个商业秘密善意第三人制度下，在保护商业秘密持有者利益的同时，因善意第三人获悉商业秘密在主观上不具有侵犯商业秘密恶意，故一方面对其在善意期间的具体行为应予免责；另一方面在后续行为中亦不应“一刀切”地绝对性禁止使用，而是应当在结合第一人意见的基础上，综合考虑适用结果对各方预期利益的影响，在未出现权利义务重大失衡或其他特殊理由时，可考虑在第三人支付合理费用并承担保密义务前提下，得以在原范围内继续使用其所获悉之商业秘密，进而保障善意交易主体对正常经营利益的维护与市场经济的长足和谐发展。

2. 公平原则

一方面，商业秘密持有者通知善意第三人之前的责任承担需坚持公平原则。具言之，在善意第三人侵犯商业秘密的语境下，对商业秘密持有者利益的损害本质是第二人无权处分之结果，此时善意第三人本身作为市场经济的参与者，在该侵犯商业秘密案件中亦属利益受损者，故具体案件中最终责任应以无权处分人承担为准则，此时善意第三人应予免责。而前述《解释》要求善意第三人承担支付合理费用义务，对第二人则仅要求返还收取费用的做法客观上弱化了第二人的责任主体地位，进而将其责任转嫁至善意第三人，显失公平。

另一方面，在商业秘密持有者通知善意第三人之后，对于善意第三人支付继续使用价金的考量亦需遵从公平原则。对此，合理使用费的计算应以商业秘密持有者通常对外许可技术秘密的使用费或使用人取得该经营信息所支付的使用费为准绳，并综合考虑该技术的研发成本、成果转化与应用程度及使用人的使用范围与规模、经济效益等因素予以确定，以此实现对商业秘密持有者利益的公正维护。与此同时，应赋予善意第三人就后续支付费用的诉讼权利，防止商业秘密持有者以费用问题单方面绝对禁止善意第三人使用的情形。

### （二）商业秘密善意第三人内容建构

1. 形式要求：构成要件

（1）第三人从第二人处转取得或受让商业秘密。对获悉商业秘密之来源，善意第三人因本质上属于第三人范畴，故其在信息来源上秉承第三人根本认知，[21] 即其所获悉商业秘密需来源于非为商业秘密持有者的第二人之手，只有这样，善意第三人才有根本存在的前提。

（2）第二人不享有处分商业秘密的权利。从来源性质看，上述第二人不享有披露或允许他人使用其占有商业秘密之权利，意即此时第二人为无权处分人，其向第三人的转让或披露行为存在权利瑕疵。主要包含两种情形：其一，第二人持有商业秘密本身不合法，亦即第二人对商业秘密的获悉系通过不正当手段[22] 予以实现的；其二，第二人获取商业秘密合法，但未经原持有者准许，擅自将所知悉商业秘密予以披露。需予注意的是，披露或允许他人使用商业秘密的交易行为本身除第二人无处分权外，其他方面均合法有效，只有这样，善意第三人制度才有其存在的依据。

（3）商业秘密持有者通知前第三人主观善意。在前述欠缺正当权源的商业秘密流转过程中，第三人对第二人存在权利瑕疵不知情，这是善意第三人制度存在的根本。参考美国立法例，[23] 在善意准据时间问题上，持续性善意标准无论从侵犯商业秘密行为认定，还是从法律逻辑、法律原则和利益平衡基本精神角度看，都能很好地处理善意第三人与商业秘密持有者间的利益平衡。而在对

---

21　理论上认为，对侵犯商业秘密第三人的认识系依从商业秘密获悉的顺承关系而来。例如，郑友德教授与李明德教授均认为，第三人是间接从第二人手中获得商业秘密进而再去使用或继续披露的人，而第二人则是直接以不正当手段获得或一开始通过正当手段获得而后不正当泄露商业秘密之人。崔明霞教授在此基础上根据行为时的主观心理状态又将第三人分为恶意第三人和善意第三人（Innocent third party）两种类型。而与之不同的是，张玉瑞教授以 TRIPs 相关规定做依托并认为，TRIPs 第 39 条相关注释规定中将违约、泄密或诱使他人泄密分为两种类型：其一，行为方式上具有主动性的“违约、泄密或诱使他人泄密”；其二，行为方式为被动的“明知或因疏忽大意未知存在以上方式的第三方获取商业秘密”行为。而后者之“被动接受”行为主体即为我国商业秘密意义上的“第三人”概念，其以“被动收受商业秘密为特征”。对此，本文对二者予以综合考量，认为第三人系明知或应知第二人对商业秘密持有者之商业秘密的获悉系第二人经不正当手段获取（包括但不限于盗窃、贿赂、欺诈、胁迫、电子侵入）或虽其正当获悉但违反保密义务或持有者保守商业秘密的要求而予披露之情形，依然进行再度获取或被动接收的行为主体。上述相关论述可参见郑友德、王活涛、高薇：《日本商业秘密保护研究》，载《知识产权》2017 年第 1 期；李明德著：《美国知识产权法》，法律出版社 2003 年版，第 120 页；崔明霞：《商业秘密侵权中的善意第三人》，载《中南财经大学学报》2000 年第 6 期；张玉瑞著：《商业秘密法学》，中国法制出版社 1999 年版，第 541 页。

22　具体不正当手段如盗窃、贿赂、欺诈、胁迫以及电子侵入等方式。参见《反不正当竞争法》第 9 条第 1 款第 1 项之规定。

23　参见《美国侵权法重述》第 758 节之规定。但与之相反，对善意准据时间的确定，日本则采用即时性善意标准，即第三人只需在取得商业秘密时主观善意即可，之后在使用过程中是否为善意在所不同，即使其以后获悉了第二人的权利瑕疵，也不影响善意成立。详细内容参见日本《不正当竞争防止法》（UCPA，2018 年）第四章“例外规定”第 19 条第 1 款第 6 项之规定。通过比对，本文认为持续性标准更加符合善意第三人制度中对商业秘密持有者与第三人的利益衡平要求。

善意的判断上，要坚持客观化的同业竞争者注意标准，借鉴司法实践中对第三人注意义务的考察，综合考量交易时间、地点、交易方式、当事人间关系等要素予以判断。[24] 需予说明的是，第三人支付合理对价系判断第三人主观善意的一个要素，但并不能成为善意第三人成立的单独构成要件。而在举证责任上，与动产善意取得推定第三人善意不同的是，[25] 因善意第三人此时主张责任的免除，故应当自证其主观善意。

2. 内容要求：责任形式与行为效力

在内容上，考虑第三人善意因商业秘密持有者的通知而丧失的情形，应从通知前后两种状态对第三人的责任形式予以不同要求。

（1）通知前——善意第三人免责。一方面，在行为效力上，因善意第三人中第二人为无权处分人，故其与第三人签订合同无效，在合同约定范围内承担违约责任；另一方面，从侵犯商业秘密行为的角度看，通知前善意第三人在约定范围内对获悉商业秘密的处分行为因主观善意，故此予以免责，商业秘密持有者所受损失应由无权处分人即第二人负担。对此，商业秘密持有者可基于上述主张二者择一，对第二人提起诉讼。而此时善意第三人无论是否支付对价均有权在约定范围内处分其获悉之商业秘密。

（2）通知后——附条件折中主义。当商业秘密持有者在通知第三人其获悉商业秘密系第二人不正当获取或披露而要求其停止使用时，第三人主观善意丧失，第三人原则上应当立即停止使用，否则即构成侵权。与此同时，考虑到第三人对获悉商业秘密适用的现实情况，当第三人在商业秘密持有者通知前已经支付合理对价或依据其获悉商业秘密已完成自身状态的实质性改变时，需对其合法利益予以必要保护。此时，结合美国与其他国家立法经验可以赋予第三人积极抗辩权及相应的权利救济，[26] 避免第三人前期投资成果的浪费，对此，可考虑在结合商业秘密持有者主观意愿以及支付对价金额或改变状态程度的基础

---

24 在德国法中，判断受让人是否存在恶意，主要依据如下几个方面：第一，取得行为的方式和内容；第二，转让标的物时的情况；第三，市场中通常的交易情况；第四，如果受让人能够单方面决定取得标的物，受让人的个人情况以及社会地位，如银行、商人应当具有更高的交易经验；第五，对转让人是否有权转让的一般看法；第六，无权处分时，转让人的具体表述以及其是否出具了相关的证明文书；第七，转让人的具体财产状况；第八，交易当时，受让人可以知晓的转让人的个人其他情况。See MunchKomm-Quack, 2. Aufl., §932, Rdnr. 32 ff.

25 例如，《法国民法典》第 2286 条即明确规定："善意，得于任何情形下推定之，认为他人系恶意占有者应负举证责任。"转引自彭学龙：《商业秘密善意取得与动产善意取得制度之比较》，载《政法论丛》2001 年第 4 期。

26 See Restatement of Torts (1939) §758. Restatement (Third) of Unfair Competition (1995) §40 cmt. d. & §44 cmt. b.

上，在原有范围内给予第三人以继续使用的权利，当然，此时第三人需向商业秘密持有者支付合理使用费，并需承担保密义务。另外，制度构建过程中还需对实质性状态改变的情况以及合理费用之“合理”予以具体释析，以此增强制度规范性与指导性。

## 结语

从工具价值的角度看，知识产权是衡量市场经济活动中知识产权主体与社会公众利益衡平的工具，利益衡平贯穿于整个知识产权制度的运作过程中。而在商业秘密语境下，一方面，商业秘密持有者企图加强对商业秘密的保护以使其自身权益保护更加周延与稳定；但另一方面，基于市场交易的安全与便利考量，对通过市场交易而获得商业秘密的善意第三人权益的保障亦同样不容忽视。

从立法与司法的角度看，目前我国关于善意第三人的规定与司法实践存在一定瑕疵，无法维持上述平衡，不利于社会经济稳定发展。在分析善意第三人具体制度设置并参考世界其他国家相关立法与不同学理论争的基础上，我们可以在后续立法与司法实践中吸取经验，设立我国的商业秘密善意第三人制度。在此过程中，需着重关注以下几个方面：第一，善意的持续性问题，即第三人须持续善意，只有第三人在使用过程中始终保持善意，才可进一步考虑予以免责或在现有范围内的适用问题；第二，善意第三人构成要件问题，即第三人从第二人处转取得或受让商业秘密、第二人无权处分以及第三人在通知前善意，第三人支付对价是判断其是否善意的条件，而非单独构成要件；第三，善意第三人的法律效果，即通知前善意第三人免责，通知后则采用附条件的折中主义，当第三人支付合理对价或完成自身状态实质改变时，可考虑在结合商业秘密持有者主观意愿的前提下，在原有范围内给予第三人继续使用的权利。

# 国际法和人工智能

[瑞士] Thomas Burri（著）　赖晨枫　蔡伟（译）*

【内容提要】本文就人工智能的主要领域及其对国际法的启发提出了五个论点。这些主要领域分别是自动化、法律人格、武器系统、控制和标准化。这些论点一起分析了一个问题，即为了应对正在进行的人工智能革命，国际法需要在哪些方面进行调整。这些观点还揭示了可以从国际法中获得的对人工智能治理的启发。

【关键词】人工智能　机器人技术　伦理　国际法　人工智能人格　自动武器　自动化　控制　电气和电子工程师协会

## 引言

本文就人工智能的主要领域及其对国际法的启发提出了五个论点。这些主要领域分别是自动化、法律人格、武器系统、控制和标准化。本文的每一部分都围绕一个方面展开论述。鉴于这些方面密切关联，本文希望最终能够展现国际法和人工智能现状的广阔领域。

迄今为止[1]，国际法律师（在人工智能领域）几乎只关注自主武器系统。这种关注点过于狭隘，没有公正看待人工智能的复杂性和可及性。人工智能的

---

* 作者 Thomas Burri 博士是瑞士圣加伦大学（University of St. Gallen）的国际法教授。译者赖晨枫：中山大学法学院研究生、南方海洋科学与工程广东省实验室（珠海）研究助理；蔡伟：中山大学法学院副教授、南方海洋科学与工程广东省实验室（珠海）研究人员。本文的原始出处为：Thomas Burri, International Law and Artificial Intelligence, German Yearbook of International Law 2017, vol. 60, pp. 91－108。本文获得原作者授权翻译发表本中译版，特此致谢。本翻译受国家社科基金重大专项（批准号：20VHQ005）资助。

1　截至该文发表时。——译者注

意义远不止于武器。因此，本文的基本思想是拓宽国际法中关于人工智能的讨论。虽然本文讨论了人工智能对国际法的广泛影响，但同时也反过来强调了国际法对人工智能的意义以及它如何提供启发。

本文的目的不是陈述绝对真理。这篇论文提出的一些论点过于大胆而不可能是绝对正确的。人工智能也是一个新现象——至少以目前的形式——现在陈述绝对真理还为时过早，至少在涉及支配它和受它支配的法律和伦理时是如此。本文期待以思辨的方式显示国际法律师可以探索的途径，并在国际法中引发更广泛的讨论。

## 论点一：国际法不会自动化

律师的工作越来越自动化。律师以新方式开展工作，如依靠深度数据库进行研究，通过信息技术提供服务。但是除了这种相当基础的数字化以外（大多数职业都以这样或那样的方式经历过），以前无须律师过多关注就可完成的任务正越来越“机械化”[2]。日常工作，如起草合同、对裁决的上诉或尽职调查，越来越自动化。[3]此外，虽然法律评估一直是律师的核心竞争力，机器在法律评估方面也开始超越律师。例如，计算机程序可以非常准确地预测对税收裁决和交通违章罚款的上诉结果。[4]这种演变在不久的将来可能会继续并加速发展。它将减少人类在法律服务和专业知识中的作用，使律师的工作量和计费的工时更少。

人工智能改变了法律工作。机器学习是近年来进化最快且最为有效的人工智能类型。[5]虽然机器学习通常与自动驾驶、搜索算法和图像识别相关联，但它

2 “Mechanisation of the Law” is a term a research group including John Armour, Horst Eidenmüller, Sarah Green, Jeremias Prassl, Mari Sako, and Rebecca Williams at the University of Oxford uses to describe the phenomenon (see https://www.law.ox.ac.uk/research-and-subject-groups/research-collection-law-and-technology/blog/2017/03/mechanisation-law).

3 For illustration, see, for instance, the blog by Daniel Martin Katz, Michael Bommarito, and Jon Zelner: www.computationallegalstudies.com.

4 See <https://www.bluejlegal.com>. For the U.S. Supreme Court see Daniel Martin Katz, Michael James Bommarito II and Josh Blackman, A General Approach for Predicting the Behaviour of the Supreme Court of the United States, 9 July 2014, available on the internet at: <https://papers.ssrn.com/sol3/papers.cfm?abstract_id=2463244>.

5 See the author's paper: Thomas Burri, Machine Learning and the Law: 5 Theses, accepted at NIPS 2016 in Barcelona, forthcoming in JMLR Workshop and Conference Proceedings, available at SSRN: <https://papers.ssrn.com/sol3/papers.cfm?abstract_id=2927625>.

也涵盖了法律。[6]然而，机器的学习很大程度上依赖于其输入数据的数量和质量。训练数据越大、越干净，机器学习算法对新收集到的数据的学习效果就越好，智能也就越可靠。此外，数据的结构（包括类别和变量）可以改善机器学习。

因此，当法律是广泛的、密集的、同质的和结构化的，并且涉及已界定的变量集时，它就适合应用机器学习。某些领域的法律就是这种情况，如国家税法。税单上要填写的字段是明确规定的，税法中出现的争议往往取决于细节和细微差别。尽管争议很多，但市税务机关和法院每年都会作出数千条相当明确的裁决，而且这些裁决通常可以在公共数据库中查阅。由此产生的法律体系庞大、扎实且统一——因此非常适合机器学习。一些其他领域的法律也同样如此，如交通法、庇护法或并购法，这些法律都具有频繁发生又层出不穷的裁决和惯例。

然而国际法是不同的，[7]它缺乏上述定量和定性特征。国际法律界相对较小且多样，它只有不到200个国家和几十个国际实体，只涉及数量有限的行为者；即使将非政府组织和跨国公司考虑在内，这一数字仍然相对较低。国际法基于为数不多的条约规定，这些条约涵盖了范围最广泛的问题，而且往往措辞笼统模糊。[8]普遍适用的多边条约是例外，而非常规。习惯国际法更是出了名的模糊。[9]根据国际法中强有力的外交传统，行为者之间的争端将以友好和保密的方

---

6 Machine learning and the law is a rather new field. However, the conference "Fairness, Accountability, and Transparency in Machine Learning" has been organized on a yearly basis since 2014 (see: http://www.fatml.org). Various conference series and organizations have also covered the topic broadly for some time, e.g. CEPE (Computer Ethics: Philosophical Enquiry), ETHICOMP, and IACAP (International Association for Computing and Philosophy). NIPS (Neural Information Processing Systems) also offered a workshop on Machine Learning and the Law in 2016, organized by Adrian Weller, Jatinder Singh, Thomas D. Grant, and Conrad McDonnell: see www.mlandthelaw.org (with papers).

7 Scholarship on international law and artificial intelligence is hard to find, save when concerning autonomous weapons system; on that, see argument 3 below. On law and technology more broadly, see, for instance, Ugo Pagallo, The Law of Robots-Crimes, Contracts, Torts (2013); see also the journal edited by Springer: Artificial Intelligence and Law (published since 1992).

8 The truth of these characteristics is evident from any international law manual; by way of example: James Crawford, Brownlie's Principles of Public International Law, 8th. ed. (2012), Thomas Buergenthal and Sean D. Murphy, Public International Law in a Nutshell, 5th. ed. (2013), Jan Klabbers, International Law (2013); in German: Andreas von Arnauld, Völkerrecht, 3rd. ed. (2016) or Matthias Herdegen, Völkerrecht, 16. ed. (2017).

9 See, again by way of example, how the International Court of Justice had to go to great length to discuss the customary nature of only a handful of rules in ICJ, North Sea Continental Shelf Cases, 20 February 1969, ICJ Reports 1969, p. 3, and ICJ, Military and Paramilitary Activities in and against Nicaragua (Nicaragua v. United States of America), Merits, 27 June 1986, ICJ Reports 1986, p. 14.

式解决。国际法院的案件和权威裁决只在特殊情况下才会出现。[10] 现存的相对较少的国际法院裁决涵盖了各种各样的问题。相比之下，在国内法院中涉及国际法的裁决的数量更多，但这些裁决往往难以理解而且用各种不同语言写成。无论是在执行国际法还是更普遍的解释国际法方面，国内法院涉及国际法的裁决一般都强烈地倾向于打上国内法和事实的印记，因此这些裁决的规模不大。[11]

在特别国际法的某些领域，法律更为密集和统一，如世界贸易组织（WTO）的法律或国际刑法，但是相关裁决仍然相对较少。截至2017年9月8日，世贸组织只有529起争端。[12] 前南斯拉夫问题国际刑事法庭起诉了161人，并作出了大约100项判决。[13] 即使有法庭上的大量陈述和证据作为裁决的补充材料，[14] 数据仍然太有限，人工智能无法学会作出合理的法律评估。国际法上的一般结论是，国际法及其律师的工作都不会自动化。

## 论点二：随着具有法人资格的人工智能实体的出现，法律必须重新审视其规定

人工智能实体是指受国家法律所管辖的“容纳”（houses）人工智能的法人。拜仁（Shawn Bayern）首先提出了在美国现行法律下成立一个有限责任公司，并由人工智能（或者是自主系统、智能算法、软件代理等）对该公司全权负责的想法。[15] 拜仁详细解释了这种做法如何运作，并表明它具有赋予人工智能法律人格的效果。拜仁、我与另外四位作者一起进一步探讨了这一结构在其

---

10 This is not to say that international law has not grown over the past decades and that international court rulings have not become more numerous over the recent past. (See Karen J. Alter, The New Terrain of International Law- Court, Politics, Rights (2014).) The statement is not made to debase international law, either. It is made solely in the perspective of what is needed to put artificial intelligence and machine learning to work.

11 See the Oxford Reports on International Law, with the section International Law in Domestic Courts, which increases access to municipal court decisions, but is also a testimony to the variety of law and cases: http://opil.ouplaw.com/home/ORIL; for scholarship see Helmut Philipp Aust and Georg Nolte (ed.), The Interpretation of International Law by Domestic Courts-Uniformity, Diversity, Convergence (2016).

12 See https://www.wto.org/english/tratop_e/dispu_e/dispu_e.htm.

13 See http://www.icty.org/en/content/infographic-icty-facts-figures and http://www.icty.org/en/cases/judgement-list.

14 Some 2.5 million pages (http://www.icty.org/en/content/infographic-icty-facts-figures).

15 Shawn Bayern, The Implications of Modern Business-Entity Law for the Regulation of Autonomous Systems, European Journal of Risk Regulation (2) (2016), p. 297, also published in (19) Stanford Technology Law Review (2015), p. 93.

他法律体系下是否具有可操作性，以及它对宪法意味着什么。[16]

洛普基（Lynn LoPucki）证实，创建这样的“算法实体”是合法的。[17] 他认为它们的出现是不可避免的，但同时是最有影响的。犯罪分子可能会利用人工智能实体来达到他们的目的，并从中获利最多。在最近的一篇论文中，我展示了人工智能实体对欧盟内部市场的影响。[18] 事实证明，内部市场的人工智能实体的设立自由具有以下效果，即根据欧盟成员国的法律设立的人工智能实体的法律人格必须得到所有其他成员国的承认。也就是说，欧洲联盟法院通过《每日邮报》《中心报》和《工程报》等案件[19] 确立的相互承认国家法人资格的裁决适用于人工智能实体，就像适用于所有其他国家法人一样（只要它们从事经济活动）。由此产生的这些实体在整个欧盟的营商自由——“算法的自由流动”（the free movement of algorithms）——只能在非常小的范围内受到限制。这种限制取决于人工智能实体是受人类控制还是不受人类控制。

显然，洛普基敲响警钟是对的。从过去到现在，200 多项相互竞争的国家法律并存，使得人们利用最低限度的公司法规则来犯罪和避税成为可能。巴拿马和其他地方的空壳公司就是一个突出的例子。[20] 船舶方便旗也有类似的效果，它使船东可以规避严格的国家安全生产标准、劳动法和税收方面的规定。[21] 人

---

16 Shawn Bayern, Thomas Burri, Thomas Dale Grant, Daniel Häusermann, Florian Möslein and Richard Williams, Company Law and Autonomous Systems: A Blueprint for Lawyers, Entrepreneurs, and Regulators, 9 (Summer 2017) Hastings Science & Technology Law Journal (2) (2017), p. 135; available at SSRN: https://papers.ssrn.com/sol3/papers.cfm?abstract_id=2850514.

17 Lynn M. Lopucki, Algorithmic Entities, 95 Washington University Law Review (forthcoming) (2017), p. 76, available at SSRN: https://papers.ssrn.com/sol3/papers.cfm?abstract_id=2954173.

18 Thomas Burri, Free Movement of Algorithms: Artificially Intelligent Entities Conquer the European Union's Internal Market, in: Woodrow Barfield/Ugo Pagallo (eds), Research Handbook on the Law of Artificial Intelligence (2017/18, Forthcoming), available at SSRN: https://papers.ssrn.com/sol3/papers.cfm?abstract_id=3010233.

19 ECJ, Daily Mail, 27 September 1988, 81/87, ECR 1988, 5483, Centros, 9 March 1999, C-212/97, ECR 1999 I-1459, and ECJ, Ueberseering, 5 November 2002, C-208/00, ECR 2002 I-9919.

20 Compare ICJ, Barcelona Traction, Light and Power Company, Limited (New Application: 1962) (Belgium v. Spain), second phase, 5 February 1970, ICJ Reports 1970, p. 3, para. 56: "[T] he law has recognized that the independent existence of the legal entity cannot be treated as an absolute. It is in this context that the process of 'lifting the corporate veil' or 'disregarding the legal entity' has been found justified and equitable in certain circumstances or for certain purposes. The wealth of practice already accumulated on the subject in municipal law indicates that the veil is lifted, for instance, to prevent the misuse of the privileges of legal personality, as in certain cases of fraud or malfeasance, to protect third persons such as a creditor or purchaser, or to prevent the evasion of legal requirements or of obligations." And para. 59: "It follows that on the international plane also there may in principle be special circumstances which justify the lifting of the veil in the interest of shareholders."

21 See the famous case ECJ, Viking, 11 September 2007, C-438/05, ECR 2007 I-10779.

工智能实体可能会出现类似的逃避、规避和滥用法律的情况，因为根据某些国内法，建立这些实体在形式上是合法的。这种现象也可能迅速蔓延，因为人工智能实体很容易“增殖”。一个实体可以在不同的法域快速设立新的实体。

考虑到这些风险，国家立法者（和学者）需要一丝不苟地审查国家法律，确认是否可以根据目前的国内法律创建人工智能实体；如果是，鉴于可能存在的滥用，是否应保持这种规定；如果没有，应该如何修改法律。将人工智能实体的合法性限制在受控实体，即该实体由可承担责任的人类控制，可能是答案之一。[22]

此外，各国必须审查其国际法律义务。一个国家可能先行性地允许创造人工智能实体；此时，其他国家可能因受条约法的约束而承认这些实体的法律人格。[23]在欧盟内部市场，如果关于人工智能实体的措施是专门针对不受控制的实体，以确保在实体涉及犯罪时有自然人可被追究刑事责任，那么这些措施将是合法的。[24]但在欧盟之外，根据国际法，只有在相互承认条约被修改后，采取此类措施才可能合法。如果事实证明如此（而且如果这些措施是必需的），则必须尽快启动条约修正程序。

即使一国没有任何国际义务去承认不受控制的外国人工智能实体，也需要决定是否反对这种外国实体，因为有些国家可能会容忍这种做法。同时，不管有什么法律义务，全世界范围内都会受到这种宽容的影响。方便旗和空壳公司已经清楚地证明了这一点。作为回应，尽管需要时间，各国还是可以尝试通过谈判达成一项集体应对措施。一个国际一致同意的核查程序应该放在优先位置，该程序将使一个国家能够充分、肯定地了解一个法律实体是否受人类控制。至于采取的预防性单方面措施，或者在无法实现国际回应的情况下，确实存在某些模板做法，如单方面规定必须表明资产的实际所有权，从而防止洗钱。[25]但这些措施的有效性尚不明确。最后，严格的单边控制机制有可能成为公司和法律实体日常进行的无数国际交易的障碍。

---

22 See the distinction between controlled and uncontrolled artificially intelligent entities I propose in Burri, Free Movement of Algorithms, supra, note 17.

23 See Lopucki, Algorithmic Entities, note 16, footnote 173.

24 Burri, Free movement of algorithms, note 17.

25 See for details Neil Boister and Robert J. Currie (ed.), Routledge Handbook of Transnational Criminal Law, (2015), with chapters on "Money Laundering" by William Gilmore (pp. 331 - 346) and on "Transnational Organised Crime" by Andreas Schloenhardt (pp. 409 - 433).

## 论点三：日内瓦进程将禁止自主武器系统，但仅限于在有实际意义的人类控制之外运作的武器系统

虽然国际法一般不会自动化（见论点一），但在某个层面上，它一直在密集地处理可能的自动化带来的各种问题。在非政府组织的敦促下，《特定常规武器公约》论坛[26]自2013年以来一直在日内瓦讨论禁止自主武器系统的问题。[27]在几次初步会议后，一个政府专家组成立了，并将于2017年11月开始审议工作。[28]在这些讨论中，武器系统“自主”的概念在参与国之间引起了很大争议，但现在它们似乎一致认为，在武装冲突中使用武力，包括使用致命武力，必须始终受到有意义的人类控制。完全自主的武器系统，即在没有有效的人为控制的情况下选择和攻击目标的系统，可能会被一项新的国际法律文件所禁止，而自主程度较低的武器系统将是合法的。

---

26 Convention on Prohibitions or Restrictions on the Use of Certain Conventional Weapons which may be deemed to be Excessively Injurious or to have Indiscriminate Effects (with Protocols I, II and III), 1342 UNTS 163 (engl.), 10 October 1980.

27 A range of issues is explored in Nehal Bhuta, Susanne Beck, Robin Geiβ, Hin-Yan Liu and Claus Kreβ (ed.), Autonomous Weapons Systems-Law, Ethics, Policy, (2016); see also Peter Asaro, Jus nascendi, robotic weapons and the Martens Clause, in Ryan Calo/Michael A. FroomkinIan Kerr (ed.), Robot Law (2016), pp. 367 – 386; Amnesty International, Autonomous Weapons Systems: Five Key Human Rights Issues for Consideration (2015); Rebecca Crootof, The Killer Robots Are Here: Legal and Policy Implications, 36 Cardozo Law Review (2015), p. 1837; Jai Galliot, Military Robots-Mapping the Moral Landscape (2015); Paul Scharre and Michael C. Horowitz, An Introduction to Autonomy in Weapon Systems Working Paper (CNAS project on ethical autonomy) (February 2015) (2015), p. 23; Geneva? Academy (Nathalie Weizmann), Autonomous Weapon Systems under International Law Academy Briefing (no. 8 (November 2014)) (2014), p. 27; Heather Roff, The Strategic Robot Problem: Lethal Autonomous Weapons in War, 13 Journal of Military Ethics (3) (2014), p. 211; Markus Wagner, The Dehumanization of International Humanitarian Law: Legal, Ethical, and Political Implications of Autonomous Weapon Systems, 47 Vanderbilt Journal of Transnational Law (2014), p. 1371; Michael N. Schmitt and Jeffrey S. Thurnher, 'Out of the Loop': Autonomous Weapon Systems and the Law of Armed Conflict Harvard National Security Journal (4) (2013 (February 5)), p. 231; Kenneth Anderson and Matthew C. Waxman, Law and Ethics for Autonomous Weapon Systems: Why a Ban Won't Work and How the Laws of War Can Stanford University, The Hoover Institution (Jean Perkins Task Force on National Security and Law Essay Series); American University, WCL Research Paper; Columbia Public Law Research Paper (2013 – 11 / 13 – 351) (2013 (April 10)), p. (33); Human Rights Watch and Harvard International Human Rights Clinic, Losing Humanity: The Case against Killer Robots (November 2012); US Department of Defence, Directive on Autonomy in Weapon Systems (21 November 2012) available on the internet at: <http://www. dtic. mil/whs/directives/corres/pdf/300009p. pdf>; Ronald C. Arkin, Governing Lethal Behavior in Autonomous Robots (2009); Peter W. Singer, Wired for War-The Robotics Revolution and Conflict in the Twenty-first Century (2009).

28 Final Document of the Fifth Review Conference [Advance version], Fifth Review Conference of the High Contracting Parties to the [CCW], 23 December 2016, p. 9 (decision 1).

禁止自主武器系统，即使仅限于不受人类有效控制的系统，也将是一项重大成就。这将减轻人们普遍存在的恐惧，即未来的战争可能会完全自动化，人类最终可能会受制于机器的统治。[29]然而，这也是不够的，并留存有重要问题。“有意义的人类控制”（meaningful human control）这个术语可以归结为“控制”（control）。可以认为，“控制”的概念已经获得了支持，因为它是一个模糊的术语。在国际法中，使用模糊的法律术语是一种长期的做法，当立场分歧很大时，各方可以根据自己的喜好来解释这些术语。因此，美国和其他可能拥有自主武器系统的国家可能会对“控制”作出宽松的解释。这使得他们可以将各种各样的做法视为合法，如一个操作员同时控制数百架武器化的蜂群无人机，或者一艘武装潜水艇或飞行器被授权可广泛使用武力并在水下或空中游荡数月。其他各方，其中包括那些不拥有自主武器系统的国家，可能会采取更严格的控制方法。每当使用武力时，他们可能期望操作员和机器之间有紧密的反馈连接。因此，他们设想的与其他国家依靠“控制”所实现的恰恰相反。最终，“有意义的人类控制”虽然看起来是各方一致同意的术语，但可能只不过是一种表象。在这个术语的掩盖下，自主武器带来的真正问题仍然没有得到解决。

“有意义的人类控制”无法有效解决人与机器的共生问题。或者说，对战斗中的人与机器有机共生视而不见也许是可以接受的。现在看来，有机共生似乎是一个相当遥远和奇特的问题。然而，在具体情况中，战斗人员和机器之间的非有机共生关系并不遥远，如在人类与机器密切合作的巷战里，有必要知道在这种情况下合法行为的界限在哪里。不幸的是，确保有意义的人类控制的想法并没有在这方面提供任何指导。

确保人类保持有意义的控制似乎也无关紧要，因为整个概念与战争的基本前提不一致。武装冲突各方通常强烈希望不放弃对其武器的控制，这种渴望根深蒂固，因为放弃对武器的控制通常等于失败。相反，武装部队的设计通常是为了保持对使用武力和武器的控制，并尽可能精确地进行分配。（更重要的是，在任何情况下，武装冲突中准备将武器控制权转移给机器的一方都不太可能在意禁令。）

这一领域主要的挑战不是确保人类对武器系统有意义的控制，而是在战争

---

29 See Human Rights Watch and Harvard International Human Rights Clinic, Losing Humanity: The Case against Killer Robots, supra, note 26; see also Report with recommendation to the Commission on Civil Law Rules on Robotics, European? Parliament (Committee on Legal Affairs; Rapporteur: Mady Delvaux), 2015/2103 (INL), 31 May 2016, introductory clause i: “whereas ultimately there is a possibility that within the space of a few decades AI could surpass human intellectual capacity in a manner which, if not prepared for, could pose a challenge to humanity's capacity to control its own creation and, consequently, perhaps also to its capacity to be in charge of its own destiny and to ensure the survival of the species.”

中使用人工智能和算法。这是新的军备竞赛发生之地。[30] 这场竞赛中的相关指标不再是物理参数，这与以前追求对核武器最大破坏力或导弹和战机最远射程的竞争形成鲜明对比。相反，这些指标与数据有关，如卫星图像的分辨率和数字地图的准确性。从这个维度而言，它对未来力量平衡的影响，以及它在网络战中的应用需要更密切的关注。最坏的情况是，建立“有意义的人类控制武器系统”的规则会分散他们的注意力。而这可能是灾难性的，因为该等武器与民用应用（如自动驾驶车辆或图像识别）的深厚联系以及可扩展性，使得该议题在最好的情况下也很难规范。

## 论点四：现有的国际法为控制人工智能的作用和授权的限制提供了宝贵的借鉴

从论点二和论点三中产生了一个中心点，即对人工智能的控制是一个关键问题。人工智能实体在受人类控制的情况下，可被视为合法运行；除非受到人类的控制，否则自主武器系统可能很快就变得不合法，除非它们由人类控制。虽然与人工智能的这些表现形式直接相关的法律（分别是公司法和武装冲突法），包含如何解决控制问题的指示——想想监管公司董事会在公司管理控制方面，或者规范武装部队指挥系统的法律——但国际法拥有多年来在各种不同情况下积累的丰富的控制经验，因此应该利用这一经验来阐明与人工智能相关的令人困惑的控制问题。

这方面最显著的来源是国际刑事法院的判例法。国际刑事法庭关于前南斯拉夫问题的许多案件恰恰涉及控制：在什么时候和什么条件下，高层指挥官应对实地行动负责？什么时候指令足够精确以证明归属？什么时候分配给几个参与者的任务是如此紧密地联系在一起，以至于他们可以被认为是一个实体，即一个共同犯罪企业？[31] 该案例法对此类问题的回答可能包含如何实际解决对人工智能的控制的线索。事实上，国际刑法只涉及人类，而在人工智能方面，一个或多个人类与一台机器交互，这一事实不应成为不借鉴法庭记录的理由。通信理论至少表明，与人工智能主体的通信并不一定与人类之间的社会交往有本质区别。[32]

---

30 See Wired, 8 September 2017, available on the internet at: https: //www. wired. com/story/for-superpowers – artificial-intelligence-fuels-new-global – arms – race/.

31 Answers to these questions can be found in almost all decisions of the International Criminal Tribunal for the Former Yugoslavia. By way of example, see ICTY, ? ainovic et. al., IT – 05 – 87, trial chamber judgement of 26 February 2009, and appeals chamber judgment of 23 January 2014.

32 Gunther Teubner's talk given in Zurich on 11 September 2017 on legal personhood indicated this.

一般国际法可能不像国际刑法那样直接谈论控制。然而，国际法院处理的情况甚至更复杂多样，因而信息更丰富。[33]考虑以下两个源自国际联盟时代的例子，它们只是几十个例子中的一小部分。（1）1931年，奥地利与德国缔结了一项建立关税同盟的条约。此后不久，常设国际法院被要求就奥地利是否违反其在以前的条约［特别是1919年9月10日的《圣日耳曼—昂莱和平条约》（the peace treaty of Saint-Germain-en-Laye）］中规定的不得放弃其独立性的国际义务发表意见。法院的结论是，奥地利确实部分地违反了这项义务。[34]这一观点提供了一个例证，即如何理解不放弃一个人的独立。这难道不正是与那些容易放弃自己的独立性，让自己受制于人工智能的“意志”的人类息息相关吗？（2）1930年，同一法院在一份意见中指出，但泽自由城（the Free City of Danzig）由于其《宪法》所保障的地位而不能加入国际劳工组织，而《宪法》又得到国际联盟的保障。[35]以下的直接引文证明了该意见的相关性：“结果是，就自由城的外交关系而言，波兰和自由城都不是完全掌握局势的主人。”[36]并且：“……只要这些权利涉及对自由城独立性的限制，它们就构成其政治结构一个基本特征的有机限制。”[37]一些问题随之而来，即如何理解完全掌控人工智能的情况？人工智能结构的有机界限在哪里？总的来说，这一观点提供例证来说明如何构建一个利益竞争和相互依赖的结构——这正是人工智能需要解决的问题。

保留对某件事情的控制权的另一面是，某些决策不能被授权。控制人工智能的人必须自己作出一些决定，否则他就无法控制。接下来要回答的问题是：这些决定是什么？什么决定是不能委托给机器的？人们关于关于自动武器系统的共识似乎是，在具体战斗的情形中杀死一个人的决定不能委托给机器。关于

---

33 International law scholarship also addressed control and delegation in various circumstances (even beyond autonomous weapons systems-for the latter see supra, note 26). See for instance Erik Voeten, Delegation and the Nature of Security Council Authority, in Bruce CroninIan Hurd (ed.), The UN Security Council and the Politics of International Authority (2008), pp. 43 – 56. Elements of control and delegation are also present in the discussions about constitutionalism and pluralism. By way of example, see Bardo Fassbender, The United Nations Charter As Constitution of The International Community, 36 Columbia Journal of Transnational Law (3) (1998), p. 529, and most recently Bardo Fassbender, International Constitutional Law: Written or Unwritten?, 15 Chinese Journal of International Law (3) (2016), p. 489; Nico Krisch, Beyond Constitutionalism-the Pluralist Structure of Postnational Law (2012); Anne Peters, Compensatory Constitutionalism: The Function and Potential of Fundamental International Norms and Structures, 19 Leiden Journal of International Law (2006), p. 579.

34 PCIJ, Customs Régime Between Germany and Austria, 5 September 1931, A/B 41, advisory opinion.

35 PCIJ, Free City of Danzig and International Labour Organization, 26 August 1930, B18, advisory opinion no. 18.

36 Ibid., 13.

37 Ibid., 11.

论点二中讨论的人工智能实体，答案可能是，在实体犯罪的情况下有人类需要被起诉而追究责任；因此，刑事责任不能授权予机器。[38] 通过对国际法中其他此类授权限制的研究，我们发现了常设国际法院的一项有趣的裁决，即《某些但泽立法法令与自由城宪法一致性的决定》（Consistency of Certain Danzig Legislative Decrees With the Constitution of the Free City）[39]。但泽的立法机关制定了一项普遍适用的刑法规范，授权当局根据刑法的基本概念和普遍民意在应该对某项行为惩处时对个人进行制裁。法院在1935年指出，这种规范超越了"法无明文规定不为罪"的原则，侵犯了个人的基本权利和法治。从人工智能的角度来看，这一裁决表明，授予个人的自由裁量权可能是有界限的——在常设法院的案件下，该个人是法官；而在人工智能的情况下，该个人是合成的数据。人类主体发出的命令可能必须是具体的，而数字代理可以填充的空间可能必须是有限的。这就引出了一个问题：我们是否应该坚持人工智能必须被排除在自主决策之外的基本原则？[40]

因此，但泽立法令案和上面讨论的其他案例暗示律师们面临更为严峻的挑战。像国际法的判例法一样，欧洲人权法院的人权判例法要厚得多，可能具有但泽立法令案提供的各种线索。除了关于授权和控制的总体观点之外，还可以从判例法中获得关于每一项具体基本权利的指导。就像但泽法令案提到了"法无明文规定不为罪"，从而成为对人工智能的启发一样，欧洲人权法院的判例法也谈到了生命权、禁止酷刑等，而且每一个案例都可能对人工智能产生影响。研究欧洲人权法院的判例法是一项艰巨的任务。（更不要说国家法院的判例法！）然而，除了暴露授权和控制的局限性之外，我们的法律体系在正在进行的人工

38 See Burri, Free movement of algorithms, note17.

39 PCIJ, Consistency of Certain Danzig Legislative Decrees With the Constitution of the Free City, 4 December 1935, A/B 65.

40 Like the three decisions of the Permanent Court of International Justice discussed in this section the following decisions of this court may prompt further questions with regard to artificial intelligence: PCIJ, Jaworzina (Polish-Czechoslovakian Frontier), 6 December 1923, B08, advisory opinion no. 8 (does "ejus est interpretare legem cujus condere" imply anything for artificial intelligence? [p. 37]); re powers and delegation of decisions: PCIJ, The Monastery of Saint-Naoum (Albanian Frontier), 4 September 1924, B09, advisory opinion no. 9, PCIJ, Jurisdiction of the European Commission of the Danube Between Galatz and Braila, 8 December 1927, B14, advisory opinion no. 14, and PCIJ, Interpretation of the Greco-Turkish Agreement of December 1st, 1926, 28 August 1928, B16, advisory opinion no. 16; PCIJ, Rights of Minorities in Upper Silesia (Minority Schools), 26 April 1928, A15, judgment no. 12 and PCIJ, Access to German Minority Schools in Upper Silesia, 15 May 1931, A/B 40, advisory opinion (what does the fact that certain decisions must not be delegated or questioned, e. g. the decision to belong to a minority, imply for artificial intelligence?); PCIJ, Interpretation of the Statute of the Memel Territory, 11 August 1932, A/B 49 (what does it mean to have autonomy?); PCIJ, Legal Status of Eastern Greenland, 5 April 1933, A/B 53 (how does one control something?) -and these are just the decisions of the Permanent Court of International Justice!

智能革命面前，其脆弱的地方也将变得显而易见。数据保护在应对人工智能的后果方面已经走在了前面，因为它最直接地威胁到了数字隐私。但规范公司、合同、银行、代理的法律——更不用说一般的公法——远非如此。因此，似乎迫切需要从人工智能的角度来看待判例法。

## 论点五：超软法将支配人工智能

追逐利润的企业，有时还有为了谋求寻求安全与权力的国家，都在推动着人工智能技术的发展。自动驾驶汽车、图像识别、咨询算法、金融技术和自动武器系统都是这种驱动的证据。然而，富裕人士和科学家们对开发人工智能[41]涉及的风险提出了警告，公共机构[42]也响应了这一呼吁。因此，一些旨在探索人工智能的伦理和社会影响的倡议已经启动。[43]研究人员和公民团体正在仔细研究一系列不同的问题，如武器采购机构应考虑的伦理因素[44]、人工智能人格的含义[45]、新的数字基本权利[46]等。

例如，作为技术专业协会的即电气和电子工程师协会（IEEE），正努力推动伦理原则的标准化。其《人工智能和自动系统伦理考虑全球倡议》最近发布了题为“伦理一致的设计”（Ethically Aligned Design）[47]的宪章的第一版，100

41 Future of Life Institute, An Open Letter: Research Priorities for Robust and Beneficial Artificial Intelligence, available on the internet at: <http://futureoflife.org/ai-open-letter/>.

42 Report with recommendation to the Commission on Civil Law Rules on Robotics, European Parliament (Committee on Legal Affairs; Rapporteur: Mady Delvaux), note 28.

43 E. g. the Future of Life institute (www.futureoflife.org) and the AI Initiative at the Future Society (http://ai-initiative.org). See the so-called Asilomar AI principles: https://futureoflife.org/ai-principles/ (note well how the principles were created: https://futureoflife.org/2017/01/17/principled-ai-discussion-asilomar/.)

44 E. g. a research group at the University of Zurich, led by Markus Christen, is currently developing an assessment scheme for the Swiss arms procurement agency.

45 Bendert Zevenbergen at University of Princeton in April 2017 convened a workshop on artificial intelligence personhood. See also Bayern, Burri, Grant, et al., Company Law and Autonomous Systems: A Blueprint for Lawyers, Entrepreneurs, and Regulators, supra, note 15.

46 See the proposed charter of digital fundamental rights: www.digitalcharta.eu.

47 Institute of Electrical and Electronics Engineer (IEEE), Ethically Aligned Design, The IEEE Global Initiative for Ethical Considerations in Artificial Intelligence and Autonomous Systems, 13 December 2016, available on the internet at: <http://standards.ieee.org/develop/indconn/ec/ead_v1.pdf>.

多名专家参与了该宪章的制定，现在已经建立了10个公共标准工作组。[48]它们涉及一系列的问题，包括透明度、算法偏差和隐私等。这些工作组成立的目的是建立通用的道德标准，供系统设计者，包括人工智能程序员、机器人制造商等在人机交互的所有情况下应用，包括自动驾驶、护理、金融投资、武装战斗等。IEEE的通用标准旨在从中国到美国再到欧洲的全球范围内得到应用。

目前有许多制定国际标准的进程正在进行，但这发生在传统的国际立法论坛之外，这些论坛被绕开了。作为国际法的传统主体和制定者的国家只参与了处理自主武器系统的日内瓦进程（见论点三），至少到目前为止联合国只发挥了微不足道的作用。相反，一个无组织、无领导的立法机构正在制定标准，它涉及感兴趣的个人、专业协会、社会和自然科学家、公司和民间社会组织。个人聚集在大学里；辩论正在网上进行。正在制定的标准也无视国际法的类别。它们不会具有正式约束力，但也不会成为软国际法，因为国际法的传统主体或组织都不会参与它们的制定。这些标准将是一种超级软法：它们将从国际法的空白领域出现，尽管它们在形式上不具约束力，但它们将凭借自身的优点具有说服力，并具有强大的合规吸引力。

这并非新奇的现象。珍妮特·科文·莱维特（Janet Koven Levit）描述了“自下而上的法律制定”的三个过程，并称之为当今各国制定国际法的准则。[49]互联网的标准化过程也是通过传统国际法领域之外的力量推动而产生的。互联网名称及编号分配机构（ICANN）从未真正融入国际法律版图，其在2016年10

48 The IEEE's recently established working groups on standards are: P7000, Model Process for Addressing Ethical Concerns During System Design, http://sites.ieee.org/sagroups-7000/; P7001, Transparency of Autonomous Systems, https://standards.ieee.org/develop/project/7001.html, P7002, Data Privacy Process, https://standards.ieee.org/develop/project/7002.html; P7003, Algorithmic Bias Considerations, https://standards.ieee.org/develop/project/7003.html; P7004, Standard on Child and Student Data Governance, https://standards.ieee.org/develop/project/7004.html; P7005, Standard for Transparent Employer Data Governance, https://standards.ieee.org/develop/project/7005.html; P7006 Standard on Personal Data AI Agent, https://standards.ieee.org/develop/project/7006.html; P7007 Ontological Standard for Ethically Driven Robotics and Automation Systems, https://standards.ieee.org/develop/project/7007.html; P7008, Standard for Ethically Driven Nudging for Robotic, Intelligent and Autonomous Systems, http://standards.ieee.org/develop/project/7008.html; P7009, Standard for Fail-Safe Design of Autonomous and Semi-Autonomous Systems, http://standards.ieee.org/develop/project/7009.html; and P7010, Wellbeing Metrics Standard for Ethical Artificial Intelligence and Autonomous Systems, http://standards.ieee.org/develop/project/7010.html.

49 Janet Koven Levit, Bottom-Up International Lawmaking: Reflections on the New Haven School of International Law, 32 The Yale Journal of International Law (2007), p. 393 See also the case studies in Andreas Fischer-Lescano and Gunther Teubner, Regime-Collisions: The Vain Search for Legal Unity in the Fragmentation of Global Law, 25 Michigan Journal of International Law (2003-2004), p. 999, p. 1017 et sqq.

月的改革超越了国家和国际组织的范畴。[50]更通俗地说，代码是一种使所有计算机操作标准化的通用语言。[51]然而，新的标准似乎超越了技术层面。伦理、道德和政治意愿不再是潜意识的，也不再像以前那样在标准中附带处理，而是占据中心舞台。标准将解决迄今为止属于思想家和哲学家领域的道德和伦理问题，同时还有以前通过政治话语解决的政治问题。目前正在发生的事情似乎不限于道德和伦理的普遍标准化。[52]

## 结论

与国内法的某些领域不同，国际法不会自动化。然而，这并不意味着国际法律师可以忽视人工智能，人们将广泛感受到人工智能的影响。例如，人工智能实体，即根据允许人工智能的国内法建立的法人，将会出现并促使国际法进行调整。自主武器系统目前受到国际法律师的高度关注，但在其核心问题上，自主武器提出更为广泛的挑战，即控制和授权。这在人工智能实体中也很明显。国际法在处理控制和授权方面有着悠久的历史。国际法院的判例法也有大量的控制和授权问题。本文通过举例研究了常设国际法院的三项裁决，但国际法院、国际刑事法院和区域人权法院的判例法可能处理大量的此类问题。因此，国际法为如何管理人工智能提供了启发和例证。然而，人工智能的治理目前掌握在非正式的标准制定者手中，如电气和电子工程师协会（IEEE）。国际法的律师应该加快进程。

50 See The Economist, We the networks, 5 March 2016.

51 See Lawrence Lessig, Code and Other Laws of Cyberspace (1999).

52 The new standardization, however, does not encompass everything. It does not imply that the traditional ways in which international law operates become useless. Standardization does not contribute to the solution of the South China Sea dispute (s) any more than it solves World Trade disputes, plays a part in the prosecution of international criminals, or shows a way out of the conundrums involving Kosovo, Catalonia, etc. These processes do not lend themselves to standardization any more than to the automation discussed in argument 1.

# 信息不对称视角下幼儿园虐童事件的法律防治

## ——以最小防范成本原则为分析框架

吴啟铮*

**【内容提要】** 近年来，我国出现了若干起发生在幼儿园的虐童案件，引起社会的广泛关注和强烈反响。在幼儿园的虐童事件呈现多发的状态，表明在制度防范方面存在着疏漏的现象，背后是对虐童事件背后的“不对称性”的理论认识不足。孤立地一味依靠事后的刑罚手段无法有效地解决虐童问题。虐童事件具有信息不对称的特点，进而引发防范能力不对称的问题。本文拟从“不对称性”出发并将其作为分析的事实基础，提出以“最小防范成本原则”作为构建法律防范体系的分析框架，主张由国家机关、社会组织、专业人士和当事人家庭进行通力合作，通过防范成本的合理调节，构建相应的事前重点预防、事中及时干预和事后维权处置机制，去弥合信息不对称问题，提高防范能力，同时强化幼儿园作为最小防范风险人的防范责任，构建起严密的儿童虐待法律防治体系。

**【关键词】** 信息不对称　幼儿园　虐童　最小防范成本　法律防治

## 一、问题的提出

幼儿作为完全缺乏自我保护能力的社会群体，应是法律保护的重中之重。2020 年《未成年人保护法》的修订，加强了对未成年人在各个方面的保护。除

---

* 吴啟铮——上海师范大学哲学与法政学院法律系副教授，法学博士，主要研究领域：刑事诉讼法、司法制度、犯罪预防与控制。本文为上海市哲学社会科学规划一般课题《公众参与型社区矫正的理论与立法研究》（2017BFX006）的阶段性成果。

了在总则增加“最有利于未成年人”原则，学校、社会、政府和司法等层面对在园幼儿的保护都有所加强。然而，实践中诸如“虐童”之类的特殊问题仍然存在一些法律防治的盲区。近年来，社会上陆续发生了若干起幼儿园教护人员虐童的事件，2017年发生的上海携程亲子园虐童案和北京红黄蓝幼儿园虐童案更是震惊了全社会。[1]据最高人民检察院通报，2017年以来，全国检察机关依法批准逮捕发生在幼儿园的侵害儿童犯罪案件181人，起诉231人；北京红黄蓝幼儿园、上海携程亲子园、南京爱德美幼儿园等虐童案已提起公诉。[2]其中，引人瞩目的携程亲子园案、北京红黄蓝幼儿园案等，在2018年和2019年分别获得法院判决。

我国对虐童问题的治理，存在着“虐童发生—社会反响—刑事立法”的路径依赖问题，尽管《刑法修正案（九）》新增设了虐待被监护、看护人罪，但是刑罚毕竟只能作为补充性的手段，虐童行为一旦发生，对幼儿的伤害将是巨大且影响深远的。“回应性”刑事立法隐含着巨大的风险，存在着强化刑罚依赖、滞延管理创新、弱化管理责任的问题。[3]因此，事后的刑罚威慑不能是最主要的手段，而必须防患于未然，采取多管齐下的方式。

2020年修订的《未成年人保护法》在保护在园幼儿方面有所增强，与防治虐待在园幼儿直接相关的、具有直接的针对性的，是在社会保护部分增加第62条的规定，即针对虐待等侵害未成年人的“违法犯罪行为查询制度”。[4]同时，在政府保护部门增加第98条规定，要求国家建立性侵害、虐待等违法犯罪人员信息查询系统。[5]这两条规定的实际上是同一个制度，即侵害未成年人的违法犯罪行为的查询制度，区别仅在于系针对不同主体的要求。也就是说，除了建立

---

1　幼儿园虐童事件或者幼儿园虐童案，实际上是幼儿园（或托儿所）教师、看护人员所实施的虐待儿童行为而形成的事件及案件。由于此类事件或案件发生的场所是幼儿园（或托儿所），出于行文表述的方便，本文将这一类行为所形成的事件及案件简称为幼儿园虐童事件或幼儿园虐童案。这并不代表幼儿园机构是虐童行为的实施主体，而仅是虐童行为的发生场所。同时，本文在行文时将各类对幼儿负有看护职责的幼儿园（托儿所、亲子园等）机构统称为“幼儿园”。

2　郑赫南：《最高检召开发布会通报加强未成年人司法保护情况》，载《检察日报》2018年5月30日，第1版。

3　狄小华：《构建儿童权利防护网——兼论虐童的多元治理》，载《青少年犯罪问题》2013第2期。

4　《未成年人保护法》第62条规定：“密切接触未成年人的单位招聘工作人员时，应当向公安机关、人民检察院查询应聘者是否具有性侵害、虐待、拐卖、暴力伤害等违法犯罪记录；发现其具有前述行为记录的，不得录用。密切接触未成年人的单位应当每年定期对工作人员是否具有上述违法犯罪记录进行查询。通过查询或者其他方式发现其工作人员具有上述行为的，应当及时解聘。”

5　《未成年人保护法》第98条规定：“国家建立性侵害、虐待、拐卖、暴力伤害等违法犯罪人员信息查询系统，向密切接触未成年人的单位提供免费查询服务。”

该制度，新《未成年人保护法》对幼儿园虐童事件的法律防治尚显薄弱，距离多维度和全面性的防治还有不少距离。

我国法律对幼儿园虐童问题的预防、干预和治理还有众多疏漏之处，从理论角度解读，是对幼儿保护背后的“不对称性”问题的理论认识不足。虐童事件具有信息不对称的显著特点，进而引发防范能力不对称的显著问题。本文拟从“不对称性”出发，去解释对幼儿园虐童事件遏制不力的理论原因，借鉴域外虐童防治的经验分析，最后提出以“最小防范成本原则”为分析框架，主张合理调节防范成本，通过事前重点预防、事中及时干预和事后维权处置，弥合“信息不对称”问题，进而提升防范能力。

## 二、幼儿园虐童事件中的不对称性特征

本文通过对中国裁判文书网的检索，梳理了近年来几个具有代表性和社会影响力的“虐待被监护、看护人罪”案例，对事实认定、证据根据和处理结果作如下梳理和描述：

**表 1　近年来若干典型幼儿园虐童案中裁判文书所认定的主要事实和核心证据**

| 裁判文书 | 判决认定的主要事实 | 证实虐待行为的核心证据 | 主要判决结果 |
|---|---|---|---|
| 吉林省四平市铁西区人民法院刑事判决书（2016）吉0302 刑初138 号 | 两被告人多次在教室、卫生间等监控死角处，使用缝纫针等尖锐工具扎、刺陈某某、邵某某等多名幼儿头部、口腔内侧、四肢、臀部等处。 | 幼儿园监控录像、被害人母亲的手机客户端摘取的视频，综合证实两被告人具有多次带领红一班幼儿去监控死角的行为；铁针、螺丝钉、钢钉；被害人的门诊病历复印件；被害人的损伤照片、司法鉴定意见书；多份证人（基本上为各被害人的父母）证言；被告人的当庭供述和辩解等。 | 有期徒刑。 |
| 河北省石家庄市长安区人民法院刑事判决书（2017）冀0102 刑初127 号 | 被告人宋某使用大头针对四名幼儿进行针刺、恐吓，对幼儿的身心造成严重伤害。 | 被害人陈述及其法定代理人的证言；证人（均为幼儿）及其法定代理人的证言；人身检查笔录及伤情照片；监控录像；被告人的供述（对指控事实无异议）。 | 有期徒刑，禁止从事看护工作三年。 |

续表

| 裁判文书 | 判决认定的主要事实 | 证实虐待行为的核心证据 | 主要判决结果 |
| --- | --- | --- | --- |
| 辽宁省建平县人民法院刑事判决书（2017）辽1322刑初101号 | 被告人王某某用大头针多次扎六名幼儿的脚部，造成六名幼儿脚部不同程度受伤。 | 被告人供述（承认指控事实）；证人证言；辨认笔录、辨认照片；检查笔录、检查照片；司法鉴定意见书（证实伤情）；和解协议书和谅解书；物证大头针一枚。 | 有期徒刑，三年之内不得从事幼儿教育工作。 |
| 上海市长宁区人民法院刑事判决书（2018）沪0105刑初239号 | 多名被告人不顾幼儿恐惧、逃避，采取用芥末涂抹幼儿口部、手部或让幼儿闻嗅、持芥末恐吓等方式对数名幼儿进行管教；其间分别有对幼儿拍打、推搡、拉扯、喷液体等行为。 | 证人证言、公安机关接受证据清单（证实观看监控视频发现案情，以及找获芥末送交公安机关）；证人证言、公安机关调取证据清单、相关监控视频（证实幼儿被涂抹芥末等情况）。 | 多名被告人分别获有期徒刑或者有期徒刑（缓刑），五年之内禁止从事看护工作，或者禁止在缓刑考验期内从事看护工作。 |
| 北京市第三中级人民法院刑事裁定书（2019）京03刑终144号 | 被告人使用针状物先后将4名幼童扎伤，经刑事科学技术鉴定，上述幼童所受损伤均不构成轻微伤。 | 被害人陈述（证实扎针）；家长的证人证言（证实幼儿告知被针扎情形）；司法鉴定意见书；幼儿园工作人员的证人证言；微信群聊天记录；被告人供述（承认扎针行为）。 | 一审判决被告人有期徒刑，及禁止从事未成年人看护教育工作五年；二审驳回上诉，维持原判。 |

幼儿园虐童案具有明显的“信息不对称”特征，这给案件的发现、证据的收集、事实的认定等带来一定的困难。在有的案件中，不造成肌体的伤害是很难被发现的，即使偶然被发现，如没有照片等影像资料作为证据，即便对幼儿

造成了严重的心理伤害，也难以找到证据来证实这种危害。[6]有美国学者认为，虐待儿童是很难被证明的。虐待大多数是秘密进行的，被虐待的儿童通常是唯一的目击证人。很多儿童由于年纪太小或者太害怕而难以作证。部分受害者并不愿意讲述他们受虐待的情节。通常情况下，唯一的证据就是幼小儿童瘀青的、破损的身体部位。[7]这种信息不对称性增大了幼儿园虐童的防范成本，相对于一般的人身伤害行为来说，案件被发现的难度相对较高，难以做到“防微杜渐”，虐待行为往往导致发生了较为严重的后果才得以被家长发现。即使能被发现，证明案件事实的难度也较一般案件大。

从上述刑事判决书所采纳的证据来看，发现、认定事实所依赖的关键证据有：监控录像、人身检查笔录及伤情照片、司法鉴定意见书、被害人陈述、被害人法定代理人的证言、证人证言、被告人的供述等。在有的案件中，监控录像既是据以定案的重要证据，也是发现案情的重要线索。同时，监控录像比较容易固定，它不太容易湮灭、伪造或者篡改；在很多情况下，监控录像还属于可以直接证明案件事实的直接证据。

在合理分配责任时，信息起着基础性的作用。“在一个社会中，如果一个人的行为能被一部分人群以相对低的信息成本观察到，而其他人群观察该行为的成本较高，那么，让信息成本较低的人群行使监督的权力就可以大大地节约监督成本。”[8]在查明虐童事件及防治虐童行为中，存在着信息成本的高低问题。在对虐童行为进行预防、监督时，由信息成本较低的一方来承担这些责任，可以节约成本，提高效率。实际上，我们可以从“信息不对称”问题的角度去看待和分析这些虐童案件的发现、查明与定案，而能够反映“信息不对称”问题的事物，无疑就是案件的证据。

虐童案中的信息不对称问题发生在幼儿监护人与幼儿园等教育看护机构之间。在监护人与幼儿园之间，存在着由环境空间所造成的“信息不对称性”，并由此产生了犯罪预防的距离问题。城市犯罪空间研究表明，犯罪场所的载体“行为”，即场所的空间形态，往往是主体行为与受体行为相遇、相撞的必要条件，“环境犯罪学”将研究的视角转向城市犯罪预防的空间研究，并提出了“通过环境设计预防犯罪”的课题。[9]从“犯罪的空间分析”来看，无论是宏观的

---

6　狄小华：《构建儿童权利防护网——兼论虐童的多元治理》，载《青少年犯罪问题》2013第2期。

7　John E. B. Myers, Linda E. Carter, Proof of Physical Child Abuse, 53 Mo. L. Rev. 189 (1988).

8　张维迎著：《信息、信任与法律》，生活·读书·新知三联书店2006年第2版，第163页。

9　参见王发曾著：《城市犯罪空间》，东南大学出版社2012年版，第77-80页。

地理差距，还是微观的环境信息差异，幼儿监护人与幼儿园之间都有着明显的信息鸿沟。由于监护人远离幼儿，而幼儿零距离地处于幼儿园的看护之下，在接触证据或者事先预防上，监护人和幼儿园都有着明显的信息差距。

### （一）案件证据的不对称情况

在证明方面，信息不对称主要呈现为接触证据的难易程度上。其中，被害人（即幼儿）的陈述是最靠近被害人的监护人的证据，监控录像是离被害人的监护人最远的证据，且后者几乎是零距离地处于幼儿园的掌握之中。有的证据需要事发后调查才能获得，如证人证言需要事后形成和记录，并且是否能够获得还取决于是否有目击证人、证人是否愿意作证等因素。有的证据，需要在事后进行制作，如鉴定意见，且只有鉴定机构才能提供。有的证据则距离监护人较远，且并非监护人可以自己获得，如被告人陈述。

在这些主要证据之中，监控录像是最容易直接证明案情的证据，也是在诸多案件中查明案件事实的关键，而这恰恰是距离监护人最远的证据。而其他的证据，多数是必须跟其他证据相配合，互相印证，否则几乎根本无法单独证明案件事实。并且，这些证据也几乎不在监护人的掌握之中，获取证据的机会大小亦不取决于监护人，而仰仗于侦查机关。就距离监护人最近的证据——被害人陈述而言，由于幼儿年幼，认识能力和表达能力都远不如成年人，因而幼儿的陈述未必在所有的具体案件中都能够被视为具有证据能力。

另外，立案需要具备法定标准，且需经过初查，而报案人应提供初步的证据或线索。然而，由于距离证据较远，监护人未必都能够拿得出足够的初步证据或者线索。例如，如果没有其他证据相配合，伤情无法单独证明存在虐待行为或行为系在幼儿园发生。有的案件能够通过监控录像得以发现，实在是具有偶然性。

因此，证明案情的证据本身就存在着严重的信息不对称：第一，被害人的监护人距离最直接、最关键、最有效的证据最远；第二，距离监护人最近的证据，即幼儿的被害人陈述，由于年龄、认知、表达等原因具有特殊性；第三，大部分的证据并不在被害人的监护人的掌控之中，且获取能力较弱；第四，监护人所掌握的证据有的时候未必能够达到立案门槛。

### （二）预防虐童行为的能力不对称情况

信息不对称问题非常容易引起防范能力的不对称。由于幼儿在脱离了监护人的环境下生活，与幼儿园处于零距离的接触之中，各自的犯罪防范能力有着天壤之别。

1. 幼儿园的预防能力

幼儿园对幼儿的教育和看护负有直接的责任。幼儿直接处于幼儿园的零距离看护之下，作为一个组织实体，幼儿园具有人力、物力以及一定的专业能力，对幼儿的安全保障能力最强，对虐童行为的防范能力也就最强，因而负有首要的责任。

2. 幼儿监护人的预防能力

作为成年人，幼儿监护人具有一定的犯罪预防能力，但由于幼儿此时已经脱离了家长的直接监护，监护人在幼儿就读时并无法接触到幼儿，实际上处于预防信息上的“鞭长莫及”状态。幼儿监护人只能通过非常间接的方式进行预防，如通过对幼儿的安全教育、对幼儿园的信息沟通、幼儿家长群体之间的信息交换，甚至主要通过事后的投诉、报案等方式来进行，实际上监护人的预防能力非常间接而有限。

3. 幼儿自身没有预防能力

幼儿本身几乎没有防范能力。即使是在学习安全防范小知识的情况下，由于年龄和生理原因，在面对已经发生的来自成年人的侵袭时，幼儿也是完全不具备预防能力的。

因此，无论是在案情发现还是证据获取上，不对称性是幼儿园虐童事件的突出特性，这又导致了防范能力不对称问题，给事前的预防与事后的治理都提出了难题。

## 三、最小防范成本原则理论与虐童行为的防治原则

### （一）最小防范成本原则的理论阐释

信息的差异可以造成防范成本的差异。最小防范成本原则（the least-cost avoider doctrine）是指，对于意外或事故的防范，应该由防范成本相对较小的一方采取相应的措施。最小防范成本原则原本是英美法上的概念，原来主要是处理侵权法和契约法中的问题，非常符合常情常理：“对于意外或者过失，谁能以较低的成本防范，谁就承担这个责任。”[10]最小防范成本原则的基本原理在刑法、刑事诉讼法中都有所反映。例如，正当防卫、紧急避险，都是为了避免事后负荷更大的成本；告诉才处理，或者近亲属之间的拒绝作证特免权，都是考虑到成本负荷问题甚至更长远的成本问题。

在分析风险承担时，早在20世纪70年代就有美国学者提出，是否应改变

---

10 熊秉元：《最小防范成本原则》，载《读书》2015年第9期。

意外成本的结论并不取决于一方是否过失，而取决于在与另一方的疏忽无关的情形下，哪一方才更适合作出成本效益分析的判断。而风险承担原则的局限也提出了诸如这样的问题：哪一方才对风险具有更深入的认识；以及当风险明显过大时，哪一方才能更好地作出选择，以通过改变行为的方式来避免该风险。选择最佳决定人，最小成本防范人，因而在某些领域发展起来的某些制度是对最大限度地减少意外成本和意外避免成本的总体渴望。[11]

显然，对风险防范而言，第一：对风险有更深入的认识一方肯定是更接近信息的一方，或者说是更具有信息收集能力的一方；第二，哪一方能够通过改变行为方式来避免风险，则指向行为能力更强的一方。从这一角度上讲，信息能力更强的一方、行为能力更强的一方，能够采取行为避免发生意外风险的成本肯定更低，由这一方来承担防范责任肯定更为合适。

基于上述原理，"最小防范成本原则"同样地也可以被运用到犯罪防治之中，这是非常贴近生活经验的，也是解决实际问题的现实方案的基础。而判断最小防范成本人，则要从信息能力和行为能力这两个方面进行判断。

### （二）从最小防范成本原则看虐童行为的防治

虐童行为作为一种潜在的风险，是客观存在的。如果采用"最小防范成本原则"的基本原理进行分析，则其风险防范责任的分配原则，可以从谁能更加有效地掌握信息，以及谁具有更强的避免风险发生的行动能力这两个方面来进行分析判断。

幼儿园比幼儿及其监护人具有强得多的信息能力。幼儿园是幼儿的零距离接触方，更加熟悉本园的教职工、硬件设施、规章制度和操作方式，在日常的看护管理中更加能够第一时间发现异常行为的线索。

同时，幼儿园比幼儿及其监护人也具有更强的避免风险发生的行动能力。幼儿园不仅依法负有日常的看护保障职责，而且是更加专业的幼儿保育机构，具有日常管理能力，具有一定的事先预防能力、事中监督能力和事后发现和纠错能力。在损害发生时，它们也具有检讨和调整行为来预防甚至震慑下一次损害发生的能力。

幼儿园都是毫无疑问的最小成本防范人，在防治虐童行为时所能够承担的成本最小，幼儿园的行为可以使虐童的损害风险最小化。防治虐童行为，应当从最小防范成本原则出发，在每一个环节设计相关主体的风险防范责任。

---

11 Guido Calabresi, Jon T. Hirschoff, Toward a Test for Strict Liability in Torts, 81 Yale Law Journal. p. 1055.

因此，应当采取以下原则作为虐童行为的防治原则：第一，幼儿园作为最小防范成本人，是具有调动人力、物力资源的法人实体，应当在采取防治虐童的措施上负有首要责任，并强化其防范责任，督促其积极采取防范措施；第二，应当通过合理的成本调节，去弥合各方之间的信息不对称问题及由此产生的防范能力不对称问题；第三，应当通过公权力机构和社会公众的协力参与协助幼儿家庭分摊防范成本；第四，应当通过各类型的信息沟通机制、协助机制增强幼儿家庭的防范能力。

## 四、防范成本调节与虐童行为的防治措施

虐童事件具有高度的信息不对称性，而预防能力的不对称性实际上也源于高度的信息不对称性。因此，从最小防范成本原则出发，将幼儿园界定为最小防范成本人，进行合理的防范成本调节，在事前、事中、事后建立各种预防、干预和处置机制，是防治虐童行为的最佳途径。幼儿园具有防范成本最小的特点，所以应当被分配承担首要的责任，令其承担大部分的防范成本，而其他有关的机构和个人，可以在不同程度上参与虐童的防治，合理进行防范成本的调节和分摊，最有效地实现防治虐童的目的。将来，无论是继续修改完善《未成年人保护法》，还是制定保护低龄幼儿的专门性法律，又或者是制定《学前教育法》，都需要考虑幼儿园虐童事件的防治问题。而在哪一部法律进行集中立法，还是在不同法律中进行分散立法，则是立法技术的选择问题。

### （一）严密防护网：虐童防治的公私协力

1. 多元协力

建立多元主体共同参与的虐童防治体系，可以克服完全倚赖幼儿园进行防治而造成的严重信息不对称问题。在解决先天性的信息差异问题上，必须依靠专业化的路径，通过各类国家机构、社会组织以及专业化的力量去参与虐童防治，严密防护网。

（1）设置隶属于行政机构序列的儿童福利委员会。在行政机构层面，可以设置专业化的儿童福利委员会，去解决目前我国行政机关序列中缺乏专业化的儿童福利机构的问题。在发达国家，属于行政机关序列的儿童福利行政主管机构是一个非常重要的政府部门。例如，在美国，儿童虐待和干预工作的行政事务由专门的政府职能部分——儿童福利局来负责，其工作人员都是专业化

的。[12]在澳大利亚各州，设置有属于政府部门的儿童福利管理机构，即儿童保护案件处理机构，有的称为社区服务部，有的称为家庭和社区部，有的称为人力服务部或者卫生和人力服务部，里面还设有承担不同职责的专业小组。[13]我国缺乏专责儿童福利工作的行政机关，有的事务依赖于不具备行政执法权的机构。需要设置由具备法学、社会学、心理学、教育学、社会工作、医疗保健等不同学科背景的专业人员所组成的儿童福利委员会，专责儿童福利保障的行政事务。

（2）设置专门化的司法机构。儿童保护问题具有很强的专业性，设置专门的少年法院（儿童法院或家事法院）是很多发达国家的通例。对于以儿童为被害人的案件，未成年人司法机构仍然可以具有管辖权。例如，《日本少年法》在“成年的刑事案件”一章中规定了必须向家庭法院提起公诉的成人刑事案件的类型，均为违反系列儿童保护法律而侵害儿童权益的刑事案件。[14]根据《日本少年警察活动规则》，“为保护少年而进行的活动”也属于“少年警察活动”的范围，其第17条即“有关遭受儿童虐待的儿童等的活动”。[15]我国应当设置专业化的少年司法机构，并将儿童作为受害人（如虐待）的案件也归入其管辖范围。例如，建立少年法院，在检察院中通设未成年人检察部门，在公安机关中设置儿童保护部门。

（3）广泛吸纳专业化的社会组织参与虐童治理。广泛的社会参与可以起到平衡信息独占的作用，同时也可以发挥不同社会组织的专业优势，进行社会监督，对家长提供支援，为履行保护儿童职责的行政或司法机构提供服务。社会组织参与既可以协助破除信息屏障，也可以帮助家长分摊防治成本。在域外，非政府组织在参与保护儿童方面非常广泛。澳大利亚儿童保护领域的非政府机构数量众多，如维多利亚州人力服务部予以登记并签订服务合同的就有150余家，而且几乎涉及儿童保护的各个领域。[16]我国也可以鼓励专事儿童保护的社会组织依法进行注册登记，并鼓励通过地方性立法赋予不同类型或专业的儿童保护组织以不同形式参与虐童防治；或者通过立法进行授权，或者接受政府委托，或者与政府或司法机构签订购买服务的合同。

---

12 李环：《建立儿童虐待的预防和干预机制——从法律和社会福利的角度》，载《青年研究》2007年第4期。

13 韩晶晶著：《澳大利亚儿童保护制度研究》，法律出版社2012年版，第17–18页。

14 参见张云晓、张美英主编：《当代未成年人法律译丛·日本卷》，中国检察出版社2006年版，第177–179页。

15 参见张云晓、张美英主编：《当代未成年人法律译丛·日本卷》，中国检察出版社2006年版，第147–154页。

16 韩晶晶著：《澳大利亚儿童保护制度研究》，法律出版社2012年版，第130页。

在各类社会力量中，一类是专事儿童保护的力量，应当突出儿童保护社工机构的作用；另一类是专业力量，对于查明案情、破除信息屏障具有重要作用。医学专家对虐童案情的查明十分重要。应当重视医学专家和医学专业机构在虐童案件中的参与作用，在案发后的第一时间就吸收医学专家等专业力量参与调查，指导取证，降低信息灭失风险。

（4）将家长委员会的设置法定化。家长委员会是最有动力，也是最有必要与幼儿园寻求分享信息的组织。在美国，学校里类似家长老师委员会的组织分为两种：一种是“家长老师协会”（PTA），另一种称为“老师家长组织”（PTO），有约四分之一的学校（从幼儿园到高中）都有 PTA，大多集中在小学。PTO 的独立性更强，每个学校的 PTO 都可以制定自己的规章制度。这两种形式的家长和教师组织均会召开例会，任何家长都可以报名参与，听取学校情况汇报，讨论学校相关事务，包括安全问题。[17] 当前，我国有些幼儿园设置有家长委员会，然而家长委员会并非一个普遍设立并为所有家长加入的组织。应当将家长委员会予以法定化，增强其透明性，使之成为每个幼儿的监护人自动加入的组织，起到与幼儿园分享信息、监督运转、促进安全保障的作用。

2. 建立信息分享与通报机制

从调节防范成本的角度讲，信息分享机制可以降低信息的不对称性，使其他机构帮助幼儿家长分摊防治成本，而对于诸如家长委员会之类的组织来说，还可以起到“集体防治”的作用，避免鼓励个人过高的防治成本问题。其中，建立信息分享机制是多元主体有效协力进行虐童防治的前提和关键。这包括：幼儿园与各类组织（包括监护人）的信息通报—反馈机制、监护人与行政或司法机构之间的投诉（报案）—反馈机制、家长委员会内部的信息共享机制，等等。一旦发现有疑似虐童行为或者存在隐患，发现人就应当遵循信息通报机制向主管机构和责任方通报。

### （二）事前预防

事前预防机制的建立，应当着眼于减少信息不对称因素，通过向监护人赋权、强化幼儿园责任以及让各类参与主体协助家长分摊成本等途径，切实做到防患于未然。

1. 建立实时监控机制并确认监护人的查询权

建立实时监控机制，乃是基于虐童行为发现问题难、寻找线索难、取证难、固定证据难等问题，以及虐童行为对幼儿造成的严重伤害。这也相当于强化了

---

17 杨敏著：《儿童保护：美国经验极其启示》，江苏人民出版社 2016 年版，第 57－58 页。

幼儿园的防范责任，由最容易采取相关措施的园方承担防范成本。有办理此类案件的检察官曾提示：案发后相关证据的固定工作极其重要，应当第一时间调取相关监控录像，并建议：要增强保护意识，如今大多数托儿所、亲子园、幼儿园都安装有监控录像，园区的监控录像有的家长们基本能同步观看，建议家长们以后多留意查看监控录像，如有发现虐待行为，及时保存证据。[18] 可见，从实践上看，建立实时监控机制也相当必要，应当强制要求所有幼儿园均设置视频监控设备，幼儿园负有保障设备正常且不遮蔽地运转之责，并应确认监护人的查询权，这对于及时发现问题，保存证据，有效地发挥事前阻吓作用，都很有帮助。

2. 建立定期巡查机制

定期巡查也是一种对虐童行为的阻吓和早期发现机制。与实时监控不同，定期巡查的实施成本相对要低一些，因而也是一种监护人和各类机构均能够分担其实施成本的机制。第一，各地主管部门可以确立巡查的时间间隔；第二，定期巡查应当由行政部门、家长委员会代表、依法参与的社会组织、当地社区组织的代表共同参与，有助于分享信息及破除信息屏障；第三，园方的职责包括：依规定的期限保存监控录像，制作和保存有关的工作记录、台账和档案，在巡查时完整地提供所需的资料并无障碍地进行配合等；第四，巡查方式可以包括查阅资料和视频、访问幼儿和监护人、进行问卷调查等。

3. 严格职业准入制度

防治虐童的关键还在于对潜在行为人的防范。职业准入制度往往是针对那些具有高度专业性或者具有特殊要求的职业。幼儿是一类完全没有自我防御能力的特殊群体，幼儿教育看护工作是一类特殊的职业，必须确立最为严格的职业准入条件。在当前所查处的案件中，幼儿教育看护人员缺乏相应资质的现象时有发生。缺乏相应的道德素质、专业能力和心理素质等要求，也是发生虐童事件的原因。因此，应当对幼儿教育看护职业实施严格的职业准入，包括：设立学历和专业要求、进行个人背景和前科审查、进行前科审查、进行考试及心理测评等。

4. 建立违法犯罪前科报告制度

前科报告制度是信息透明化的必要措施，可以十分有效地降低防范成本。基于幼儿教育看护职业的特殊性，前科报告制度包括犯罪前科和行政违法前科。有相关前科的，不适宜从事幼儿教育看护工作。2020 修订的《未成年人保护

---

18 《携程亲子园虐童案批捕 5 人，何为“虐待被看护人罪”》，载澎湃新闻，https：//www.thepaper.cn/newsDetail_ forward_ 1904334，最后访问于 2020 年 11 月 1 日。

法》第62条和第98条所建立的违法犯罪信息查询制度已经有所初步反映，后续事项包括进一步明确操作细则等，其核心在于保存违法犯罪信息的司法机关、进行监督管理的行政机关以及用人的幼教机构之间的信息联动，而查询违法犯罪信息应当成为任何幼教机构完成整个招聘程序的强制性程序。

（三）事中干预

事中干预的要义在于及时停止损害，防止初发或偶发的虐童行为演变成长期行为，造成更严重的伤害。

1. 强制报告制度

强制报告制度是在虐童行为一旦发生就可采取有力措施进行制止和处理的必要制度，也是及时防止伤害扩大的关键制度。“如何能够发现并识别家庭中虐待或忽视儿童的问题，并对处于危险中的儿童予以保护并非易事。这其中，儿童虐待与忽视强制报告制度起到了非常关键的作用。”[19]难以及时发现，是虐童事件中的信息不对称性的重要表征，强制报告制度的作用正在于削弱信息不对称性，并强化具有较强发现能力的主体的防范责任，减轻幼儿一方的防范成本和困难。

在美国，儿童虐待与忽视强制报告制度是一项实施已久的制度，在其儿童保护制度中占有重要的地位。1974年《儿童虐待防治法》（Child Abuse Prevention and Treatment Act）规定了对疑似儿童虐待与忽视案件的强制报告制度。法定报告人包括医生、教师、行政执法人员、记者、儿童福利机构工作人员、社工等与儿童有接触的专业人员，并需要在12小时内报告（各州规定或有不同）。在“有理由相信”或“有理由怀疑”儿童受到虐待或忽视时也要报告。[20]目前美国有18个州甚至规定任何人，不论从事何种职业，只要怀疑存在儿童虐待或忽视情形都有报告的责任。目前美国有47个州立法规定如果强制报告责任主体明知有儿童虐待或忽视案件发生而不报告，应当承担相应的处罚。多数州都将未能报告的行为定性为轻罪，但仍有部分州立法对未能报告导致严重后果的案件或者二次及多次违反报告义务者定性为重罪。大多数州都规定可以匿名进行报告，并明确禁止向侵害者透露报告人的个人信息，且所有州都规定对报告的文件信息应当严格保密。[21]诉讼的豁免是各州提供的主要激励措施，以鼓励强制报告者遵守他们的法定报告义务，使报告人在实施法规所允许实施或要求实

19 满小欧著：《美国儿童保护制度研究》，东北大学出版社2016年版，第52页。

20 满小欧著：《美国儿童保护制度研究》，东北大学出版社2016年版，第52－53页。

21 杨志超：《美国儿童保护强制报告制度及其对我国的启示》，载《重庆社会科学》2014年第7期。

施的所有行为时，免于承担因此而产生的民事或刑事责任。[22] 2000年《日本预防儿童虐待等的法律》也规定了儿童虐待的早期发现、有关儿童虐待的通告等条款，其第6条亦规定："发现被虐待儿童存在的人，必须迅速通过福利事务所或儿童咨询所或儿童委员，向福利事务所或儿童咨询所通告其发现。"同时还规定了行政部门对报告的保密义务。[23]

2020年修订的《未成年人保护法》在第11条规定了任何组织或者个人发现侵犯未成年人合法权益的情形都有权提出检举、报告；未成年人的密切接触者在工作中发现未成年人身心健康受到侵害、疑似受到侵害或者面临其他危险情形的，应当立即向公安、民政、教育等有关部门报告。[24] 该条的概括性规定可以将虐童行为涵盖在内，其第2款大体上属于强制报告制度的范畴。但是，未履行报告义务造成严重后果的，其法律责任仅为处分（第117条）。与域外相比，在造成严重后果的情况下，对负有法定职责的主体仅课以"处分"的法律责任明显过轻。应当完善针对虐童的强制报告制度，设定强制报告的义务主体、内容、方式，强化密切接触者的法律责任。对于依法承担强制报告义务的主体，如果明知、有理由相信或怀疑已经发生了虐童行为而未报告，应当按照"比例原则"承担相应的法律责任。

2. 强制调查制度

在收到任何报告之后，儿童保护部门都应当进行调查，有力的调查是克服信息屏障的途径。由于幼儿一方基本不具备调查能力，只能提供线索或者初步证据，因而应当由行政执法部门展开调查，园方和被投诉人应当无条件予以配合。

在美国，儿童保护部门在收到报告之后，一般会先后进行筛选与启动调查、评估与公布结论、服务与安置儿童、处置和登记姓名等程序。接到儿童虐待或忽视的报告之后，受理机构会对报告进行初步审查。调查的启动时间通常是在接到报告后72小时之内，但对于紧急的情况，应当在2小时至24小时内启动。

---

22 Jane Rosien, Lelia Helms, Carolyn Wanat, Intent v. Practice: Incentives and Disincentives for Child Abuse Reporting by School Personnel, 1993 BYU Educ. & L. J. 102 (1993).

23 张云晓、张美英主编：《当代未成年人法律译丛·日本卷》，中国检察出版社2006年版，第38－39页。

24 《未成年人保护法》第11条规定："任何组织或者个人发现不利于未成年人身心健康或者侵犯未成年人合法权益的情形，都有权劝阻、制止或者向公安、民政、教育等有关部门提出检举、控告。国家机关、居民委员会、村民委员会、密切接触未成年人的单位及其工作人员，在工作中发现未成年人身心健康受到侵害、疑似受到侵害或者面临其他危险情形的，应当立即向公安、民政、教育等有关部门报告。有关部门接到涉及未成年人的检举、控告或者报告，应当依法及时受理、处置，并以适当方式将处理结果告知相关单位和人员。"

对于报告发现的严重或可能涉及犯罪的儿童虐待案件，应当成立一个由警察、检察官、执业医师、虐待评估专家和儿童保护中心职员共同组成的多部门小组，从而能够协助评估报告、调查报告事实和提出咨询建议。[25]《日本预防儿童虐待等的法律》规定了入内调查的事项，地方政府可以委派儿童保护行政部门及职员入内调查或者讯问，在有必要时还可以向警察署长请求援助，以执行职务。[26]

为避免发生拖延或者疏漏，应当对收到的报告进行强制调查，园方和被投诉人具有配合义务。可以成立跨部门的调查小组，吸收儿童保护组织和专业人士（医生、心理专家、熟悉儿童身心和虐待情形的评估专家等）协同参与，采用多种调查方式，确定启动和完成调查的时限要求。

3. 临时保护措施

临时保护措施是第一时间防止损害扩大的必要机制。《日本预防儿童虐待等的法律》规定了在收到报告之后对儿童实施临时性保护，根据其第8条之规定，福利事务所在接受通告时，要通过与该儿童会面及其他手段，努力确认该儿童的安全状况；儿童咨询所在接受通告或者移送时，应根据需要实施临时性保护。[27]可以借鉴此种做法，建立对报告遭受虐待的儿童实施临时保护措施的机制。

### （四）事后维权与处置

事后的维权与处置，一方面应当降低幼儿家庭的维权成本或协助其分摊维权成本，便利其维护自身合法权益；另一方面应当强化园方及侵害人的责任承担，发挥惩罚机制的震慑作用，增大其违法成本，有效预防违法行为。

1. 维权救助机制

应当畅通幼儿家庭寻求维护自身合法权益的渠道，一方面为幼儿家庭自身的维权提供便利，另一方面构建社会对幼儿家庭的协助机制。在为幼儿家庭提供便利方面，可以做到：（1）实施对投诉或报案的无条件登记制，不得拒绝、推诿或延迟；（2）可以吸收幼儿监护人参与调查，如一起观看监控录像、查阅资料，这样可以增强调查的公信力，但是幼儿监护人的行动应服从调查组指挥，不能单独入园进行；（3）为受害幼儿提供救助，包括安全保护、医疗救助、心理辅导等。

---

25 杨志超：《美国儿童保护强制报告制度及其对我国的启示》，载《重庆社会科学》2014年第7期。

26 参见张云晓、张美英主编：《当代未成年人法律译丛·日本卷》，中国检察出版社2006年版，第40－41页。

27 参见张云晓、张美英主编：《当代未成年人法律译丛·日本卷》，中国检察出版社2006年版，第39－40页。

在构建社会对幼儿家庭的协助机制方面，可以做到：（1）实施公众参与调查制度，吸收社会组织和专业人士参与，公众参与可以起到监督作用，并且协助幼儿家庭分摊维权成本，发挥经验优势和专业优势，弥补幼儿家庭的信息能力不足的问题；（2）实施法律援助，可以将虐童案件纳入法律援助的范围，应当主动将“有获得法律援助的权利”告知幼儿监护人，允许其聘请或者承担法律援助职责的律师协助办理各种法律手续，参与见证调查过程，这也可以帮助幼儿家庭破除法律信息障碍，降低法律应用的成本。

2. 行政处置

行政处置可以针对幼儿园及侵害人，主要通过行政处罚行为，强化其违法成本，防范同类事件的再次发生。幼儿园作为最小防范成本人，应对未尽到防范义务的情形承担重要责任。既然幼儿园在防范虐童行为中的信息距离最近，防范能力最强，事前防范成本最低，就需要强化幼儿园在行政法上的责任。若存在风险，可以处以警告或者罚款。但是，若已经发生虐童事件，则应当视后果及情节轻重给予财产罚或者资格罚，如罚款、限期整顿、停止招生甚至注销注册登记。对于直接侵害幼儿的直接侵害人，则需要给予罚款、注销从业资格直至行政拘留等处罚；构成犯罪的，依法追究刑事责任。

3. 司法处置

司法处置是保护儿童的最后一道防线，这主要是指刑事司法处置。美国立法对儿童虐待与忽视规定了严厉的惩罚措施，在大部分州，虐童都被视为一项重罪，处罚措施根据情节轻重及各州具体规定来决定。[28]《日本刑法》并没有儿童虐待的罪名，规制儿童虐待的相关法条主要是没有发生伤害结果的暴行罪，发生伤害结果的伤害罪，发生死亡这一加重结果的伤害致死罪、强制猥亵罪，发生死伤结果的强制猥亵致死伤罪、遗弃罪，以及发生死伤结果的遗弃致死伤罪等。日本对达至刑事违法程度的儿童虐待行为提供了严密、完善的规制体系，使儿童虐待的一般违法与刑事违法有了明确的区分，杜绝了儿童虐待的处罚漏洞，为防止儿童虐待建立起第二道法律屏障。[29]美国法和日本法对虐童行为都态度严厉，处以重罪和严厉的刑罚。

我国《刑法修正案（九）》增设了虐待被监护、看护人罪，然而其规制的行为内涵较为狭窄，只注重对身体的主动型虐待，不能遗漏对“忽视”行为的容纳。在刑罚方面，发达国家多对虐童行为课以重罪，基于侵害人与被害幼儿

---

28 崔海英：《美国虐童防控对策研究》，载《政法学刊》2013年第3期。

29 于改之：《儿童虐待的法律规制——以日本法为视角的分析》，载《法律科学》2013年第3期。

之间力量的极端悬殊，建议一般不宜采用缓刑。

在从业禁止方面，我国法院在判处从业禁止时多采用了禁止从事幼儿教育看护工作一定年限（如三年或五年）的做法。实际上，做出虐童行为就表明行为人已经不宜继续从事幼儿教育看护工作，不再具有从事该项工作的实质条件，不能令其再具备职业准入资格。因此仅禁止从业若干年限是不适宜的，而应当明确规定终身禁止行为人从事幼儿教育看护工作。

在刑事司法程序方面，应当构建三个方面的机制：（1）检察官前提介入侦查。由于虐童案件的线索发现、证据收集、证据固定保存具有较大难度，且被害人系年幼的特殊被害人，因而需要比较准确的法律指导。检察官提前介入对侦查的指导，可以在收集证据的及时性、规范性以及保护被害人等方面发挥作用。（2）不起诉案件的听证。由于虐童案的社会影响较大，如果检察机关拟对案件作出不起诉决定，应当事先采取听证程序。（3）法庭审理的特殊程序。包括强化被害人的委托代理人、鉴定人、专家辅助人、司法社工、心理咨询师等的参与，对被害人采取特殊的作证方式等。

在实体方面，上述措施主要着眼于强化首要防范人的责任，强化其违法成本，从而削弱园方与幼儿家庭之间的能力不对称问题。在程序方面，主要起分摊诉讼风险，弥补幼儿家庭的信息能力和参与诉讼能力之不足。

4. 民事诉讼及责任承担

幼儿家庭在民事诉讼中的主要风险在于证据的收集与固定等方面，因而应当公平合理地分配举证责任。幼儿园作为最小防范成本人，有最强的防范能力，一旦发生虐童行为，便应当由幼儿园就损害结果与幼儿园的管理不存在因果关系承担举证责任。一旦发生诸如监控录像灭失、损坏或者无法提供的情况，应当推定幼儿园存在过失。这样，可以督促作为最小防范成本人的幼儿园在日常管理中履行勤勉谨慎的义务。

## 结语

“法律实际上是一种激励机制，它通过责任的配置和赔偿（惩罚）规则的实施，内部化个人行为的外部成本，诱导个人选择社会最优的行为。”[30] 虐童事件中隐含着巨大的信息不对称性，并造成显著的防范能力的不对称性，幼儿园和幼儿及家庭之间的防范成本有着巨大的差距。

在认识到信息不对称、防范能力不对称的基础上，本着最小防范成本原则，合理地在事前、事中和事后设置防范机制和救济处置机制，实际上就是发挥防

---

30 张维迎著：《信息、信任与法律》，生活·读书·新知三联书店2006年版，第141页。

范成本调节的作用，通过强化责任、分摊成本、防范风险等作用，一方面激励或者督促幼儿园积极采取防范措施，另一方面降低幼儿家庭一方的防范成本，从而提高防范效果。我们无法期望法律制度能够一劳永逸地解决虐童问题，但是，合理的机制可以最大限度地降低风险，尽可能地保护儿童。2020 年修订的《未成年人分保护法》较以往的立法进步主要体现在初步建立违法犯罪行为查询制度、侵害未成年行为强制报告制度上，但其实立法在虐童防治上还有更多的可为空间。而究竟是选择集中立法还是分散立法，去具体地吸纳合理措施，则是一个立法技术问题。

# 财产规则视角下电影评论介绍类短视频合理使用问题研究

高婷婷　辜凌云*

【内容提要】科技发展和智能终端设备的进步使得短视频风靡网络，电影评论介绍类短视频在极大满足社会个体对快节奏生活下迅速获得作品内容需求的同时，其利用原电影作品相关内容或片段的行为是否构成著作权法上的合理使用，我国司法案例对此莫衷一是。《著作权法》第24条和《著作权法实施条例》第21条适用标准亦存在模糊，采用合理使用四要素标准进行逐一甄别更具合理性。对电影作品进行单纯评论介绍类短视频的制作行为难以认定为合理使用，但法院亦应在审理此类案件时秉持个案认定原则。通过经济理性人行为模型对比，建议在财产规则的基础上允许短视频制作者和电影版权方建立合乎经济思维的内容许可使用机制，以此达到促进创新和维护版权正版化的目标。

【关键词】电影评论介绍　短视频　合理使用　财产规则

科学发展带动了传媒技术的飞跃，移动智能终端的进步使得社会个体即时获取互联网信息成为可能，由此刺激了社会大众传媒娱乐消费的极大提升，短视频行业应运而生。因为制作门槛低，一时间大量短视频随着相关手机软件的开发如泉涌一般现世。短视频因内容不同可分为故事类短视频、纪实类短视频、搞笑类短视频、影评类短视频等。短视频是否具有可版权性？对于具有独创性、

---

* 高婷婷——广州知识产权法院法官助理，研究方向：知识产权法；辜凌云——北京大学粤港澳大湾区知识产权发展研究院学术研究总监，研究方向：知识产权法、竞争法。

可复制性的短视频。目前我国理论界和实务界认可其构成类电作品，[1]新修订的《著作权法》施行后可归于视听作品。随着短视频大量涌入市场，可否版权性问题的讨论刚过，接踵而至的是对短视频制作者利用他人作品制作短视频是否侵权的争议。同时，该利用行为暴露出的问题不仅仅局限于新技术和新商业模式下其是否构成合理使用，更突出地表现出我国现行著作权法律法规体系中关于合理使用制度的判断和法律适用比较混乱。

## 一、问题的提出

从2014年由知名博主谷阿莫创设"几分钟带你看完一部电影"短视频开始，这类对电影评论介绍类短视频风靡全国，拥有较大粉丝量的视频大V逐渐纷纷效仿该类短视频模式，并开启了新一轮流量热潮。直至谷阿莫在我国台湾地区引起相关电影版权方不满被起诉之后，关于短视频制作者能否运用著作权合理使用规则抗辩对电影作品使用的问题引发热议。

我国最早利用他人作品进行评论介绍的案例数《一个馒头引发的血案》最为典型，但该案最终以调解结案，因此留下了对利用电影画面或电影部分内容制作短视频进行评价、介绍行为属合法或侵权进行探讨的空间。本文主要针对电影评论介绍类短视频制作者利用原电影作品内容的行为进行探讨，并通过对我国现行《著作权法》中合理使用规则的梳理及判断合理使用三步检验法、美国《版权法》合理使用四要素相关内容进行分析，试图探究对于该类短视频是否应当适用合理使用以及对以上方法进行述评，最后以法经济学视角审查相关短视频产业应当采用何种规则进行市场交易才既能符合我国法律规定且达至效率最优。

## 二、合理使用规则判断因素梳理

《伯尔尼公约》第9条第2款规定合理使用制度的三步检验法，后被并入TRIPs协议第13条，其适用范围也扩展到所有的版权权利，相同内容被纳入《世界知识产权组织版权条约》。2020年修正前的《著作权法》第22条通过列举式立法规定了合理使用的12种具体情形，《著作权法实施条例》第21条解释了合理使用制度的具体内涵，将三步检验法的具体要素明细列举。2020年3月

---

1 学者观点诸如丛立先：《短视频著作权保护的核心问题》，载《出版参考》2019年第3期；邱治淼：《破解短视频版权侵权难题须综合施策》，载《中国新闻出版广电报》2019年5月16日，第5版；相关案例参见微播视界科技有限公司诉百度在线网络技术（北京）有限公司、北京百度网讯科技有限公司案，北京互联网法院（2018）京0491民初1号民事判决书。

的《著作权法审议草案》一审稿中将《著作权法实施条例》第21条中的内容上升至《著作权法》第22条第1款头部统辖12项具体类型。2020年11月11日通过新修订的《著作权法》将其移至第24条，并最终增加“并且不得影响该作品的正常使用，也不得不合理地损害著作权人的合法权益”的限制内容和第13项兜底条款，由此形成所谓半开放式合理使用模式。下文将对我国法律法规中关于电影评论介绍类短视频的合理使用问题进行分析，并结合美国判定合理使用四要素及最新发展进行评析。

### （一）《著作权法》第24条第1款第2项的理解

我国《著作权法》规定“适当引用”属于合理使用的情形，其目的是介绍、述评和说明某部作品，而“引用”行为应仅具备手段功能。同时，考虑到合理使用制度属于对著作权人权利的限制，因此法律制定时在“引用”之前增加了“适当”，以缓和使用者与著作权人的紧张关系。“适当”意味着应当在自己的创作过程中引用合理长度的作品片段，而不允许完全或主要以他人作品代替自己创作。[2]质言之，作为手段的“引用”应该受作为目的的“介绍、评论、说明”的适当限制，同时，对“引用”的目的也只能作文义解释，不能超出法律条文的范围，如果仅仅是单纯向公众呈现作品本身或部分则会当然地违背“适当引用”的含义。

1. 对“为介绍、评论某一作品”的理解

在适用第21条第1款第2项时，应当将推介一部作品的行为理解为引用行为的直接目的，至于介绍、评价的间接目的是否具有营利性质，和为了私人目的使用他人已发表作品一样，并不需要过多考虑。[3]因此，在目的层面，电影评论介绍类短视频利用他人已发表作品具有法律层面的目的正当性，其主要目的就是让公众对某部电影进行了解并传达视频制作者对该部电影的主观评价，在此层面不存在违法性评价。

2. 对“适当引用”的理解引发司法认定难题

引用的适当性不仅存在量的要求，也存在质的考量。为了防止可能出现的抄袭现象，对引用量的把握就显得尤为关键。[4]我国对该条中引用数量的要求并没有法律法规明确规定，引用量判断均是依据个案进行认定，如北京海淀区人民法院在审理“李强案”时认为被告整段引用原告的文章，未标注作者和出处，

---

2　王迁著：《知识产权法教程》（第五版），中国人民大学出版社2016年版，第220页。

3　李扬著：《著作权法基本原理》，知识产权出版社2019年版，第263页。

4　吴汉东等著：《知识产权基本问题研究（分论）》（第二版），中国人民大学出版社2009年版，第144页。

引用部分占被告作品全文字数的 10%。[5] 同时，就在视频中使用他人照片的情形，北京知识产权法院认为无论是画面、时长还是内容，涉案作品均占视频的绝大部分，属于视频的主要内容，这种使用方式已经超出了为评述某一问题而适当引用他人已经发表作品的范围。[6] 对于电影评论介绍类短视频相关作品，“图解电影”案中，北京互联网法院认为图片集过滤了涉案剧集的音效内容，截取了涉案剧集中的 382 幅画面，其截取的画面并非进入公有领域的创作元素，而为涉案剧集中具有独创性表达的部分内容，且提供图片集的行为对涉案剧集起到了实质性替代作用。[7] 二审确认了一审判决的观点，认为“图解电影”展示的图片集迎合用户短时间内品味一部电影的需求，对影视作品存在实质性替代，会蚕食权利人本应享有的相应市场份额，损害其合法利益。[8] 可见，该案法院对引用是否适当的问题，除了考虑量的要求，还离不开对质的把握。

对于质的把握，法院多数是通过考量引用的最后结果是否会造成替代性效果来判断引用的适当性。对于替代性效果，不同法院对此采取不同的标准进行判断，包括：引注内容是否应该具有针对性，如果完全相同或实质相同部分的内容和逻辑构成了原作品的主要部分，则认为超出了仅应当为介绍、评论或说明问题的范围；[9] 或从作品的使用效果看，对原作品的使用增强了新作品的观赏性、收藏性，客观上阻碍了原作品作者独立行使复制权并获得报酬的权利。[10] 可见，对于适当引用的判断，我国法院在判决时常考量的因素都包含在美国《版权法》第 107 条合理使用的判定因素之中。[11] 但这并不代表对引用的适当性判断就有稳定的标准可循，在“刘伯奎案”中一审法院认为被告引用的目的是说明问题，让读者更易理解，且引用数量在被控侵权图书中比例较小，并且认为引用内容并非原告作品的实质或核心内容，以及出版时间不同使二者不可能在市场中形成竞争，综合考量后认为被告的行为构成合理使用。[12] 而二审则将该些因素的一审观点悉数推翻，认为被告引用的目的和原作者的写作目的相同，且被控侵权的作品与原作品相类似，以致事实上二者存在市场竞争关系，对于

---

5　北京市海淀区人民法院（2010）海民初字第 2197 号民事判决书。

6　北京知识产权法院（2017）京 73 民终 1068 号民事判决书。

7　北京互联网法院（2019）京 0491 民初 663 号民事判决书。

8　北京知识产权法院（2020）京 73 民终 187 号民事判决书。

9　北京知识产权法院（2016）京 73 号民终第 297 号民事判决书。

10　山东省高级人民法院（2007）鲁民三终字第 94 号民事判决书。

11　17 U. S. C. § 107. 关于合理使用规则规定了四个因素：（1）使用的目的和性质：包括该使用是否具有商业性，抑或非盈利的教育性目的；（2）版权作品的属性；（3）对整个版权作品的使用数量和程度；（4）使用对版权作品的潜在市场或价值的影响。

12　上海市第二中级人民法院（2013）沪二中民五（知）初字第 115 号民事判决书。

引用部分不属于唯一表达的内容，侵权人原本可以自己创作，最后认定现在的引用方式会让读者误认为该作品是侵权人创作，损害了原作者的合法利益，已然与合理使用行为的目的背道而驰，故不构成合理使用。[13]所以，综合考量介绍评论作品型引用时，只要引用部分不与原作品形成竞争关系，通常不会影响作品的正常使用，为此应对该类引用采取较为宽容的态度。[14]对于引用的质的把握依然需要根据个案判定，对其引用行为和数量比例、引用目的和引用部分发挥的作用进行综合分析才不至于矫枉过正。

3. 法院考量因素的总结和局限

著作权法规定这类合理使用的主要目的在于适当引用时保障言论自由，使其成为促进知识交流的手段，以引用为中介，有利于促进新知识、新观点、新方法的产生。[15]对电影评论介绍类短视频而言，其主要内容通常是对相关电影进行引介，并在此过程中加以一些配音、制作者评论再配上相关贴图表情或文字内容，以表述制作者对该部电影的评价。该类短视频作品截取被介绍电影相关情节片段的图片或音频的行为，是否符合著作权法中合理使用规定的引用行为？笔者认为引用行为本身不是一种创作行为，但为创作所必需之行为，故对引用行为的判断不能仅仅通过数量的对比来决定是否适当。当然，在考量其他因素时，法院的判决显示出对短视频构成侵权的考量包括利用原作品的数量、实质性替代效果等，相关因素在不同案件中所反映的重要程度和法院自由裁量的大小存在正相关关系。换言之，《著作权法》第24条有限列举的情形还不足以准确判定制作电影评论介绍类短视频是否属于合理使用，单纯的列举式立法不能涵盖现实社会的差异性、多样性行为。

### （二）《著作权法实施条例》第21条蕴含的“三步检验法”

《著作权法》仅明确列举了合理使用的具体类型，但随着科技水平的不断提高和生活情景的复杂化，列举的情形早已不满足现今社会行为的多样化特征，尽管《信息网络传播权保护条例》规定了8种数字环境下合理使用的情形，但仍然未脱离开《著作权法》第24条的固有范围，《著作权实施条例》第21条则表现出对合理使用实质内涵的进一步解释或限制。

1. 在法律规定的特定情形下

《伯尔尼公约》规定各国对著作权权利的限制和例外应当建立在特殊情况之

13 上海市高级人民法院（2014）沪高民三（知）终字第42号民事判决书。

14 何怀文著：《中国著作权法：判例综述与规范解释》，北京大学出版社2016年版，第692页。

15 张今著：《著作权法》（第二版），北京大学出版社2018年版，第183页。

下，且该特殊情况应以不影响作品正常利用和不损害作者合理利益两大因素为前提，因此，这些特殊情形应被限定在确切、严格的范围内。同时，就目的而言也应具备特殊属性，即符合一些明确的公共政策——保护基本自由、保护特殊公共利益。[16]我国著作权法通过列举的方式规定了合理使用适用的具体特殊情形，电影评论介绍类短视频利用原电影作品的行为没有明确在所列举的具体内容中，那能够进入合理使用范围与否则需要对利用行为进行解释，其中最接近法条具体情形的即上文所列举之"适当引用"条款，故该问题最终转化为判断是否符合法律规定的该类具体情形。因此，"在法律规定的特定情形下"判断一般不在具体合理使用情形判断中占主导地位。

2. 不影响作品的正常使用

《伯尔尼公约》第9条第2款中所谓的不影响作品的正常使用主要是指作为限制授予的自由使用不得与权利人实施的权利"展开经济竞争"。[17]质言之，从立法本意解释，对原作品的适当引用进行的二次创作不能影响原作品正常使用，即指使用原作品创作的作品不能与原作品形成不良的市场竞争关系且不能以任何方式损害原作品的市场。如果行为违背本要素规范之内涵，其结果可能导致新作品无法在市场中进行正常流转或交易受阻，损害权利人因原作品获利的市场关系，即损害作品的正常利用，同时也会带来损害作者的合法利益之效果，理应对该使用行为作否定性评价。

3. 不得不合理地损害作者的合法利益

对于行为是否不合理地损害权利人合法利益的问题，笔者认为但凡是对著作权的限制或例外情形必然都会对权利人的合法利益带来损害，只是这种损害是由法律针对特定的特殊情况而作出的特别规定，大多基于社会公共利益或公共政策，因此权利人必须给予一定程度的容忍。不过，需要指出的是，只有当损害没有超过特定的损害标准（基于"特殊的"和"适当的"公共政策考虑以后，仍然认为是合法的损害）时，才可以认为损害是合理的。[18]那么，对于权利人合法利益的理解也应当从立法本意出发，合法利益至少包括但不限于权利人直接经济利益、预期利益等。首先，权利人享有的利益不限于经济利益，也

16 ［匈］米哈依·菲切尔著：《版权法与因特网（下）》，郭寿康、万勇、相靖译，中国大百科全书出版社2009年版，第752页。该目的包括但不限于有关教育、获取信息的公共利益、消除市场失灵的需要、保护消费者的合法利益、禁止反竞争的行为等。

17 ［匈］米哈依·菲切尔著：《版权法与因特网（下）》，郭寿康、万勇、相靖译，中国大百科全书出版社2009年版，第753页。其内容还应包括：所有具有或者可能具有重大的经济或实际重要性的作品利用方式，都应当保留给权利人。

18 ［匈］米哈依·菲切尔著：《版权法与因特网（下）》，郭寿康、万勇、相靖译，中国大百科全书出版社2009年版，第753页。

可以指对利益或潜在损害的关注，及更一般地指对自然人或法人重要的东西。其次，该正当利益应当来源于对作品的使用或商业利用。再次，限制或例外不能带来不合理的损害，但应当承认合理的损害。最后，损害既包括实际造成的损害，也包括潜在的损害。[19] 笔者认为，对合法利益的把握在我国司法审判中暂时还不存在固定标准，只能根据个案进行判断。在短视频案件中，被引用电影作品的权利人的合法利益即对其作品享有的各项著作权权利带来的利益，这些权利应当理解为电影作品版权人有权利对其作品通过许可授权的方式让他人使用而获得市场收益，他人未经许可不得利用其电影作品牟利。

4. 三步检验法的局限

按照体系解释，《著作权法实施条例》第 21 条体现的三步检验法应当被理解为是对《著作权法》第 24 条的进一步解释，应作为第 24 条的限制条件加以适用。在此基础上，三步检验法在适用时应当与具体的合理使用类型紧密结合。换言之，由于三步检验法内涵的抽象性，其不具备单独适用的空间。分析行为是否构成合理使用，必须在《著作权法》第 24 条规定的具体合理使用情形基础上再判断是否存在排除情形，即不影响作品正常使用和未不合理地损害作者的合法利益。

笔者认为，三步检验法作为合理使用规则的概括性限制规范，与《著作权法》第 24 条结合确实能够符合国际条约规定的标准，但超越第 24 条具体列举的情形时，作为限制性条款发挥法律解释的功能将被极度弱化，特别是针对个案判断时缺乏具体的适用情境。此时，美国《版权法》中合理使用判断四要素不失为一种更为具体的尝试。

### （三）对美国《版权法》合理使用判断四要素的思考及其最新发展

我国司法实践对合理使用的认定实际是在综合 Trips 协议三步检验法和美国《版权法》合理使用四要素的基础上进行分析解释。鉴于三步检验法的适用限制，笔者选择通过结合美国《版权法》合理使用四要素理论及相关案例对电影评论介绍类短视频利用他人作品行为侵权与合理使用的问题进行论述。

在进入四要素分析之前，需要说明的是，下文讨论的电影评论介绍类短视频均具备最低程度的独创性，且能够被固定在信息网络上传播，即足以被认定为著作权法意义上的作品。

---

19 曾琳著：《著作权法第三次修正下的“限制与例外”制度应用研究》，中国政法大学出版社 2016 年版，第 6 – 7 页。

1. 使用的目的和性质

在考察使用他人作品行为的目的和性质时，会出现大量“变异”行为，诸如对原影片进行滑稽模仿，对原影片中的部分情节进行变音表达等，这些手段的出现是为了在介绍电影的过程中适度增加相关新颖内容以达到吸引更多关注量的目的，其效果展现或直陈剧情，或诙谐幽默，或严词批驳，或委婉陈述等。这样一些行为是否符合转换性使用的要求，并且其播放所获得的商业收益是否应该被纳入考虑都需要一一甄别。

（1）转换性使用

转换性使用考量的是新作品在利用原作品基础上，多大程度地创作出新的审美取向、新的视角、新的理解等。[20] 司法实务中美国通过 Campbell 案[21] 和谷歌图书馆案[22] 确立起来的转换性使用规则，即法官认为使用的方式和目的是用新的表达改变了原作品，增加了新的价值。同时我国法院在 2011 年王莘案[23] 中也采用了谷歌图书馆案所确立的转换性标准，认为被控作品系传达出新的视角，在为改变原作品内容之上增加了新的表现方式，属于转换性使用。

比照“转换性使用”适用的条件，法官对作品内容审查权重较大，因此在审视电影介绍类短视频时，也应对整个视频内容予以综合考虑。一般而言，短视频大部分内容均来自原电影作品，且大部分短视频无论是单纯介绍电影还是在介绍中增加制作者评论的内容，都会选取电影中最精彩或核心的剧情剧照，这些内容往往都是原电影作品中最具独创性、最能吸引观众和最具商业价值的部分，截取这些内容进行再创作均未脱离对原作品的再次加工。特别是就电影进行单纯推介的短视频而言，其仅仅通过电影片段或配音迅速地带领观赏用户将电影简要浏览，除了在时间方面能够提供极大便利以外，很难体现出制作者更多的价值。同样，对影评类短视频而言，其必须对电影中出现的最具独创性的片段进行利用才能进行评价，内容无论是对拍摄技巧、电影内容情节还是演员表演技巧的褒扬或批判，形成的作品都离不开借助原作品的大量内容，其形成的新的价值是作为新作品理应具有的独创性成分，并没有因为这些新的表达而改变原作品，因此不能因为其具有一定价值就认定为转换性使用，以防限缩著作权人的权利空间，因此在“图解电影”案中法官才会认为新作品所运用的大量截图都应该经过版权方授权。

---

20 Leval, Pierre N. (1990). Toward a Fair Use Standard, Harvard Law Review, Vol, 103, Issue5, pp. 1105 - 1136.

21 Campbell v. Acuff-Rose Music, Inc., 114 S. Ct. 1164, (1994).

22 Authors Guild v. Google, Inc., 804 F. 3d 202 (2d Cir. 2015).

23 北京市第一中级人民法院民事判决书（2011）一中民初字第 1321 号判决书。

（2）使用目的商业性与否

美国学者曾提出考虑使用行为是否具有商业性，在转化性程度不高的情况下，商业性因素的考虑则会占更多比重。[24] 但我国司法实务中法院认为使用作品的目的既可以包含公益性质，也可以包含商业性质，能否构成合理使用需要考虑其使用方式是否为适当引用他人已经发表的作品。[25] 美国在 Sony 诉 BLEEM 案[26] 中确立即使是商业性使用原作品，如果存在其他可以考虑的因素，也会有可能判断这种使用成立合理使用。

笔者认为，在考量使用行为是否构成合理使用时，使用目的是否具有商业性应当被纳入考量范围，原因在于一部流转于市场中的作品，它的根本价值是它作为一件商品应具有的商业属性，只有在市场中广泛流通才能展现出该作品的交换价值和使用价值的统一。电影评论介绍类短视频制作的目的不只是通过短视频的传播向公众传递原电影作品，制作者更多的是通过视频点击量和转发量获得更大范围的市场吸引及由此带来的流量收益。因此，在使用是否具有商业性目的问题上，笔者认为作品如果不能通过在市场中流通让作者盈利也不会刺激作者继续创作，那么短视频制作后用于商业传播均应当获得著作权人授权。

2. 作品的属性

在利用原作品内容的基础上，如果短视频因为具有一定程度的独创性且能够被固定，符合我国著作权法的要求，则应当认定为作品。该作品对原电影作品相关要素的抓取和利用，如截屏电影片段、截取电影桥段等，是否符合我国法律的规定才是更应着重关注的问题，因此作品版权属性问题不是“四要素”判断的重点问题。当然，如果评论介绍类短视频所采用的素材不构成作品，那就不存在后续合理使用的讨论了。

3. 使用数量和程度

美国联邦第二巡回法院在审理“电视眼案”时反复强调该因素考虑的是公众可以接触到作品的数量，而不是复制者使用作品的数量。[27] 对于使用数量和程度的判断，笔者在前文已做梳理，认为在达不成转换性使用的前提下，引用的数量和程度只要对原作品造成实质性替代就应当认定侵权。具体案件应该秉持个案认定的原则，如在对一首小诗进行介绍时需要全部引用方能进行有效梳理，此种情况可能构成转换性使用。但在涉及电影作品介绍评价的短视频中，

24 阮开欣：《美国版权法中合理使用规则新发展及其启示——评“电视眼案”上诉判决》，载《电子知识产权》2018 年第 3 期。

25 北京知识产权法院（2017）京 73 民终 1068 号民事判决书。

26 Sony Computer entertainment America，Inc. v. BLEEM，LLC（9th Circuit 2000）.

27 Fox News Network，LLC v. TV Eyes，Inc.，15-3885（L），15-3886（XAP）（2d Cir. 2018）.

甚少有需要将原电影全部引用的情形，因此只要在不构成转换性使用条件的前提下，短视频能够实质性替代原作品在市场当中的流转地位，就应认定为不符合使用数量和程度的要求。

4. 对原作品潜在市场价值的影响

合理使用的立法目的在于基于特殊缘由对作品利用行为进行侵权豁免，但如果引用作品的行为对原作品构成替代，还依然适用合理使用进行抗辩，那显然违背基础立法目标，甚至会无故地损害权利人应有的权益。因此，对市场替代的解释成为判定该因素的核心问题。

具备市场替代与否的标准除应考虑前述对原作品引用数量和质量外，我国法院在诸多案例中亦没有给出一个明确的标准，美国法院在 Campbell 案中给出的标准是“潜在的演绎作品市场只包括那些原作品作者通常情况下会涉及或者许可他人改编自己作品涉及的领域”。[28] 笔者认为，在电影评论介绍类短视频领域内，用户的电影体验成为市场划分的重要因素，对于一些诸如 3D 类型体验感要求较强的电影，被仅在二维平面上展示的短视频市场占领的空间原本就比较小，而对于一些实体体验感要求不高的电影，短视频的评价褒贬对用户观影选择的影响的比重就会上升，纯叙述情节类型的短视频对该类型电影的市场替代性就更强。应当明确的是，市场替代率高能够说明短视频确实对电影的潜在市场价值造成了影响，但市场替代率低并不能说明其不可以未经许可而利用原电影作品中出现的具有独创性的内容进行再创作而传播。笔者认为，市场替代效果仅作为构成潜在市场价值的因素之一，对潜在市场价值的判断还应当结合对原作品利用的数量和质量因素、电影上映时间和替代能力强弱综合进行考量。

5. 美国对该制度的最新发展

除《美国版权法》规定的合理使用判断四要素外，美国法院其实还在通过其他因素对合理使用行为进行判断，具体包括是否善意、商业习惯或惯例。[29] 对于商业习惯，法官判定就算是按照商业惯例使用作品也有可能构成侵权，因为合理使用不能由商业惯例规定，只能依据法律作出规定。[30] 美国新近判决“电视眼”案中又发展出一个新的标准，即对原作品的使用行为是否会形成许可

---

28 Campbell v. Acuff-Rose Music, Inc., 114 S. Ct. 1164, (1994).

29 吴汉东等著：《知识产权基本问题研究（分论）》（第二版），中国人民大学出版社 2009 年版，第 145 页。所谓善意是指无侵害原版权利之意图，凡不诚实地使用他人作品，一再简单地复制而不进行创新，即推定为恶意。

30 See William F. Party, The fair use privilege in copyright law, the bureau of national affairs Inc., Washington D. C., 1986, p. 363.

市场。[31] 如果形成许可市场就可以认定该行为是对原作品的传播进行阻碍，影响作品正常利用，损害原作者合法利益。

美国 Joseph Story 法官确立的合理使用认定要素已经成为对合理使用判断较为完整的解释规则，之后的案件则是在四要素判断的基础上增加了对现实中出现其他情形的合理性分析。四要素不要求累积使用，对具体案件的适用可以视为充分不必要条件，对每个要素权重的判断一定是根据个案进行的，这一点在 1984 年索尼案判决中体现得尤为明显，特别是要结合版权的目的进行综合考量。[32] 笔者认为，在诸多因素综合考量的基础上，对合理使用四要素而言，每一个要素不能单独地决定是否构成合理使用，每一个要素的考量过程都有可能包含其他要素，甚至会考量市场中出现的其他情节对构成合理使用与否的影响。因此，在诸如短视频制作者的制作行为是否构成合理使用的问题上，四要素的判断也早已不应仅限于原有的分析思维模式。

## 三、法经济学视角下应采财产规则规制利用行为

目前，我国文化娱乐产业生态链中，作品的创作、表演、传播的权利分配与授权许可机制早已成型，在排除合理使用等法定情形下，任何需要对作品的利用行为均应获得权利人的许可。我国短视频产业随着视频制作技术和信息传播技术的进步，也呈现出一种急速发展态势，实体性个体发展过快所带来的产权界定不清容易造成市场成本上升，亦会造成侵权事件频发，降低市场创新活跃度，最终将导致社会整体福利下降。电影评论介绍类短视频案件对此反应尤为突出，对于一些经过精心制作且前期耗费过大的电影来说，短视频无论是正面褒扬抑或反面贬评，都对相关内容（尤其是电影中最具市场价值的部分）进行了披露，投资人权益得不到预期中有效的市场回报。质言之，由于信息资源利用方式的拓展，使用行为侵权与合法的界限也逐渐模糊，不同主体所享有的权利诉求不同而导致对作品的不相容使用，实则存在权利分配和利用的冲突，因此，法律如何在产业发展中对权利进行分配才是解决该问题的核心。

### （一）经济效率与分配

科斯主张在不相容使用关系中，权利的分配应该以效率最大化为基础。由于不同的权利资源分配模式会带来不同的效益效果，因此按照科斯的主张，效益最大化就成为资源分配模式考虑的第一依据。合理使用制度作为著作权法中

31 Fox News Network, LLC v. TV Eyes, Inc., 15-3885 (L), 15-3886 (XAP) (2d Cir. 2018).

32 Sony Corporation of America vs. Universal City Studios, Inc. 464 U. S. 417 (1984).

解决不相容使用的多种配置模式之一，能够在创作者、传播者、使用者之间完成一种有效分配，能够通过动态利益变化解决不相容使用状态的困局。

但是现有信息科技使得传播方式变得越加复杂和多样，对传播者身份和传播者权利的界定是最易造成侵权使用和合法使用边界模糊的焦灼性问题。对著作权人作品的利用产生正当与侵权之分的现象就是庇古的外部性理论，即某个生产者或消费者行为会影响市场中其他生产者或消费者的行为。外部性问题的实质是导致消费者效用最大化和生产者利润最大化行为的无效率。各方主体都使个人利益达到最大化，甚至通过损害对方利益来增加自己收益的做法是不符合帕累托效率原则的。[33]因此科斯提出通过交易成本概念分析法律对资源配置的影响，以此对权利界定进行重新安排。

短视频的流行是信息传播技术在数字时代的最佳体现，能够满足人们对快节奏生活的实时需求，电影评论介绍类短视频也是面对快节奏生活的技术产物，极大地满足了消费者对文化产品的有效获取需求。信息技术使得短视频的制作门槛降低，短视频制作者制作一部短视频在信息网络时代通过其建立起来的品牌效应所获收益一定是大于其成本，否则短视频行业不可能如雨后春笋一般迅速发展。信息技术打破了原有电影产业宣传的格局，电影评论介绍类短视频制作者可以被看作市场当中对该电影作品的传播者，但又区别于与电影版权方存在合同关系的传播者角色，其对电影作品的利用行为已经导致较强外部性，此时如果选择合理使用作为分配机制，则会损害帕累托效率的实现，此时应该通过成本收益分析进行权利的重新配置。

电影产业本身属于高投资产业，电影投资方在电影出台之前通过风险预测和市场评估作出交易决策，涉及的交易成本很高，选择合适的权利初始分配机制能有效减少不必要的交易成本。如果适用合理使用制度进行界权，那么短视频制作者的制作成本将与电影作品制作成本形成天壤之别，由此电影作品版权人权利界定与分配上的“专有区域”[34]被大幅度限缩，甚至导致其无法在市场中收回成本。在电影产业领域，允许短视频制作者免费使用作品的分配方式极易导致电影版权方成本增加，收益减少，特别是与短视频制作者的收益相比呈现边际递减的趋势，显然这是一种无效率的分配选择。因此，赋权给短视频制作者是没有效率的，在此领域应该赋权给电影版权方，通过授权许可的形式回收其应得的市场回报，才能达到良性的经济收益回收循环，实现帕累托效率优化。

---

33　［美］罗纳德·科斯：《社会成本问题》，载［美］R. 科斯、A. 阿尔钦、D. 诺斯等著：《财产权利与制度变迁》，上海三联书店出版社1994年版，第6页。

34　Edward W. Ploman, L. Clark Hamilton, Copyright Intellectual Property In The Information Age, (1980), p. 197. 文章提出对权利界定进行“专有区域”和“自由区域”的划分。

## （二）效率权衡下财产规则的适用选择

科斯最开始认为在交易费用缺失的情况下，对一项法授权利[35]的保护无论是通过财产规则还是责任规则，也无论是哪一方最初获得了这一法授权利，都不会有任何差别。但是卡拉布雷西和梅拉米德则提出高交易费用的问题，即市场和法院的相对成本如何决定了使用责任规则、财产规则，[36]抑或用不可让渡性规则来保护一项法授权利（由于不可让渡性规则在市场交易中涉及政府定价或禁止销售等问题，在本文所探讨的电影作品许可问题上暂不讨论）。

我国著作权法对作品利用的类型主要有授权许可型、法定许可型、合理使用型，对电影评论介绍类短视频而言，因其不属于我国法律规定的法定许可的具体类型暂不予以讨论。对于授权许可型使用行为应该采取财产规则还是责任规则，笔者通过经济理性人行为决策理论论证在“预设前提—不同规则适用”下得出的效率比较进行论述（如表 1）。选择不同的规则模型会推导出不同的经济决策结论，决策反映出的行为效果是否有效率应以能否有效推进作品继续利用以促进权利人利益最大化为标准。

**表 1　经济理性人选择模式**

| 前提 | 理性人选择 | 规则适用 | 行为效果 | 效率 |
|---|---|---|---|---|
| 市场交易费用 > 法院交易费用 | 法院诉讼 | 财产规则 | 禁止行为实施 | 无 |
| 市场交易费用 > 法院交易费用 | 法院诉讼 | 责任规则 | 支付损害补偿代价 + 法院诉讼费 | 有 |
| 市场交易费用 < 法院交易费用 | 市场交易 | 财产规则 | 市场交易费 | 有 |
| 市场交易费用 < 法院交易费用 | 市场交易 | 责任规则 | 支付损害补偿代价 | 无 |

在前提为市场交易费用大于法院交易费用时，经济理性人往往选择前往法

35　吉多·卡拉布雷西，道格拉斯·梅拉米德：《财产规则、责任规则与不可让渡性：“大教堂”的一幅景观》，凌斌译，载唐纳德·A. 威特曼编，苏力译：《法律经济学文献精选》，法律出版社 2006 年版，第 36－37 页。“法授权利”（entitlement），凌斌认为可以看作与“自然权利”相对的一个概念，是指由权威机构（比如国家或者国家的法院）（一般是通过法律）所授予的正式权利。只要社会选择了一个初始法授权利，它就必须确定对这一法授权力的保护规则，一般来说私有财产都可以被看成一个受到财产规则保护的法授权利。

36　张文显著：《当代西方法学思潮》，辽宁人民出版社 1998 年版，第 119 页。

院诉讼，寻求定分止争的效果，如果此前提下适用财产规则，在权利人不愿以相关代价放弃权利时，唯一的效果就表现为权利人有权以禁止损害的方式保护私权，该作品的继续利用由此终止。但如果采用责任规则，那相对人就应当支付损害补偿费及其他费用以换取对他人权利的利用，此时作品将继续留作商品在市场中流转，相比较而言，采责任规则能够使得作品继续流通，也能通过损害补偿的原则填补权利人损失，其行为较采财产规则之行为更有效率；在前提为市场交易费用小于法院交易费用时，经济理性人当然地选择进行市场交易，即通过对价换取商品，此时如果采用财产规则，那么双方只需要就市场交易费用进行协商并支付，但如果选择责任规则，则无权使用者需要支付议定的损害补偿费用以取得权利，相比较而言，经济理性人更愿意提前对商品价格进行协商以谋求自身利益的最大化，因此采财产规则之行为较采责任规则之行为更有效率。

比较四种结果，只有在市场交易费用大于法院交易费用的前提下适用责任规则和在市场交易费用小于法院交易费用的前提下适用财产规则才有效率。此时应该就均有效率的两种情形进行成本比较，可见只有当市场交易费用小于法院交易费用时的成本才是最小的，因此适用财产规则才是最有效率的选择。应用在电影评论介绍类短视频市场时，短视频制作者最应该采用的是获得电影版权人授权许可的方式，即经过谈判后支付交易费用，方能在市场中降低个人交易成本，达到效率最优。

对于效率最优原则标准的判断，帕累托标准认为效率的提高需要对各方有利而非有人受损、有人受益，在符合经济学效率优先原则的基础上又具有追求公平正义等法的价值，被法律经济学者所钟爱。合理使用制度作为著作权法规定的特殊豁免，既不受财产规则的约束，亦不受责任规则的制约，合理使用的范围是著作权的“排除领域”，[37] 在成本比较悬殊如此之大的前提下，外在成本不能通过合理使用制度的内部化降低，即会造成合理使用制度的失灵以及增加外部成本，这与帕累托效率相悖。由此可见，在合理使用制度失灵的前提下，短视频制作者适用财产规则规制更符合帕累托效率。

## 结语

我国在《著作权法第三次修正案送审稿》第43条第1款第2项曾试图道明引用适当的含义，但其表述仅仅是判断合理使用行为的某个因素的一种标准，

---

37 吴汉东著：《著作权合理使用制度研究》（第三版），中国人民大学出版社2013年版，第73页。

不能获得该因素的正面评价就认定引用行为的适当性，对该行为的正当性、适当性、非侵权性仍应回归著作权合理使用制度的本质内核。无论是采三步检验法抑或合理使用四要素进行判断，都不应脱离著作权法所要保护的核心价值，即保护作品及其背后的市场，维护稳定的作品及由作品为中心形成的市场秩序，如此才能真正激励创作者，迸发社会整体创新活力。我国法院在对相关短视频制作者利用他人电影作品的行为进行考量时，面对《著作权法》第 24 条和《著作权法实施条例》第 21 条适用较难或标准模糊等问题时，应尝试采用较为具体的四要素分析法。[38]

笔者认为，根据四要素标准很难认定利用原电影作品制作评论介绍类短视频的行为构成合理使用，很难达到转换性使用的程度，并且有关视频过于单纯地使用原电影内容，对原电影作品构成市场替代已然越过合理使用的边界。同时，通过经济模型比较分析，对这类利用行为适用财产规则比适用责任规则予以规制更具经济合理性，能够满足经济理性人行动思维，通过付费许可模式进行市场交易，尽管短期内会增加授权成本，但是对于长期净化市场版权正版化环境和维护电影市场正版交易规模化、常态化都具有重要意义，以此达至帕累托效率最优，实现社会福利最大化。

---

38　其适用依据可参照《最高人民法院关于充分发挥知识产权审判职能作用推动社会主义文化大发展大繁荣和促进经济自主协调发展若干问题的意见》第 8 条：妥当运用著作权的限制和例外规定，正确判定被诉侵权行为的合法性，促进商业和技术创新，充分保障人民基本文化权益。正确认定合理使用和法定许可行为，依法保护作品的正当利用和传播。在促进技术创新和商业发展确有必要的特殊情形下，考虑作品使用行为的性质和目的、被使用作品的性质、被使用部分的数量和质量、使用对作品潜在市场或价值的影响等因素，如果该使用行为既不与作品的正常使用相冲突，也不至于不合理地损害作者的正当利益，可以认定为合理使用。

# 金融申诉专员机构的类型划分及我国的路径选择

岳金禄*

【内容提要】民事诉讼在解决金融消费纠纷的过程中具有周期长、成本高、不利于对消费者倾斜保护的劣势。金融申诉专员制度是金融ADR的重要组成部分，能提高消费者对金融行业的信心，在解决金融消费纠纷中具有显著的优越性。就我国而言，大力发展金融申诉专员制度是解决现有金融消费纠纷解决机制弊端的必由之路。目前我国金融ADR机构的发展呈现出数量多、绩效差的局面。金融申诉专员制度能有效解决我国金融ADR机构的发展困境。从金融申诉专员机构在一个司法管辖区的覆盖情况来看，可以将之分为全覆盖型金融申诉专员机构与部分覆盖型金融申诉专员机构。我国应从统合+分散型金融申诉专员机构过渡到统合型纯金融申诉专员机构。

【关键词】金融申诉专员制度　全覆盖型金融申诉专员机构　部分覆盖型金融申诉专员机构　金融监管体制　金融消费者保护

## 引言

金融消费纠纷的双方当事人的地位在实质上具有不平等性，金融消费者（投资者）处于弱势地位。金融消费纠纷本身具有“金额小、数量多”的特点。民事诉讼在解决金融消费纠纷的过程中具有周期长、成本高、不利于对消费者

* 岳金禄——上海财经大学法律经济学专业博士研究生，中国人民银行西安分行经济师，主要研究领域：金融法。本文是上海财经大学2015年研究生创新基金项目《金融申诉专员制度研究》（CXJJ－2015－382）的阶段性成果。

倾斜保护的劣势。发展各种形式的替代性纠纷解决机制（Alternative Dispute Resolution，ADR）是各司法管辖区解决金融消费纠纷的重大举措。金融申诉专员制度是金融 ADR 的重要组成部分，能提高消费者对金融行业的信心，在解决金融消费纠纷中具有显著的优越性。[1] 在此背景下，各种金融申诉专员机构应运而生。

我国也在积极探索成立金融消费纠纷替代性解决机构，上海市金融消费纠纷调解中心（Financial Ombudsman Service Shanghai，以下简称“上海 FOS”）与陕西金融消费纠纷调解中心（Financial Ombudsman Service Shaanxi）[2] 分别于 2014 年 12 月、2015 年 6 月成立，广东、黑龙江、山东、四川等省也在积极探索成立第三方金融消费纠纷解决机构，并成燎原之势。可以说成立金融消费纠纷替代性解决机构已经成为我国金融消费权益保护工作的发展趋势。然而，我国的金融申诉专员机构在实际运行中均存在受理与解决的纠纷数量少、金融消费纠纷当事人不认同、机构财务不可持续等问题。这些问题严重制约了我国金融申诉专员机构的发展，金融监管部门对试点机构“无所事事”的现状很不满意，对在全国层面推动金融申诉专员制度心存疑虑。我国金融申诉专员机构运行不畅，除了外部原因，更重要的是内部原因，即在对域外金融申诉专员制度的理解与运用上是“只见树木不见森林”。因此，系统地研究金融申诉专员制度，充分发挥理论对实践的指导作用显得日益重要。

关于金融申诉专员的研究日益增多。就金融申诉专员的价值而言，阮友利认为金融申诉专员有三大优势：一是既充分发挥了协商和调解的作用，又避免了传统协商和调解方式达成的协议缺乏强制力的不足；二是既吸收了仲裁终局解决纠纷的优点，又克服了仲裁程序启动存在的障碍；三是发挥了监管机构与行业协会双方的作用。[3] 贾小雷、刘媛认为，FOS 的程序设计上体现了对金融消费者的倾斜保护，以实现实质公平。尽管在制度设计上强调 FOS 的独立性，但是同时也重视对 FOS 运作进行监督和问责安排，以确保 FOS 能更好地履行其职能。[4] 孔健认为金融申诉专员具有独立性、易获得性，金融纠纷的高效解决能够增强金融消费者对纠纷解决结果的满意度，纠纷解决程序的公平合理是金融申诉专员公信力的支柱。[5] 杨东认为，金融申诉专员是最适宜解决金融消费纠纷的

---

1 岳金禄：《金融申诉专员能提高消费者信心吗?》，载《上海金融》2019 年第 3 期。

2 参见陕西 FOS 官网：http：//www. snfos. com/。

3 阮友利：《英国金融申诉专员制度借鉴简析》，载《上海保险》2010 年第 10 期。

4 贾小雷、刘媛：《英国金融申诉专员服务制度之述评》，载《河北法学》2011 年第 9 期。

5 孔健：《论金融申诉专员机构的法律角色定位——以英国金融申诉专员制度为研究对象》，载《经济与社会发展》2012 年第 1 期。

第三方纠纷解决机制。[6] 冉俊指出，金融申诉专员制度有补充价值、效率价值与实践价值三大价值。[7]

就金融申诉专员的类型研究来说，陈文君在《金融消费者保护监管研究》一书中将金融巡视员制度（即金融申诉专员制度）分为分散型与集中型两类。[8] 杨东在《金融申诉专员制度之类型学研究》一文中，将域外的金融申诉专员制度分为政府机构型、公司型与财团法人型。[9] 以我国台湾地区金融消费评议中心为代表的政府主导型金融申诉专员制度具有以下四个特点：一是以行政力量确保强制管辖；二是强制约束力和司法权独立的完美结合；三是公平和效率的完美结合；四是事后处理与事前倡导的完美结合。[10]

就域外金融申诉专员制度的借鉴而言，Tetyana Stechyshyn 探讨了西欧经验对乌克兰金融申诉专员的借鉴意义。[11] 杨东认为，我国需要构建以金融消费者保护为核心的多元化金融纠纷解决机制的统合体系，导入金融 FOS 制度，分阶段、分步骤实现金融纠纷处理机制的统合。[12] 温树英、渠智慧建议我国建立独立的、专门的金融申诉专员机制。[13] 王慧对我国金融申诉专员制度的实现路径进行了探索。[14] 刘盛对金融 ADR 的本土路径进行了研究。[15] 岳金禄认为我国应成立专门的第三方金融消费纠纷解决机构，并遵循科学的运行原则，高效处置纠纷，遵循保护消费者与预防道德风险之间的价值平衡。[16]

在有关我国金融申诉专员制度的研究中，两个重要的但是仍然没有解决的问题是：是建立全金融行业单一金融申诉专员制度还是为不同的行业（如银行业、证券业或保险业）设立独立的金融申诉专员？如果是后者，如何避免业务覆盖面的真空和重叠？向超认为，构建统合性金融申诉专员制度可以杜绝在金融产品或服务涉及多个行业界别时造成的分业解纷机制之间的适用重叠、推诿

6 杨东：《金融申诉专员制度之类型化研究》，载《法学评论》2013 年第 4 期。

7 冉俊：《构建适合我国国情的金融申诉专员制度》，载《金融教育研究》2016 年第 6 期。

8 陈文君著：《金融消费者保护监管研究》，上海财经大学出版社 2011 年版，第 145 - 147 页。

9 杨东：《金融申诉专员制度之类型化研究》，载《法学评论》2013 年第 4 期。

10 杨东：《政府主导型金融申诉专员制度评介》，载《政法论坛》2013 年第 3 期。

11 See Tetyana Stechyshyn, Financial Ombudsman's Activity in Ukraine by Experience of Western Europe, International Journal of Economics and Society, April 2015, Issue 1, pp. 195 - 201.

12 杨东：《论我国证券纠纷解决机制的发展创新——证券申诉专员制度之构建》，载《比较法研究》2013 年第 3 期。

13 温树英、渠智慧：《关于金融消费纠纷解决机制的完善》，载《理论探索》2014 年第 4 期。

14 王慧：《金融消费者权益保护的非诉讼机制探讨——以金融申诉专员制度为视角》，载《浙江金融》2014 第 5 期。

15 刘盛：《金融消费者 ADR 本土化路径研究》，载《浙江金融》2014 年第 6 期。

16 岳金禄：《新加坡金融业纠纷解决中心的运作及启示》，载《西部金融》2015 年第 11 期。

等现象，降低解纷成本，有利于处理解纷中心与监管机构的关系。[17] 向超有关统合性金融申诉专员制度的说法来自杨东教授。杨东教授将 FOS 制度分为完全统合型、准统合型、行业型。[18] 杨东教授认为，我国可以借鉴日本经验，分阶段、分步骤实现从分业到统合的金融 ADR 制度，即我国一行三会各自设立金融消费者保护局，分别设置金融调解制度，条件成熟后导入 FOS 制度，并逐步建立起统一的 FOS 制度，以构建金融纠纷一体化机制。[19]

作为我国研究金融申诉专员的第一人，杨东教授的有关论述理论联系实际，呼应了我国金融消费纠纷多元化解决机制建设的社会实践，为金融申诉专员制度的中国化奠定了坚实的理论基础。然而，囿于文献资料、研究方法与时代的局限性，杨东教授有关金融申诉专员制度的分类有一些值得商榷的地方。这些值得商榷的地方一方面导致了理论研究的误区，另一方面误导或制约了金融申诉专员制度在我国的实践和发展。因此，在杨东教授研究的基础上，通过大数据分析，对现存的金融申诉专员机构进行类型学的研究，不但可以弥补相关理论研究的缺陷与不足，具有极为重要的理论意义，而且可以对我国正在如火如荼进行的金融消费纠纷解决机制建设提供必要的理论指导，因而具有广泛的社会实践价值。

## 一、全覆盖型与部分覆盖型金融申诉专员机构

现代社会科学的最新发展之一是产生了被人称为“类型学”的新学科。[20] 对金融申诉专员进行学理分类，有助于我们更加全面、更加具体、更加精细地认识金融申诉专员。

对金融申诉专员机构进行类型学研究的前提是对金融申诉专员机构进行大数据分析。本文收集到了全球 115 个金融申诉专员机构的资料，并对这 115 个机构进行了分类统计。从这 115 个机构的情况来看，金融申诉专员机构依据不同的标准可以分为不同的类别。

从金融申诉专员机构在一个司法管辖区的覆盖情况来看，可以分为全覆盖

---

17 向超：《论统合型金融申诉专员制度之构建》，载李昌麒、岳彩申主编：《经济法论坛》（第 18 卷），法律出版社 2017 年版，第 180 页。

18 杨东：《金融申诉专员制度之类型化研究》，载《法学评论》2013 年第 4 期。

19 杨东：《日本金融 ADR 制度的创新及其对我国的借鉴》，载《法律科学》2013 年第 3 期。

20 类型学起源于建筑学，是一种分组归类方法的体系，通常称为类型，类型的各成分是用假设的各个特别属性来识别的，这些属性彼此之间相互排斥而集合起来却又包罗无遗，这种分组归类方法因在各种现象之间建立有限的关系而有助于论证和探索。参见张庆福著：《宪法学基本理论（下）》，社会科学文献出版社 1999 年版，第 598 页。

型金融申诉专员机构与部分覆盖型金融申诉专员机构。全覆盖型金融申诉专员机构是指一个司法管辖区设立的金融申诉专员机构完全覆盖了银行业、保险业、证券业三大金融领域。部分覆盖型金融申诉专员机构是指一个司法管辖区设立的金融申诉专员机构只覆盖了银行业、保险业、证券业三大金融领域中的一个或两个领域。

## （一）全覆盖型金融申诉专员机构

依据一个司法管辖区金融申诉专员机构数量的多少及其行业覆盖情况，全覆盖型金融申诉专员机构可以分为四类：统合型金融申诉专员机构；统合+分散型金融申诉专员机构；相对分散型金融申诉专员机构；高度分散型金融申诉专员机构。

### 1. 统合型金融申诉专员机构

统合型金融申诉专员机构是指一个司法管辖区只设立了一个申诉专员机构，且该机构覆盖了全部金融领域。统合型金融申诉专员机构依据其职责是否以金融领域为限，可以分为统合型纯金融申诉专员机构与统合型准金融申诉专员机构两个小类。

（1）统合型纯金融申诉专员机构。统合型纯金融申诉专员机构是指一个国家或地区在全金融行业设立统一的申诉专员机构，该机构覆盖了全部金融领域，且其职责仅限于金融领域。该类型包括英国、爱尔兰、亚美尼亚、马耳他、挪威、荷兰、新加坡、马恩岛、海峡群岛、秘鲁、特立尼达和多巴哥十二个司法管辖区。

（2）统合型准金融申诉专员机构。统合型准金融申诉专员机构是指一个国家或地区在全金融行业设立统一的申诉专员机构，该机构覆盖了全部金融领域，且其职责不限于金融领域。该类型包括瑞典、立陶宛两个国家。

### 2. 统合+分散型金融申诉专员机构

统合+分散型金融申诉专员机构是指一个司法管辖区设立多个申诉专员机构，这些机构虽然是相互独立的，但是其中的某个机构发挥了统一平台的作用，将自身与其他申诉专员机构进行了整合，在某种程度上达到了统合型金融申诉专员机构的效果。或者一个申诉专员机构覆盖了全部金融领域，其他申诉专员机构只覆盖了一个或两个金融领域。该类型机构依据分散型金融申诉专员机构的不同类型可以分为九个小类：（1）以芬兰为代表的统合+银行+保险+证券+消费类；（2）以澳大利亚为代表的统合+银行证券+保险类；（3）以新西兰为代表的统合+银行+保险银行类；（4）以南非和波兰为代表的统合+银行+保险类；（5）以比利时和克罗地亚为代表的统合+保险类；（6）以匈牙利为代

表的统合 + 银行类；（7）以我国台湾地区和葡萄牙为代表的统合 + 证券类；（8）以波斯尼亚和黑塞哥维那联邦为代表的联邦统合 + 成员分散型；（9）以加拿大为代表的联邦分散 + 成员统合型。

3. 相对分散型金融申诉专员机构

相对分散型金融申诉专员机构是指一个司法管辖区设立了两个申诉专员机构，其中一个申诉专员机构的职责涉及银行业、保险业、证券业中的两个领域，另一个涉及剩下的一个金融领域。该类型依据机构涉及金融领域的不同，可以分为两个小类：银行证券 + 保险类；银行保险 + 证券类。

（1）银行证券 + 保险类。该类型中的一个申诉专员机构涉及银行业与证券业，另一个涉及保险业。该类型有希腊、冰岛、卢森堡三个司法管辖区。

（2）银行保险 + 证券类。该类型中的一个申诉专员机构涉及银行业与保险业，另一个涉及证券业。该类型以马来西亚为代表。

4. 高度分散型金融申诉专员机构。高度分散型金融申诉专员机构是指一个司法管辖区设立了三个及三个以上申诉专员机构，没有一个机构的职责涉及全金融领域。该类型包括德国、丹麦、西班牙、法国、意大利五个司法管辖区。

### （二）部分覆盖型金融申诉专员机构

依据申诉专员机构在金融行业的覆盖情况，部分覆盖型金融申诉专员机构可以分为覆盖两个金融领域的申诉专员机构与覆盖一个金融领域的申诉专员机构两类。

1. 覆盖两个金融领域的申诉专员机构

覆盖两个金融领域的申诉专员机构是指覆盖银行业、保险业、证券业中的两个金融领域的申诉专员。该类型依据覆盖金融领域的不同可以分为两类：覆盖银行业证券业类与覆盖银行业保险业类。

（1）覆盖银行业证券业类。该类型依据机构数量及覆盖金融领域的不同可以分为两类：一是以列支敦士登为代表的银行证券 + 银行类；二是以我国香港地区和捷克为代表的银行证券类。

（2）覆盖银行业保险业类。该类型依据申诉专员机构的多少可以分为两类：银行保险类和银行 + 保险类。

2. 覆盖一个金融领域的申诉专员机构

该类申诉专员依据覆盖金融领域的不同，可以分为两类：覆盖银行业类与覆盖保险业类。

（1）覆盖银行业类。此类金融申诉专员机构仅覆盖银行业，以斯洛伐克、美国、印度、巴基斯坦、黑山和博茨瓦纳为代表。

（2）覆盖保险业类。斯洛文尼亚、智利和沙特阿拉伯属于该类型。

全覆盖型金融申诉专员机构与部分覆盖型金融申诉专员机构在全世界的具体类型及其分布情况，参见表1。

**表1　金融申诉专员机构的类型及其分布**

| 一级分类 | 二级分类 | 三级分类 | 四级分类 | 典型国家或地区 | 申诉专员机构 |
|---|---|---|---|---|---|
| 全覆盖型金融申诉专员机构 | 覆盖三个金融领域 | 统合型金融申诉专员机构 | 统合型纯金融申诉专员机构 | 英国 | 金融申诉专员服务 |
| | | | | 爱尔兰 | 金融服务申诉专员局 |
| | | | | 亚美尼亚 | 金融体系调解员办公室 |
| | | | | 马耳他 | 金融服务局消费者投诉管理人 |
| | | | | 挪威 | 金融服务投诉委员会 |
| | | | | 荷兰 | 金融服务投诉中心 |
| | | | | 新加坡 | 金融业纠纷解决中心有限责任公司 |
| | | | | 马恩岛 | 金融服务申诉专员机构 |
| | | | | 海峡群岛 | 金融申诉专员 |
| | | | | 秘鲁 | 金融申诉专员 |
| | | | | 特立尼达和多巴哥 | 金融服务申诉专员办公室 |
| | | | 统合型准金融申诉专员机构 | 瑞典 | 全国消费者投诉委员会 |
| | | | | 立陶宛 | 国家消费者权益保护局 |
| | | 统合+分散型金融申诉专员机构 | 统合+银行+保险+证券+消费类 | 芬兰 | 金融申诉专员局、银行投诉委员会、保险投诉委员会、证券投诉委员会、消费者纠纷委员会 |
| | | | 统合+银行证券+保险类 | 澳大利亚 | 金融申诉专员服务、信贷和投资申诉专员、养老金投诉审裁处 |
| | | | 统合+银行+保险银行类 | 新西兰 | 金融服务投诉有限公司、银行业申诉专员机构、保险和金融申诉专员机构 |

续表

| 一级分类 | 二级分类 | 三级分类 | 四级分类 | 典型国家或地区 | 申诉专员机构 |
| --- | --- | --- | --- | --- | --- |
| | | | 统合+银行+保险类 | 南非 | 金融服务提供者申诉专员、银行服务申诉专员、信用申诉专员、长期保险申诉专员、短期保险申诉专员、养老基金审裁官 |
| | | | | 波兰 | 金融监管局仲裁庭、银行申诉专员、保险申诉专员 |
| | | | 统合+保险类 | 比利时 | 金融申诉专员、保险申诉专员 |
| | | | | 克罗地亚 | 经济联合会调解中心、保险局调解中心 |
| | | | 统合+银行类 | 匈牙利 | 金融仲裁委员会、布达佩斯仲裁委员会 |
| | | | 统合+证券类 | 中国台湾 | 金融消费评议中心、证券投资人及期货交易人保护中心 |
| | | | | 葡萄牙 | 里斯本消费者冲突仲裁中心、证券市场委员会 |
| | | | 联邦统合+成员分散型 | 波斯尼亚和黑塞哥维那联邦 | 波斯尼亚和黑塞哥维那联邦金融申诉专员、塞族共和国银行体系申诉专员、塞族共和国保险申诉专员 |
| | | | 联邦分散+成员统合型 | 加拿大 | 银行服务和投资申诉专员、生命和健康保险申诉专员服务、一般保险申诉专员服务、魁北克金融市场管理局客户服务及补偿部 |
| | | 相对分散型金融申诉专员机构 | 银行证券+保险类 | 希腊 | 银行—投资服务申诉专员、开发部保险企业和精算师董事会 |
| | | | | 冰岛 | 金融公司交易投诉委员会、保险投诉委员会 |
| | | | | 卢森堡 | 金融业监督管理委员会、保险调解 |
| | | | 银行保险+证券类 | 马来西亚 | 金融调解局、证券业纠纷解决中心 |
| | | 高度分散型金融申诉专员机构 | | 德国 | 公共部门银行申诉专员、私人商业银行申诉专员机构、合作银行申诉专员/合作银行协会、私立住房储蓄银行协会—客户投诉系统、储蓄银行协会—消费者投诉办公室、联邦银行仲裁委员会；保险申诉专员、私人医疗和长期护理保险申诉专员；投资基金申诉专员机构、封闭性基金仲裁委员会、投资法仲裁委员会 |

续表

| 一级分类 | 二级分类 | 三级分类 | 四级分类 | 典型国家或地区 | 申诉专员机构 |
| --- | --- | --- | --- | --- | --- |
| | | | | 丹麦 | 抵押信用投诉委员会、银行服务投诉委员会、保险投诉委员会、证券经纪公司投诉委员会、投资基金投诉委员会 |
| | | | | 西班牙 | 西班牙银行投诉服务、保险及退休基金投诉服务总局、投资者援助办公室—CNMV投资部 |
| | | | | 法国 | 专业金融公司协会调解员、保险调解员、AMF申诉专员 |
| | | | | 意大利 | 银行与金融仲裁员、私人保险监管机构、银行申诉专员 |
| 部分覆盖型金融申诉专员机构 | 覆盖两个金融领域的申诉专员机构 | 覆盖银行业证券业类 | 银行证券+银行类 | 列支敦士登 | 列支敦士登银行申诉专员、跨境信用结算争议仲裁委员会 |
| | | | 银行证券类 | 中国香港 | 中国香港特区金融纠纷调解中心 |
| | | | | 捷克 | 捷克共和国金融仲裁者 |
| | | 覆盖银行保险业类 | 银行保险类 | 爱沙尼亚 | 消费者投诉委员会 |
| | | | 银行+保险类 | 瑞士 | 银行申诉专员、保险申诉专员 |
| | | | | 哈萨克斯坦 | 银行申诉专员、保险申诉专员 |
| | 覆盖一个金融领域的申诉专员机构 | 覆盖银行业类 | | 奥地利 | 银行业联合调解委员会 |
| | | | | 美国 | 货币监理署申诉专员办公室 |
| | | | | 印度 | 银行业申诉专员机构 |
| | | | | 巴基斯坦 | 银行申诉专员 |
| | | | | 黑山 | 银行申诉专员 |
| | | | | 博茨瓦纳 | 银行审裁官办公室 |
| | | 覆盖保险业类 | | 智利 | 保险申诉专员 |
| | | | | 沙特阿拉伯 | 保险纠纷与侵权解决委员会总秘书处 |

## 二、统合型纯金融申诉专员机构的优越性：基于澳大利亚的分析

澳大利亚在金融消费纠纷解决模式方面学习与借鉴英国，并超越英国，其统合型模式具有显著的优越性，得到了越来越多的国家与地区的模仿与学习。从历史的维度对澳大利亚金融消费纠纷解决机制进行深度考察，并分析统合型模式的制度优越性，可以为我国金融消费纠纷解决机制的发展提供有益的启发与借鉴。

从时间维度来看，澳大利亚的金融消费纠纷解决机制可以分成三个阶段：1989 年至 2008 年是第一个阶段，2008 年至 2018 年是第二个阶段，2018 年以来是第三个阶段。而时间节点 1989 年、2008 年与 2018 年分别是三个典型机构 ABIO、FOS 与 AFCA 的成立时间。澳大利亚金融申诉专员机构经历了从部分覆盖到全覆盖，从绝对分散到相对分散，从统合 + 分散型到统合型纯金融申诉专员机构的演进过程。下面简要评述如下。

### （一）澳大利亚金融申诉专员机构统合化的进程

1989 年，在与政府和消费者团体协商后，澳大利亚银行家协会（Australian Bankers' Association，ABA）成立了澳大利亚银行业申诉专员（Australian Banking Industry Ombudsman，ABIO）。[21] ABIO 是仿照英国银行业申诉专员办公室（Office of the Banking Ombudsman）[22] 建立的，是一家担保有限公司。[23] 它有 17 个创始银行成员。其目的是为会员银行的个人客户提供一个独立的机制，解决他们对银行的投诉。[24] ABIO 于 1990 年开始运作，[25] 这是澳大利亚业界在全国范围内实施的第一个独立的外部纠纷解决（external dispute resolution，EDR）方

21 Australian Banking Industry Ombudsman Limited，Annual Report 1990-1991，1991，p. 10.

22 Gregory Burton，A Banking Ombudsman for Australia（1990）1 Journal of Banking and Finance Law and Practice，p. 29；W. S. Weerasooria，The Australian Banking Ombudsman Scheme-Recent Developments，（1992）2 Australian Journal of Corporate Law，p. 225.

23 Banking and Financial Services Ombudsman Limited，Review of the Banking and Financial Services Ombudsman Scheme：Background Paper，June 2004，p. 17.

24 Parliament of the Commonwealth of Australia，House of Representatives Standing Committee on Finance and Public Administration，A Pocket Full of Change，November 1991，pp. 396［20. 75］，397［20. 81］.

25 Banking and Financial Services Ombudsman Limited，Review of the Banking and Financial Services Ombudsman Scheme：Background Paper，June 2004，p. 16.

案。[26] 2003年，ABIO被更名为银行和金融服务申诉专员（Banking and Financial Services Ombudsman，BFSO），并且该方案的范围得以扩展，以允许非银行金融服务提供商成为会员。[27]

自1990年ABIO实施以来，金融行业成员还建立了其他几项EDR方案，以解决消费者与服务提供商之间的纠纷。[28] 这些方案通常是由担保有限责任公司组成的。[29] 这些基于行业的EDR方案的章程和职责范围规定了谁可以成为各个方案的成员、方案的管辖权以及处理投诉的流程。

1997年，澳大利亚证券和投资委员会（Australian Securities and Investments Commission，ASIC）宣布，根据《公司法》第784条发放给投资顾问的许可证将受到某些条件的限制，这些条件包括持牌人有内部投诉处理程序，并且是ASIC批准的EDR方案的成员。[30] 根据《1990年公司条例》，这项规定于1998年生效，该条例规定，如果持牌人"向散户投资者提供投资建议"，持牌人"必须是ASIC批准的外部投诉解决方案的成员"，并有内部投诉处理程序。[31] 然而，直到2002年，经《2001年金融服务改革法》修订的《2001年公司法》才明确提出了类似的要求，适用于更广泛的金融服务业。

外部投诉解决方案应由ASIC批准，并根据1998年7月生效的《1989年澳大利亚证券和投资委员会法》（ASIC法）第12FA条的规定设定。[32] 第12FA条规定，除非ASIC对与解决金融服务提供商和消费者之间的争议有关的程序感到满意，否则ASIC无法批准行业法典（industry code）。

ASIC在1999年发布了《第139号政策声明》（Policy Statement 139），提供

---

26 Australian Banking Industry Ombudsman Limited, Annual Report 1990-1991, 1991, p. 5.

27 Banking and Financial Services Ombudsman Limited, Review of the Banking and Financial Services Ombudsman Scheme: Background Paper, June 2004, p. 19.

28 See further, Denise McGill, Are the Financial Services External Complaints Resolution Schemes Subject to Judicial Review? (2008) Company and Securities Law Journal, pp. 438, 448 -455.

29 Gail Pearson, Financial Services Law and Compliance in Australia, Cambridge University Press, 2009, p. 532; Paul O'Shea and Charles Rickett, In Defence of Consumer Law: The Resolution of Consumer Disputes, (2006) 28 Sydney Law Review, pp. 139, 154, 156.

30 ASIC Policy Statement 121, Investment advisory services: retail investor protection requirements, 3 March 1997; see Financial Industry Complaints Service Ltd v Deakin Financial Services Pty Ltd (2006) 157 FCR 229, 231 [4] ('FICS v Deakin').

31 Corporations Regulations 1990 (Cth) reg 7. 3. 02B (4) as amended by Corporations Regulations (Amendment) 1998 No 161 (Cth) reg 3. 1.

32 Australian Securities and Investments Commission Act 1989 (Cth) s 12FA, as inserted by Financial Sector Reform (Consequential Amendments) Act 1998 (Cth) sch 2 item 7.

了有关在决定是否批准外部投诉解决方案时应考虑的事项的进一步信息。[33] 该政策声明基于联邦政府于 1997 年 8 月发布的《基于行业的客户纠纷解决方案基准》（Benchmarks for Industry-based Customer Dispute Resolution Schemes）的原则。[34]

2002 年，《2001 年金融服务改革法》对《公司法》进行了修订，为金融服务行业引入了新的监管框架，包括针对与金融产品相关的金融咨询和交易的单一许可制度。[35] 现在，任何经营金融服务业务的实体都必须持有澳大利亚金融服务执照或获得被许可人的授权。[36] 这一新的监管制度规定，向零售客户提供金融服务的所有金融服务被许可人都必须拥有适当的纠纷解决系统。[37] 这些被许可人需要既有内部纠纷解决程序，也要具有 ASIC 批准的一个或多个 EDR 方案的成员资格。[38] 内部和外部安排必须涵盖零售客户就提供牌照所涵盖的金融服务而对持牌人提出的所有投诉。[39] 对未经许可的产品发行人和未经许可的二级销售商也规定了同等的义务。[40] 有关经 ASIC 批准的 EDR 方案成员资格的所有立法要求现已被 AFCA 成员义务所取代。[41]

在 1999 年至 2008 年，根据《第 139 号政策声明》，ASIC 共批准了八项 EDR

---

33 Australian Securities and Investments Commission, Policy Statement 139: Approval of external complaints resolution schemes, 8 July 1999.

34 Banking and Financial Services Ombudsman Limited, Review of the Banking and Financial Services Ombudsman Scheme: Background Paper, June 2004, p. 14.

35 Financial Services Reform Act 2001 (Cth) sch 1 item 1.

36 Corporations Act 2001 (Cth) s 911A, as inserted by Financial Services Reform Act 2001 (Cth) sch 1 item 1.

37 Corporations Act 2001 (Cth) s 912A (1) (g), as inserted by Financial Services Reform Act 2001 (Cth) sch 1 item 1.

38 Corporations Act 2001 (Cth) s 912A (2), as inserted by Financial Services Reform Act 2001 (Cth) sch 1 item 1.

39 Corporations Act 2001 (Cth) s 912A (2) (a) (ii), (b) (ii), as inserted by Financial Services Reform Act 2001 (Cth) sch 1 item 1.

40 Corporations Act 2001 (Cth) s 1017G (2).

41 Corporations Act 2001 (Cth) s 912A (1) (g), (2), as amended by Treasury Laws Amendment (Putting Consumers First—Establishment of the Australian Financial Complaints Authority) Act 2018 (Cth) sch 1 item 32, sch 2 item 2; Corporations Act 2001 (Cth) s 1017G (1), (2) (b) (i), as amended by Treasury Laws Amendment (Putting Consumers First—Establishment of the Australian Financial Complaints Authority) Act 2018 (Cth) sch 1 item 33, sch 2 item 4; National Consumer Credit Protection Act 2009 (Cth) ss 47 (1) (i), 64 (5) (c), 65 (6) (c) as amended by Treasury Laws Amendment (Putting Consumers First—Establishment of the Australian Financial Complaints Authority) Act 2018 (Cth) sch 1 item 35.

方案。[42]尽管第12FA条已被《2001年金融服务改革法》废除，[43]根据《第139号政策声明》，ASIC关于EDR方案批准的政策仍然有效（批准的立法权限从《ASIC法》转移到《2001年公司条例》）。[44]

ASIC批准的前七项方案分别是金融业投诉服务处（Financial Industry Complaints Service，FICS）、保险查询及投诉方案（Insurance Enquiries and Complaints scheme）、ABIO、信用合作社纠纷解决中心（Credit Union Dispute Resolution Centre）、保险经纪纠纷处理机制（Insurance Brokers Dispute Facility）、金融合作纠纷解决方案（Financial Cooperative Dispute Resolution Scheme）和抵押贷款业申诉专员服务（Mortgage Industry Ombudsman Service）。

1999年10月，根据《第139号政策声明》，FICS是第一个由ASIC批准的方案。[45]FICS的前身是人寿保险投诉服务（Life Insurance Complaints Service），源自澳大利亚人寿保险联合会公司（Life Insurance Federation of Australia Incorporated）1991年创立的一项方案。[46]1998年9月，ASIC已批准人寿保险投诉服务，以审议有关提供零售投资建议的持牌人的投诉。[47]1999年，当其改名为FICS时，它的角色从只处理人寿保险业的投诉扩大到处理整个金融服务业的投诉。[48]

2000年8月，根据《第139号政策声明》，保险查询及投诉方案是第二个获批准的方案。[49]它于1991年由澳大利亚保险委员会（Insurance Council of Australia）设立，作为一般保险索赔审查小组（General Insurance Claims Review Panel），后来在2004年成为保险申诉专员服务处（Insurance Ombudsman Service，

---

42 ASIC，Dispute resolution-Review of RG 139 and RG 165，Consultation Paper 102，September 2008，p. 12；Review of the Financial System External Dispute Resolution and Complaints Framework：Final Report，April 2017，p. 35［3.9］-［3.10］.

43 Financial Services Reform Act 2001（Cth）sch 1 item 27.

44 ASIC，Licensing：External and internal dispute resolution procedures，Consultation Paper 23，June 2001，pp. 7，14.

45 Financial Industry Complaints Service Limited，Annual Report 2000，2001，p. 12.

46 FICS v Deakin（2006）157 FCR 231［3］.

47 FICS v Deakin（2006）157 FCR 229，232［5］.

48 FICS v Deakin（2006）157 FCR 229，232［6］；National Mutual Life Association of Australasia Ltd v Financial Industry Complaints Service Ltd［2006］VSC 121，3 April 2006，［12］.

49 ASIC，ASIC Approves General Insurance Code of Practice and Insurance Enquiries and Complaints Scheme，Information Release，00/026，26 August 2000，at https：//download. asic. gov. au/media/ 1339640/ ir00 –026. pdf.

IOS)。[50] 它处理对一般保险供应商的投诉。

2001 年 9 月，ABIO 方案成为 ASIC 根据《第 139 号政策声明》批准的第三个纠纷解决方案。[51] 如上所述，ABIO 后来改名为 BFSO。

2002 年 8 月，信用社纠纷解决中心方案成为 ASIC 根据《第 139 号政策声明》批准的第四项方案。[52] 其前身信用社纠纷征询中心（Credit Union Dispute Reference Centre）始于 1996 年，以解决信用社与其客户之间的纠纷。[53]

2002 年 11 月，由澳大利亚全国保险经纪人协会（National Insurance Brokers Association of Australia）于 1996 年设立的保险经纪人纠纷机制成为 ASIC 批准的第五项方案。[54] 它于 2003 年被合并为保险经纪纠纷有限公司（Insurance Brokers Disputes Limited）。[55] 它处理零售客户对保险经纪人及其他保险中介机构的投诉。

2003 年 1 月，金融合作纠纷解决方案成为 ASIC 根据《第 139 号政策声明》批准的第六项方案。[56] 它取代了信用合作社申诉专员方案（Credit Union Ombudsman scheme）。[57] 该方案处理消费者对澳大利亚信用合作社（Australian cred-

---

50 Gail Pearson, The Place of Codes of conduct in Regulating Financial Services, (2006) 15 Griffith Law Review, pp. 333, 341; Community Solutions, La Trobe University and University of Western Sydney, Review of the Financial Industry Complaints Service 2002 - What are the Issues?, August 2002, p. 8; Colin Neave and John Pinnock, Setting the Scene: Industry-based Customer Dispute Resolution Schemes, Presented at National Alternative Dispute Resolution Advisory Council, 4 -5 September 2003, Sydney, p. 5.

51 ASIC, ASIC approves banking complaints scheme, Media Release, 01/339, 21 September 2001, at https://asic.gov.au/about-asic/news-centre/find-a-media-release/2001-releases/01339-asic-approves- banking-complaints-scheme/; Banking and Financial Services Ombudsman Limited, Review of the Banking and Financial Services Ombudsman Scheme: Background Paper, June 2004, p. 5.

52 Credit Union Dispute Resolution Centre, Review of the Credit Union Dispute Resolution Centre: Background Paper, June 2005, p. 12.

53 Credit Union Dispute Resolution Centre, Review of the Credit Union Dispute Resolution Centre: Background Paper, June 2005, p. 8; Gail Cork, ADR brings high interest returns in financial disputes - the Credit Union Dispute Reference Centre, (1998) 1 (2) ADR Bulletin, p. 34.

54 Insurance Brokers Disputes Limited, Annual Report: 1 January 2002 -31 December 2002, 2003, p. 2; Insurance Brokers Disputes Limited, Insurance Brokers Disputes Ltd Annual Report: 1 January 2003 -31 December 2003, 2004, p. 5.

55 Insurance Brokers Disputes Limited, Insurance Brokers Disputes Ltd Annual Report: 1 January 2003 -31 December 2003, 2004, p. 5.

56 ASIC, New complaints scheme approved by ASIC, Media Release, 03 -030, 30 January 2003, at https://asic.gov.au/about-asic/news-centre/find-a-media-release/2003-releases/03 -030-new-complaintsscheme-approved-by-asic/.

57 Credit Union Dispute Resolution Centre, Review of the Credit Union Dispute Resolution Centre: Background Paper, June 2005, p. 11.

it unions）和建筑协会（building societies）的投诉，他们是该方案的成员。[58]

2003年12月，抵押贷款申诉专员服务成为根据《第139号政策声明》获ASIC批准的第七项方案。[59]它最初涵盖了针对在房地产抵押贷款担保贷款方面与消费者打交道的会员的投诉，但在2004年采用信贷申诉专员服务有限公司（Credit Ombudsman Service Limited，COSL）的名称时，将其管辖范围扩大到涵盖更为广泛的金融产品以及直接附带的产品和服务。[60]2014年成为信贷和投资申诉专员（Credit and Investments Ombudsman，CIO）。[61]

在2008年之前，金融部门存在七个不同的行业资助的EDR方案。然而，多个方案的存在被证明是有问题的。金融申诉专员服务（Financial Ombudsman Service，FOS）于2008年3月通过合并三个预先存在的ASIC批准的EDR方案（BFSO、FICS和IOS）而创建。[62]作为EDR方案的FOS于2008年5月获得ASIC批准，另外两个ASIC批准的EDR方案——信用社纠纷解决中心和保险经纪人纠纷也于2009年1月加入FOS。[63]

金融合作纠纷解决方案于2009年停止运作。[64]因此，到2009年，只有两个行业建立的EDR方案仍然存在：FOS和COSL（如上所述，2014年成为CIO）。

2016年，澳大利亚政府委托对金融体系外部纠纷解决框架进行审查（EDR review）。审查小组于2017年4月提交了一份最终报告，建议设立一个单一的EDR机构。[65]政府接受了这项建议，并宣布将成立一个新的EDR机构，即澳大

---

58 ASIC, New complaints scheme approved by ASIC, Media Release, 03－030, 30 January 2003, at https://asic.gov.au/about-asic/news-centre/find-a-media-release/2003-releases/03-030-new-complaintss-cheme-approved-by-asic/.

59 Consumer complaints scheme approved, Sydney Morning Herald, 23 December 2003, at https://www.smh.com.au/national/consumer-complaints-scheme-approved-20031223-gdi174.html.

60 Credit Ombudsman Service Limited, Annual Report 2005, 2005, p. 5.

61 Review of the Financial System External Dispute Resolution and Complaints Framework: Final Report, April 2017, p. 35 [3.11].

62 ASIC, Feedback from submissions to the Financial Ombudsman Service Limited's new Terms of Reference, Report 182, December 2009, p. 5.

63 Review of the Financial System External Dispute Resolution and Complaints Framework: Final Report, April 2017, p. 35 [3.10]; ASIC, Feedback from submissions to the Financial Ombudsman Service Limited's new Terms of Reference, Report 182, December 2009, p. 5.

64 See Australian Securities and Investments Commission ('ASIC'), ASIC-approved Dispute Resolution Schemes, at https://asic.gov.au/regulatory-resources/financial-services/dispute-resolution/asic-approved-disputeresolution-schemes/.

65 Review of the Financial System External Dispute Resolution and Complaints Framework: Final Report, April 2017.

利亚金融投诉局（Australian Financial Complaints Authority，AFCA）。[66] AFCA 于 2018 年 11 月开始运营，不仅取代了 ASIC 批准的 FOS 和 CIO，还取代了退休金投诉法庭（Superannuation Complaints Tribunal，SCT）。[67]

与行业设立的 EDR 方案不同，SCT 成立于 1993 年，作为一个法定的法庭，它在自己的立法框架内运作。[68] 为了取代 SCT 和《1993 年退休金（投诉解决）法》[Superannuation（Resolution of Complaints）Act 1993（Cth）]，在《公司法》中加入了特别条款，概述了何时可以根据 AFCA 方案提出与退休金相关的投诉，AFCA 在处理退休金投诉方面的特殊权力（如加入各方的权力，以及获取信息和文件的权力），以及规定 AFCA 在决定退休金投诉方面的权力。[69]

### （二）澳大利亚金融申诉专员机构统合化的理由

存在多个司法管辖区重叠的 EDR 方案引发了各种问题：消费者困惑的风险增加，有类似投诉的消费者可能会收到不一致的结果，消费者很难处理涉及不同方案成员公司的纠纷，而且行业和监管机构的成本存在重复。[70]

早在 1997 年，Wallis 报告就强调了与 EDR 方案分散相关的问题。报告指出，消费者可能会感到"面对各种各样的方案感到困惑"。[71]

2000 年，ASIC 承认"有效的自律机制的发展对金融行业的消费者保护作出了重大贡献"，但对 EDR 方案的不断增加是否会带来更具成本效益的消费者保护和市场改善表示怀疑。ASIC 强调，有几个 EDR 方案具有重叠的管辖权，如考虑对信贷提供者和相关实体的投诉的方案——ABIO 和信用社纠纷咨询中心，以及在保险领域——保险经纪人纠纷处理机制和 FICS 以及保险查询和投诉方案。

金融服务投诉解决方案（Financial Service Complaints Resolution Scheme）与 FICS 合并，ASIC 欢迎这一合并，因为它将"为行业节省成本，并为消费者提供

---

66 Commonwealth，Parliamentary Debates，House of Representatives，9 May 2017，4064（Scott Morrison，Treasurer）.

67 Australian Financial Complaints Authority，About AFCA，at https：//www. afca. org. au/about-afca/；Financial Ombudsman Service，AFCA information for members，at https：//www. fos. org. au/members/afca-information-formembers/.

68 Financial System Inquiry，Final Report，March 1997，286；Superannuation（Resolution of Complaints）Act 1993（Cth）s 6.

69 See Corporations Act 2001（Cth）pt 7. 10A（External dispute resolution）div 3（Additional provisions relating to superannuation complaints）.

70 Review of the Financial System External Dispute Resolution and Complaints Framework：Final Report，April 2017，p. 8；Ian Ramsay，Improving Dispute Resolution in the Financial System，(2017) 28 ADR Journal，pp. 191，192.

71 Financial System Inquiry，Final Report，March 1997，p. 287.

更一致的投诉处理”——这两个方案在涉及向散户投资者提供投资建议的持牌人的投诉和对管理投资方案的责任实体的投诉方面有很大程度的重叠。

ASIC 还指出，金融机构往往是一个以上的 EDR 方案的成员。例如，较大的银行可能属于 ABIO、保险查询和投诉方案、FICS 以及以前的金融服务投诉解决方案。这是1999年建立 FICS 的一个关键驱动力，也是一些较大的机构在提交1997年金融系统调查报告时主张对金融部门实行单一的 EDR 方案的原因。[72]

2007年，BFSO、FICS 和 IOS 联合提交了一份报告，以回应生产力委员会（Productivity Commission）发布的《澳大利亚消费者政策框架》（Review of Australia's Consumer Policy Framework）。该意见书认为，“尽可能简化 ASIC 批准的 EDR 方案的服务，只会为消费者带来好处”。该意见书强调了联合电话转介中心（到2007年，该中心已包括 ASIC 批准的所有 EDR 方案以及 SCT）的成功，并指出——鉴于该方案的成功——BFSO、FICS 和 IOS 方案在未来提供 EDR 服务方面进行进一步合作。[73]

BFSO、FICS 和 IOS 建议，未来 ASIC 批准的 EDR 方案的运作趋同可能涉及为消费者拥有单一的名称和切入点，但同时保留更广泛的金融服务行业中各个不同领域的专业知识。生产力委员会采纳了这一建议，建议“通过将现有机构整合到一个单一的总括方案中，以提供一种转介和投诉途径，同时允许对其子方案的独立治理”来进一步增强金融 EDR 服务。[74]

到2016年，有关将 ASIC 批准的 EDR 方案合并为一个方案的情绪开始改变。2016年11月，作为《对四大银行的审查：第一次报告》（Review of the Four Major Banks：First Report）的一部分，众议院常设经济委员会（House of Representatives Standing Committee）建议在2017年7月1日之前建立银行和金融部门法庭（Banking and Financial Sector Tribunal），以取代 FOS、CIO 和 SCT 处理消费者和小企业的投诉。[75] 该委员会考虑了针对2016年9月发布的《EDR 评论问题文

---

72 ASIC, Submission to the Inquiry on Industry Self-regulation, January 2000, at http://archive.treasury.gov.au/documents/1132/PDF/037.pdf, p. 22.

73 Banking and Financial Services Ombudsman Ltd, Financial Industry Complaints Service and Insurance Ombudsman Service, Submission in response to the Consumer Policy Framework Productivity Commission Issues Paper, June 2007, p. 17.

74 Productivity Commission, Australian Government, Review of Australia's Consumer Policy Framework: Productivity Commission Inquiry Report, Final Report, April 2008, vol 2, 209.

75 House of Representatives Standing Committee on Economics, Parliament of Australia, Review of the Four Major Banks: First Report, 2016, p. 5.

件》（EDR Review's Issues Paper）的意见。[76]因此，虽然最终建议建立一个法定法庭而不是由行业建立的EDR方案，但该委员会得出的结论与EDR审查小组后来得出的结论类似。该常设委员会认为，多种EDR方案的体系“过于复杂和过于墨守法规”。该委员会注意到，多方案框架具有很大的重复性，方案不同管辖区的重叠有可能给消费者造成混乱。[77]

2016年12月，EDR审查中期报告发布。它发现，两个ASIC批准的EDR方案存在管辖权重叠的问题，特别是：“对于有类似投诉的消费者来说，消费者的困惑和难以达到可比的结果；以及不必要的重复成本和对行业（基于建立和运行两个方案的需要）与监管机构（基于批准和监督多个方案的需要）资源的低效配置”。该中期报告建议对所有金融、信贷和投资纠纷（退休金纠纷除外）设立一个单一的行业申诉专员方案，以取代FOS和CIO，而SCT应过渡到解决退休金纠纷的行业申诉专员方案。[78]然而，在最终报告中，专家小组得出结论，用一个单一的、基于行业的EDR机构取代FOS、CIO和SCT将更加有效。

在最终报告中，EDR审查小组指出，基于行业的EDR方案的合并过程（例如，合并BFSO、FICS和IOS以创建FOS）提高了方案效率，消除了消费者的不确定性，并减少了方案之间的重叠。该小组概述了现有多个方案框架的问题：（1）EDR方案之间的重叠和EDR方案之间结果不一致的风险；（2）在处理涉及多家金融公司的纠纷时遇到困难；（3）消费者困惑；（4）以及对金融公司、ASIC和利益相关者施加不必要的成本。

第一，消费者可能会有截然不同的纠纷解决经验和结果，这取决于相关金融公司是ASIC批准的哪个EDR方案的成员，或者消费者是如何获得产品的——例如，人寿保险是在退休金内还是在退休金之外获得的，决定了是由FOS还是SCT处理纠纷。[79]尽管有管辖权重叠，但FOS、CIO和SCT在处理纠纷方面有着不同的流程，如某些纠纷的快速通道流程、不同的决策模式（例如，使用专家组或单一申诉专员）以及不同的决策标准。这些因素都有可能影响消费者的EDR体验和纠纷的结果。特别是，FOS和CIO的管辖权存在高度重叠：2015～2016年，不到1%的纠纷属于CIO的专属管辖权，29%的纠纷属于FOS的专属

76 Review of the Financial System External Dispute Resolution and Complaints Framework: Issues Paper, September 2016.

77 House of Representatives Standing Committee on Economics, Parliament of Australia, Review of the Four Major Banks: First Report, 2016, p. 6.

78 Review of the Financial System External Dispute Resolution and Complaints Framework: Interim Report, December 2016, pp. 144, 149.

79 Review of the Financial System External Dispute Resolution and Complaints Framework: Final Report, April 2017, p. 104.

管辖权事务，70%的纠纷属于FOS和CIO管辖权重叠的事务。该小组强调，“消费者无法选择由哪个EDR机构解决其纠纷”，而且消费者不太可能根据公司所属的EDR方案来决定购买哪种金融产品或服务。因此，该小组得出结论认为，让单一的EDR机构负责处理所有金融纠纷，将提高决策和程序的一致性。

第二，多个EDR方案的存在可能导致一个纠纷涉及不同方案的多个成员。该小组着重指出，在这种情况下，一个消费者可能需要通过两种方案来处理纠纷，这将需要通过两套不同的程序和与不同的案件管理人打交道。由于ASIC批准的EDR方案的权力来自金融公司和该方案之间的合同，而不是来自法规（如SCT），如果第三方是另一个方案的成员，则这些方案不能将第三方加入纠纷。该小组注意到，涉及不同方案成员的纠纷数量可能继续增加，因为有更多的金融产品被捆绑销售，涉及多方当事人。它得出的结论是，如果消费者必须通过多个方案来寻求纠纷，那么作为纠纷当事人的消费者和金融公司将存在各种各样的低效率。

第三，该小组认为，多方案EDR框架引起了消费者的困惑。这给消费者带来了成本，如消费者疲劳风险的增加和纠纷解决的延迟，以及由于相互之前交叉转介纠纷中的资源支出而导致的EDR方案的成本。在2015~2016年，FOS向CIO和SCT移交了近1000项纠纷，CIO将其投诉的4%和其咨询的16%移交给了FOS。

第四，该小组认为，“由于多个机构基本履行相同的职能而造成的内在重复”，通过对金融公司和潜在的消费者以及ASIC和利益相关者（如为消费者解决纠纷，进行宣传和参与方案审查的行业和消费者团体）施加不必要的成本，导致资源分配效率低下。ASIC在回应EDR审查小组的《问题文件》（Issues Paper）的意见书中强调指出，EDR方案存在多个重复领域。专家小组强调，这些重复会“增加整个金融系统的成本”，而采用单一方案模型可以避免这种情况。ASIC还注意到其作为监管者，在监督两个EDR方案时所经历的重复成本，包括对方案的统计和系统性问题报告及相关流程的持续监控，对每个方案独立审查的监督以及对方案之间成员流动的监督。[80]该小组得出结论认为，“建立和运行以及……批准和监督多个方案的需要，导致不必要的重复成本和资源分配效率低下”。

此外，专家小组注意到，拟议的单一EDR机构将受到强化问责机制的约束。这些措施将包括提高财务透明度、更频繁地进行独立审查以及设立一名独

80 Review of the Financial System External Dispute Resolution and Complaints Framework: Final Report, April 2017, p. 110.

立评估员来审查纠纷的处理情况。该小组得出结论认为，转向一个接受更严格监督的单一 EDR 机构，应能创造更大的规模经济，并对该机构施加压力，要求该机构随着时间的推移提高其效力。推荐机构 AFCA 于 2018 年 11 月开始运营。澳大利亚参议院法律与宪法事务委员会（the Senate Legal and Constitutional Affairs References Committee）在最近一份审查金融体系纠纷解决的报告中指出，AFCA 尽管存在的时间较短，但它支持 AFCA 的设立——它还指出，向委员会提交意见或作为调查的一部分在委员会出庭作证的人普遍欢迎 AFCA 的设立。[81]

## 三、金融申诉专员是我国金融 ADR 的发展方向

### （一）我国金融 ADR 机构发展的困境

中国人民银行、银监会、证监会、保监会等金融监管机关分别设立金融消费权益保护局、银行业消费者权益保护局、投资者保护局、保险消费者权益保护局后，我国金融消费者权益保护开启了一个新的时代。在金融消费者保护的背景下，金融监管部门不断加大金融消费纠纷的非诉解决机制建设，尝试在我国引入域外的金融申诉专员制度，成立金融 ADR 机构。[82]

域外的金融 ADR 机构有三种设立方式：一是依法设立；二是自愿设立；三是监管推动设立。我国现有的金融 ADR 机构没有法定型的，只有介于法规支持设立型与自愿设立型的一种亚型态。2014 年成立的上海 FOS 体现得尤为明显。[83]一方面，上海 FOS 具有自愿设立型金融 ADR 机构的特征。上海 FOS 在上海市民政局、上海市社会团体管理局登记注册，属于民办非企业法人。根据《民办非企业单位登记管理暂行条例》和《上海市金融消费纠纷调解中心章程》，上海 FOS 设立理事会作为决策机构，理事主要由大型金融机构的代表、资深专家学者和律师代表出任。[84]另一方面，上海 FOS 具有法规支持设立型金融 ADR 机构的特征。上海 FOS 的设立与发展得到了业务主管单位中国人民银行上海分行的大力支持与帮助。上海 FOS 在上海市辖区范围内运营、维护中国人民银行 12363 金融消费权益保护咨询投诉电话，依靠监管部门的力量推动小额纠

---

81 Senate Legal and Constitutional Affairs References Committee, Parliament of Australia, Resolution of Disputes with Financial Service Providers within the Justice System, April 2019, [2.58], [3.27].

82 冉俊：《构建适合我国国情的金融申诉专员制度》，载《金融教育研究》2016 年第 6 期。

83 《上海市金融消费纠纷调解中心建立》，载新浪网新浪财经，http://finance.sina.com.cn/roll/2016-05-09/doc-ifxryahs0569066.shtml，最后访问于 2020 年 12 月 3 日。

84 参见孙天琦：《上海市金融消费纠纷调解中心的实践与思考》，载《金融时报（理论版）》2016 年 6 月 13 日。

纷快速解决机制。[85]

目前我国金融ADR机构的发展呈现出数量多、绩效差的局面。[86]数量多是指各种类型的金融ADR机构不断涌现，绩效差是指金融ADR机构受理的案件数量少，解决的纠纷数量更少，没有替代民事诉讼在金融消费纠纷解决中的主体地位。[87]

仔细分析我国金融ADR机构绩效差的原因后发现，除了人员不专业、经费没有保证等可以不通过制度变革得以解决的问题以外，还有很多深层次的制度障碍。这些障碍主要包括以下四个方面：

1. 消费者启动调解程序需要金融机构同意

调解程序是一种典型的合意性纠纷解决机制，调解程序的启动必须消费者与金融机构双方同意。一方不同意，另一方不能启动。如果消费者想启动调解程序，金融机构不同意启动调解程序，则调解程序无法启动。我国金融ADR机构在接到消费者的调解申请时，需要征求相关金融机构的意见。金融机构一般认为自己的决定没有问题，如果消费者认为有问题，则建议ADR机构告知消费者通过诉讼的方式解决纠纷。从金融消费纠纷解决服务的可获得性角度来说，金融调解服务对消费者来说不具有可获得性。

2. 金融ADR机构受理调解需要经过金融机构的先予处置

如果消费者向ADR机构提出调解申请后，金融机构迫于舆论或监管部门的压力同意调解，调解程序便启动了。在调解程序启动后，金融机构会提出自己的主张与理由，其中的一个重要主张是：如果该纠纷没有经过金融机构的内部纠纷解决程序，则建议ADR机构中止调解程序，让消费者先经过金融机构的内部纠纷解决程序。面对该主张，ADR机构面临两难困境：（1）如果同意该主张，中止调解程序，让消费者先经过金融机构的内部纠纷解决程序。消费者可

85 为公正、便捷、高效地处理各类金融消费纠纷，2016年3月15日，上海FOS与上海地区银行业金融机构签订合作备忘录，在上海正式启动小额金融消费纠纷快速解决机制，即赔付金额在5000元以下的纠纷，如果经调解，当事人无法协商一致，由调解员根据法律、法规和国家政策、行业惯例，依照公正公平的原则，提出解决纠纷的调解意见。如果消费者接受该意见，则争议双方均应接受并承诺履行该调解意见。如果消费者不接受该意见，则调解意见对各方当事人均无约束力。参见孙天琦：《上海市金融消费纠纷调解中心的实践与思考》，载《金融时报（理论版）》2016年6月13日。

86 有学者认为，上海金融纠纷非诉讼调解机制建设过程中最突出的问题之一是虚置的第三方调解机制造成了制度资源的极大浪费。参见余涛、沈伟：《游走于实然与应然之间的金融纠纷非诉讼调解机制——以上海为例》，载《上海财经大学学报》2016年第1期。

87 有学者研究后发现，上海金融纠纷诉讼调解的制度功能总体上正在逐渐式微，与立法者和最高人民法院对诉讼调解所寄予的厚望形成鲜明反差。参见沈伟、余涛：《金融纠纷诉讼调解机制运行的影响因素及其实证分析——以上海为研究对象》，载《法学论坛》2016年第6期。

能会同意先经过金融机构的内部纠纷解决程序。如果消费者同意，调解程序中止，消费者通过金融机构的内部纠纷解决程序解决纠纷。如果纠纷解决了，调解程序终结，三方皆大欢喜。如果纠纷没有解决，调解程序继续。（2）如果消费者不同意先经过金融机构的内部纠纷解决程序，要求ADR机构继续调解程序。此时金融机构可能不同意消费者的主张，如果消费者与金融机构在此问题上没有达成妥协，金融机构会选择退出调解程序，调解程序便宣告终结。在极少的情形下，金融机构才会同意在不经过其内部纠纷解决程序的前提下继续调解程序。由于金融机构本身的诉求没有得到满足，金融机构在后续的调解程序中会缺乏必要的配合与支持，导致调解程序达成和解目标的可能性大为降低。

3. 决定性纠纷解决机制的缺失导致调解失败后没有救济程序

如果调解程序成功启动与继续，可能会面临双方诉求差距过大，无法达成一致意见。由于调解的合意性，调解程序无法作出对双方当事人或一方当事人有拘束力的建议或决定，面对“调而无果”的现实，ADR机构只能宣告调解失败。

4. 调解协议没有拘束力

如果前面三个问题都解决了，调解的双方当事人达成了合意，形成了调解协议。依据我国现有的法律规定，调解协议视为双方当事人之间的一种民事合同。一方当事人没有履行（大多数情况下是金融机构不履行），另一方当事人（大多数情况下是消费者）虽然可以依据调解协议去起诉对方当事人，要求履行调解协议，但是实务中存在两个困难：

一是很多人民法院在审查调解协议时，违反调解协议的一方当事人会主张调解协议违反了自愿原则，调解协议不是其真实意思表示。由于对调解协议是否是双方当事人真实意思表示不能确定，人民法院绝大多数情况下不会认定调解协议成立，会建议异议人就调解协议所涉及的民事纠纷另行起诉。如此一来，调解协议就成为具文。

二是在人民法院认定调解协议是双方当事人真实意思表示，且有效成立的情况下，人民法院可能会认为自己没有强制执行调解协议的义务。目前，只有《人民调解法》规定了人民法院有对人民调解协议进行司法确认的义务，而对其他调解协议是否能进行司法确认则没有规定。最高人民法院的相关司法解释只是就诉调对接进行了原则规定，至于哪些调解协议属于其诉调对接的范围，留给相关的人民法院去自由裁量。而在实际的运作中，对名称中不带“人民调解委员会”的ADR机构作出的调解协议是否进行司法确认，各地人民法院的做法各不相同。这使得许多ADR机构企图通过司法确认的方式增强调解协议的努力功亏一篑。

### （二）金融申诉专员制度能有效解决我国金融ADR机构的发展困境

金融申诉专员制度通过其精妙的制度设计，能有效解决前述我国金融ADR机构发展的四个困境。

1. 消费者启动金融申诉专员的纠纷解决程序不需要金融机构同意

在程序的启动上，金融申诉专员制度与行政诉讼制度类似。只有且只要处于弱势的一方当事人（消费者或投资者）启动纠纷解决程序，纠纷解决程序便开启。消费者启动金融申诉专员的纠纷解决程序不需要金融机构的同意。一旦消费者向有管辖权的金融申诉专员机构投诉或申诉，金融申诉专员的纠纷解决程序便启动了。这能有效解决调解程序消费者不可获得的问题。

2. 消费者启动金融申诉专员的纠纷解决程序之前，必须穷尽金融机构的内部纠纷解决程序

穷尽金融机构的内部纠纷解决程序有两个正当性：一是充分尊重金融机构的意愿，取得金融机构对金融申诉专员纠纷解决程序的配合与支持。二是充分发挥纠纷双方当事人合意解决纠纷的能力，减少金融申诉专员等第三方纠纷解决机制解决纠纷的数量，有效地配置纠纷解决资源。前置程序的设计，一方面使得金融机构对金融申诉专员的纠纷解决程序有更多的接受感，平衡了消费者单方面启动金融申诉专员纠纷解决程序给金融机构带来的不平等；另一方面使得金融申诉专员集中精力，聚焦于双方当事人没有解决的纠纷。

3. 决定性纠纷解决机制的配合，使得合意性纠纷解决机制“如虎添翼”

不可否认，以调解为代表的合意性纠纷解决机制充分发挥了双方当事人的主观能动性，增加了纠纷解决程序的参与感与获得感，在金融消费纠纷解决中具有重要的作用。因此，金融申诉专员制度在发展的过程中，不但吸收了调解制度的内容，还在调解制度的基础上，充分吸收与发展了早期中立评估、事实发现等其他合意性纠纷解决机制，构筑了完整的合意性纠纷解决机制。在此基础上，金融申诉专员制度还借鉴民事诉讼、商事仲裁等决定性纠纷解决机制的长处，发展出“调解＋建议”“调解＋裁决”“调解＋仲裁”等不同的模式，在合意性纠纷解决机制没有解决纠纷的时候，通过“建议”“裁决”或“仲裁”，对纠纷作出一个决定，以解决纯合意性纠纷解决机制“调而无果”的问题。

4. 金融申诉专员的决定对当事人具有一定程度的拘束力

从对当事人的拘束力的差异来看，金融申诉专员的决定可以分为三类：一是对双方当事人都不具有拘束力的“建议”；二是对双方当事人都具有拘束力的“仲裁”；三是只对金融机构有拘束力，对消费者不具有拘束力的“裁决”。不论是哪种决定，金融申诉专员通过相关的决定都可以解决绝大部分的金融消费

纠纷，以真正实现“案结事了”的目标，并取代法院成为金融消费纠纷解决的主力军。

为直观地了解金融申诉专员相较于调解的优越性，本文制作了下表2。

**表2　金融申诉专员相较于调解的优越性**

<table>
<tr><th></th><th>消费者的视角</th><th>金融机构的视角</th><th>调解机构的视角</th></tr>
<tr><td>从纠纷解决机制的启动来说，金融申诉专员比调解优越</td><td>适用，消费者可以单方面启动金融申诉专员的纠纷解决程序</td><td></td><td></td></tr>
<tr><td>从费用的角度来说，金融申诉专员比调解优越</td><td>适用，商事调解收费，金融申诉专员是免费的或费用相宜的</td><td>不适用</td><td></td></tr>
<tr><td>与调解相比，金融申诉专员有更多的倾斜保护</td><td>适用，举证责任的分配更有利于消费者</td><td>不适用</td><td></td></tr>
<tr><td>赋予消费者启动纠纷解决程序的选择权</td><td>适用，消费者可以选择是否启动金融申诉专员的纠纷解决程序</td><td></td><td></td></tr>
<tr><td rowspan="3">金融申诉专员比调解更为专业</td><td colspan="2">中立第三人的专业性更强</td><td></td></tr>
<tr><td colspan="2">纠纷解决的裁判依据更符合金融行业的发展规律</td><td></td></tr>
<tr><td></td><td>纠纷解决的目标更有利于金融行业的长期发展</td><td></td></tr>
<tr><td>金融申诉专员程序在合意性纠纷解决机制方面有更多的选择</td><td colspan="2">金融申诉专员的纠纷解决程序，除了调解程序包含的调解、调停、调和等程序，还包括早期中立评估、事实发现等其他合意性纠纷解决程序</td><td></td></tr>
<tr><td>一定条件下，纠纷解决结果的拘束力</td><td colspan="2">“调解＋仲裁”模式下的金融申诉专员作出的裁决对双方当事人都有约束力；“调解＋裁决”模式下的金融申诉专员作出的裁决对金融机构有约束力，对消费者没有约束力</td><td></td></tr>
<tr><td>前置程序的设置更有利于消除金融机构、消费者之间的纠纷与对立</td><td></td><td>适用</td><td></td></tr>
</table>

续表

| | 消费者的视角 | 金融机构的视角 | 调解机构的视角 |
|---|---|---|---|
| 金融机构的内部纠纷解决程序与金融申诉专员的外部纠纷解决程序的无缝对接，使得金融申诉专员比民事诉讼更为金融机构所信赖 | | 适用 | |
| 从调解机构的角度来讲，金融申诉专员是我国金融ADR的发展方向 | | | 金融申诉专员制度能有效解决我国金融ADR机构的发展困境 |

现代金融法的主体包括“金融消费主体、金融经营主体和金融管理主体”三大类，[88] 从金融消费主体的视角，对金融服务法进行重构与统合是现代金融法的一个发展趋势。[89] 金融申诉专员的发展与勃兴契合了该发展趋势。金融申诉专员制度的构建是在深刻洞悉金融消费纠纷双方当事人地位不平等的基础上，通过纠纷解决程序上的精妙设计，弥补了金融消费纠纷双方当事人地位之间的不平等，对症下药，因而具有显著的优越性。金融申诉专员的优越性是其蓬勃发展的根本原因。有学者建议，借鉴国外金融服务申诉专员机制，建立便捷高效的金融投诉非诉处理机制。[90] 就我国而言，大力发展金融申诉专员制度是解决现有金融消费纠纷解决机制弊端的必由之路。

### （三）从统合+分散型金融申诉专员机构过渡到统合型纯金融申诉专员机构

2015年10月13日，习近平总书记主持召开中央全面深化改革领导小组会议，审议通过了《关于完善矛盾纠纷多元化解机制的意见》，要求“人民银行要牵头组织金融监督管理机构，建立金融消费纠纷非诉第三方解决机制”。我国许

88 徐孟洲著：《金融法》，高等教育出版社2007年版，第21－22页。

89 杨东著：《金融服务统合法论》，法律出版社2013年版。

90 范卫国：《我国金融消费纠纷投诉处理机制研究》，载《当代经济管理》2016年第4期。

多学者认为，应该以《关于完善矛盾纠纷多元化解机制的意见》为契机，借鉴英国通过立法推行统合型金融申诉专员制度，建议我国一步到位，也通过立法推行统合型金融申诉专员制度。[91] 但是该建议在现阶段不具有可行性。[92] 在我国全面引入金融申诉专员制度不能一步到位，需要采取两步走。

第一步，尊重我国金融申诉专员机构试点的现实情况，借鉴以芬兰为代表的“统合＋银行＋保险＋证券＋消费类”模式，完善我国“统合＋分散型”金融申诉专员机构。我国现有的金融申诉专员机构与芬兰模式极为相似，人民银行推动成立的金融申诉专员机构具有统合型的特征，而银监会、证监会、保监会推动成立的金融申诉专员机构具有分散型的特征，一行三会推动成立的金融申诉专员机构与消费者协会（委员会）的组合模式完全符合“统合＋银行＋保险＋证券＋消费类”模式的外在特征。而我国模式与芬兰模式的差别在于，一行三会成立的金融申诉专员机构与消费者协会（委员会）没有芬兰模式下各机构之间的相互协作与融合。[93] 因此，当务之急是借鉴芬兰模式的优势，使人民银行推动成立的金融申诉专员机构发挥统一平台的作用，并与三会推动成立的金融申诉专员机构、消费者协会（委员会）进行整合，在一定程度上达到统合型金融申诉专员的效果。[94]

第二步，等到金融申诉专员机构在我国深入人心后，人们的认识基本统一，

---

91 向超：《论统合型金融申诉专员制度之构建》，载李昌麒、岳彩申主编：《经济法论坛》（第18卷），法律出版社2017年版。

92 岳金禄：《金融申诉专员机构运作的基本原则及其启示》，载郭锋主编：《金融服务法评论》（第8卷），法律出版社2016年版，第137－138页。

93 根据芬兰金融申诉专员局（Financial Ombudsman Bureau，FINE）与保险投诉委员会、银行投诉委员会、证券投诉委员会之间相关运作的一份书面请求声明，FINE会在其他三个机构处理的客户和服务提供者之间的纠纷中发布建议声明。在许多保险和银行事务中，FINE也可以应消费者纠纷委员会的要求发布声明。这四个委员会作为彼此的替代处理案件；这意味着保险投诉委员会和银行投诉委员会不会启动消费者纠纷委员会尚待处理的案件。消费者纠纷委员会不处理涉及证券［如股票，参与证单（participation certificates）或债券］或投资连接险（investment-linked insurance）的事项。The Financial Supervisory Authority，Financial Ombudsman Bureau（FINE），at http：//www.finanssivalvonta.fi/en/Financial_ customer/Customer_ protection/Assistance/Fine/Pages/Default.asp，last visited on September 28，2020.

94 2017年7月召开的全国金融工作会议决定成立国务院金融稳定发展委员会，其办公室设在中国人民银行。金融稳定发展委员会的成立，是对2013年8月成立的金融监管协调部级联席会议制度的升级，预示着我国在防控系统性金融风险，加强金融宏观审慎监管等方面迈出了实质性的步伐，突出了中国人民银行在金融监管体制中的牵头作用。中国人民银行牵头作用的强化，为我国“统合＋分散型”金融申诉专员机构的完善奠定了坚实的基础。

金融监管体制发生较大变革（如银监会、保监会与证监会合一）时，[95] 就可以考虑借鉴英国 FOS（或澳大利亚 FOS 与 AFCA）的模式，通过统一立法（或监管指引）的方式推行统合型金融申诉专员机构。[96]

## 结论

民事诉讼在解决金融消费纠纷的过程中具有周期长、成本高、不利于对消费者倾斜保护的劣势。金融申诉专员制度是金融 ADR 的重要组成部分，能提高消费者对金融行业的信心，在解决金融消费纠纷中具有显著的优越性。就我国而言，大力发展金融申诉专员制度是解决现有金融消费纠纷解决机制弊端的必由之路。目前我国金融 ADR 机构的发展呈现出数量多、绩效差的局面。金融申诉专员制度能有效解决我国金融 ADR 机构的发展困境。

从金融申诉专员机构在一个司法管辖区的覆盖情况来看，金融申诉专员机构可以分为全覆盖型金融申诉专员机构与部分覆盖型金融申诉专员机构。全覆盖型金融申诉专员机构是指一个司法管辖区设立的金融申诉专员机构完全覆盖了银行业、保险业、证券业三大金融领域。部分覆盖型金融申诉专员机构是指一个司法管辖区设立的金融申诉专员机构只覆盖了银行业、保险业、证券业三大金融领域中的一个或两个领域。

我国金融申诉专员机构具有监管推动的典型特点。从推动的主体来看，包括两大类：一是中国人民银行推动成立的（准）统合型金融申诉专员机构；二是银监会、保监会与证监会推动成立的分散型金融申诉专员机构。

在我国全面引入金融申诉专员制度不能一步到位，需要采取两步走。第一步，尊重金融申诉专员机构试点的现实情况，借鉴以芬兰为代表的“统合 + 银行 + 保险 + 证券 + 消费类”模式，完善“统合 + 分散型”金融申诉专员机构。第二步，等到金融申诉专员机构深入人心后，人们的认识基本统一，金融监管体制发生较大变革（如银监会、保监会与证监会合一）时，就可以考虑借鉴英国 FOS（或澳大利亚 FOS 与 AFCA）的模式，通过统一立法（或监管指引）的方式推行统合型金融申诉专员机构。

---

95　2018 年 4 月 8 日，中国银行保险监督管理委员会新牌在鑫茂大厦南楼揭牌。这意味着，2003 年 4 月成立的银监会和 1998 年 11 月成立的保监会，在相伴前行多年之后，正式退出历史舞台。与此同时，“一行三会”监管模式也正式进入“一行两会”时代。银监会与保监会的合并预示着我国向统一监管的道路上迈进了坚实的一步，但是并没有从根本上改变目前分业监管的格局。

96　杨东：《金融申诉专员制度之类型化研究》，载《法学评论》2013 年第 4 期。

# 行政协议纠纷解决视域下有限的“官告民”行政诉讼模式之证成

## ——基于国有建设用地使用权出让协议纠纷的分析

王锦杰*

**【内容提要】** 我国传统“民告官”单向型行政诉讼模式，已经无法适应行政协议蓬勃发展的形势。尤其是在《行政诉讼法》修改后，行政协议正式纳入行政诉讼范围。面对行政协议相对人不履行协议义务，行政机关主流做法的“自力救济”背后隐藏着巨大的制度成本。而作为“外力救济”的仲裁和非诉执行，要么存在着难以克服的制度障碍，要么无法承担起行政协议纠纷解决的主渠道作用。现实可行的做法是在不改变“民告官”单向型行政诉讼基本模式的情况下，专为行政协议纠纷的解决建立“官告民”行政诉讼模式。为此，只需在现行《行政诉讼法》增加个别条款即可，以期在实践中探索出一条具有中国特色的“官告民”行政协议纠纷解决模式。

**【关键词】** 行政协议　行政协议纠纷　官告民　行政诉讼模式

## 一、问题的提出：单向型的“民告官”是通行模式吗

新中国成立以来，行政诉讼制度长期处于空白状态，直至41年后的1990年10月1日，我国的《行政诉讼法》才正式施行，宣告了“民告官”在新中国的正式诞生。“民告官”是行政诉讼的通俗说法，既是普罗大众对于行政诉讼的形象而直观的认知，也是新中国成立以来法学界对行政诉讼传统的认知。“民告官”对应的是“民先提告而后官应诉”的单向型行政诉讼模式。单向型行政诉

* 王锦杰——华东政法大学博士研究生，福州市政府办公厅政策法规处副处长，主要研究领域：宪法学、行政法学。

讼模式的确立源于我国顶层法律制度设计对行政诉讼的定性和功能界定。

我国《行政诉讼法》至今只经历了两次修改：一次是 2014 年 11 月 1 日，第十二届全国人大常委会第十一次会议在《行政诉讼法》施行 24 年后作了首次修改；另一次是 2017 年 6 月 27 日，第十二届全国人民代表大会常务委员会第二十八次会议作了小幅度的第二次修改。纵观《行政诉讼法》的沿革和发展，“民告官”这一单向型行政诉讼模式是一以贯之的。其在成文法中的准确描述是现行《行政诉讼法》第 2 条第 1 款：“公民、法人或者其他组织认为行政机关和行政机关工作人员的行政行为侵犯其合法权益，有权依照本法向人民法院提起诉讼。”立法工作者对该条的解读是：“行政诉讼是民告官，原告恒定为公民、法人或者其他组织，被告恒定为行政机关。目前，行政诉讼不是官告民，或者官告官。”[1]

在《行政诉讼法》施行后的 24 年多的时间里，“民告官”单向型行政诉讼模式并未面临任何实质性的质疑和挑战。但在 2014 年的第一次修改后，情况悄然发生了变化。修改后的《行政诉讼法》首次明确将行政协议[2]纳入行政诉讼法的受案范围。行政协议是双方当事人由合意所产生，不似行政决定，只以行政机关一方的意思便可作出。行政协议既然称为协议，进行缔约便是出于双方的同意，与私法上的协议一样。[3]

无论中外，私法上协议的各方当事人均具备原告的诉讼主体资格。行政诉讼中虽非通行做法，但亦有成例。例如，法国也明确赋予行政机关在行政协议争端中的原告资格，对于公务特许合同类的行政协议，行政机关只能申请行政法院判决解除。对于其他行政协议，行政机关既可依职权解除，亦可申请行政法院判决解除。[4]而在美国，作为政府合同一方的行政机关同样具备原告资格。正如理查德·J. 皮尔斯所述：“只要对于一项利益来说，如果是私方当事人就具有原告资格，联邦行政机关可以具有主张自己利益的原告资格。”[5]无独有偶，翁岳生亦指出：“使公法上之一切法律上争议，亦如同私法上争议，毫无遗漏地受到法律救济之保障……不惟有人民不服行政机关行使权力之抗告诉讼，亦有

---

1 全国人大常委会法制工作委员会行政法室编写：《〈中华人民共和国行政诉讼法〉解读与适用》，法律出版社 2015 年版，第 7 页。

2 需要说明的是行政协议有多种不同的称谓，如行政合同、行政契约、政府合同等，但在行政法学界以往主流的称谓是行政合同。笔者基于全国人大常委会的立法及最高人民法院的司法解释，认为学术界和实务界在法有明文规定后，应自觉遵循立法的规范称谓，在实践和研究中宜逐步趋于统一。

3 陈新民著：《中国行政法学原理》，中国政法大学出版社 2002 年版，第 175 页。

4 王名扬著：《王名扬全集：法国行政法》，北京大学出版社 2016 年版，第 158 页。

5 ［美］理查德·J. 皮尔斯著：《行政法》（第五版），苏苗罕译，中国人民大学出版社 2016 年版，第 1190 页。

公法关系当事人之一方对他方之当事人诉讼；自此以后，人民与国家皆得为行政诉讼之原告与被告矣。”[6] 我国现行《行政诉讼法》固守“民告官”单向型行政诉讼模式是否有利于行政协议纠纷的解决，是值得追问和深入探讨的。

## 二、国有土地使用权出让协议纠纷中行政机关“自力救济”的困境

### （一）无奈的选择：行政机关的“自力救济”

十九大报告指出：“确保国家粮食安全，把中国人的饭碗牢牢端在自己手中。”对我国这样的世界人口第一大国而言，土地资源尤其是耕地资源的重要性不言而喻。从确立18亿亩的耕地红线到划定15.5亿亩的永久基本农田，无不显示出国家制定严格的土地保护制度的决心，决心也反映在法律的具体条文中了。现行《城市房地产管理法》第26条规定：“以出让方式取得土地使用权进行房地产开发的，必须按照土地使用权出让合同约定的土地用途、动工开发期限开发土地。……满二年未动工开发的，可以无偿收回土地使用权；但是，因不可抗力或者政府、政府有关部门的行为或者动工开发必需的前期工作造成动工开发迟延的除外。”现行《土地管理法》第38条规定：“禁止任何单位和个人闲置、荒芜耕地。……连续二年未使用的，经原批准机关批准，由县级以上人民政府无偿收回用地单位的土地使用权……”上述关于闲置未开工土地无偿收回的规定，在《土地管理法》和《城市房地产管理法》颁布实施初期及多次修订至今都是一以贯之的。

基于上述法定的无正当理由土地闲置满两年无偿收回的规定，2000年原国土部和国家工商管理局联合发布的《国有土地使用权出让合同》（GF—2000—2601）将《城市房地产管理法》第25条的规定直接转化为合同第33条的违约责任。[7] 针对因履行合同发生的争议，《国有土地使用权出让合同》（GF—2000—2601）第39条约定了或仲裁或起诉的争议解决方式。上述示范合同文本于2008年进行修订，修订后印发了《国有土地使用权出让合同》（GF—2008—

6 翁岳生著：《行政法与现代法治国家》，三民书局2015年版，第350页。

7 《国有土地使用权出让合同》（GF—2000—2601）第33条：“受让人应当按照合同约定进行开发建设，超过合同约定的动工开发日期满1年未动工开发的，出让人可以向受让人征收相当于土地出让金20%以下的土地闲置费；满2年未动工开发的，出让人可以无偿收回土地使用权；但因不可抗力或者政府、政府有关部门的行为或者动工开发必需的前期工作造成动工开发迟延的除外。”

2601），原第33条调整为第32条，内容进行相应简化但并未有实质性的改变[8]。原第39条顺序相应调整为第40条，而内容基本原封不动。

关于《国有土地使用权出让合同》的性质，学界长期以来存在着争议，民法学界普遍认为属于民事合同，行政法学界主流观点认为是行政协议。在司法实践中，也长期存在着两种不同的实践模式。对此，有学者曾就2014年度中国裁判文书网15份全文涉及“行政合同”和“国有土地使用权出让”2个关键词的裁判文书进行了分析，其中7份裁判文书认为是民事合同，3份裁判文书明确认为是行政协议，其余5份裁判文书法院也是从行政协议的视角进行了处理。[9]《国有土地使用权出让合同》作为行政协议的属性在公法学界是基本的共识，在行政协议正式纳入行政诉讼范围后，因《国有土地使用权出让合同》而产生的纠纷也将统一纳入行政诉讼渠道解决。因此，上述示范合同文本所约定的仲裁模式将成为无效的约定而退出历史舞台。这从有关行政协议的最新司法解释中亦可得到印证，2020年1月1日起施行的《最高人民法院关于审理行政协议案件若干问题的规定》第26条规定：“行政协议约定仲裁条款的，人民法院应当确认该条款无效，但法律、行政法规或者我国缔结、参加的国际条约另有规定的除外。”因此，对行政机关而言，由于受“民告官”单向型行政诉讼模式的约束，无法主动就行政协议纠纷提起行政诉讼。而仲裁争议解决条款实际上只对行政协议相对人具有实际意义。为此，行政机关被迫采取“自力救济”。

### （二）“自力救济”背后被忽视的成本

江必新大法官曾撰文专门论述过行政协议法律制度的构建，指出：在推动行政诉讼相关制度的改革之前，仍可通过“民告官”模式消化大部分纠纷。换言之，行政主体如欲救济其权利，可在法律允许的情况下通过主动实施公权力行为从而实现“自力救济”，把相关纠纷消解在既有的“民告官”诉讼模式中。[10]实践中，由于“官告民”诉讼救济模式的缺失，行政机关实施“自力救济”成为一种常态。而与此常态相伴随的往往是性质完全不同的新的行政行为的诞生。通过新的行政行为作为媒介，将原行政协议中的全部或部分争议转移至新的行政行为中。行政机关得以成功将行政协议的纠纷借由行政协议相对人的手切换

---

8　《国有土地使用权出让合同》（GF—2008—2601）第32条：“受让人造成土地闲置，闲置满一年不满两年的，应依法缴纳土地闲置费；土地闲置满二年且未开工建设的，出让人有权无偿收回国有建设用地使用权。”

9　郑春燕：《大陆行政合同的审查现状与困境》，载《浙江社会科学》2014年第11期。

10　江必新：《中国行政合同法律制度：体系、内容及其构建》，载《中外法学》2012年第6期。

进入“民告官”单向型行政诉讼模式中。此种绕弯路意图解决行政协议纠纷的方式，存在着极大的不确定性，有可能“旧疾未愈却添新病”，也有可能在“民告官”弯路救济模式中最终得以解决。无论何种可能性，都无法避免因此所产生的额外成本由行政机关负担的现实。而这种额外负担有时是巨大的，是对公共利益的损害，更为严重的是这种现象并未引起学术界和实务界足够的重视。在司法实践中，这种现象往往隐藏在一份份判决裁定当中，而被人们忽视。

当行政协议相对人不履行行政协议约定的义务，导致行政协议法律关系处于非正常状态（病态）时，行政机关采取“自力救济”被迫作出新的行政行为。在此过程中，一旦行政机关在实体和程序中任何一个环节出现错误和疏漏，都有可能导致新的行政行为被撤销，非但不能消除业已出现的行政协议纠纷这一旧疾，反而平添新的行政行为因违法而被撤销这一新病。“旧疾未愈添新病”的现象在《国有土地使用权出让合同》履行过程中，因土地闲置满 2 年，行政机关作出无偿收回土地决定而引发的行政诉讼纠纷中表现得最为典型和突出。

1. 衡阳保丰公司与乐东县政府土地行政管理纠纷案

案情概括[11]：1992 年 11 月 11 日，乐东县政府批准出让 100 亩土地给海南民福公司。1992 年 12 月 13 日，原乐东县土地管理局与海南民福公司签订《经济开发区成片开发土地使用权出让合同》。1995 年 4 月 8 日，乐东县国土局向海南民福公司核发了证号为“尖峰国用（1995）字第 661 号”的土地证，面积为 98. 325 亩。1999 年，根据湖南省衡阳市中级人民法院《民事裁定书》和《协助执行通知书》，乐东县土地管理局将上述 98. 325 亩土地中的 50 亩土地使用权转移过户至祁东三建名下，向祁东三建核发了证号为“尖峰国用 1999 字第 69 号”土地证。2001 年 7 月 2 日，祁东三建将涉案 50 亩土地中的 32 亩土地发包给陈位民用于高位池养殖。承包期限为 6 年，从 2001 年 7 月至 2007 年 7 月，乐东县国土环境资源局在合同上盖章确认。2015 年间，乐东县政府认为祁东三建取得 50 亩的土地使用权后，放任土地闲置，致使土地闲置时间超过 2 年。2015 年 9 月 24 日，乐东县政府国土部门下达《闲置土地认定听证告知书》，认定涉案土地为闲置土地，且闲置原因属于企业原因，拟无偿收回涉案土地使用权。祁东三建于 2015 年 10 月 3 日提出听证申请，并指派代理人参与了听证。2015 年 12 月 3 日，乐东县政府作出《2 号决定书》，决定无偿收回祁东三建 50 亩国有土地使用权。祁东三建不服，于 2016 年 1 月 14 日向海南省第二中级人民法院提起行政诉讼，请求撤销《2 号决定书》。法院查明，祁东三建经批准改制于 2005 年经

11 参见衡阳保丰建筑有限责任公司与乐东黎族自治县人民政府土地行政管理纠纷二审案件，海南省高级人民法院（2016）琼行终 347 号。

工商核准登记注册，变更为保丰公司。

一审法院的观点：依据《城市房地产管理法》第26条[12]，《闲置土地处置办法》第8条、第10条、第12条等相关规定，行政机关适用无偿收回的处置方式，除对土地闲置的事实进行认定外，还应对造成土地闲置的原因予以查实确认，以核实是否存在行政相对人的免责事由。双方当事人对涉案土地闲置开发的现状无异议，但对涉案土地是否因企业自身原因造成闲置而存在争议。法院经审理查明，涉案土地尚未通路、通水、通电，存在基础配套设施不到位及第三人占用土地养殖的事实，保丰公司未动工开发存在一定的免责事由。因此，法院认为乐东县政府作出闲置土地处置决定事实不清、主要证据不足。在程序方面，行政机关无偿收回国有土地使用权的行政行为属于行政处罚范畴，根据《行政处罚法》的相关规定，行政机关应当履行告知、听取当事人意见、送达等法定程序。乐东县政府作出该收回土地决定前，未依法送达《闲置土地调查通知书》，违反了法定程序。此外，对情节复杂或者重大违法行为给予较重的行政处罚，行政机关的负责人应当集体讨论决定。本案属于应当集体讨论决定的类型。但乐东县政府未提供证据证明其通过集体讨论决定，违反了行政处罚的法定程序。综上，法院判决撤销了乐东县政府作出的《2号决定书》。

二审法院的观点：二审法院经现场勘察，查明与涉案地相距几百米之处已建有商品房出售。该商品房项目土地状况与涉案地一致，均为1992年以现状出让的土地。二审查明的其他事实与原审判决查明的事实一致，案件争议的焦点也与一审的认知相同。二审法院认为，以同样现状出让的西邻土地已建成商品楼，证明涉案区域具备了土地开发的条件。且保丰公司未能证明已就土地的开发建设进行过前期准备或向相关部门报建过。因此，法院认定系保丰公司自身原因导致土地闲置，纠正了一审法院的事实认定部分。但维持了一审法院关于乐东县政府违反了法定程序的认定。综上，二审法院驳回乐东县政府的上诉，维持原判。

2. 隐藏于案件背后的“自力救济”成本

就本案而言，行政协议纠纷非但未能解决，还延伸出了其他问题。导致付出大量人力、物力所实施的收回土地的行政行为，因程序违法而被撤销。行政

---

12 1995年颁布实施的《城市房地产管理法》于2007年进行了修正，原第25条的内容原封不动地调整至修订后的《城市房地产管理法》第26条。

机关在补足缺失程序的同时，不得不从头到尾将整个过程再重复一遍[13]。基本相同的人力、物力成本，又再一次付诸新的行政行为之上。即使本次重新作出的收回土地的行政行为最终获得了法院的支持，抛开其他成本，光时间成本就已不容小觑。相对人只要采用“拖”字诀，从申请行政复议到一审再到二审，外加越来越普遍化的再审程序，如此一个流程下来，少则 2 年至 3 年，多则 10 年以上。[14] 对行政协议相对人而言，成本低廉的法定行政复议加行政诉讼的救济途径即可让行政机关深陷其中而不可自拔。更何况，重新作出的行政行为陷入新一轮的复议、诉讼的程序循环当中是一个大概率事件。从理论上说，在新的行政行为未被法院“三审”维持前，如此的循环往复就无法彻底终止。

若 1992 年签订的《经济开发区成片开发土地使用权出让合同》明确约定了逾期未开发土地，则解除合同收回土地，从理论上完全可以通过民事诉讼解决。但在审理过程中，行政协议毕竟不同于单纯的民事合同，具有浓厚的行政管理色彩，不可避免地导致法院在民事诉讼审理过程中遭遇适用法律和裁判规则的困境，但上述问题不在本文探讨的范围之内，故不再赘述。此外，2015 年 5 月 1 日修订后的《行政诉讼法》正式实施，行政协议明确纳入行政诉讼范围。因此，未来行政协议纠纷摇摆于民事诉讼和行政诉讼两端的现象将逐步消失，行政协议纠纷将统一纳入行政诉讼范畴将是不可逆转的大趋势。

假设我国的行政诉讼制度允许行政机关采取“官告民”的诉讼模式救济，行政机关解决纠纷的思路就可以完全不同。若《经济开发区成片开发土地使用权出让合同》明确约定了逾期未开发土地的解约条款，则乐东县国土部门直接向法院提起行政诉讼请求解约并收回土地。若《经济开发区成片开发土地使用权出让合同》未明确逾期开发土地属于解约情况，那么乐东县国土部门完全可以以保丰公司闲置土地满 2 年，达到法定的解除《经济开发区成片开发土地使用权出让合同》的条件为由，诉请法院判决解除《经济开发区成片开发土地使用权出让合同》，并判令保丰公司无偿交回闲置土地。乐东县国土部门只需证明土地闲置已满 2 年的事实和 1992 年以同样现状出让的西邻土地已建成商品楼的

---

13 司法实践中一般认为，收回土地决定的主行为被确认违法而撤销，该行为实施过程中所附带的过程性、程序性的行为等也相应都失去了法律效力，不能重复使用作为新的行政行为的所附带的过程性、程序性的行为。参见海南兴通实业开发公司与五指山市人民政府土地行政管理纠纷二审案件，海南省高级人民法院（2016）琼行终 17 号。

14 陵水县政府于 2002 年 3 月 5 日作出的陵府〔2002〕37 号《陵水黎族自治县人民政府关于依法无偿收回三亚泰龙实业开发公司国有土地使用权的决定》，该行为经过行政复议、一审、二审、最高人民法院再审后指令海南省高级人民法院再审，海南省高级人民法院于 2016 年 6 月 24 日作出判决，前后历时 14 年多。参见三亚泰龙实业开发公司与陵水黎族自治县人民政府行政命令、行政处罚再审案件，海南省高级人民法院（2016）琼行再 1 号。

事实足矣。根本无须牵扯乐东县政府，自然也就不需要以乐东县政府名义作出收回土地的《2号决定书》。

原国家土地管理局印发的《关于认定收回土地使用权行政决定法律性质的意见》(〔1997〕国土［法］字第153号）中第5点明确规定：依法无偿收回国有土地使用权的行为，属于行政处罚决定。在司法实践中，法院也一般按照上述国土部的意见将行政机关作出的收回土地的行政行为视为行政处罚。因此，行政机关在“自力救济”过程中，就必须按照行政处罚的规定，安排2名以上执法人员调查核实土地闲置事实，收集证据，依法履行告知、听证、集体讨论决定、送达等一系列的法定程序。此中的风险已有论者指出：从风险角度而言，行政相对人违约，行政机关已经承担了一种风险，再作出一个新的行政行为，行政机关将再面临第二种风险，故在行政相对人违约的情形下，行政机关缺乏另行作出行政决定的动力。[15]这也正是保丰公司1999年既已取得50亩土地使用权并办理了土地证，之后土地闲置直至2015年乐东县政府方才实际采取行动无偿收回50亩闲置土地的背后逻辑所在。土地资源的稀缺毋庸置疑，数十亩土地长时间闲置，这对于公共利益的伤害无疑是巨大的。其中明显存在行政机关怠政懒政的问题，但“民告官”单向型行政诉讼制度设计也难辞其咎。

综观整个过程，其中所消耗的人物、物力和时间成本，都不是可以忽略不计的，属于典型的行政资源浪费。更为可怕的是土地资源的闲置和浪费，当把这种个案的情况扩展到整个国家的地理空间范围内时，时间跨度以20年计，全国的行政机关因“官告民”行政诉讼制度的缺失，而被迫采取“自力救济”所付出的行政成本无疑是巨大的。推而广之，诚如有学者所言：“随着行政任务的扩张以及行政活动的进一步复杂化，国家垄断行政事务的格局被打破……国家的行政任务通过公私合作来达成逐渐成为一种普遍化现象。”[16]行政协议越来越成为行政管理的一种重要方式。单以《山东省行政程序规定》为例，其第100条就明确列举了政府特许经营、国有自然资源使用权出让、政府购买公共服务、计划生育管理、政策信贷等8种行政协议类型。伴随着这种态势的不断发展，行政协议将在社会生活中扮演越来越重要的角色。假如还一直固守“民告官”单向型行政诉讼模式，其背后所隐含的制度成本将成为整个国家和社会的沉重负担。

---

15 齐红兵、冯建伟：《行政合同“官告民”诉讼制度的构建——从D市国土局诉SH房地产公司案说起》，载《法治社会》2017年第5期。

16 关保英：《合作治理与行政法创新》，载《政治与法律》2016年第8期。

### （三）行政优益权——缺乏实践制度基础的选项

正如有学者所指出的：国有土地使用权出让合同的履行过程，对行政协议相对人而言有一把达摩克利斯之剑悬顶——闲置土地使用权的收回。诚然，国有土地使用权出让人享有明显超越民事合同权利范畴的权力，可以对土地使用权人作出无偿收回闲置土地行政处罚的具体行政行为。行政协议履行过程中行政机关之优益权，已然呼之欲出。[17]若参照法国行政法的理论，上述无偿收回土地的行政处罚权属于行政优益权中的“制裁权”。而对于行政优益权的研究，一直以来是我国行政协议理论研究的重点。彼时，王名扬教授在其代表著作之一《法国行政法》中总结出行政机关所具有的 5 种行政优益权：一是要求对方当事人本人履行义务权；二是对合同履行的指挥权；三是单方面变更合同标的权；四是单方面解除合同权；五是制裁权。与此相对应的，是行政协议制度设计层面对行政协议相对人的经济利益平衡的保护。[18]从某种意义上说，经济利益平衡原则是行政协议制度的灵魂和核心。对此，有学者是这样阐述的：法国行政协议优益权的优势在于，基于公共服务的要求，行政协议的实际履行可以改变，但行政协议的利益平衡原则不得打破。此一制度设计的精髓在于既能维护公共服务的持续性，又能确保行政协议相对人的利益不受侵害。唯有此，行政协议制度才得以在法国运行百年并被广泛接受。[19]

虽然我国理论界关于“行政协议”的研究自 20 世纪 80 年代以来已经取得了丰硕的成果，但与此相反的是，我国关于“行政协议”的法律制度基本处于萌芽起步阶段，系统性、可操作性的行政协议法律制度更是无从谈起。在我国缺乏行政协议相关制度基础的情况下，行政机关行使行政优益权以实现公共利益，往往使行政协议相对人的经济利益处于严重受损和失衡的状态。《国有土地使用权出让合同》的履行过程中，行政机关对闲置土地使用权的无偿收回即是明证。经济利益平衡理念的深入人心和行政优益权制度的成型，是一个长期的实践过程。故，在实践层面，我国的成文法并无真正意义上的“行政优益权”制度。自然，意图通过行政机关主动行使行政优益权来消除行政协议相对人的违约状态，必将陷入“橘生淮北则为枳”的尴尬境地。即使这种中国特色的“行政优益权”在现有制度下得以实施，如“无偿收回国有土地使用权”之类的行政处罚，也难以避免陷入前文所述的“自力救济”的困境中而不可自拔。

---

17　韩宁：《行政协议判断标准之重构——以“行政法上权利义务”为核心》，载《华东政法大学学报》2017 年第 1 期。

18　王名扬著：《王名扬全集：法国行政法》，北京大学出版社 2016 年版，第 158 页。

19　李颖轶：《法国行政合同优益权重述》，载《求是学刊》2015 年第 4 期。

## 三、行政机关寻求“外力救济”的制度障碍

### （一）难以实现的设想——通过仲裁解决行政协议纠纷

民事领域的合同纠纷，当事人除协商解除之类的“自力救济”，所能借助的“外力救济”无非仲裁和民事诉讼这两条路径。而在行政协议履行过程中，行政相对人违约，行政机关因受制于行政诉讼“民告官”单向型诉讼模式，无法提起行政诉讼以解决纠纷。那么，转而诉诸仲裁是否能够解除行政机关借助“外力救济”而不得的尴尬？我国现行《仲裁法》第 2 条规定：“平等主体的公民、法人和其他组织之间发生的合同纠纷和其他财产权益纠纷，可以仲裁。”根据该条的规定，行政协议纠纷显然被排除在仲裁的受理范围之外。近来有论者结合 PPP 项目行政协议的研究得出建议：行政协议纳入仲裁与我国宪法等行政法制并不冲突，紧紧围绕现有行政诉讼制度所建构起的行政诉讼准用民事诉讼法律的桥梁，结合《仲裁法》与《民事诉讼法》关于仲裁协议及裁决的整体法律规范，可以构成我国行政协议仲裁的规范基础。协议虽提交仲裁，但并不改变其公法属性。[20]

这无疑是一个大胆而突破常规的构想，但这一构想的实践已被最新实施的《最高人民法院关于审理行政协议案件若干问题的规定》所否定。即使在行政协议制度高度发达的法国，对于无涉外因素的纯国内行政协议，自 20 世纪 80 年代起，也只是通过单行立法为交通运输领域、邮政及电信领域、文化领域中某些特殊类型的行政协议类型诉诸仲裁开启绿灯。[21] 此种将例外情形引入仲裁的做法，并无法从根本上扭转行政机关借助“外力救济”解决行政协议纠纷的窘境。一旦将我国行政协议纠纷统一纳入行政诉讼范围，若仲裁可以作为行政协议纠纷解决的途径，那么自然民事诉讼亦可，倘若如此岂不陷入行政协议纠纷解决法定途径“三国演义”的混乱局面。

我国传统行政立法的认知和实践也决定了仲裁模式难以突破。基于民事协议和行政协议的不同认知，我国关于“拆迁补偿安置协议”前后沿革的行政法规基于上述差异在纠纷解决途径制度设计方面存在着明显的差异。2001 年 11 月 1 日起施行现已废止的《城市房屋拆迁管理条例》第 15 条规定了《拆迁补偿安置协议》既可以依法向仲裁委员会申请仲裁，也可以依法向人民法院起诉。而 2011 年 1 月 21 日起施行的《国有土地上房屋征收与补偿条例》改变了原有的法

---

20 姜波、叶树理：《行政协议争议仲裁问题研究》，载《行政法学研究》2018 年第 3 期。

21 张莉：《谈法国行政协议纠纷解决》，载《人民司法》2017 年第 31 期。

律关系主体结构，政府作为征收一方直接与被征收人发生法律联系。《补偿协议》的性质发生了根本性的改变，由民事协议转变为行政协议。因此，《国有土地上房屋征收与补偿条例》第25条第2款只规定了行政诉讼的纠纷解决途径。[22]在此背景下，仲裁意图突破传统的救济制度设计，成为行政协议纠纷的救济途径之一，其难度要远大于行政诉讼救济制度由整体“单向型”向个别领域“双向型”转型。有趣的现象恰恰在于，不知是行政立法者有意为之抑或因疏忽未注意到本款“补偿协议订立后，一方当事人不履行补偿协议约定的义务的，另一方当事人可以依法提起诉讼”的规定违背了行政诉讼法原告恒定为公民、法人、其他组织，被告恒定为行政机关的单向型行政诉讼模式。[23]但至少从理念和认知层面反映出行政机关不排斥行政协议纠纷解决诉诸“官告民”行政诉讼模式。

### （二）行政非诉执行——行政协议纠纷解决的非主流模式

面对行政协议相对人不履行协议，行政机关的救济困境，有论者研究指出：“在现行法律框架下行政机关最佳的救济途径应当是选择申请非诉执行。”[24]其法律依据在于现行《行政诉讼法》第97条规定：“公民、法人或者其他组织对行政行为在法定期限内不提起诉讼又不履行的，行政机关可以申请人民法院强制执行，或者依法强制执行。”但该条的规定必须结合《行政强制法》第53条、第54条[25]的规定方可能形成更为全面的理解。综合上述条文，申请法院实施非诉执行必须具备三个前提条件：一是法律未赋予行政机关行政强制权；二是法定救济期限内，行政相对人怠于行使法定的行政救济权；三是行政机关须先履行催告程序，催告书送达十日后当事人仍未履行义务的，行政机关方可申请非诉执行。

在行政协议相对人不履行协议的纠纷中，并非所有的情形都可以申请法院

---

22 闫尔宝：《国有土地上房屋征收与补偿条例——第25条分析》，载《行政法学研究》2012年第1期。

23 闫尔宝：《国有土地上房屋征收与补偿条例——第25条分析》，载《行政法学研究》2012年第1期。

24 裴蓓、易欣：《行政协议相对人不履行协议之救济困境与选择——以行政机关申请非诉执行为出路》，载《中国人民公安大学学报（社会科学版）》2017年第1期。

25 《行政强制法》第53条：当事人在法定期限内不申请行政复议或者提起行政诉讼，又不履行行政决定的，没有行政强制执行权的行政机关可以自期限届满之日起三个月内，依照本章规定申请人民法院强制执行。第54条：行政机关申请人民法院强制执行前，应当催告当事人履行义务。催告书送达十日后当事人仍未履行义务的，行政机关可以向所在地有管辖权的人民法院申请强制执行；执行对象是不动产的，向不动产所在地有管辖权的人民法院申请强制执行。

非诉执行。首先，若行政机关属于法定的行政强制权实施主体，如公安机关、税务机关等，自然就不符合申请法院非诉执行的法定条件。其次，当行政协议相对人不履行义务时，行政机关通过“自力救济”将行政协议约定的违约责任转化为申请法院非诉执行的行政行为。在得到法院支持并依法送达的情况下，往往意味着行政协议相对人经济利益上的重大损失。而期望行政协议相对人置重大的经济利益于不顾，放弃法定的救济权利显然不符合基本的人性逻辑。因此，意图通过申请法院非诉执行解决行政协议纠纷，从人的理性角度而言注定属于小概率事件，只有一小部分的行政协议纠纷才有可能通过申请法院的非诉执行得以解决。以申请法院非诉执行作为行政协议纠纷解决的主渠道，注定是无法实现的美好设想而已。

## 四、行政协议纠纷中“官告民”行政诉讼模式的可行性

行政协议中既包含行政性要素，又包含契约性要素，但细研之，契约只是形式和手段，行政才是实体和目的。所以，对行政协议而言，行政性是第一位的特征，契约性是第二位的特征。[26] 行政协议第一位特征的“行政性”决定了行政诉讼作为行政协议纠纷解决的主渠道作用。行政协议第二位特征的“契约性”决定了民法原理和民事法律制度在公法领域具备了正式的用武之地。从2014年《行政诉讼法》的首次修法中即可见端倪，修订后的《行政诉讼法》将行政协议纠纷纳入行政诉讼范围，同时在第101条附则中也正式规定了行政诉讼的“民事诉讼规则”准用制度，这绝非偶然，而是有其内在的逻辑联系。针对行政协议纠纷解决中的法律适用问题，最高人民法院的司法解释显然走得更远，从准用民事诉讼规则扩展至准用民事实体规则。[27] 李广宇法官评价该条是“一个具有开创意义的规定”。[28]

遵循上述立法和司法解释中的基本思路，可在行政诉讼实践中保持“民告官”单向型行政诉讼模式基本不变的前提下，专门就行政协议纠纷解决建立“官告民”行政诉讼模式。立法工作者认为在行政协议纠纷中允许“官告民”

---

26 江必新：《中国行政合同法律制度：体系、内容及其构建》，载《中外法学》2012年第6期。

27 《最高人民法院关于适用〈中华人民共和国行政诉讼法〉若干问题的解释》（法释〔2015〕9号）第14条：人民法院审查行政机关是否依法履行、按照约定履行协议或者单方变更、解除协议是否合法，在适用行政法律规范的同时，可以适用不违反行政法和行政诉讼法强制性规定的民事法律规范。

28 李广宇：《审理行政协议案件对民事法律规范的适用》，载《中国法律评论》2016年第1期。

的必要性不足，其主要理由：一是现实中，行政协议争议主要是行政机关不履行而导致的，需要给行政相对人司法救济。行政相对人不履行协议，行政机关可以采取单方面的行政行为，以实现行政目的，并无向法院起诉的必要。二是我国行政诉讼法制定之初，是以监督行政行为为宗旨设计相关制度，如果将“官告民”争议纳入，许多制度将不能使用，也会影响行政诉讼法救济公民合法权益的定位。[29]

对于立法工作者的第一点理由，笔者在前文已经详细论证了行政机关“自力救济”的成本问题及“外力救济”存在的制度性障碍。因此，建立行政协议纠纷“官告民”行政诉讼模式有其现实的必要性。对于第二点理由，情况已发生了重大变化，正如有学者所指出的：“传统上，《行政诉讼法》是建立在以行政处分为中心的模式之上，确立了原告恒定、举证倒置、审查内容限于合法性，并以撤销诉讼为中心的行政诉讼类型制度。但是，当行政行为方式在数量与性质上发生了契约化、私法化和合作化的变化之后，这种诉讼模式已经难以满足合法性审查和权利救济的需要。”[30] 2014 年修订后的《行政诉讼法》第 78 条、第 101 条以及《最高人民法院关于适用〈中华人民共和国行政诉讼法〉若干问题的解释》（法释〔2015〕9 号）第 14 条都是为应对这一重大变化而在制度层面所进行的改革、突破和创新。无视基本情况的重大变化，而固守传统的价值观念，并不必然具备价值优位地位，也不利于社会的进步和观念的更新。

现阶段，完全可以在不改变我国现行行政诉讼制度基本结构的前提下，引入“官告民”行政诉讼模式以更高效地解决行政协议纠纷。在民事法律制度高度发达的今天，以“适用行政法律规范的同时，可以适用不违反行政法和行政诉讼法强制性规定的民事法律规范”作为基本的指导原则，有序引入民事法律规范弥补“官告民”行政诉讼制度的缺失无疑是一条现实可行的道路。正如最高人民法院梁凤云法官所建议的：行政协议纠纷的解决优先适用行政法律规范，是指在程序上优先适用行政诉讼法，在实体上优先适用行政法。同时，考虑到行政协议兼具行政性和合同性的特点，还应当适用包括民法和民事诉讼法的民事法律规范。除了合同的效力、要约与承诺、当事人行为能力、违约责任等之外，还可以适用和解、反诉、“谁主张谁举证”规则等。[31]

为建立行政协议纠纷解决之“官告民”行政诉讼模式，笔者认为只需对现

---

29　全国人大常委会法制工作委员会行政法室编写：《〈中华人民共和国行政诉讼法〉解读与适用》，法律出版社 2015 年版，第 9－10 页。

30　龙凤钊：《行政行为的合作化与诉讼类型的多元化重构——以“拆迁条例”的征收补偿协议为例》，载《行政法学研究》2015 年第 2 期。

31　梁凤云：《行政协议案件的审理和判决规则》，载《国家检察官学院学报》2015 年第 4 期。

行《行政诉讼法》进行技术调整即可。一是在第 2 条增加一款作为第 3 款："行政机关与公民、法人或者其他组织之间因订立、履行、变更、解除行政协议产生纠纷的，行政机关可以依照本法向人民法院提起诉讼。"该款目的在于建立行政协议纠纷解决的"官告民"行政诉讼模式。二是在第 101 条后增加一条作为第 102 条："人民法院审理行政协议纠纷案件应当优先适用行政法和行政诉讼法，在适用行政法律规范的同时，可以适用不违反行政法和行政诉讼法强制性规定的民事法律规范。"就如同行政协议制度本身，至今我国尚无统一具体的关于"行政协议"的法规范，但这并不妨碍行政协议在我国行政实践中的蓬勃发展。同理，增加上述条文，即可为解决行政协议纠纷建构起"官告民"行政诉讼模式的基本框架。而后，通过行政和司法两个方面的实践不断填充和完善框架中的空间和具体制度。此外，高度发达和完备的民事法律制度也为这一过程提供了源源不断的技术借鉴和技术支撑的资源。

## 结语

行政协议纠纷解决之"官告民"行政诉讼模式的建构是因应经济社会发展变化所采取的技术调整措施，并不会对我国现行的"民告官"单向型行政诉讼模式造成根本性的冲击。不同于有学者所提倡的由单向型向双向型甚至多向型的全面转型，建立起"民告官""官告民""官告官"的多元诉讼类型。[32] 特别是"官告官"的行政诉讼模式，会对我国宪法设定的权力结构产生重大的影响，属于行政诉讼制度结构性的根本改变。立法需要适度的前瞻意识，但法律滞后性的基本特征决定立法不应该也不可能罔顾本国的基本国情和法律制度的基本情况而过度超前。行政协议纠纷解决之"官告民"行政诉讼模式是对行政协议领域"公私法混合""公法遁入私法"现象的适度回应，是契合我国行政法律制度和行政诉讼法律制度发展阶段的产物。待经历实践的检验和时间的沉淀之后，具有中国特色的行政协议法律制度自然"瓜熟蒂落"。

---

32　龙凤钊：《行政行为的合作化与诉讼类型的多元化重构——以"拆迁条例"的征收补偿协议为例》，载《行政法学研究》2015 年第 2 期。

# 大数据平台商业使用个人数据的法律边界

余筱兰　刘道云*

**【内容提要】** 大数据平台商业使用个人数据，其合法权益应当受到法律保护，但此类权益保护应止于三道边界：禁止妨害公共利益的数据垄断、让位于人格权益以及不得侵犯他人的合法权益。数据使用适用公共利益保护和正义论的社会治理理念，破解妨害公共利益的数据垄断需要从确权着手，确权的核心是确定数据权利归属以及权利行使的边界。基于利益位阶原则，大数据平台在追逐商业利益且与人格权益发生冲突时，应让位于人格权益，优先保护数据上的人格权益，包括他人的人格权益以及大数据平台自身基于数据服务而获得良好社会评价的人格权益。大数据平台基于商业目的使用他人数据，不得侵犯他人合法权益，这是正义论的要求，也是利益平衡的要求。

**【关键词】** 大数据平台　法律限度　数据垄断　人格权益　公共利益

## 一、大数据平台商业使用个人数据应有法律边界

以数据作为生产要素，加快培育数据要素市场，要求平衡好数据自由流动和权利保护二者之间的关系。正是基于公共利益与个人利益平衡理念的要求，大数据平台商业使用个人数据，其合法权益应当受到保护，但此类权益保护应止于三道边界：禁止妨害公共利益的数据垄断、让位于人格权益以及不得侵犯他人的合法权益。

---

*　余筱兰——安徽师范大学教授，硕士生导师，主要研究领域：民法学基础理论、数据、著作权的私法治理；刘道云——中国金融期货交易所高级经理，上海青年金才，主要研究领域：民商法、金融法、本文为金融衍生品。本文为第67批博士后面上项目“政府数据公开使用中相关者利益冲突及其私法治理研究”（项目编号：2020M671083）、国家社科基金重大项目“网络空间知识产权治理体系研究”（编号：19ZDA164）的阶段性成果。

大数据平台包括以大数据利用作为营利方式的大数据企业，还包括运营、组织交易过程中产生或者获取大数据的企事业单位，如证券期货交易所、黄金交易所、能源交易中心、外汇交易中心、各类地方交易场所等。收集数据并挖掘数据的商业价值，是大数据平台为自身和社会创造经济价值的必然选择。大数据平台收集的数据有个人数据和非个人数据。个人数据是指能够通过数据识别出自然人身份信息的数据。大数据平台收集个人数据的渠道是多维度的，如平台在自身的经营管理活动中收集的客户数据、政府或机构公开的不涉及隐私的个人数据、数据管理咨询公司或数据交易平台购买的经过匿名化的个人数据、通过爬虫工具等在网络上抓取个人数据等。个人数据有蕴含着丰富的潜在价值，成为数字经济发展的支撑。个人数据已经成为当代的基础性资源、核心资源、重要的生产要素。

大数据平台对收集的数据进行分析，挖掘其潜在价值，进行商业使用，对收集的个人数据享有财产权益，同时大数据平台将数据用于交易，提供数据服务，对其服务行为享有获得好评的人格诉求，此为大数据平台的人格权益。由于大数据平台对个人数据商业使用的权利范围不明确，其在个人数据上享有的权益与其他数据主体的数据权益产生了冲突。个人数据生成者对其自身数据享有人格权益和财产权益，个人数据是能够识别自然人特征或联合其他数据能够识别自然人特征的数据。自然人特征，诸如姓名、身高、家庭住址等属于人格权益内容；个人数据生成者对其个人数据同意数据平台商业使用，可以是无偿转让也可以是有偿转让，有偿转让便成为其获取个人数据财产权益的合法性基础。大数据平台对个人数据商业使用，还可能与公共利益发生交叉。公共利益是一个模糊的概念，在学术界并没有一致的定义，但普遍认为它的主体是不特定的社会成员。公共利益从广义上讲包括国家利益和社会利益。利益是主体希望得到的精神或物质上的需求。[1] 利益冲突的产生源于这种需求的不能满足。[2] 由于大数据平台在对个人数据商业使用过程中牵涉多方数据主体和多种利益类型，产生了权益冲突，应对其权益边界进行界定。

## 二、边界一：禁止妨害公共利益的数据垄断

### （一）“数据垄断”命题真伪

“数据垄断”是有争议的学术问题。对于是否存在数据垄断以及什么是数据

1 Weed, Ronald, Public reason and the sources of deliberative conflict, (2013) July, European Journal of Political Theory. Vol. 12 (3).

2 Helary, X, The three reasons of conflict, (2009) Mar. Historia, Issue 759.

垄断，均存在争议。有学者认为“数据垄断”是一个伪命题，根本不存在数据垄断问题，只存在“基于数据的垄断行为”[3]；也有学者认为数据垄断已经成为严重的社会问题，是需要法律予以破解的大课题，且持这种观点的学者占多数。[4]数据垄断不是一个形而上的纯粹学术问题，它在实践中是存在的，如国内外发生的诸多数据大战案例，实质上是数据垄断案例。数据垄断不仅是一个社会现象，还存在于司法案例中，是亟待法律规制的新问题。

数据垄断是指大数据平台将收集到的数据进行垄断控制，阻断其自由流动、被其他企业使用的行为。有能力实施数据垄断行为的均是实力雄厚的互联网平台，它们利用自身的优势地位对平台上收集的海量数据采用多种手段进行控制，实现数据垄断，如在技术层面采用高科技进行数据加密处理、访问控制等；[5]在场景应用层面，通过单方协议规定数据只属于本公司所有，如腾讯公司通过格式条款规定用户数据的所有权归腾讯公司所有，用户只享有使用权。[6]大数据平台基于个人数据的巨大商业价值而将其视为投资性和营销性资源。个人数据是大数据分析的基础，在广告精准投放、平台经济创新等领域发挥着重要作用。大数据平台可以通过商业使用个人数据为自身和社会创造经济价值，但在使用个人数据时，应有大局意识、公共利益意识，其权益保护不得妨害公共利益，如大数据企业不应为了数据红利，对其收集的数据进行垄断，阻断数据自由流动，妨害国家行业发展和数字经济发展。近年来，国内外数据垄断案件时有发生，如Facebook滥用市场支配地位收集用户数据案[7]、菜鸟顺丰数据之争案[8]、

3　山东大学经济学院曲创教授在《科技日报》（2019年8月22日）上发表《数据垄断的伪命题与真问题》一文，认为数据垄断是不成立的，数据分为公共领域的数据和公司自己的数据，前者无法垄断，后者属于公司自有，无须垄断。他认为业界所谓的“数据垄断”实质是指“基于数据的垄断”。

4　学界有不少人肯定数据垄断的存在，并对其进行学术探索，研究成果包括论文和研究报告等，如2019年发布的《互联网平台新型垄断行为的法律规制研究》报告，这是国内首份研究数据垄断的学术报告。

5　国瀚文：《滥用市场支配地位隐私权保护研究——以完善数据要素市场为背景》，载《商业研究》2020第10期。

6　例如，《腾讯开放平台开发者协议》规定：腾讯开放平台运营数据、用户数据等数据的全部权利均属腾讯。

7　2019年2月15日，德国反垄断局（联邦反垄断局）根据《德国竞争法》第19条第1款规定作出裁定：禁止Facebook集团利用通过第三方网站或者其拥有的Facebook之外的应用程序的相关用户和设备的数据进行收集和处理。

8　2017年6月1日菜鸟和顺丰之间拉开的数据大战，在国家邮政局协调下于2017年6月3日恢复数据传输。

hiQ诉Linkedin案[9]、抖音诉腾讯案[10]。妨害公共利益的数据垄断是一个需要理论研究和实践应对的真实课题。

### （二）妨害公共利益的数据垄断背离的本质

从现象看，妨害公共利益的数据垄断会导致上述诸多问题；从本质上分析，它背离了公共利益保护和正义论的社会治理理念。数据要素市场的培育以数据作为生产要素为前提，这意味着数据可以被所有意图以其作为生产资料的主体所获取，而不应被少数超级互联网企业垄断。拥有数据收集绝对优势的超级互联网平台如果有数据垄断权利，就意味着承认其掐断数据生产资料被其他主体获取的可能性。数据作为生产资料完全被大企业控制，有悖于公共利益时，会严重阻碍数据要素市场的培育。

1. 妨害公共利益的数据垄断背离了公共利益保护理念

禁止妨害公共利益的数据垄断，是促进数据自由流通、数据共享和维护公共利益的需要。数字经济已经进入国民经济发展的核心范畴。2020年的疫情环境更凸显出数据流通和数据共享在经济、文化、政治等各方面的重要性。某个优势大数据平台的数据垄断行为，不仅可能垄断所涉行业的商业利益，还有可能损害到整体经济发展、社会服务和政府职能发挥等各方面呈现出来的公共利益。2020年4月6日，中共中央、国务院印发《关于构建更加完善的要素市场化配置体制机制的意见》，强调数据共享和自由流通的重要性，要求快速培养数据要素市场概念，说明数据成为促进经济发展的生产要素，数据垄断不得阻碍社会经济发展。

学界对公共利益的理解观点不一。本文认为，公共利益与国家利益、社会利益是不能画等号的。国家利益、社会利益均是公共利益的下位概念，国家利益是指国家作为主体享有的国防安全利益、军事利益和政治利益；社会利益是指社会经济和文化利益，是社会成员对非政治性的经济利益和文化利益诉求的总和。公共利益作为国家利益、社会利益的上位概念，是指不特定的社会公共体享有的受法律保护的共同利益。公共利益是相对于个体利益而言的。法律明

---

9 hiQ是一家数据分析公司，其商业模式主要依赖于爬取Linkedin（领英）的公开数据。2017年5月，领英向hiQ发函，要求其停止抓取数据，同时以技术手段阻止hiQ继续获取数据。2017年6月，hiQ向加州北部地区法院提起诉讼，指控领英违法。2017年8月，法院基于公共利益考虑，发出临时禁令，要求领英24小时内移除任何妨碍hiQ获取其公开数据的技术障碍。

10 2021年2月2日，抖音向北京知识产权法院正式提交诉状，认为腾讯微信和QQ限制用户分享来自抖音的内容，构成了《反垄断法》所禁止的“滥用市场支配地位，排除、限制竞争的垄断行为”，要求法院判令腾讯立即停止这一行为，并赔偿抖音经济损失及合理费用9000万元。

确规定的多为保护个人利益的规范，这是因为个人是组成社会、国家的细胞，个体利益保护程度直接决定了社会稳定和国家安危程度。对于公共利益，法律明文规定的并不具体，多以原则性条款或隐性规范呈现，如我国《民法典》第117条、第132条。[11]

数据垄断造成的利益冲突是个体利益与公共利益的冲突。个体利益是指民事主体（包括自然人、法人、非法人组织）追求的私人利益，如自然人的人格利益、企业的财产利益；公共利益虽然是一个模糊的概念，但它代表着特定结构的社会总体应追求的利益，如全民追求的绿色环保利益；又如作为自然人的数据主体对其自身数据有隐私权和信息控制权，但国家为了疫情防控的需要而要求必要的个人数据公开，公布感染病毒的自然人的信息，这在实践上被称为人格保护与公共疫情防控的冲突。大数据平台垄断数据是出于其自身的个体利益考虑，但倘若这种个体私益行为妨害了公共疫情防控、国家行业发展和数字经济繁荣等国家和社会公共利益，则优先保护公共利益。数据保护要求实现个体利益与公共利益的平衡，这就要求禁止妨害公共利益的数据垄断。

2. 妨害公共利益的数据垄断背离了正义论理论

正义的内涵要求禁止剥夺他人利益；正义应该建立在善的理念之上。善，是人们追求的目标，善的基本含义就是人所想要得到的基本利益，这种利益不应被他人剥夺。“在一个组织良好的社会中，一种有效的正义感将从属于一个人的善，因而不稳定的倾向能够得到控制。”[12]在善的理念指引下，社会财富分配、资源分配以及机会分配均应是理性的、合理的，这种理性和合理是以社会成员整个人生的合作为前提的，而不是一时的理性或合理，这种善是理性欲望的满足，是体现良好社会秩序的利益满足。数据流动的目的是充分释放数据的使用价值，满足自然人、法人、非法人组织以及国家的某种利益诉求，实现社会服务的终极目的。

正义要求以社会服务为最高追求。社会服务是评判正义与否的最高标准。所谓正义不仅仅应有善的本性，不剥夺他人利益，还应有社会服务的属性。能被称为正义，应是不违背“社会利益”的行为，更有甚者，正义本身应是一种提供社会服务的行为。社会是一个公平的合作体系，这个体系的维持需要有公众共同承认的规则来指引，从事社会合作的人们按照规则进行作为或不作为的

---

11 《民法典》第117条规定：“为了公共利益的需要，依照法律规定的权限和程序征收、征用不动产或者动产的，应当给予公平、合理的补偿。”第132条规定：“民事主体不得滥用民事权利损害国家利益、社会公共利益或者他人合法权益。”

12 ［美］约翰·罗尔斯著：《正义论》，何怀宏、何包钢、廖申白译，中国社会科学出版社2019版，第516页。

活动，并且，人们在合作过程中需要有互惠性的公平思维，排除自私观念，也即要有利他精神。唯有在“社会利益”理念的指引下，一种良好的社会秩序才可能建立，社会合作体系才能够实现真正的公平，作为公平的正义才是真正的正义。正义的最高追求是为社会服务。禁止妨害公共利益的数据垄断，实现数据自由流动，促进国家行业发展和国家数字经济和流量经济发展，建立良好的社会秩序，是社会服务的要求，是公共利益保护的要求，是正义的必要内涵。

### （三）给数据确权破解数据垄断

破解数据垄断问题，有多维度方法，确权是破解数据垄断问题的最根本的法律方法。

首先，给原始数据产生主体确权。应通过构建个人数据权利对原始数据产生主体予以保护。民事权利从内容上分为人身权和财产权，分别保护人格利益、身份利益和财产利益。个人数据权利是指保护作为自然人的民事主体的数据人格利益与财产利益。《民法典》第111条规定个人信息受法律保护；第127条规定数据、网络虚拟财产受法律保护。同时，《民法典》人格权编中增加了对个人信息保护的规定。具体到自然人的数据利益保护，通过设置个人数据权利予以实现，即在一般人格权中增加数据、信息人格尊严及自由的内容，这符合正义论要求尊重人格尊严与自由的内涵，是正义论的指引。基于人格利益的保护，应对数据进行分级分类。数据的分级分类是指将可流通的原始数据进行分级分类，分为涉密数据与非涉密数据，涉密数据是指涉及个人隐私的数据，此类数据不在合法开放流通数据的范围内；非涉密数据是指除涉密数据外的可被公开使用的数据。数据使用应遵循知情同意原则，在涉及被使用数据的相关利益者时，应通知并取得同意，在利益主体不同意使用与其个人隐私或其他个人利益有关的数据时，不得强行使用。在流通或利用链条上，如存在侵害利益主体人身或财产利益的情况，应允许利益主体向大数据平台申请删除该数据，此为数据删除权。

其次，给大数据平台设置权利边界。大数据平台对数据的收集是建立在合法性基础上的，获得原始数据产生主体的同意是前提；在合法收集数据之后实际控制数据，对数据享有准所有权的权利，便是对数据的使用、收益和有限制的处分权。大数据平台的数据使用权是指在数据收集目的、范围和使用方式合法的前提下，出于自身运营或对外经营的需要而使用数据的权利；收益权，是指大数据平台采用对其他民事主体许可使用数据等方式获取经济收益的权利。

处分权，是指大数据平台可以对其控制的数据实施转让、设定负担等处分行为。[13]

大数据平台在商业使用个人数据时应享有数据财产权利，但该权利应受到限制。[14] 在赋予大数据平台权利的同时，还应考虑到数据流通自由的必要性，此为数据共享的要求，是社会服务价值目标的要求。对大数据平台权利的限制，应通过建构大数据平台义务与责任制度予以实现。从行为限制的角度分析，大数据平台的义务包括适度使用义务、安全保障义务、数据上公共利益维护义务、侵权责任、违约责任。适度使用义务是指大数据平台遵循数据使用分级分类原则、知情同意与禁止强制开放和使用数据的原则；安全保障义务是指大数据平台对开放流通中的数据尽到合理管理人的职责，参照现实环境下公共场所对消费者安全保障义务的规定。[15] 公共利益维护义务是指大数据平台在使用数据时，应将公共利益置于其私人利益之上，这是正义论社会服务理念的要求，也是民法上利益位阶原则的要求。数据使用中的公共利益是指不特定人享有的利益，如为了促进数据自由流动、数据经济发展，大数据平台不得擅自垄断收集的数据，阻碍数据共享。如没有尽到应尽的义务，按照侵权责任和违约责任予以惩罚和救济。侵权责任参照《民法典》侵权责任编网络侵权责任制度的规定，按照特殊侵权主体来处理，大数据平台承担过错责任，在没有尽到安全保障义务的情况下，对受害人承担侵权责任。数据使用中的违约责任是指数据交易合同、免费使用合同以及平等主体之间的许可协议中，没有按照约定承担合同义务的

---

13　陈兵：《因应超级平台对反垄断法规制的挑战》，载《法学》2020 第 2 期。

14　丁晓东：《论企业数据权益的法律保护——基于数据法律性质的分析》，载《法律科学》2020 年第 2 期。

15　适度开放与使用义务是正义论尊重他人人格与自由的“善”的理念的要求。《民法典》第 1035 条规定：“处理个人信息的，应当遵循合法、正当、必要原则，不得过度处理……”据此，数据企业在使用数据时，应合法、正当、必要地使用，不得将其数据用于非法目的，不得泄露、出售可识别个人特征的数据。数据控制人的适度使用义务对应的是个人数据权利人的个人信息自决权。安全保障义务是指数据控制人对开放流通中的数据尽到合理管理人的职责，参照《民法典》第 1198 条规定的实体空间经营者的安全保障义务。将该条款移植到数据开放领域有其合理性。安全保障义务立法的目的是规制经营者的服务义务，不论其空间是网络还是实体，随着大数据的发展，网络空间成为主要的经营场所，经营者在虚拟环境的安全保障义务符合立法目的，也是保护数据权利人数据安全的要求。虚拟环境下经营者的安全保障义务在 2018 年《电子商务法》第 38 条第 2 款明确规定：“对关系消费者生命健康的商品或者服务，电子商务平台经营者对平台内经营者的资质资格未尽到审核义务，或者对消费者未尽到安全保障义务，造成消费者损害的，应当承相应的责任。”

大数据平台应承担的合同责任。[16] 大数据平台的义务与责任是其对其权利行使的限制，是鼓励数据共享、促进数据自由流通的需要，也是推动国家数字经济发展的必然要求。

## 三、边界二：让位于数据上的人格权益

大数据平台基于商业目的使用个人数据，期待获取数据财产权益，但是数据承载的不仅是财产权益，还有人格权益。这里的人格权益主要有两类，其一是指大数据平台本身因提供商业服务而期待获取的良好社会评价的人格权益，如电子商务平台根据消费者消费习惯和偏好数据、常搜索关键词数据推荐商品，期待获得消费者喜爱和肯定性的社会评价，大数据服务供应商向大数据服务采购商提供精准、完整、有效的大数据产品服务，期待买方对其产品和服务作出肯定性的商业评价；其二是指个人原始数据产生者的人格权益，如电子商务平台收集了大量的消费者个人数据，包括手机号码、购物喜好、家庭住址等，这类数据在被电子商务平台挖掘商业价值之后给其自身带来财产性利益，但同时也不可避免地牵涉到消费者的个人信息和隐私权等人格权益。这就产生了数据权益冲突问题。根据利益位阶与利益衡量的指引，财产性权益与人格权益发生冲突时，优先保护人格权益。

权益是权利和利益的总称。权利是上升为法律的利益。权益不仅包括上升为法律进而成为权利的利益，还包括没有上升为法律，但需要受法律保护的利益。数据权益冲突是民事权益冲突，包括数据权利和数据利益的冲突。解决民事权益冲突的重要途径之一是利益位阶。利益位阶是指各种民事利益的顺位排列。[17] 以价值作为判断利益位阶的标准，实现权利平衡和利益平衡。将价值作为考量因素，进行利益位阶排序，首先是人身价值高于财产价值，其次是社会价值高于个人价值。[18]

第一，人身价值高于财产价值。人身价值的实现通过人身权益的保护予以

---

16　侵权责任参照《民法典》第 1194 条和第 1198 条。第 1194 条概括规定了网络侵权责任，第 1198 条规定了安全保障义务责任人责任。数据控制人不履行相应义务，造成他人损害的，应承担侵权责任，因第三人行为造成他人损害的，由第三人承担侵权责任，数据控制人没有尽到适度使用、安全保障义务的，维护公共利益义务的，应承担相应的补充责任。《民法典》没有规定数据交易合同，数据产品作为交易对象，参照使用货物买卖合同。数据属于虚拟财产，受法律保护，在《民法典》第 127 条已明确规定，数据成为交易对象已成为不争的事实。数据使用中的违约责任是指数据交易合同、免费使用合同以及平等主体之间的许可协议中，没有按照约定承担合同义务的数据控制人应承担的合同责任。

17　王利明：《民法上的利益位阶及其考量》，载《法学家》2014 年第 1 期。

18　刘道云：《我国人格权保护的限度》，载《东方法学》2011 年第 3 期。

实现，财产价值则通过财产权益的保护予以实现。[19] 人身权益是人格权益和身份权益的统称。人格权益是关于人格尊严与自由的权利和利益保护，《世界人权宣言》[20] 向全世界宣告人格权益保护的重要性和必要性。我国《宪法》更是强调人格尊严和自由受法律保护。[21] 我国《民法典》单设人格权编，充分彰显了人格权益保护的重要性。身份权益是关于生命健康和身份的权利及利益。我国《宪法》也明确规定了生命健康权不受侵害。[22] 在《民法典》和《刑法》中规定侵害生命健康权益应承担的侵权责任和应受到的刑罚，均体现了法律对人身权益保护的重视。财产权益在各国法律中也处于十分重要的地位，如我国《宪法》规定公民私人财产不受侵犯，[23]《民法典》单独设立物权编对私人财产予以保护。但当人身权益与财产权益发生冲突时，为何要优先保护人身权益？根本原因在于人的存在是财产价值实现的基础，没有人类，财产毫无价值可言。只有当人们渴望获得财产时，财产才有价值，没有人的存在，财产犹如无本之木。以人为本，是国家的最高目标，也是我国建设社会主义的价值追求。

人身权益优于财产权益的利益位阶通过以下方式实现：其一，人格权益优先于财产权益。人格权益是人身权益的重要内容。人身权益优于财产权益，首先体现在人格权益优于财产权益。《民法典》人格权编第990条规定了我国立法上的具体人格权和一般人格权。人格权益是关于人格尊严与自由的权益，是关于生命健康的权益，当人格权益与财产权益发生冲突时，优先保护人格权益。其二，具体人格权益优先于一般人格权益。我国法上的具体人格权包括生命权、身体权、健康权、姓名权（自然人）、名称权（法人和非法人组织）、肖像权、名誉权、荣誉权和隐私权等，一般人格权是指除上述具体人格权外的基于人身自由和人格尊严产生的人格权益（需要强调的是，只有自然人才有一般人格权益）。法律之所以要列举具体人格权，就是考虑到具体人格权在社会生活中的重要性，没有被列举的，是暂时还未充分暴露其问题的严重性，但又不可被忽视的未尽情形。当某项权益可以被纳入具体人格权保护范围时，就没有必要寻求一般人格权予以保护。例如，当某人生命权被剥夺时，他的人格自由同时被剥夺了，此时是生命权和一般人格权同时被侵犯，按照具体人格权益优于一般人

19 余筱兰：《民法典编纂视角下信息删除权建构》，载《政治与法律》2018年第4期。

20 《世界人权宣言》是联合国在1948年发布的，其第12条规定了自然人的隐私、家庭信息、通信、荣誉和名誉受法律保护，被认为是人格权益保护的国际法律渊源，也是个人信息权益保护的首个法律表现形式。

21 《宪法》第33条规定公民人权受法律保护，第37条规定公民自由受法律保护，第38条规定公民人格尊严受法律保护。

22 《宪法》第36条规定公民生命健康不受侵害。

23 《宪法》第13条规定公民合法的私人财产不受侵犯。

格权益受保护的利益位阶规则，按侵犯生命权处理。

第二，社会价值高于个人价值。社会价值通过公共利益保护予以实现。个人价值则以个人利益保护的形式呈现。当公共利益与个人利益存在冲突时，利益位阶原则要求优先保护公共利益。公共利益是相对于个体利益的不特定的社会全体成员的利益。个人数据使用时，个人利益通过个人数据主体的私人利益体现出来，便是上文中分析的数据源于主体的人格利益和财产利益、数据控制人的财产利益、数据用户的财产利益。个人数据上的公共利益尽管有社会管理机构作为代表予以主张和保护，但它的主体是不特定的社会群体。个人数据收集、使用或流通方式可能会因为公共利益的需要而产生。为了社会服务、公共安全等或为了满足公众知情权，公共利益可能会侵犯到个人利益，此时，作为个人利益的主体应以公共利益为优先利益，让渡或牺牲一部分个人利益。

《民法典》总则编第4条规定了平等原则“民事主体在民事活动中的法律地位一律平等。”第6条规定了公平原则：“民事主体从事民事活动应当遵循公平原则，合理确定各方的权利和义务。”利益位阶原则在我国民法中也得到了肯定，主要体现在以下几个方面：当上位法与下位法发生冲突时，应适用上位法；当人格利益与财产利益发生冲突时应优先保护人格利益；当个人利益与公共利益发生冲突时，应优先保护公共利益。大数据平台商业使用个人数据中利益冲突的协调，运用罗尔斯两个正义原则做指引，保护各数据主体平等地享有数据权利、数据使用的自由；根据数据使用价值获取数据收益以及财富价值；优先保护个人的数据人格利益等内容均有恰当的逻辑基础和科学可行性。大数据平台基于商业目的使用个人数据，在数据交易或提供数据有偿服务中，追求经济利益，同时也追求提供数据服务获得用户认可和良好评价（信用和荣誉）的人格价值，这也是财产权益让位于人格权益的要求。

## 四、边界三：不得侵犯他人的合法权益

大数据平台基于商业目的使用他人的个人数据，不得侵犯他人的合法权益。合法权益包括权利和未被法律规定的合法利益。利益是价值判断的结果，有价值的利益是指正义的利益。法律追求的是价值。价值是从主体的需要满足角度去衡量的，它追求的是社会应然性，符合主体目的性。法律价值“是指法律所具有的、对人们有意义的、可以满足人们需要的功能与属性”[24]。价值的衡量尺度是社会主体的应当性需求的满足。正义的判断标准即从社会价值的评判角度

24 Gardner, John, Dagan and Dorfman on the Value of Private Law (2017) Sept, Columbia Law Review, Vol. 117 (6).

出发。资源具有社会性，而非个体性，或者说资源具有社会品格；在资源有限的社会里，如何分配资源，就取决于是否“正义”。社会是个体的集合，社会正义最终落脚于对个体所需的肯定，这是对人的价值平等的尊重。当个人需求与社会价值导向、社会普遍遵从的规范相契合时，个人需求被认为是正当的、善的，是正义的，是可以寻求法律保护的。社会规范应是大多数人意志的升华，“善”是多数人意志具备的共同特征，个人善的集合上升为社会规范，成为评判正义的尺度。在个人的利益诉求符合正义标准后，才需要思考其利益价值。数据上利益的冲突是多元利益之间产生了矛盾，协调方法便是利益的价值判断，正义与非正义之辨明，由此出发，进行利益衡量。利益衡量的本质是解决利益冲突，平衡好个人与个人的关系或个人与社会的关系。[25] 将利益衡量理论应用到立法中，从源头上弥补和完善法律漏洞和为司法中出现的问题寻找应对之策，是利益衡量理论方法论内容的延展。大数据平台商业使用个人数据应不侵犯他人的合法权益，具体来说，应平衡好以下关系：

第一，不得侵犯原始数据产生者的利益。原始数据产生者为自然人，对个人数据有关其隐私、个人信息享有人格利益。人格受到尊重和人格利益受损获得救济是他的利益诉求。大数据平台通过合法途径获得的个人数据并在商业使用后实现经济价值增值是其利益诉求，但是，大数据平台对数据源主体隐私性数据的泄露的风险性是存在的，它不应侵害个人数据产生主体的隐私权、个人非公开信息等人格利益；另外，大数据平台不应因为个人数据的公共管理价值以及财富价值，而不当收集、处理、利用和传输个人数据，侵犯个人原始数据产生者的人格权益。

第二，不得侵犯各类社会管理机构的利益。在个人数据使用过程中，各类社会管理机构履行着重要职责。在此过程中，各类社会管理机构为了维护公共安全，进行公共管理，需要收集大量个人数据并对之进行处理和利用。各类社会管理机构代表公共利益对大数据平台的数据收集、处理、利用和传输行为进行监督管理，维护个人数据利益、社会公共利益和社会稳定。在公共利益和大数据平台利益发生冲突时，优先保护公共利益，大数据平台让渡一定的利益，体现社会本位的理念。大数据平台商业使用个人数据的利益诉求在面对各类社会管理机构的社会公共服务诉求时，也应优先考虑公共利益。

第三，不得侵犯其他数据用户的利益。其他数据用户是个人数据使用流动

---

25　Heck 和卡尔·拉伦茨（Karl Larenz）均承认利益衡量理论的本质在于解决冲突。Heck 认为，法的最高任务就是平衡利益；拉伦次认为，权利冲突发生后，要重建法律秩序，就需要一种权利向另一种权利让步或两种权利都作一定让步以达到平衡。参见 Heck 1932 年在法兰克福大学的讲座和卡尔·拉伦茨的代表作《法学方法论》（Methodenlehre）。

链的终端主体，包括自然人、法人和非法人组织。数据用户因为需要获取个人数据，以实现其某种合法目的。在数据用户使用个人数据时，未经同意，不得披露个人数据上的信息，不得侵犯作为数据源主体的自然人的人格利益、财产利益。例如，利用平台直播时，未经同意不得在直播视频中暴露自然人信息，且对未经允许而进入画面的人面部打马赛克，以尊重他人隐私权和肖像权。

权利是受法律保护的利益。利益分为受法律保护的利益和不受法律保护的利益；受法律保护的利益转化为权利，权利的确定性为利益提供强有力、稳定的保护。经过正义标尺评价之后的利益应受法律保护，上升为权利。对利益冲突的缓和，最根本的方法便是对利益进行权利划分。权利是私法保护利益的最核心的形式。权利对应着义务。个人数据利益权利化之后，意味着权利主体对应着不得侵犯权利的义务人。利益则无对应的义务人。当个人数据在使用中数据主体的权利被侵犯时，权利主体可以积极行使权利保护请求权，请求义务人履行义务或者请求司法机关予以救济。

## 结语

大数据平台基于商业目的使用个人数据已经成为网络空间时代拉动经济增长的重要驱动力。数据使用引发的利益之争表现形态呈现多元化，有主体权利之争、数据使用权之争、个人利益之争、个人利益与公共利益之争等。尽管研究数据保护的学术成果在近几年暴增，但基本的争执焦点并未得到有效缓和。互联网时代大数据平台的权利应如何保护与限制，不仅是理论上的新问题，更是实践中迸发出的严峻困境。大数据平台商业使用个人数据，是合法行为，是数据作为生产要素构建数据要素市场的必然，其合法权益理应受到法律保护，但是，面对现实中妨害公共利益的数据垄断、数据大战、数据侵权等乱象，如何理性地保护大数据平台商业使用个人数据的权益？本文通过深度的理论推导，提出了大数据平台商业使用个人数据权益保护的三道法律边界，希冀能为大数据平台权利及其行为限制这个重大课题的研究起到抛砖引玉之用。

# 案例分析

# 股东严重冲突导致公司设立目的无法实现可予强制解散

## ——司法解散公司诉讼的规则补遗与审查思路

陈丹*

## 【裁判要旨】

公司解散属于公司的生死存亡问题，关涉公司股东、债权人及员工等多方利益主体，关涉市场经济秩序的稳定和安宁。因此，人民法院对公司解散应慎重处理，应综合考虑公司的设立目的能否实现、公司运行障碍能否消除等因素。只有公司经营管理出现严重困难，严重损害股东利益，且穷尽其他途径不能解决，才能判决解散公司。

公司股东之间严重冲突，公司继续存续的人合基础丧失，公司设立目的无法实现，属于《最高人民法院关于适用〈中华人民共和国公司法〉若干问题的规定（二）》第 1 条第 1 款第 4 项规定的“经营管理发生其他严重困难，公司继续存续会使股东利益受到重大损失的情形”，且无法通过其他途径解决，司法解散 B 公司的条件已经成就。为充分保护中小股东合法权益，依法规范公司治理和股东退出，促进市场经济健康发展，二审法院根据查明的案件事实，最终作出解散 B 公司的判决。

【关键词】公司解散　股东冲突　公司设立目的无法实现

## 【案件索引】

一审：广东省广州市天河区人民法院（2019）粤 0106 民初 1430 号民事判

---

*　陈 丹——广州市中级人民法院商事审判庭副庭长，三级高级法官。

决（2019年12月6日）

二审：广东省广州市中级人民法院（2020）粤01民终4365号民事判决（2020年6月22日）

一审法院合议庭成员：田天宝、刘亚丽 、许红霞

二审法院合议庭成员：陈丹、莫芳、杨凡

## 【基本案情】

2014年12月2日，A公司成立，股东为高某某，法定代表人为高某某；注册资本为1000万元。

2016年9月23日，B公司成立，股东为向某，认缴出资550万元，持股55%；高某某认缴出资150万元，持股15%；丁某某认缴出资150万元，持股15%；陈某认缴出资150万元，持股15%；法定代表人为向某；注册资本为1000万元。

2016年10月26日，A公司、B公司签订《广东总代理协议书》，约定A公司授权B公司在广东省内代理销售“美国澎内传防水系统产品”。后双方在履行过程中产生争议。

2017年9月29日，B公司以伪造的股东签名向工商部门申请股东变更登记，将股东高某某、丁某某、陈某三人的股权变更为向某。2017年12月28日，高某某委托律师向B公司、向某发出《律师函》，提出异议。未果后，高某某委托律师于2018年1月31日向主管登记机关举报，要求撤销变更登记。2018年12月7日，广州市天河区工商行政管理局以向某伪造签名、虚假变更登记为由，依法撤销B公司2017年9月30日变更登记，并不免除相关违法行为人的行政责任。

2018年1月16日，A公司取消B公司在广东省地区代理商授权，扣除代理保证金。2018年2月6日，B公司就履行上述代理协议争议，向中国国际经济贸易仲裁委员会申请仲裁。A公司提出仲裁反请求。2019年1月21日，中国国际经济贸易仲裁委员会作出裁决，认定B公司的跨区域销售行为构成违约。

2019年1月16日，高某某、丁某某诉至一审法院请求解散B公司。2019年4月8日，B公司发出《关于召开2019年第一次股东大会的通知》，通知于2019年4月26日召开股东会。2019年4月26日，B公司仅大股东向某到会并作出股东会决议，高某某、丁某某、陈锋缺席未到会。

B公司提交近三个月财务报表显示亏损300多万元，实际上亏损400多万元；公司现在还在正常经营，但经营的不是澎内传产品，是经营之前销售的澎内传产品的收尾工作。高某某、丁某某表示，不清楚公司的经营状况，但认为

根据B公司的陈述，公司亏损700万元，其对这些亏损毫不知情，继续经营下去，势必侵害其股东利益。

一、二审期间，经法院主持调解，双方当事人未能就通过股权转让或其他方式达成调解协议。

## 【裁判结果】

广东省广州市天河区人民法院于2019年12月6日作出（2019）粤0106民初1430号民事判决：B公司予以解散。

广东省广州市中级人民法院于2020年6月22日作出（2020）粤01民终4365号民事判决：驳回上诉，维持原判。

## 【裁判理由】

法院生效判决认为：（1）B公司人合属性不复存在，公司设立的目的无法实现，经营管理已发生严重困难。“人合性”基础的丧失是公司司法解散的首要裁判标准。从2017年9月向某伪造签名变更高某某、丁某某所持股权，高某某、丁某某继而向工商部门举报并申请撤销变更登记来看，向某与高某某、丁某某股东间的信任已经消失殆尽。双方当事人均确认，设立B公司的目的在于，根据高某某投资的自然人独资企业A公司的授权，在广东省区域内独家代理销售澎内传品牌防水产品。2018年1月16日，高某某设立的自然人独资公司A公司以B公司及大股东兼法定代表人向某违反约定从事跨区域销售为由，取消了B公司在广东地区的独家销售权。高某某、丁某某提起解散公司之诉，另一股东陈某表示同意。上述情节，足以说明股东之间的情绪对立、分歧严重以及股东利益受损难以避免，B公司的“人合性”已彻底丧失，相互间已无合作的基础。因此，本院据此认定：B公司因股东之间长期冲突导致公司设立目的无法实现、经营管理发生严重困难。（2）B公司客观上处于经营停滞的状态，公司的设立目的无法实现，继续存续会使高某某、丁某某的股东权益受到重大损失。（3）通过其他途径亦不能解决B公司股东之间的冲突。在B公司股东发生矛盾冲突后，B公司试图于2019年4月26日召开股东会，但除大股东向某外，其他股东均未到会。基于慎用司法手段强制解散公司，一、二审法院数次组织双方当事人进行调解，最终双方均未能就转让股权或通过其他方式协商处理矛盾达成一致意见，调解未果。

综合来看，B公司股东之间长期冲突，公司继续存续的人合基础丧失，公司设立目的无法实现，属于《最高人民法院关于适用〈中华人民共和国公司法〉

若干问题的规定（二）》第1条第1款第4项规定的“经营管理发生其他严重困难，公司继续存续会使股东利益受到重大损失的情形”，且无法通过其他途径解决，司法解散B公司的条件已经成就。

## 【案例注解】

### 一、规则补遗：“其他经营管理困难”的具体形态

司法解散作为公司法上用以保护中小股东利益的一项重要机制，在立法之初就存在相对原则和粗陋之弊端。《公司法》第182条规定：“公司经营管理发生严重困难，继续存续会使股东利益受到重大损失，通过其他途径不能解决的，持有公司全部股东表决权百分之十以上的股东，可以请求人民法院解散公司。”鉴于该条规定过于原则，为进一步增强法律适用的可操作性，最高人民法院出台了《最高人民法院关于适用〈中华人民共和国公司法司法〉若干问题的解释（二）》。该解释第1条第1款规定：“单独或者合计持有公司全部股东表决权百分之十以上的股东，以下列事由之一提起解散公司诉讼，并符合公司法第一百八十二条规定的，人民法院应予受理：（一）公司持续两年以上无法召开股东会或者股东大会，公司经营管理发生严重困难的；（二）股东表决时无法达到法定或者公司章程规定的比例，持续两年以上不能做出有效的股东会或者股东大会决议，公司经营管理发生严重困难的；（三）公司董事长期冲突，且无法通过股东会或者股东大会解决，公司经营管理发生严重困难的；（四）经营管理发生其他严重困难，公司继续存续会使股东利益受到重大损失的情形。”该条规定，既是受理公司解散纠纷的程序要求，也是判决解散公司的实体审查依据。[1]上述条款第1~3项均系对公司僵局的具体形态，作出了列举式规定。但是公司僵局并不是公司解散的唯一事由，该条第1款第4项规定了“经营管理发生其他严重困难，公司继续存续会使股东利益受到重大损失的情形”，即所谓的兜底条款。那么，何为“其他经营管理困难”？最高人民法院在出台该条司法解释之初即明确指出，对于“其他经营管理困难”，有待于理论研究和审判实践的进一步研究和总结。[2]法律规定的原则性和不周延性，导致裁判者对相关法律的解释和适用缺乏统一的量化标准。因而，上述兜底条款在司法实践中鲜见适用。从裁判文书公开网上搜索公司解散纠纷案件的裁判文书来看，适用该兜底条款予以裁判

---

1　最高人民法院法院民事审判第二庭编著：《最高人民法院关于公司法司法解释（一）、（二）理解与适用》，人民法院出版社2018年版，第119页。

2　最高人民法院法院民事审判第二庭编著：《最高人民法院关于公司法司法解释（一）、（二）理解与适用》，人民法院出版社2018年版，第125页。

的案件屈指可数。[3]

（一）域外立法例

综观域外立法，公司解散的事由较为宽泛，均包括公司设立目的不能实现的直接规定，或无法（继续）经营的间接表述。在英国的法律实践中，可予解散公司的情形包括：公司行为违反小股东的基本权利和合法期望，公司设立的目的已无法实现等。《美国示范公司法》第14章第3分章中规定，股东压迫以及公司资产正在被滥用或浪费的，股东可通过司法程序解散公司。[4]在德国，司法解散有限公司的前提条件是："由于法律规定或者某些客观情况的出现，致使企业根本无法经营，股东之间存在着根深蒂固的、难以消除的而且直接威胁企业存续的冲突。"[5]《日本公司法》第833条规定，股份公司的业务执行出现严重困难，且对该股份公司造成无法恢复的损害的，可以以诉讼方式请求解散公司。[6]《韩国公司法》规定，公司业务处于显著的停顿状态而产生无法恢复的损害时或者有产生损害的可能时，股东可诉请解散公司。[7]我国台湾地区"公司法"第11条规定：公司之经营，有显著困难或重大损害时，法院得据股东之申请……裁定解散。所谓有显著困难，是指公司于设立登记后开始营业，在营业中有业务不能开展的原因，如再继续营业必导致不能弥补之亏损的情形而言。[8]实际上也将公司的继续经营危机作为解散事由之一。

（二）当前学理探讨

有学者认为，尽管美国、德国法院对有限责任公司股东提起解散诉讼的关注点有所不同，但均从合同法乃至商法领域寻求救济的基础，值得我国公司法实践借鉴。因此，对于有限责任公司请求解散公司的诉讼，法院可依据长期性契约理论和关系契约理论进行能动解释，同时兼顾公司的团体性。[9]持类似立场的观点还认为，有限责任公司股东的解散请求权，可在合同法上找到根据。因

---

3 从历年上海法院判决的内容来看，由于法律没有对"其他严重困难"予以具体列举，尚未发现适用这一条款判决解散公司的案例，因此这一条款在司法实践中基本没有发挥应有的作用。转引自汤兵生：《公司解散诉讼的现实困境与司法对策》，载《东方法学》2011年第4期。从无讼网上查询的裁判文书情况来看，以公司解散纠纷案由搜索裁判文书11882篇，法院最终适用该兜底条款处理的案件仅2件。参见无讼网，https：//www. itslaw. com，最后访问于2020年11月26日。

4 沈四宝编译：《最新美国标准公司法》，法律出版社2006年版，第212页。

5 ［德］托马斯·莱赛尔、吕迪格·法伊尔著：《德国资合公司法（第3版）》，高旭军等译，法律出版社2005年版，第665－666页。

6 王作全译：《新订日本公司法典》，北京大学出版社2016年版，第87页。

7 ［韩］李哲松著：《韩国公司法》，吴日焕译，中国政法大学出版社2000年版，第106页。

8 梁宇贤著：《公司法论（修订六版）》，三民书局2006年版，第152页。

9 范黎红：《有限责任公司司法裁判解散的法理思考与实证考察》，载《公司法律评论》2009年卷。

为股东共同出资设立有限责任公司，是在平等主体之间形成民事权利义务的关系——出资合同法律关系。股东之间的关系除受公司法调整外，还受合同法调整。因此，解散公司诉讼，可以在合同法上找到可诉性的根据，股东可以通过解除合同关系来实现解散公司的目的。如依据《合同法》第94条（对应《民法典》第563条），因其他股东严重违约行为致使不能实现投资目的等，股东可以请求法院解除设立合同关系，从而解散公司。[10]

## 二、公司司法解散审查的原则和标准

### （一）公司司法解散的审查原则

司法介入公司自治，理应恪守审慎适度的基本要求。人民法院审理公司解散纠纷时应遵循以下几个原则：（1）谨慎和有限介入原则。尊重公司自治以实现公司治理的自律化和最优化已成为处理公司纠纷的基本原则。只有当公司内部治理机制已无法有效运转，相关利益主体的权益将受到重大损害时，司法的介入才成为必要且正当。（2）利益衡量原则。公司司法解散诉讼涉及公司自身利益、股东利益、公司债权人利益和公司员工利益等众多利益，因此利益衡量显得尤为重要，唯有如此，才有可能作出一个于情合理、于法有据的、能为各方所接受的判决。（3）商事主体维持原则。大量商事主体的存在并展开公平有序的良性竞争，是整个国民经济得以持续、稳定和健康发展的基础之一。只要能够通过其他手段解决公司面临的纠纷问题，就不要考虑司法解散的问题，而应尽量维持公司的存续。毕竟“保留一个运营的公司比解散一个公司要好，一个公司的经营资产（包括无形的商誉）作为一个整体的价值通常要比分拆后高得多。”[11]

### （二）公司司法解散的审查标准

1. 裁判标准——以“人合性”为主，“资合性”为辅

（1）从公司司法解散的法理基础分析——期待利益落空。股东期待利益更多的是“期待公司的人格及特定经营特征保持一种持续性”，当公司的人格及特定经营特征发生重大变化导致股东间的信任关系变更，应当赋予股东解散公司的权利。即股东间的信任关系变更才是股东请求解散公司的最主要根据，所以，“人合性”基础的丧失是公司司法解散案件的最主要裁判标准。[12]

（2）从公司解散制度的立法价值分析——中小股东保护。“一切有权力的人

---

10 蒋大兴：《公司裁判解散的问题和思路——从公司自治与司法干预的关系展开》，载王保树主编：《全球竞争体制下的公司法改革》，社会科学出版社2003年版，第418-419页。

11 ［美］罗伯特·W. 汉密尔顿著：《公司法概要》，李存捧译，中国社会科学出版社1999年版，第213页。

12 李霞：《公司司法解散的裁判标准如何确定》，载《中国审判》2010年第3期。

都容易滥用权力，这是万古不易的一条经验。”[13]公司解散，并不仅仅在于解散公司，而是赋予股东尤其是中小股东合法退出的权利。有限责任公司作为封闭公司，具有极强的人合性特征。在中小股东的投资因人合性障碍被长期锁定时，没有必要限制中小股东的退出自由，也没有必要过分夸大解散公司的成本。公司是否盈利，更多时候是商业判断，不是强制解散公司应首先要考量的因素。

2. 对“人合性”和“资合性”的判断

（1）对“人合性”的判断。一是考虑公司其他股东是否同意解散公司。但其他股东是否同意解散公司不是判断公司能否解散的必要条件。二是股东间的信任程度。法院应根据当事人之间的情绪对立程度、分歧的严重程度以及股东利益的受损程度并结合其他股东的态度等因素判断公司的“人合性”是否已彻底丧失。

（2）对“资合性”的判断。即看公司是否陷入严重经营困难。人民法院可采用现场勘验等技术手段以确认公司的生产情况或现状，通过审查公司的资产负债表和损益表以确认公司的盈亏情况，通过委托审计或综合其他证据以确认公司的经营状况等，最终判断公司是否发生了严重的经营困难。对于是否陷入严重的经营困难，不必强调诉讼当时公司财务状况一定处于亏损状态，而是要强调公司在经济上是否可以继续维持，股东利益是否还能从公司经营中受益。

**三、再论证：股东严重冲突导致公司设立目的无法实现可予解散公司**

（一）公司合同关系的再分析

公司合同理论认为，公司是一种长期存在的关系合同（relational contract）。[14]所以，合同的持续性意味着合同履行过程中可能出现各种当事人订立合同之初所无法预见的情势变化。本案中，高某某、丁某某与向某等四个股东，通过签订一系列投资合同，包括关联合同《广东总代理协议》，确定设立B公司。各股东之间产生长期的公司合同关系。公司合同设立的目的为在广东省区域内独家代理销售澎内传系列防水产品。2018年1月16日，高某某设立的自然人独资公司A公司以B公司及其大股东、法定代表人向某违反约定跨区域销售而取消了B公司在广东省内独家代理销售澎内传系列防水产品的资格和授权。因此，在B公司的设立目的无法实现时，应允许股东援引合同法上法定解除权的相关原理，诉请解散公司。

13 ［法］孟德斯鸠著：《论法的精神（上册）》，张雁深译，商务印书馆1982年版，第154页。

14 罗培新著：《公司法的合约解释》，北京大学出版社2004年版，第101页。

（二）人合性与资合性的再判断

就兼具人合性与资合性的有限责任公司而言，资金的联合和股东之间的相互信任成为有限责任公司不可或缺的信用基础。这既要求股东之间的“资合”，也要求股东之间的“人合”，其中“人合”是“资合”的基础，“资合”是“人合”的外在形式。因此法院在审理案件时，应该在综合两要素的同时，侧重于“人合性”要素的判断。本案中，大股东向某伪造签名变更高某某、丁某某的股东资格，高某某、丁某某通过向公司登记机关信访举报方式恢复股东身份，说明双方的信任关系消失殆尽，B公司的人合性基础不复存在。同时，因丧失澎内传系列防水产品的销售授权和资格，B公司无法开展正常营业，只能做前期销售的收尾工作，其经营实质上处于停滞状态，有限责任公司资合性亦面临无法解决的危机。

（三）谨慎适度裁判原则下的再审查

1. 谨慎适度的裁判理念

本案中，二审法院明确指出，公司解散属于公司的生死存亡问题，关涉公司股东、债权人及员工等多方利益主体，关涉市场经济秩序的稳定和安宁。因此，人民法院对公司解散应慎重处理，应综合考虑公司的设立目的能否实现、公司运行障碍能否消除等因素。只有公司经营管理出现严重困难，严重损害股东利益，且穷尽其他途径不能解决，才能判决解散公司。

2. 公司经营管理发生严重困难

高某某、丁某某提起解散公司之诉，另一股东陈某表示同意。B公司的“人合性”已彻底丧失，相互间已无合作的基础。公司设立目的无法实现，与人合性丧失互为因果，因此，可以认定B公司因股东之间长期冲突导致公司设立目的无法实现、经营管理发生严重困难。

3. 继续存续将会使股东利益受到重大损害

根据当事人提交的财务账册和双方当事人的陈述，公司亏损严重，继续经营B公司，不仅股东利益势必受到重大损害，公司员工及债权人的利益亦无法保障。因此，解散公司成为保护高某某、丁某某等中小股东利益的唯一选择。

4. 通过其他途径亦不能解决B公司股东之间的冲突

在B公司股东发生矛盾冲突后，B公司试图于2019年4月26日召开股东会，但除大股东向某外，其他股东均未到会。基于慎用司法手段强制解散公司，一、二审法院数次组织双方当事人进行调解，最终双方均未能就转让股权或通过其他方式协商处理矛盾达成一致意见，调解未果。

综合来看，B公司股东之间长期冲突，公司继续存续的人合基础丧失，公司设立目的无法实现，属于《最高人民法院关于适用〈中华人民共和国公司法〉

若干问题的规定（二）》第1条第1款第4项规定的“经营管理发生其他严重困难，公司继续存续会使股东利益受到重大损失的情形”，且无法通过其他途径解决，司法解散B公司的条件已经成就。为充分保护中小股东合法权益，依法规范公司治理和股东退出，促进市场经济健康发展，二审法院最终作出解散B公司的判决。本案一审仅从股东人合性丧失角度判定公司解散。二审判决则在现行的法律框架下，将股东严重冲突所致公司设立目的无法实现，作为《最高人民法院关于适用〈中华人民共和国公司法〉若干问题的规定（二）》第1条第1款第4项兜底条款之补充认定规则，并通过详尽地解释此类案件司法审查的原则和标准，确立谨慎适度的司法审查模式，进而为法官处理公司解散纠纷案件提供一种可供参考的审查思路。

## 【相关法条】

《中华人民共和国公司法》第182条；

《最高人民法院关于适用〈中华人民共和国公司法〉若干问题的规定（二）》第1条第1款。

# 角色扮演类网络游戏挂机画面的作品属性认定

## ——上海菲狐网络科技有限公司诉广州某际网络科技有限公司等著作权权属、侵权纠纷案

邓丹云*

【裁判要旨】

作品的分类应主要考虑作品的表现形式和作品的传播利用方式两个因素，而角色扮演类游戏挂机画面与类电作品在表现形式和传播利用方式两个方面最为相似，因此应认定其构成类电作品，并以类电作品的相关原则来确定其权属及比对方式。因对角色扮演类网络游戏挂机画面已整体认定为类电作品，对画面中的元素不再进行单独保护。著作权案件应紧紧围绕当事人主张的著作权权能进行审理，当事人未主张的，不能径行裁判。

【关键词】自动挂机画面　类电作品　整体比对

【案件索引】

一审：广州互联网法院（2018）粤0192民初1号民事判决书（2019年3月27日）

合议庭成员：张春和、邓丹云、曹钰

【基本案情】

原告上海菲狐网络科技有限公司（以下简称菲狐公司）起诉称：原告菲狐

* 邓丹云——广州互联网法院审判委员会委员、综合审判二庭庭长。

公司为《昆仑墟》游戏的著作权人。《昆仑墟》游戏自 2017 年 6 月上线以来，进行了大量的宣传推广，获得广泛好评。现发现被告广州某际网络科技有限公司（以下简称某际公司）运营的《青云灵剑诀》等五款游戏严重抄袭非狐公司的游戏《昆仑墟》，在角色及技能、场景画面、UI 界面、道具等多方面与《昆仑墟》游戏基本一致。被诉五款游戏系由《醉美人》游戏改名而来，著作权人为被告深圳某某谷科技有限公司（以下简称深圳某某谷公司）。该公司的全资子公司被告霍尔果斯某某谷信息科技有限公司（以下简称霍尔果斯某某谷公司）与被告某际公司达成联合运营协议，将《醉美人》游戏改名为上述五款游戏名称，并由三被告联合运营，共同分享收益。原告《昆仑墟》游戏的前 81 级整体画面构成以类似摄制电影的方法创作的作品（以下简称类电作品）或其他作品。三被告侵犯了该 81 级游戏的整体画面及 82 幅美术作品的复制权和信息网络传播权，依法应当承担相应的民事责任，请求法院判令：（1）三被告立即停止侵害原告著作权的行为；（2）三被告连带赔偿原告经济损失 500 万元；（3）三被告连带赔偿原告为制止侵权行为而支出的律师费 5 万元，公证费用 13600 元，共计 63600 元；（4）三被告联合在《人民日报》《中国知识产权报》及三被告的官网首页显著位置上发表书面声明，向原告赔礼道歉，消除影响；（5）三被告连带承担本案诉讼费用。

被告霍尔果斯某某谷公司、被告深圳某某谷公司不同意原告的诉讼请求，认为：原告主张的《昆仑墟》游戏前 81 级的升级过程非为类电作品或其他作品；原告主张权利的游戏内容不具有独创性，系抄袭在先游戏的抄袭之作，原告不享有权利；原告主张权利的内容的形成时间晚于被诉游戏公开发表的时间；被诉游戏与原告主张权利的内容相比，不构成实质性相似，未侵犯原告作品的复制权和信息网络传播权；若构成侵权，被告某际公司无须承担赔偿责任，而被告霍尔果斯某某谷公司、被告深圳某某谷公司的赔偿额应只为其获利的 3% 即 5000 元；由于本案是著作财产权纠纷，原告主张的赔礼道歉或消除影响没有事实和法律依据。

被告某际公司不同意原告的诉讼请求，认为：原告主张的前 81 级游戏画面及 82 幅美术作品并非原告独立创作，游戏元素和整体剧情不具备最低限度的创造性，不构成著作权法意义上的作品；原告无法证明被告存在接触原告游戏的可能；原告主张涉案游戏的内容在剔除思想范畴的内容、公有领域内容、有限表达、抄袭在先游戏《魔法王座》等不受著作权法保护的内容之后，与被告游戏差异较大，不构成实质性相似，被告不侵犯原告的复制权、信息网络传播权；被告某际公司作为代理运营方，已经举证证明涉案游戏拥有合法来源，事先已尽合理审查义务，事后已及时下架并停止运营，主观上不知道存在侵权行为，客观上也无法判断是否存在侵权；原告在本案中没有主张人身权利，被告无须承担赔礼道歉、消除影响的法律责任。

本案焦点问题如下：（1）原告主张的《昆仑墟》游戏的前81级整体画面是否构成作品，如构成作品，属于何种作品；（2）原告是否享有其所主张作品的著作权；（3）三被告是否存在接触原告作品的可能；（4）被诉侵权的五款游戏的整体画面是否与原告主张享有权利的前81级游戏整体画面构成实质性相似；（5）被诉侵权的五款游戏的相应画面是否与原告主张享有权利的82幅美术作品构成实质性相似；（6）三被告是否侵犯了原告作品的复制权、信息网络传播权；（7）若构成前述侵权，三被告应承担何种民事责任。

## 【裁判结果】

广州互联网法院于2019年3月27日作出（2018）粤0192民初1号民事判决书：驳回原告上海菲狐网络科技有限公司的全部诉讼请求。

宣判后，双方当事人均未提出上诉，一审判决已发生法律效力。

## 【裁判理由】

**一、关于原告主张的《昆仑墟》游戏的前81级整体画面是否构成作品，如构成作品，属于何种作品**

（一）关于《昆仑墟》游戏的前81级整体画面是否构成作品

《著作权法》[1]第2条第1款规定，中国公民、法人或者其他组织的作品，不论是否发表，依照本法享有著作权。《著作权法实施条例》第2条规定，著作权法所称作品，是指文学、艺术和科学领域内具有独创性并能以某种有形形式复制的智力成果。

《昆仑墟》作为一款角色扮演类游戏，核心部分为游戏引擎及游戏资源数据库，前者是由指令序列组成的计算机软件程序，后者包括图片、音频、视频和文字等游戏素材。当玩家开启操作时，游戏引擎应玩家请求或自动按照其软件的功能设计调用上述素材，在屏幕终端呈现出影像、文字等组合而成并带有伴音的连续画面。原告《昆仑墟》游戏的前81级整体画面是采取挂机方式，由游戏引擎系统自动调用资源库的素材在终端设备上呈现出带有伴音的连续画面。该画面满足作品的构成条件：第一，属于文学、艺术和科学领域内思想或者情感的表达。尽管《保护文学和艺术作品伯尔尼公约》和《著作权法》对“文

1 本文中引用的为审判时正在施行的2010年《著作权法》。

学、艺术和科学领域”未予以界定，但从网络游戏的开发过程与内容看，网络游戏是科学技术发展的产物，带有伴音的连续影像、文字的游戏画面表达了创作者的思想和情感，属于文学、艺术和科学领域内思想或者情感的表达范畴。第二，具有独创性。原告《昆仑墟》游戏画面采取挂机方式，按照预先设定的程序以“自动寻路”方式展现，不需要玩家介入和操作，具有一定的故事情节、相应的人物形象、场景、台词等，与他人通过连续画面表达的游戏作品没有实质相似性，也不属于公有领域常见的表达，因而具有独创性。第三，具有可复制性。游戏画面可以通过多种途径予以保存，如摄制、截屏、打印等，具备有形复制的属性。因此，《昆仑墟》游戏前 81 级画面符合作品构成要件，属于著作权法保护的范畴。三被告抗辩原告主张的游戏画面只占其整个游戏的 3%，不构成作品，但作品表现篇幅、时间的长短与作品独创性的判断并无必然的关系，而且本案原告请求保护的游戏画面已经达到 81 级，故对于三被告的抗辩，不予采信。

（二）关于《昆仑墟》游戏前 81 级整体画面构成何种作品

《著作权法》第 3 条规定的 8 种法定作品类型中没有包含游戏画面，本案中所涉游戏画面属于何种作品，法院认为：

1. 游戏画面的作品类别应当按照著作权法关于作品的分类原则予以确定。《著作权法》对作品的分类主要是考虑了表现形式和传播利用方式两个因素。作品的表现形式不同，传播利用方式不同，作者的经济利益受到的影响也不同，著作权的内容也因此而有所不同。如果所有种类的作品都有完全相同的表现形式和传播利用方式，就没有对作品进行分类的必要。对科学技术发展进程中利用新的传播技术创作出来的作品，仍然应当根据上述原则确定作品类别。如果与现有某种法定作品类型的表现形式、传播利用方式大致相同，则宜选择该种法定作品类型予以保护。毕竟《著作权法》中确定的作品类型是长期以来文艺理论与创作实践的总结，既根据其表现形式和传播利用方式确定了相应的著作权内容，也明确了权利归属认定原则和侵权比对原则，具有找法便利及减轻司法解释负担的优势。

2. 根据《著作权法实施条例》第 4 条第 11 项“电影作品和以类似摄制电影的方法创作的作品，是指摄制在一定介质上，由一系列有伴音或者无伴音的画面组成，并且借助适当装置放映或者以其他方式传播的作品”的规定，结合采取挂机方式所形成的游戏画面的特点，应当认定《昆仑墟》游戏前 81 级画面为类电作品。第一，从创作过程看，游戏的创作过程综合了策划、美术、界面、程序、音频等多种手段，与电影摄制中综合编剧、导演、摄影、作词、作曲等进行创作类似。第二，从表现形式看，游戏画面具有连续性，包含影像、文字等多种内容，并且有伴音或者无伴音，借助电脑或手机等进行传播，具有和电影作品相似的表现形式。第三，从作品内容看，《昆仑墟》游戏人物在游戏场景中不断展开游戏剧情，具有一定的故事情节和人物关系，类似电影的复合表达，具有独创性。第四，从传播利用方式看，采用挂机形式的角色扮演类游戏画面，无须玩家操作，不用人机互动。《昆仑墟》游戏不管是选择三个主角中的何种角色，游戏进程和游戏画面都基本相似，内容具有相对固定性，其传播利用方式与电影作品相似。第五，从创作手段看，网络游戏的画面虽然不是通过摄制方法固定在一定介质上，但是，是否通过摄制方法固定于一定介质上并不是判断是否构成电影或类电作品的必要条件。著作权法保护电影作品的目的不是保护创作的方法，而是保护创作的结果，即连续动态的画面。《保护文学和艺术作品伯尔尼公约》第2条第1项将类电作品描述为“assimilated works expressed by a process analogous to cinematography”，即以类似电影的方法表现的作品，强调的亦是表现形式而非创作方法。因此，通过非摄制的方式创作出来的游戏画面亦可以构成类电作品。

综上，原告菲狐公司关于《昆仑墟》游戏前81级画面为类电作品的主张，予以支持。

**二、关于原告是否享有《昆仑墟》游戏前81级画面的著作权**

本案中，三被告抗辩原告菲狐公司不享有《昆仑墟》游戏前81级画面的著作权的理由有两点：其一，《昆仑墟》游戏系抄袭在先作品，缺乏最低限度的创作性；其二，即使《昆仑墟》游戏具有独创性，原告菲狐公司所提交的证据也不足以证明其有著作权。

（一）关于《昆仑墟》游戏的独创性

独创性是作品受著作权法保护的实质性条件，包含两重含义，一是作品是由作者独立完成，而不是剽窃或篡改他人作品的产物；二是作品还须体现作者的创作性，即作品表达的形成过程中有作者的取舍、选择、安排和设计。《昆仑墟》游戏前81级画面中的技能效果“控鹤擒龙”、场景“戏雪山庄”、道具“武者玄翼”“灯笼”以及“羽翼”“超值首充”等27个UI界面与在先游戏构成实质性相似，但剔除这些在先游戏已使用过的画面，《昆仑墟》游戏中的其他角色及技能、场景、道具和UI界面以及游戏的任务主线、人物关系、情节推进等方面仍体现出了有针对性的选择、编辑和安排，付出了创造性智力劳动，具有独创性，整体属于有别于其他在先游戏作品而独立存在的新作品。三被告均抗辩《昆仑墟》游戏前81级画面没有一个完整的故事情节，场景、人物、道具彼此之间没有有机的、内在的逻辑联系，人物对话相互割离、没有关联，无法体现创作者对于情节的取舍、选择、安排和设计，总体难以体现作者完整的思想感情和审美价值，不具有作品所应当符合的独创性的特征，该抗辩理由不成立，不予采纳。

（二）关于《昆仑墟》游戏的著作权人

《著作权法》第11条规定，如无相反证据，在作品上署名的公民、法人或者其他组织为作者。第15条规定，电影作品和以类似摄制电影的方法创作的作品的著作权由制片者享有，编剧、导演、摄影、作词、作曲等作为影视作品的作者享有署名权，并有权按照与制片者签订的合同获得报酬。对于何为制片者，我国在《著作权法》和《著作权法实施条例》中没有界定。《保护文学和艺术作品伯尔尼公约》规定电影作品制片者是为制作该作品而首先采取行动并承担财务责任的人。由此可见，制片者是商业化制片体系中的影片制作管理的总负责人。

角色扮演类游戏的创作和运营过程主要由策划、美术、界面、程序、音频、运营六部分人员来完成。游戏开发商是动员和组织上述人员设计完成游戏并提供资金的，类似电影作品的制片者。原告菲狐公司作为游戏开发商，以自己的名称进行了计算机软件著作权登记和美术作品登记，并在原文化部进行了国产网络游戏备案，尽管《关于同意出版运营国产移动网络游戏〈昆仑墟〉的批复》上所列明的运营单位是上海日游网络科技有限公司，但该公司在获得批复后就将该游戏全权授权给原告菲狐公司。根据《最高人民法院关于审理著作权民事纠纷案件适用法律若干问题的解释》第7条“当事人提供的涉及著作权的底稿、原件、合法出版物、著作权登记证书、认证机构出具的证明、取得权利的合同等，可以作为证据。在作品或者制品上署名的自然人、法人或者其他组织视为著作权、与著作权有关权益的权利人，但有相反证明的除外”的规定，在三被告无相反证据足以推翻的情形下，法院认定《昆仑墟》游戏前81级画面形成的类电作品之著作权为原告菲狐公司所享有。

**三、关于三被告是否存在接触原告《昆仑墟》游戏的可能**

在进行计算机软件著作权登记时，原告菲狐公司注明《昆仑墟》游戏开发完成日期为2016年5月15日，首次发表日期为“未发表”。《昆仑墟》游戏获得原文化部备案的批文时间为2017年7月13日，根据《网络游戏管理暂行办法》第13条“国产网络游戏运营之日起30日内应当按规定向国务院文化行政部门履行备案手续”的规定，结合原文化部备案时所列明的其中三家运营单位的授权时间为2017年6月1日，以及原告提交的分成结算函上载明的结算时间，应当认定《昆仑墟》游戏的上线运营时间为2017年6月1日。

《计算机软件著作权登记证书》显示《某某谷醉美人游戏软件［简称：醉美人］V1.0》的开发完成日期是2017年5月5日，首次发表日期是2017年5

月 10 日。《醉美人》游戏获得原文化部备案的批文时间为 2018 年 1 月 15 日，备案时列明其中六家运营单位的授权开始时间为 2018 年 1 月 1 日，法院认定《醉美人》游戏的上线运营时间为 2018 年 1 月 1 日。

三被告抗辩《醉美人》游戏的首次发表日期为 2017 年 5 月 10 日，早于原告菲狐公司《昆仑墟》游戏的上线时间，而且原告菲狐公司主张权利的 81 级游戏画面在 2018 年 4 月 27 日才形成，《醉美人》游戏属于独立创作完成，没有接触《昆仑墟》游戏的可能性。本案中，原告菲狐公司在 2017 年 2 月 22 日通过上海日游网络科技有限公司取得版号获得游戏运营权，根据《出版管理条例》《网络出版服务管理规定》《关于移动游戏出版服务管理的通知》"申请版号时需要提交游戏文字及图片全部脚本和游戏演示光盘（包含游戏登录过程、主要技能展示、游戏场景及人物动作展示等信息)"的要求，证明其在此日期前已完成了《昆仑墟》游戏的整体设计。《醉美人》游戏的首次发表日期虽然略早于《昆仑墟》游戏的上线时间，但三被告未提交证据证明《醉美人》游戏整体设计完成时间亦早于《昆仑墟》游戏。事实上，《醉美人》游戏的上线时间为 2018 年 1 月 1 日，晚于《昆仑墟》游戏的上线时间。

对于原告菲狐公司使用上线近一年后的公证游戏视频主张权利，三被告提出异议，认为游戏运行中的迭代更新会使游戏发生实质性变化，原告菲狐公司没有证据证明首次上线游戏与公证游戏视频画面一致。法院认为，无论是《昆仑墟》游戏还是《醉美人》游戏，在上线后都会进行不断迭代完善，修复 bug（漏洞）、提升功能、增加新的游戏素材，因此美术形象、职业技能、活动玩法规则都存在变化的可能，但基于游戏风格的稳定性，游戏主题、游戏类型、核心玩法等通常不变。由于是在线更新，游戏的初始版本会被更新后的版本覆盖，游戏著作权人在发现侵权时，以当时最新迭代后的版本所形成的画面来主张权利符合常理。对于一款在线运行近一年并且依然活跃的游戏，在网络上会存在大量宣传和讨论该游戏的文章、图片和视频等，若有重大变化，网络上会有相关资料反映，因此三被告应对其异议提供相关证据，因三被告没有提交证据证明《昆仑墟》游戏上线后进行过实质性的改变，故可认定原告菲狐公司公证时的版本与初始上线的版本未发生实质性变化。

综上所述，对三被告的上述抗辩意见不予采信。被告在开发《醉美人》游戏的过程中存在接触《昆仑墟》游戏的可能性。

**四、关于被诉侵权的五款游戏的整体画面是否与原告主张享有权利的前 81 级游戏整体画面构成实质性相似**

《昆仑墟》游戏的前 81 级画面构成类电作品。一般而言，电影作品的画面是通过导演对剧本改编和重新设计，选择布置场景，对演员从神情、动作到语言进行指导，由摄像师根据导演的要求拍摄后，再使用软、硬件工具剪辑、编排录影和加入蒙太奇等特技效果等后期制作形成的。电影画面的呈现顺序一般是由剧本、脚本或者导演的分镜头所决定，取决于编辑或者导演的独创。而角色扮演类游戏的挂机画面是游戏引擎自动调用游戏资源库中的文字、音乐、图片、音频、视频等多种元素形成的有机、连续、动态的组合。游戏策划类似于导演和编剧，策划文档就类似于电影的剧本或脚本。游戏资源库类似电影中的演员、道具、布景、剧本和音乐等。与传统的类电作品不同，游戏挂机所形成的画面是由程序自动演绎，但这种自动演绎的游戏画面的呈现内容和呈现顺序都是由策划文档或其他类似文件决定，通过游戏引擎按开发者预设的各种参数和流程演绎，直接表达了开发者对游戏的安排，类似电影中的摄影师根据导演的安排拍出相应画面。因此，基于与电影作品的类似，对原告与被告游戏画面可以采取类似电影作品的比对方法。

本案中，《昆仑墟》游戏与《青云灵剑诀》等被诉五款游戏有显著的不同，具有不同名字、不同形象的游戏主角，在不同的故事背景和场景之下，使用不同的技能，通过与不同的 NPC 人物的不同对话完成不同的任务，如同电影中不同的演员说着不同的对白在不同的场景下演绎着不同的故事。这种“不同”表现在画面上，必然会给观众带来视觉和听觉上的差异。但是对于连续的影像，不仅需要考察单个的画面，也需要进行整体认定和综合判断。虽然作品是由各种原始素材、表现手段等构成，但作品的整体并不等于其组成元素的简单累加，人物特征、人物关系、与之相适应的情节的演进，以及每一个画面呈现的先后顺序，为有机结合的整体。两部电影是否构成实质性相似，从一般受众的角度，需要在思想的表达上进行全面分析，判断受众在欣赏体验在后作品时，是否存在与在先作品相同或近似的感受。这种感受不仅体现在视觉和听觉上，也反映在心理以及实际的体验上。即使两部电影的影像画面有较大区别，但是故事发生的逻辑，人物出场顺序及其相互关系，由具体事件的发展进程所构成的情节等都相同或相似，则带给受众的观感体验也会相同或相似。如果两部电影中的这些相同或近似的情节、结构和故事推进过程等设计能反映出创作者独特的选择、判断和取舍，构成了著作权法意义上的表达，则可判断两者在整体观感上构成实质性相似。

同样的，角色扮演类游戏通过挂机形成的画面，如果带给人相同或相近的欣赏体验的感受，也可能构成整体观感上的实质性相似。自动挂机游戏中，游戏引擎调用游戏素材时必须遵循一定的游戏规则，方能构成有机整体的连续画面。著作权只保护表达而不保护思想，游戏规则的本质是思想，著作权法并不保护单一的游戏规则。但在一个完全虚构的游戏环境中，无论是游戏所反映的世界观、价值体系或者是游戏中的人物、故事情节、行动规则、游戏中的奖罚结果等游戏内容完全由游戏设计者决定，存在着巨大的可以被感知其独特情感和风格、能被区分特定作品的创作空间，如果各种游戏规则与游戏情节相互结合，推动游戏的故事情节不断发展，表现出了特定的人物关系、任务主线、场景转换顺序和游戏效果等，情节足够丰富细致，有完整的个性化表达，那么这种足够具体的人物设置、任务主线、情节结构和游戏效果等有机结合形成的整体，符合著作权法上的表达时，就应该予以保护。在此情形下所保护的就不是游戏规则本身，而是一系列游戏规则经过整合、编排后与游戏资源库的元素相结合所表现出来的内容。如果被诉侵权作品中包含这些相同或相似的内容，且达到一定数量、比例，足以使人感知到来源于特定作品时，可以认定两部作品构成实质性相似。

为了更直观和全面地比对，法院对《昆仑墟》和《青云灵剑诀》等被诉五款游戏的前81级画面进行了详尽的描述和比对，查明两者之间前81级游戏的任务框架及所对应的级别、主线任务每一级别的推进过程、人物关系基本一致；主线任务中五个场景的转换所对应的级别相同；游戏中人物所对应技能的解锁级别均相同；主线任务中，主角与NPC人物互动后所需完成的任务目标数值基本一致，主角每提升一级别所获得的铜钱数值均相同；主角获得装备、坐骑以及羽翼的相应级别基本一致。由此可见，两款游戏的每一级内容的设置路径、主角行动和成长的脉络、主角与NPC人物之间的关系等基本一致。在角色类游戏有很大创作空间的前提下，《青云灵剑诀》等被诉五款游戏不但在部分UI界面、角色技能效果图、道具和场景上与《昆仑墟》游戏相似，而且运用了和《昆仑墟》游戏几近相同的游戏规则，采取了基本一致的整合和编排方式，形成了高度相似的表达，即使在不同的故事背景和场景下使用了不同的人物形象及角色技能等，仍然会给人带来相似的体验，构成整体观感上的实质性相似。

**五、关于被诉侵权的五款游戏的相应画面是否与原告主张享有权利的82幅美术作品构成实质性相似**

原告菲狐公司主张的82幅截图均来源于《昆仑墟》游戏画面，由于法院已认定《昆仑墟》游戏画面整体构成类电作品，原告再行主张构成整体的部分元素为美术作品，属于重复主张，不予处理。

**六、关于三被告是否侵犯了原告作品的复制权、信息网络传播权**

（一）关于复制权

《著作权法》第10条第1款第5项规定：“复制权，即以印刷、复印、拓印、录音、录像、翻录、翻拍等方式将作品制作一份或者多份的权利。”复制可以在作品原件的基础上产生成千上万份复制品，正是这些复制品使得作品能够广泛地传播和利用，其本质属性是通过各种方式非创作性地再现作品。

本案中，《青云灵剑诀》等被诉五款游戏在前81级的画面与《昆仑墟》游戏在整体观感上构成实质性相似，但故事背景、人物形象、剧情文字、技能和场景名称等设计均与《昆仑墟》游戏不同，在利用《昆仑墟》游戏基本表达的基础上进行了新的创作，体现了一定的独创性，两者之间的差异使普通观察者可从外观上识别原告与被告游戏之间的区别，不会直接混淆为同一款游戏。因此，被诉五款游戏并不是《昆仑墟》游戏的复制品，不构成对原告菲狐公司复制权的侵犯。

（二）关于信息网络传播权

《著作权法》第10条第1款第12项规定："信息网络传播权，即以有线或者无线方式向公众提供作品，使公众可以在其个人选定的时间和地点获得作品的权利。"

本案中，被告将与原告作品构成整体观感上实质性相似的游戏在网络上传播，并使公众可以在其个人选定的时间和地点获得被诉五款游戏，但由于信息网络传播是将作品以数字格式存储在介质上，再将这个数字文件上传到服务器，在服务器上生成一个新的复制件，使用户可以在选定的时间和地点获得作品，实质上也是一个复制品的传播过程。而本案被诉五款游戏并非《昆仑墟》游戏作品的复制品，并不涉及《昆仑墟》游戏复制品的信息网络传播权，因此公众在其个人选定的时间和地点所获得的被诉五款游戏，不构成对原告菲狐公司信息网络传播权的侵犯。

原告菲狐公司关于三被告侵害其作品的复制权和信息网络传播权的主张，不予支持。至于被诉五款游戏与原告《昆仑墟》游戏前81级画面构成的整体观感上的实质性相似，是否构成对原告作品其他权利的侵犯，由于原告菲狐公司在本案中并未提出相关的诉讼请求，不予处理。原告菲狐公司若认为构成对其作品其他权利的侵犯，可另行主张。

综上所述，由于原告菲狐公司在本案中针对三被告主张的民事责任均是基于侵犯了其作品的复制权和信息网络传播权，而三被告并没有侵犯原告菲狐公司的该两项权利，故原告要求三被告承担民事责任的诉讼请求无法律依据，不予支持。

## 【案例注解】

随着科学技术的日益进步，作品的表现形式以及作品的内容越来越丰富，网络游戏就是4G技术和互联网信息技术不断发展的产物。根据《第43次中国互联网络发展状况统计报告》，中国已经成为全球最大的游戏市场，截至2018

年12月，网络游戏的用户规模达4.84亿。基于网络游戏产生的各种知识产权的法律问题越来越多，特别是著作权案件呈井喷式的状态。网络游戏与传统的作品形式存在较大的差异，究竟该如何看待，游戏整体画面能否适用著作权法进行保护，尚无定论，通过本案的审理，我们作出一些探索和尝试。

**一、角色扮演类游戏自动挂机形成的整体画面属于类电作品**

角色扮演类游戏的核心部分为游戏引擎及游戏资源数据库。目前，游戏引擎可以计算机软件进行保护，游戏资源库涉及的图片、音频、视频和文字等素材也可以单独适用不同的作品类型进行保护，但是游戏引擎和游戏资源库结合起来，该怎么去认识，还是存在很大的争议。游戏引擎和游戏资源库结合的方式有多种多样，既有利用计算机程序自动结合的，也有通过玩家参与结合的，基于不同结合方式所形成的画面，往往有着很大的差异。对于由计算机程序自动结合所形成的画面，俗称为自动挂机画面，按照预先设定的程序以“自动寻路”方式展现，不需要玩家介入和操作，没有玩家的互动，画面的内容相对固定；而玩家玩出来的画面，虽然也在计算机软件所包含的算法之中，但还是体现了玩家在操纵游戏过程中的一部分意志，由此所形成的画面该如何看待，争议更大。由于本案中原告很明确地指出，其要求保护的作品内容是《昆仑墟》游戏前81级的挂机画面，为保护范围进行了一个基本的界定，因此，我们在本案中集中讨论了《昆仑墟》游戏挂机自动形成画面的作品属性。

角色扮演类游戏自动挂机形成的整体画面构成作品，应无疑义，但是要论述构成何种作品，则需解决一个前提问题：作品到底是如何分类的。我们认为，关于作品的分类，主要考虑了作品的表现形式和作品的传播利用方式两个因素。作品的表现形式不同，传播利用方式不同，作者的经济利益受到的影响也不同，著作权的内容也因此而有所不同。同时，作品的法定分类虽然与某些特定的传播技术相关，但基于技术中立的原则，该分类能够延伸到以不同传播技术创作出来的相同表达形式。对利用新的传播技术创作出来的作品，如果与现有某种法定作品类型的表现形式、传播利用方式大致相同，则选择合适的法定作品类型予以保护比较恰当。《著作权法》第3条列举了8种法定作品类型，显然，角色扮演类游戏挂机画面与类电作品无论是在表现形式还是传播利用方式方面都最为相似，因此我们认为其构成类电作品。在分析是否构成类电作品时，除了分析与电影作品相似的特点，我们还特别强调著作权保护电影作品的目的不是保护创作的方法，而是保护创作的结果，即连续动态的影像画面，在此，我们引用了《保护文学和艺术作品伯尔尼公约》第2条关于类电作品的描述，以印证我们对著作权法的理解。

**二、角色扮演类游戏挂机画面独创性的判断应从整体进行判断**

独创性是作品受著作权保护的实质性条件。我们认为，独创性的判断由两部分组成：(1) 作品是由作者独立完成，而不是剽窃或篡改他人作品的产物，需要判断作者是否复制了已有作品，以及在多大范围之内予以复制。独立完成并不要求作品必须具备新颖性，因为任何一件作品的完成，不可能完全脱离前人的作品。(2) 作品还须体现作者的创作性，即作品表达的形成过程中有作者的取舍、选择、安排和设计。创作性不等于作品的审美价值或艺术价值，不等于也不同于作者的高超技能。所以，在判断作品是否具有独创性时，需要综合考量各种因素。

通过比对，我们发现本案中原告《昆仑墟》游戏与在先游戏中的一些元素，特别是UI界面存在实质性相似的内容。由于我们将原告主张的游戏挂机画面认定为类电作品，所以没有对原告主张的UI界面是否构成美术作品进行详细的论述，但是我们很清楚地知道，UI界面更多的是功能性的表达，如果没有独特的创意设计，很难构成美术作品。如果原告主张的游戏画面不构成类电作品，那么我们在对40多幅UI界面进行分析时，也会否定绝大部分的UI界面构成美术作品，会更多地将其视为功能性表达或者是公共领域的元素。在剔除这些相似的更多的属于功能性表达的内容后，原告《昆仑墟》游戏中的其他角色及技能、场景、道具和UI界面以及游戏的任务主线、人物关系、情节推进等方面都体现出了有针对性的选择、编辑和安排，付出了创造性智力劳动，具有独创性，整体上属于有别于其他在先游戏作品而独立存在的新作品。

**三、应该以类电作品的权属认定和比对方式来确定角色扮演类挂机游戏画面的权属及比对方法**

作品类型对应具体的权属认定及比对方法。对于游戏画面该如何去认定权属及进行比对，目前还没有统一的定论。我们认为，既然将角色扮演类挂机游戏画面以类电作品予以保护，那就得遵循类电作品的相关原则。

首先，在作品权属认定方面。《著作权法》第15条规定，电影作品和以类似摄制电影的方法创作的作品的著作权由制片者享有。《伯尔尼公约》规定电影作品制作人是为制作该作品而首先采取行动并承担财务责任的人。《电影艺术词典（修订版）》指出制片人是商业化制片体系中的影片制作管理的总负责人。那么，游戏画面著作权的归属有没有相对应的制片人呢？角色扮演类游戏的创作主要由策划、美术、界面、程序、音频、运营六部分人员构成。策划负责游戏内的所有设计，包括玩法、数值、关卡等；美术负责游戏内的美术资源，包括原画、模型、动画、特效等；界面负责游戏内的所有UI界面和交互方式；程序负责游戏内前后端的程序逻辑和代码；音频负责游戏内所有音频资源，包括音乐、语音、音效；运营负责游戏内的运营策略、活动和商业化模式等。因此，动员和组织上述人员设计完成游戏并提供资金的游戏开发商可以视为制片者。在三被告无相反证据足以推翻的情形下，应当认定《昆仑墟》游戏前81级画面形成的类电作品之著作权为菲狐公司所享有。

其次，关于比对方法。如何比对两部作品以认定实质性相似，目前主要有两种方法，即整体观感法（整体比对法）和抽象分离法（部分比较法）。整体观感法是指以普通观察者对作品整体上的内在感受来确定两部作品之间是否构成实质性相似；抽象分离法是指通过抽象的手段，将作品中的思想事实或通用元素等不受保护部分予以分离，以作品中受保护的部分进行比对，从而判断两部作品是否构成实质性相似。整体观感法因不详细区分作品中不同创作元素的著作权法属性，难免会将不受版权保护的内容给予保护。然而，抽象分离法虽然严格遵守思想/表达二分原则，但可能不适当地降低了版权保护的力度，如对于主要利用公共领域的材料创作而成的作品，在进行比对时将不受保护的元素过滤掉，则该作品中对上述元素的独创性表达也被排除出保护之列，可能会出现“只见树木，不见森林”的后果。因此，考虑到游戏画面的综合属性，结合类电作品的一般比对方法，我们没有拘泥于抽象—过滤—比较方法，采用了整体观感法来判断原、被告作品是否构成实质性相似。

连续的影像不仅需要考察单个的画面，也需要进行整体认定和综合判断。虽然作品是由各种原始素材以及表现手段等构成，但作品的整体并不等于其组成元素的简单累加，人物特征、人物关系、与之相适应的情节的演进，以及每一个画面呈现的先后顺序，为有机结合的整体。在一个完全虚构的游戏环境中，无论是游戏的世界观、价值体系或者是游戏中的人物、故事情节、行动规则、游戏中的奖罚结果等游戏内容完全由游戏设计者决定，存在着巨大的可以被感知其独特情感和风格、能被区分特定作品的创作空间，如果各种游戏规则与游戏情节相互结合，推动游戏的故事情节不断发展，表现出了特定的人物关系、任务主线、场景转换顺序和游戏效果等，情节足够丰富细致，有完整的个性化表达，那么这种足够具体的人物设置、任务主线、情节结构和游戏效果等有机结合形成的整体，符合著作权法上的表达时，就应该予以保护。如果被诉侵权作品中包含这些相同或相似的内容，且达到一定数量、比例，足以使人们感知到来源于特定作品时，可以认定两部作品构成实质性相似。

本案中，为了更直观和全面地比对，我们对《昆仑墟》和《青云灵剑诀》等被诉五款游戏的前81级画面进行了详尽的描述和比对，发现在角色类游戏有很大创作空间的前提下，《青云灵剑诀》等被诉五款游戏不但在部分UI界面、角色技能效果图、道具和场景上与《昆仑墟》游戏相似，而且运用了和《昆仑墟》几近相同的游戏规则，采取了基本一致的整合和编排方式，形成了高度相似的表达，即使在不同的故事背景和场景下使用了不同的人物形象及角色技能等，在连续画面上仍然表现出高度的相似性，给人们带来相似的欣赏体验，构成整体观感上的实质性相似。

当然，对于游戏规则的有机结合形成的具体表达的保护应当慎重，必须是相同或者具有高度相似性时，才可认定为构成实质性相似，否则会使一些游戏规则被垄断而不利于新的创作。

**四、著作权案件应该围绕原告主张保护的著作权权能进行审理**

被告游戏与原告游戏画面在整体观感上构成实质性相似，可以初步判断侵犯了原告作品的著作权，但侵犯何种权益，我们认为应该围绕原告的主张进行审理。《最高人民法院民事案件案由规定》在三级案由著作权权属、侵权纠纷项下列了28个四级案由，著作权和邻接权的每一项基本权能都分别对应一个案由，如侵害作品发表权纠纷、侵害作品署名权纠纷等。审判实践中，应当根据当事人诉争法律关系的性质，首先应适用第四级案由，第四级案由没有规定的，适用相应的第三级案由。由于著作权侵权不只涉及一种权能，往往都采用第三级案由即著作权权属、侵权纠纷。但第三级案由的采用，并不等于需要对作品可能涉及被侵犯的各种权能全部进行审理，原告必须对被告究竟侵犯其作品的何种权利有一个明确的认识。本案中，原告主张被告侵犯其作品的复制权和信息网络传播权，我们就围绕这两个权利进行审理。

司法实践中，有一种观点认为著作权权利体系非常复杂，不必拘泥于原告主张的权能，如果发现被告实际侵犯原告作品的其他著作权权能，可以径行判决，以减少原告的诉累。我们认为，著作权的每一项权能有其自身的内容、范围和边界，对应不同的抗辩，如果原告笼统地说侵犯其著作权权属，而不对具体的权能进行分析，就将使被告需要对每一个权能都进行相应的抗辩，法官也需要对每一个权能进行具体的审查，导致案件审理的特别冗长，这显然不现实；如果在原告明确了具体权能的情况下，超出原告主张的权能径行判决，则会剥夺被告相应的抗辩权，有失司法公正。无论是笼统地说侵犯著作权或者超越具体的权能进行判决，都会破坏著作权细致精巧的权能体系，并使原告律师对被告的行为究竟侵犯了原告作品的何种权利，不必作出深入的研究，与最高人民法院的《民事案件案由规定》的基本原则和精神相违背。

本案中，被告的游戏尽管与原告游戏画面构成整体观感上的实质性相似，但尚不构成对其作品的复制权和信息网络传播权的侵害。在此基础上，我们没有对被告是否侵犯原告作品的其他权能进行分析，驳回了原告的全部诉讼请求，并指出如果原告若认为构成对其作品其他权利的侵犯，可另行主张。这表面上增加了原告的诉累，但这为著作权案件的审理树立了一个规则，有利于倡导当事人各方更加熟悉著作权法律、法规，更好地促进知识产权案件的系统化、精细化审理。

**五、在认定游戏画面整体构成类电作品时不需再对游戏资源库中的元素进行单独保护**

在原告主张权利错误时，是否应当驳回原告的全部诉讼请求？毕竟本案中，原告不但主张了游戏整体画面，还主张了82幅截图，通过对这82幅截图的比对，被告游戏中的部分画面与之构成相似，那么是否应当对一些构成美术作品的截图予以保护，论述被告是否侵犯该美术作品的复制权和信息网络传播权呢？我们认为，由于这82幅截图均来源于《昆仑墟》游戏画面，在《昆仑墟》游戏画面整体构成类电影作品的情况下，原告再行主张构成整体的部分元素为美术作品，属于重复主张。即使因为原告对游戏画面整体构成的作品的权利主张错误，也不需要对这82幅截图进行单独保护，因为原告在另行主张其权利时仍然是以作品整体为基础，如果本案中对其中的截图予以处理，则可能导致原告权利的过当保护。

## 【相关法条】

《中华人民共和国著作权法》第2条第1款、第10条、第11条第4款、第15条；

《中华人民共和国著作权法实施条例》第2条、第4条第11项；

《中华人民共和国民事诉讼法》第64条；

《最高人民法院关于适用〈中华人民共和国民事诉讼法〉的解释》第105条。

# MOBA 类游戏连续动态画面及其短视频利用的性质认定

## ——深圳市腾讯计算机系统有限公司诉运城市某光文化传媒有限公司、广州某视网络科技有限公司侵害作品信息网络传播权及不正当竞争纠纷案

周扬　梁珺怡*

### 【裁判要旨】

MOBA 类游戏的整体连续动态画面宜认定为类电作品，用户对其操作游戏而形成的这些连续画面不享有著作权。网络服务提供者引诱、鼓励用户上传《王者荣耀》游戏视频的行为构成侵权，不构成合理使用。

**【关键词】** MOBA 类游戏　类电作品　合理使用

### 【案件索引】

一审：广州互联网法院（2019）粤 0192 民初 1092－1102、1121－1125 号民事判决书（2020 年 1 月 2 日）

二审：广州知识产权法院（2020）粤 73 民终 574－589 号民事判决书（2021 年 3 月 23 日）

合议庭成员：邓丹云、周扬、张艳

---

* 周扬——广州互联网法院综合审判二庭法官；梁珺怡——广州互联网法院综合审判二庭法官。MOBA，全称为 Multiplayer Online Battle Arena，即多人在线战术竞技游戏。

## 【基本案情】

涉案《王者荣耀》是一款以Android、iOS操作系统为运行环境的MOBA类手机游戏，原告深圳市腾讯计算机系统有限公司（以下简称深圳腾讯）享有运营《王者荣耀》游戏及维权的权利。深圳腾讯认为，被告运城市某光文化传媒有限公司（以下简称某光公司）未经许可，在其运营的“西瓜视频”平台游戏专栏下设《王者荣耀》专区，通过显著位置主动推荐《王者荣耀》游戏短视频，并与数名游戏用户签订《游戏类视频节目合作协议》共享收益，公众可以通过广州某视网络科技有限公司（以下简称某视公司）运营的PP助手下载西瓜视频。据此，《王者荣耀》游戏整体画面构成以类似摄制电影的方法创作的作品（以下简称类电作品），某光公司的上述行为侵害其作品信息网络传播权，亦构成不正当竞争。被告某视公司提供西瓜视频的分发、下载服务，构成共同侵权。诉讼过程中，原告明确其通过举证16个视频起诉16个案件是想以小见大，实际上针对的是被告方的整体侵权行为，故诉请停止全部侵权行为、赔礼道歉、赔偿损失等。

案件审理过程中，广州互联网法院根据深圳腾讯的行为保全申请，作出裁定责令某光公司删除了西瓜视频平台上存有包含《王者荣耀》游戏画面的视频共329832条。

本案焦点问题如下：《王者荣耀》游戏整体画面是否构成作品，如构成作品，属于何种作品；原告是否有权主张《王者荣耀》游戏整体画面的著作财产权；被告某光公司是否侵害了原告对《王者荣耀》游戏整体画面的信息网络传播权，是否构成不正当竞争；被告某视公司是否侵害了原告对《王者荣耀》游戏整体画面的信息网络传播权，是否构成不正当竞争；被告某光公司应承担何种民事责任。

## 【裁判结果】

广州互联网法院于2020年1月2日作出（2019）粤0192民初1092－1102、1121－1125号民事判决书，判决：一、被告某光公司应立即停止在西瓜视频平台上传播包含有《王者荣耀》游戏画面的视频（截至2019年9月4日已上传至平台的视频为限）；二、被告某光公司于本判决生效之日起十日内，赔偿原告深圳市腾讯计算机系统有限公司480万元及合理费用16万元；三、驳回原告深圳市腾讯计算机系统有限公司的其他诉讼请求。

宣判后，被告某光公司提出上诉。2021年3月23日，广州知识产权法院作出（2020）粤73民终574－589号民事判决，驳回上诉，维持原判。

## 【裁判理由】

广州互联网法院认为，在符合一系列有伴音或者无伴音的画面组成的特征，并且可以由玩家通过游戏引擎调动游戏资源库呈现出相关画面时，《王者荣耀》游戏的整体画面宜认定为类电作品。认可游戏用户的独创性使相关游戏用户有可能垄断其展示的操作技巧与战术，影响其他用户的利益，有悖于著作权法的立法精神，故游戏用户对《王者荣耀》游戏的整体画面不享有著作权。

被告某光公司未经原告许可，将包含原告《王者荣耀》游戏画面的短视频以公之于众的方式展示在开放性的、不特定任何人均可浏览的西瓜视频平台上，使公众可以在其个人选定的时间和地点获得涉案《王者荣耀》游戏画面，该行为构成对原告信息网络传播权的侵害。被告某光公司未经许可，鼓励、引诱和帮助游戏用户在西瓜视频平台上传《王者荣耀》游戏进行传播并从中获利，的确有违诚实信用原则和商业道德，属于不正当竞争。

被告某视公司作为信息网络空间服务提供者，未侵害原告对《王者荣耀》游戏整体画面的信息网络传播权，亦不构成不正当竞争。

## 【案例注解】

**一、本案为国内认定 MOBA 类游戏整体画面为类电作品的首例判决，对类案审理具有指引和风向标作用**

《王者荣耀》是一款以 Android、iOS 操作系统为运行环境的 MOBA 类手机游戏，此类游戏整体画面存在弱剧情、强交互且在某种意义上难以穷尽的特点，对该类游戏的作品类型认定在业界一直存在争议。广州互联网法院通过对《王者荣耀》游戏整体画面特点的深入分析，认为虽然连续画面不是通过摄制方法固定在一定介质上，整体画面具有与传统类电作品不一样的特点及表现形式，但在符合一系列有伴音或者无伴音的画面组成的特征，并且可以由玩家通过游戏引擎调动游戏资源库呈现出相关画面时，应当允许司法按照知识产权法的立法本意，遵循诚实信用和公平正义的原则，认定为类电作品予以保护。

**二、为认定游戏用户对游戏整体画面是否享有著作权及传播行为是否构成合理使用提供明确的法律指引，一方面可厘清游戏行业中不同主体的权利边界，另一方面亦有利于解决游戏类案裁判中的难点问题**

1. 游戏用户对作品是否享有著作权

《王者荣耀》作为一款多人在线竞技类手机游戏，情节复杂，游戏互动性较强，游戏用户有巨大的发挥空间，广州互联网法院认为游戏用户虽在操作游戏引擎调动游戏资源库中的游戏元素时存在一定主动性，但主动性不等于独创性，游戏用户不管是对内在的游戏引擎和游戏资源库，还是对外在体现游戏内容的可以视听的连续活动画面，都未付出著作权法意义上的独创性劳动，对游戏画面不享有著作权。

2. 传播行为是否构成合理使用

本案中，被告某光公司传播的短视频系游戏用户录制而成。游戏用户有目的地使用《王者荣耀》游戏的连续画面上传平台营利，在西瓜视频平台中的《王者荣耀》游戏短视频高达三十多万条，尽管有些视频所使用的画面较少，但每个游戏用户所上传的包含《王者荣耀》游戏画面的短视频众多。这些画面在大多数短视频中贯穿始终，所占比例基本上达到70%～80%，包含了《王者荣耀》游戏画面的方方面面，呈现了《王者荣耀》游戏的几乎全部内容，构成视频的实质部分，超出了适当引用的合理限度，整体上不合理地损害了原告作为著作权人的利益，不构成合理使用。

**三、结合互联网特点积极审慎正确适用禁令，确立知识产权严保护政策导向**

中共中央办公厅、国务院办公厅印发的《关于强化知识产权保护的意见》强调，加强知识产权保护，是完善产权保护制度最重要的内容，也是提高我国经济竞争力的最大激励。随着互联网技术的高速发展，知识产权侵权日益呈现出实施成本低、传播速度快、影响范围广的特点，西瓜视频上的相关侵权短视频已高达几十万条，且仍源源不断地更新增长，如果需要权利人针对每个短视频逐案提起诉讼，既不经济，也不合理，只会徒增当事人的诉累，不利于权利的保护。广州互联网法院考虑某光公司传播《王者荣耀》游戏短视频的行为在本质上具有同一性。因此，坚持以互联网思维为导向，支持权利人通过上述以16个短视频的“小”见全平台侵权短视频的“大”的方式维护其合法利益，以适应互联网时代权利救济的需求。

## 【相关法条】

《中华人民共和国著作权法》第10条第1款第12项、第2款、第22条第1款第2项、第48条第1项、第49条；

《中华人民共和国民事诉讼法》第64条；

《中华人民共和国著作权法实施条例》第2条；

《信息网络传播权保护条例》第22条；

《最高人民法院关于审理侵害信息网络传播权民事纠纷案件适用法律若干问题的规定》第12条；

《最高人民法院关于审理著作权民事纠纷案件适用法律若干问题的解释》第7条，第25条第1款、第2款。

# 公司与股东财产混同，股东可能要“背锅”

——广州某诺实业有限公司与广东某安建设工程有限公司、杨某合同纠纷案

范晓玲[*]

## 【裁判要旨】

公司股东以其个人账户收取公司往来款且不作财务记载，致使公司财产与股东财产无法区分的，构成公司人格与股东人格混同，股东应当对公司的债务承担连带清偿责任。

【关键词】股东　财务记载　人格混同

## 【案件索引】

一审：广东省广州市白云区人民法院（2019）粤0111民初29301号民事判决书（2020年2月12日）

二审：广东省广州市中级人民法院（2020）粤01民终13415号民事判决书（2020年9月10日）

一审合议庭成员：范晓玲、王慧、黄丽梅

二审合议庭成员：李琦、庞智雄、刘欢

---

* 范晓玲——广州市白云区人民法院民二庭审判员。

## 【基本案情】

杨某系广东某安建设工程有限公司（以下简称某安公司）的大股东及法定代表人。案外人中国建筑第二工程局某分公司（以下简称中建二局某分公司）将工程承包给某安公司，广州某诺实业有限公司（以下简称某诺公司）挂靠在某安公司名下承接案涉工程。某诺公司、某安公司签订《合作协议书》，约定某安公司按照工程款总额收取一定数量的管理费。案涉工程现已完工，在工程施工期间，中建二局某分公司多次将工程款转账支付至某安公司账户，某安公司在收到涉案款项后于同日或次日将款项转给杨某，而某安公司、杨某未能提供证据证实其已将本案所涉款项计入被告某安公司账册。后因某安公司未能按照协议的约定将其收到的工程款支付给某诺公司，某诺公司遂提起本案诉讼，要求某安公司支付工程进度款 1010740 元及利息，并要求杨某对某安公司的债务承担连带清偿责任。

## 【裁判结果】

广州市白云区人民法院于 2020 年 2 月 12 日作出（2019）粤 0111 民初 29301 号民事判决书，判决：一、某安公司于本判决生效之日起十日内向某诺公司支付 1010740 元工程款及逾期利息（截至 2019 年 8 月 16 日的逾期利息为 524756 元，自 2019 年 8 月 17 日起以 1010740 元为基数，按月利率 2% 计算至清偿之日止）；二、被告杨某对上述判决第一项中某安公司所负债务承担连带清偿责任。

判后，某安公司不服该判决提起上诉，广州市中级人民法院于 2020 年 9 月 10 日作出（2020）粤 01 民终 13415 号民事判决书，判令驳回上诉，维持原判。

## 【裁判理由】

本案一审生效判决认为，某安公司在庭审中确认其通过杨某账户向某诺公司支付涉案工程款。银行流水显示，某安公司在收到涉案工程款项后，立即于同日或次日将金额相当的款项转入杨某个人账户。杨某自认其与某安公司的资金往来部分计入其他公司账册，部分计入某安公司账册，且某安公司、杨某未能提供证据证实其已将本案所涉款项计入某安公司账册。鉴于某安公司、杨某之间存在大量、频繁的资金往来，且资金往来情况未计入某安公司财务账册，导致某安公司、杨某财产无法进行区分，故法院依法认定某安公司、杨某的财产混同。某诺公司要求杨某对某安公司的涉案债务承担连带清偿责任于法有据，法院依法予以支持。

综上，本院判令杨某对某安公司所负债务承担连带清偿责任。

## 【案例注解】

公司法人人格否认制度，是指在承认公司具有独立法人人格的前提下，若股东等相关利益主体利用公司法人制度，滥用公司人格，损害公司债权人的合法权益，在不必要全面否认公司法人的情况下，就特定的案件或场合，否定公司法人人格的机能，将公司与其股东在法律上视为同一体，而责令股东直接为公司承担债务的一种制度创设。《公司法》第20条第3款明确规定："公司股东滥用公司法人独立地位和股东有限责任，逃避债务，严重损害公司债权人利益的，应当对公司债务承担连带责任。"

在审理此类纠纷时，既要审慎适用，又要当用则用，要在尊重股东有限责任制度的基础上，平衡公司、股东、债权人之间的利益以获取最大的社会价值。本案通过对公司、股东账户往来情况进行分析，结合财务记载情况，认定股东对公司的债务承担连带清偿责任，充分保障了债权人的合法权益，对此类纠纷的审理具有典型示范意义。在审理此类案件时，一般要注意以下问题：

一是公司是否具有独立意思。本案中，杨某既是某安公司的大股东，又是某安公司的法定代表人，虽然签约主体是某安公司，但业务洽谈、付款、收款等行为均是通过杨某个人进行，其个人行为与公司行为无法作出明显区分，公司的独立意思受到一定程度的影响。在此情况下，若有其他证据加以佐证，可以认定公司丧失了独立意思。除了本案之外，在司法实践中，也存在两个公司一套人马、两套牌子的情况，若两公司的董事、高管、财务管理人员、员工等高度混同，也可以认定公司丧失了独立意思。

二是公司是否具有独立财产。公司的财产多少直接影响其承责能力，若股东财产与公司财产发生混同，公司的承责能力受到影响，会影响债权人的合法权益，故财产混同也是适用公司法人人格否认制度的考量因素之一。最高人民法院在2019年11月8日发布的《全国法院民商事审判工作会议纪要》中规定："认定公司人格与股东人格是否存在混同，最根本的判断标准是公司是否具有独立意思和独立财产，最主要的表现是公司的财产与股东的财产是否混同且无法区分。在认定是否构成人格混同时，应当综合考虑以下因素：(1) 股东无偿使用公司资金或者财产，不作财务记载的；(2) 股东用公司的资金偿还股东的债务，或者将公司的资金供关联公司无偿使用，不作财务记载的；(3) 公司账簿与股东账簿不分，致使公司财产与股东财产无法区分的；(4) 股东自身收益与公司盈利不加区分，致使双方利益不清的；(5) 公司的财产记载于股东名下，由股东占有、使用的；(6) 人格混同的其他情形。”本案中，某安公司收到案涉工程款后立即于当日或次日将金额基本相当的款项转入杨某个人账户，导致某安公司未能及时将相关款项支付给某诺公司。由于本案所涉标的高达100多万元，且上述转账情况并未计入某安公司账册，以致某诺公司的权利严重受损，据此可以认定杨某、某诺公司财产混同。

三是公司法人人格否认制度仅适用于特定案件、特定场合。公司人格否认不是全面、彻底、永久地否定公司的法人资格，而只是在具体案件中依据特定的法律事实、法律关系，突破股东对公司债务不承担责任的一般规则，例外地判令其承担连带责任。故本案判令某安公司、杨某人格混同仅为个例，不能以本案全面否认某安公司的法人人格。在其他案件中，债权人还应当就自己的主张进行举证。另外，只有实施了滥用法人独立地位和股东有限责任行为的股东才对公司债务承担连带清偿责任，而其他股东不应承担此责任。故本案中，承责主体仅为杨某，某安公司的其他股东则无须承责。

在商业活动中，股东要尊重公司的独立人格，不得将公司作为股东的“小金库”，公司和股东的财产要进行显著区分，即使股东以其个人账户接收公司财产也必须计入公司账册，否则股东可能存在为公司“背锅”的风险。

## 【相关法条】

《中华人民共和国公司法》第20条。

# 虚假房屋买卖合同的识别和裁判规则

## ——原告陈某丽诉被告梁某杰、梁某甄房屋买卖合同纠纷案

邱思陵　李婷*

**【裁判要旨】**

房屋买卖合同的签订时间与购房款支付时间、购房款支付次数、房屋的交付等合同履行事项存在诸多不合常理的疑点，而且当事人本人及其委托诉讼代理人的陈述明显矛盾，《房屋买卖合同》并非当事人的真实意思表示，应揭开“虚假”房屋买卖合同的外衣，显出“真实”民间借贷关系，判定房屋买卖合同无效。买受人本人并未实际向出售人支付购房款的，对买受人要求返还购房款及支付违约金的诉讼请求，不予支持。

**【关键词】**房屋买卖　民间借贷　虚假合同

**【案件索引】**

一审：广东省广州市荔湾区人民法院（2019）粤 0103 民初 8042 号民事判决书（2019 年 12 月 31 日）

二审：广东省广州市中级人民法院（2020）粤 01 民终 5667 号民事裁定书（2020 年 5 月 9 日）

一审法院独任审判员：邱思陵

二审法院合议庭成员：白小云、赵云川、刘卉

---

* 邱思陵——广州市荔湾区人民法院二级法官；李婷——广州市荔湾区人民法院四级法官助理。

## 【基本案情】

原告陈某丽诉称：2019 年 4 月，原告与两被告签订《房屋买卖合同》约定：原告向两被告购买位于广州市荔湾区尚博雅苑北文街某号 A2 栋某房，购房总价为 560 万元。同时，合同约定两被告自收到原告定金之日起 30 日内办出该物业不动产权证。两被告自收到原告定金和首期楼款后 30 日内申请提前还贷并涂销该物业的抵押登记。任何一方逾期履行合同义务超过 10 日的，视为根本违约，守约方有权要求解除合同或继续履行合同并要求违约方承担违约责任，包括但不限于违约金（违约金数额：按照该物业交易总价的 20% 计算）、诉讼费、仲裁费、保全费、担保费、律师费、评估费、差旅费等。后原告依约向两被告支付购房定金和首期楼款合计 289 万元。但截至本诉发生之日，两被告仍未根据合同约定办理不动产权证和涂销该物业的抵押登记。两被告的行为已经严重违反了《房屋买卖合同》的约定，损害了原告的财产权益。原告特诉至法院，要求：（1）解除原告与两被告签订的《房屋买卖合同》。（2）两被告向原告返还购房款 289 万元。（3）两被告向原告支付违约金 112 万元（违约金按照该物业交易总价的 20% 计算）。（4）两被告承担本案诉讼费、保全费 5000 元、担保费 4500 元和律师费 3 万元。

被告梁某甄辩称：不同意原告的全部诉讼请求。我方不认识原告，涉案房屋买卖合同并非被告的真实意思表示，事实上被告向案外人林某玲借款约 643 万元，双方在 2019 年 3 月签订借款合同，林某玲在之后的数月共向被告梁某杰汇款了上述借款，每一笔汇款都有对应的借据，在 2019 年 9 月，林某玲向两被告追讨借款的过程中，强迫两被告签下了一系列的文件，但被告并不清楚文件内容，直到收到本案诉讼材料后才知道原来签订了本案原告提供的材料。但这些文件的形成时间均在 2019 年 9 月，而非材料显示的 2019 年 4 ~ 6 月。因此本案原、被告双方并不存在实际的房屋买卖关系，原告也无实际向被告支付任何款项。原告所主张林某玲向被告梁某杰支付的 289 万元购房款实际上是借款，本案涉嫌虚假诉讼，希望法院予以驳回。

被告梁某杰没有提出答辩意见，亦没有提供任何证据及提出任何质证意见。

法院经审理查明：2017 年 4 月 26 日，被告梁某杰、梁某甄与广州广珠置业有限公司（以下简称广珠公司）签订《博雅 1898（标准地名：尚博雅苑）项目商品房认购协议书》购买位于“尚博雅苑”的商品住宅，某栋某房，购房款总价为 5946653 元等。

2018 年 1 月 26 日，被告梁某杰、梁某甄与广珠公司签订《广州市商品房买卖合同（预售）》及附件，约定：两被告以按揭贷款方式向广珠公司购买尚博雅苑 A1#、A2#第 A2#住宅幢 5 层某号房（房屋地址：荔湾区北文街某号（A2#住宅某房），总房价款为 5946653 元；等等。被告梁某杰、梁某甄分别在 2018 年 1 月 3 日和 2018 年 1 月 26 日向广珠公司支付首期楼款并办理银行按揭贷款。

2018 年 4 月 13 日，广发银行股份有限公司广州分行依与被告梁某杰、梁某甄约定将贷款 2970000 元支付给广珠公司用于购买案涉房屋。

2018 年 5 月 22 日，案涉房屋预告登记至两被告名下；抵押人为两被告，抵押权人为广发银行股份有限公司广州分行。

2018 年 6 月 29 日，广珠公司通知两被告对案涉房屋进行验楼。

2019 年 6 月 5 日，案涉荔湾区北文街某号某房登记产权人为广珠公司，房屋建筑面积为 140. 5324 平方米，其中套内建筑面积为 115. 8045 平方米，分摊建筑面积为 24. 7279 平方米。

2019 年 6 月 11 日，两被告签署《收款收据》，载明：两被告是广州市荔湾区尚博雅苑北文街某号 A2 栋 504 房之所有权人，现收到买方陈某丽交来承购该物业之楼款，金额为 289 万元。被告梁某甄陈述其和梁某杰只是在《收款收据》上签名，《收款收据》上记载的内容并非由两被告所写，被告在 2019 年 9 月曾经在林某玲及其丈夫的公司签订一系列文件，以确认双方的借款；原告陈述《收款收据》由原告和两被告在原告公司面签，手写内容由原告员工代书，而且是明确对数后才签名的。

被告梁某杰、梁某甄至今未与广珠公司办理案涉房屋的产权过户登记手续。

庭审中，原告委托诉讼代理人陈述原告与林某玲的丈夫合伙经营家庭生意，林某玲是家庭生意企业中的财务，林某玲账户的资金是属于原告的货款，林某玲根据原告的指示收到货款后向被告支付购房款，林某玲出具《确认书》予以确认；原告起诉后才知道林某玲与梁某杰之间有借贷关系，当庭才清楚仲裁案件；收楼确认书确认被告已交钥匙，但不清楚现在是谁在使用案涉房屋，而且涉案房屋为毛坯房，也无法使用，但收楼确认书和合同是在原告公司双方当面所签。被告梁某甄表示案涉房屋仍在其控制之下，没有交付给原告。

本院向原告委托诉讼代理人释明，本案被告梁某甄主张原、被告之间为借贷关系，若本院经审查认为双方之间为借贷关系，原告是否坚持本案诉讼？原告委托诉讼代理人表示坚持本案诉讼。

被告梁某甄为证明林某玲与本案被告存在借贷关系，结合本案的汇款记录，借款金额达到双方签订的借款合同约 643 万元，故本案涉嫌虚假诉讼。向本院提供了以下证据：（1）借款合同。（2）借条和工商银行电子回单。（3）委托代理合同和发票，证明林某玲为维权已支付律师费 3 万元的事实。（4）担保服务合同和发票，证明林某玲已支付保全服务费 3000 元。（5）仲裁通知书、仲裁申请书。除证据5为原件外，其余证据均为复印件。原告对被告梁某甄的证据1～5的真实性、合法性、关联性不予确认，表示完全不清楚两被告与林某玲的诉讼。原告认为上述证据是被告与林某玲的诉讼材料，且没有生效的法律文书，是不同的法律关系，与本案无关。

2019年12月26日，本院传唤原告陈某丽本人、被告梁某甄到庭接受法院询问。陈某丽本人及其委托诉讼代理人李远萍、梁某甄的委托诉讼代理人刘之洋到庭。陈某丽在庭询中陈述《房屋交接确认书》是其老公靳某强带到家里给她签的，她没有收到案涉房屋的钥匙，购买案涉房屋前没有看过案涉房屋，不清楚房屋买卖合同，这些都是由靳某强处理，买卖合同是靳某强弄好给她签名的，不记得哪天签了买卖合同；靳某强只是跟她说过要买套房屋办到她名下；陈某丽另陈述不认识林某玲，与林某玲没有关系，没有见过两被告，也不认识两被告，对于两被告出具的《收款收据》表示没有见过，也不知道林某玲代其支付了购房款，陈某丽本人也没有告知梁某甄或梁某杰支付了购房款，因为双方都不认识。原告委托诉讼代理人另陈述：我们了解到林某玲与梁某杰是表姐弟的亲戚关系，而且梁某杰和陈某丽老公靳某强是认识的，陈某丽老公是通过林某玲而得知涉案房屋要出售的情况。整个买卖合同签订过程都是由靳某强经办，所以今天申请靳某强及陈某丽共同到法院配合法院调查案件情况。本院因此询问陈某丽本人："房屋买卖合同买受人到底是谁?"陈某丽本人回答："我没有购买案涉房屋的意思。"被告梁某甄的委托诉讼代理人在庭询中陈述应林某玲要求故签订了《收款收据》，在签署《收款收据》时没有收到陈某丽本人支付的任何款项。

## 【裁判结果】

广州市荔湾区人民法院于2019年12月31日作出（2019）粤0103民初8042号民事判决，判决如下：驳回原告陈某丽的全部诉讼请求。

一审判决后，原告陈某丽提起上诉。广州市中级人民法院于2020年5月9日作出（2019）粤01民终5667号民事裁定：准许陈某丽撤回上诉。一审判决自本裁定书送达之日起发生法律效力。

## 【裁判理由】

本案的争议焦点是《房屋买卖合同》的效力问题。原告依据《房屋买卖合同》提出本案诉讼请求，被告梁某甄认为《房屋买卖合同》并非其与梁某杰的真实意思表示。本院对此作如下分析：

第一，根据原告陈某丽本人在本院的陈述，陈某丽本人对购买案涉房屋的关键细节如买卖合同的签订、购房款的支付以及房屋交接问题均不清楚，陈某丽本人陈述相关合同文件均是其丈夫靳某强弄好后给她在家里签名的，对两被告出具的《收款收据》亦表示没见过；但陈某丽的委托诉讼代理人陈述买卖合同等文件均是在陈某丽公司双方当面所签；陈某丽本人对本案关键事实的陈述与陈某丽的委托诉讼代理人在庭审中的陈述完全不一致。

第二，在正常的房屋买卖交易中，买受人一般是一次性支付定金、首期款；而且由于定金及首期款金额较大，涉及买卖合同付款的履行时间及金额问题，真实的买受人通常会在转账中备注款项性质以避免交易风险。但本案中，根据原告提交的林某玲的电子银行回单及银行账户历史明细清单，林某玲向梁某杰转账的289万元是发生在2019年4月至2019年6月的41笔款项，这些转账款项均无转账附言，而且是分多次在不同日期支付。另根据被告梁某甄的陈述及举证，在2019年3月至2019年6月林某玲与两被告存在借贷关系；在陈某丽并非由其本人直接向两被告支付购房款且林某玲与两被告存在借贷关系的情况下，林某玲多次转账却未备注购房款或代陈某丽支付购房款的字样，也无证据显示林某玲或陈某丽曾告知两被告这41笔款项即为《房屋买卖合同》中的定金及首期款，这明显不符合房屋买卖的交易习惯，亦不符合日常生活逻辑。

第三，两被告虽签署了《收款收据》，但陈某丽本人表示没有见过该收款收据，也不知道林某玲代其支付了购房款；而且根据原告主张，其在2019年4月16日前已支付了定金42万元，但在一般的房屋买卖中，真正的买受人在支付42万元定金时应会要求出卖人出具收款凭证以保障自己的权利，但本案中的《收款收据》是被告在2019年6月11日对购房款289万元的笼统承认，不符合交易习惯亦不符合日常生活法则。因此，陈某丽仅凭《收款收据》主张其已向两被告支付了购房款，证明力不足，本院对此不予采信。

第四，原告虽举证林某玲出具的《确认书》拟证明原告已向被告支付了购房款。本院对此认为，首先，该确认书出具的时间为2019年9月5日，林某玲在《确认书》中确认的是其于2019年3月至2019年6月向梁某杰转账支付了购房款，然而原告在本案中主张案涉房屋买卖合同的签订时间为2019年4月9日，换言之，林某玲在房屋买卖合同未成立之前，已开始向梁某杰支付购房款，这明显与一般房屋买卖的交易习惯不符。其次，在2019年3月至2019年6月，林某玲与两被告存在借贷关系，林某玲在2019年3月向梁某杰的部分转账附言中备注了“借款”，但在该确认书中，林某玲又确认为购房款。最后，林某玲在《确认书》中未具体明确其向梁某杰转账支付的哪些款项为购房款，陈某丽本人在庭询中表示不认识林某玲，不知道林某玲代其支付了购房款。综合以上分析，

《确认书》内容存在不符合逻辑及日常生活经验法则的情形，本院对此不予采信。

第五，原告委托诉讼代理人在庭审中陈述已接收了案涉房屋，被告梁某甄予以否认，原告陈某丽本人陈述《房屋交接确认书》是靳某强带到家里给她签署的；综合这些陈述，仅有《房屋交接确认书》不足以证明两被告实际交付了案涉房屋给原告。

综上，陈某丽主张的《房屋买卖合同》及陈述的合同履行过程存在诸多不合常理的疑点，而且陈某丽本人及其委托诉讼代理人的陈述明显矛盾，本院认为《房屋买卖合同》并非陈某丽与两被告的真实意思表示，依法属无效合同；原告陈某丽本人并未实际向两被告支付购房款289万元。现陈某丽依据《房屋买卖合同》要求两被告返还购房款289万元及支付违约金112万元，没有事实依据，本院不予支持，依法予以驳回。鉴于以上分析，对于原告要求被告承担保全费、担保费及律师费的诉讼请求，本院亦不予支持，依法予以驳回。

## 【案例注解】

本案是一起较以往名为房屋买卖合同实为借款合同纠纷案件中借贷关系更为隐晦的案件。普通的名为买卖实为借贷纠纷一般是一方当事人向法院主张其与另一方当事人存在“房屋买卖法律关系”，并已经实际履行部分或全部购房款，要求另一方当事人继续履行房屋买卖合同或者解除合同退还购房款支付违约金；但是另一方则向法院抗辩，其与对方不存在真正的“房屋买卖法律关系”，所谓的房屋买卖合同并非其真实意思表示，实际是基于借款关系被迫签订的。通常此类案件中买受人即为放贷人，出售方是借款人，放贷人为了防止借款人到期因故无法偿还本息，要求借款人与其签订类似房屋买卖契约的书面合同，以达到不还钱就收房抵债的目的。

本案则是原告提供的房款支付人与买卖合同中的出卖方存在借贷关系，房款支付人实为放贷人，买方仅为出名买房人，借贷关系隐藏得较深，加大了认定案件事实的难度。

此类案件随着社会的发展和民间金融市场的活跃，逐渐呈现上升趋势。

### 一、虚假房屋买卖合同的识别

如前所述，本案的特殊之处在于，借款合同的放贷人并未直接成为本案房屋买卖合同中的买受人，买受人是看起来毫不相关的原告，放贷人成为购房款的付款人，放贷人的身份被隐藏起来，如果出现本案被告无法送达或者均不前来法院应诉的情况下，则更具有迷惑性。对于此类虚假买卖合同的识别，可以从以下几个方面进行判断：

（一）购房合同的签订

正常的房屋买卖交易中，购房人一般要先实地勘察拟购房屋，和卖方沟通协商后才作出购买决定。但在本案中，原告本人称从未见过被告即卖方，也没有看过房屋，不清楚案涉房屋的交付情况，也不清楚购房款由谁支付，显然原告本人只是一个名义买受人，只是机械地在合同上签名而已，对房屋交易事宜全然不知，由此可见原告本人并非真实的购房人。被告也否认双方存在房屋买卖的合议，双方对于商品房买卖不具有真实的意思表示。

（二）购房款的支付

房屋买卖交易中，正常的购房款支付通常是购房人按照定金、首付款、尾款的顺序在限定时间内整笔支付。通过对购房款支付情况的审慎审查，可以非常清晰地发现虚假房屋买卖合同的疑点。

在本案中，第一个疑点是购房款支付人：购房款首先均不是原告支付，均由案外人支付；第二个疑点是购房款支付的时间：原告举证的购房款款项中，存在房屋买卖合同签订日期之前就开始支付购房款的情况，与常理不符；第三个疑点也是最重大的一点，即款项支付的数额和频率，是在几个月的时间内分期多达41笔小额支付，完全不符合正常的购房款支付规律；第四个疑点是所有的款项支付均未备注是购房款，无法明确款项支付的用途。上述疑点已经足以判断本案的房屋买卖合同的真实性存在重大嫌疑，再加上被告明确提出其与购房款支付人有明确的民间借贷关系，基本可以确定这些所谓的“购房款”实为“借款”。虽然放贷人没有在房屋买卖合同中“出名”，但是也无法掩饰其中蕴含的民间借贷关系。

（三）房屋的交付

普通的房屋买卖交易中，通常卖方需要在收到全部购房款之后才会将房屋交付给买方。本案原告代理人提交了《房屋交接确认书》拟证明案涉房屋已经交付给原告，但是购房款只是支付了部分，按照常理卖方通常不会在此时就交付房屋，而且被告明确表示案涉房屋仍然处于其控制之下，钥匙也在其手中。可见，案涉房屋并未实际交付，双方签署的房屋交接确认书也并非原、被告的真实意思表示。

**二、虚假房屋买卖合同的裁判规则**

对于此类名为房屋买卖实为借贷的纠纷，在审理过程中，具体有如下裁判规则可供参考。

（一）法律关系的认定

判断当事人之间的法律关系的性质，不能仅看合同名称、形式和内容，而是要分析当事人之间法律关系的实质，综合各方证据探询双方签订商品房买卖合同时的真实意思表示，是具有真实的购房目的，还是通过签订商品房买卖合同为民间借贷提供担保。

在证据及双方陈述存在较多疑点时，可传唤双方当事人本人到庭进行陈述和对质，通过对质进一步揭开虚假的意思表示外纱。本案在原告本人未到庭的情况下，仅通过被告的举证还不足以完全认定案涉合同与被告和购房款支付人之间的民间借贷关系相关，但通过传唤原告本人到庭并告知原告本人如实陈述的重要性和虚假陈述需承担的法律后果，才得以查明案件事实。

（二）法律关系的释明

根据《最高人民法院关于审理民间借贷案件适用法律若干问题的规定》第24条的规定，当事人以签订买卖合同作为民间借贷合同的担保，借款到期后借款人不能还款，出借人请求履行买卖合同的，人民法院应当按照民间借贷法律关系审理，并向当事人释明变更诉讼请求。

如果经释明后，当事人同意变更，则诉讼标的和案由发生变化，由房屋买卖合同纠纷变更为民间借贷纠纷。如果经释明后，当事人不同意变更诉讼请求，则只能驳回其请求。

如本案中，法官在审理过程中已经向原告释明是否变更诉讼请求，但是原告坚持以房屋买卖合同纠纷起诉，经本院审查认定案涉买卖合同并非双方真实意思表示，最终判决驳回原告诉请。

（三）虚假房屋买卖合同效力的认定

借贷双方因为借款而签订的房屋买卖合同因非买卖房屋的真实意思表示，违反当时的《民法总则》第146条（对应《民法典》第146条）而应当认定无效，并驳回要求履行房屋买卖合同的诉讼请求。民事活动应当遵循诚实信用的原则，双方签订的协议及内容应为双方的真实意思表示，不违反法律、行政法规的规定，否则不具有法律效力，不受法律保护。

即使借款属实，也应当通过法律程序合法受偿债权，而非通过此种方式用房屋直接抵债。否则，将会损害其他债权人的合法债权。

（四）理论延伸

实践中常出现以签订房屋买卖合同来“保障”或者“实现”借款债权但不对房屋的产权进行转移的行为，为了与“让与担保”进行区分，有学者将其称为“后让与担保”。杨立新教授认为：“我国目前司法实践中存在以商品房买卖合同为借贷合同进行担保的新型担保形式，是一种正在形成的习惯法上的非典型担保物权。这种新型担保物权与让与担保产生的背景和发展过程基本一致。让与担保与后让与担保两者的区别在于担保标的的性质不同，让与担保的标的物是担保物的所有权，即让与担保约定是担保物的所有权先让与债权人，在债权得到清偿后再返还担保物的所有权于债务人；而后让与担保是以另一个合同债权作为初次债权的替代实现，本质是一种债权担保。可见，让与担保的债权人的担保权利具有现实控制性，可以说其对担保物处于一种既得状态，后让与担保的债权人并没有直接去对担保物实现控制，只是一种期待的状态。”[1]因此，后让与担保的目的在于担保债务的清偿。

后让与担保的成立需以债务人和债权人之间存在基础债权债务关系为前提，一般来说多为民间借贷关系；表现形式多为在借款合同之外另行签订房屋买卖合同并约定在债务人无法履行债务偿还责任时，债权人可按照双方约定的《商品房买卖合同》行使债权，债务人根据合同约定交付房屋，转移房屋所有权，用房屋的价值抵偿债务，消灭债权。后让与担保将担保房屋直接交由债权人所有以消灭双方债权债务关系，排除其他债权人对担保财产的清算程序，存在因市场变化而产生实质不公的可能，以及当事人通过虚假诉讼转移责任财产、规避国家政策的可能；因此，大多数裁判均认定后让与担保约定的内容与流质条款性质一致，属无效约定。但若后让与担保约定的是借款人不履行金钱债务，出借人可以申请拍卖买卖合同标的物以偿还债务，则可承认其效力。

本案的房屋买卖合同中，并无该房屋作为购房款支付人与被告之间借贷关系的担保或到期不能还款则由买房人取得房屋所有权等比较明显的有关后让与担保的约定，并非严格意义上的后让与担保或让与担保合同。在查明被告与购房款支付人之间存在借贷关系的情况下，应更加审慎地审查原告与被告之间的法律关系，并作出正确的认定。因被告作为房屋所有权人并无出卖房屋给原告的意思表示，原告作为合同中约定的买方并无购买房屋的真实意思，故本案认定案涉房屋买卖合同无效的关键仍在于该买卖合同并非原、被告之间的真实意思表示，应根据《民法总则》第146条的规定，认定为无效合同。

## 【相关法条】

《中华人民共和国民法总则》第146条第1款；

《中华人民共和国民事诉讼法》第64条、第144条。

1　杨立新：《后让与担保：一个正在形成的习惯法担保物权》，载《中国法学》2013年第3期。

# 从快递车中窃取自己订购的商品，谎称货物丢失而向商家索赔行为的定性

## ——广州罗某强盗窃案

谢韵静*

## 【裁判要旨】

行为人从快递员的快递车内窃取自己订购的商品，虚构货物丢失的事实，向商家申请退还货款行为的定性，涉及盗窃罪与诈骗罪的区分。对于前行为，即行为人未经同意暗中从快递车中取走自己订购的商品，应评价为盗窃；对于后行为，即行为人谎称未收到货而申请商家退款，应评价为诈骗。两行为属于手段行为和目的行为的牵连，依照牵连犯从一重罪处断原则，应认定构成盗窃罪。

【关键词】盗窃罪　诈骗罪　牵连犯　窃取自己订购的商品　谎称货物丢失索赔

## 【案件索引】

一审：广东省广州市黄埔区人民法院（2019）粤0112刑初1649号刑事判决书（2020年1月3日）

二审：广东省广州市中级人民法院（2020）粤01刑终488号刑事判决书（2020年7月9日）

* 谢韵静——广州市中级人民法院刑二庭法官。

一审独任制法官：张庆国

二审合议庭成员：曹治华、马兰、林丽虹

## 【基本案情】

2019 年 10 月 23 日，被告人罗某强在淘宝商家“三星环球购企业店”下订单购买三星 Galaxy Note9 手机 1 部（价值人民币 4331 元）。同月 25 日，顺丰快递公司快递员赖某良将该手机快递件送至广州市黄埔区南岗街万科尚城，并拨打电话通知被告人罗某强取件。被告人罗某强谎称其不在家，后趁快递员赖某良离开快递车去送其他快递件之机，从快递车内盗走装有该手机的快递件。随后，被告人罗某强虚构装有其手机的快递件丢失的事实，向“三星环球购企业店”申请退手机货款。

2019 年 10 月 26 日，被告人罗某强在淘宝商家“南越易购”店下单购买三星 Galaxy Note10 + 手机 1 部（价值人民币 6976 元）。次日，顺丰快递公司快递员李某洪将该手机快递件送至广州市黄埔区南岗街万科尚城，并拨打电话通知被告人罗某强取件。被告人罗某强谎称其不在家，后趁快递员李某洪离开快递车去送其他快递件之机，从快递车内盗走装有该手机的快递件。随后，被告人罗某强虚构装有其手机快递件丢失的事实，向“南越易购”店申请退手机货款。

2019 年 10 月 27 日，快递员赖某良、李某洪怀疑被盗窃报警。2019 年 11 月 1 日，被告人罗某强在广州市黄埔区南岗街沙步大路韵达快递店被公安民警抓获归案，并主动带公安民警在其住处缴获上述被盗的两部手机。上述两次申请退手机货款均未获成功。

## 【裁判结果】

广东省广州市黄埔区人民法院于 2020 年 1 月 3 日作出（2019）粤 0112 刑初 1649 号刑事判决：被告人罗某强犯诈骗罪，判处拘役四个月，并处罚金人民币五千元。一审宣判后，原公诉机关广州市黄埔区人民检察院提起抗诉，认为原判定性错误，罗某强为了实施诈骗的目的而盗窃，属于手段行为和目的行为的牵连，应择一重罪认定构成盗窃罪。广东省广州市中级人民法院于 2020 年 7 月 9 日作出（2020）粤 01 刑终 488 号刑事判决：撤销原审判决中关于罗某强犯诈骗罪的定罪部分，改判罗某强犯盗窃罪，判处拘役四个月，并处罚金人民币五千元。

## 【裁判理由】

法院生效裁判认为：原审判决认定罗某强犯诈骗罪定性错误。在案证据证实，罗某强为了骗取淘宝商家的财物，在快递员电话通知其取件时谎称不在家，趁快递员离开快递车之机，秘密窃取快递员尚未向其派送的两部手机快递件，后以手机快递件丢失为由向淘宝商家申请退款。上述两部手机虽系罗某强向淘宝商家购买，但快递员未完成派送，仍属于物流公司管理、运输、派送过程中的财物，所有权尚未发生转移，物流公司依法对物品的被盗、毁损、灭失负有赔偿责任。罗某强秘密窃取物流公司管理、运输、派送过程中的财物，侵犯了物流公司的合法权益，其行为构成盗窃罪，因盗窃行为已经实施完毕，属于犯罪既遂。罗某强以手机快递件丢失为由申请淘宝商家退款，其目的是诈骗淘宝商家的财物，该行为构成诈骗罪，因意志以外原因未得逞，属于犯罪未遂。罗某强的手段行为和目的行为同时触犯两个罪名，依照牵连犯从一重罪处断原则，应认定其行为构成盗窃罪。

## 【案例注解】

随着电子商务、快递行业日趋发达，实践中出现了行为人从快递车内盗走自己订购的快递件，并以快递件丢失为由向商家申请退还货款的现象，司法实务部门和法学理论界对此认识不一，司法实践甚至出现了同案不同判的情况。关于本案中被告人罗某强两次以秘密窃取的手段从快递员处盗窃其订购后正在派送的手机快递件，后又向手机销售商申请退款行为的定性，目前主要存在以下四种意见。

第一种意见认为构成盗窃罪。手机虽系被告人罗某强向淘宝商家购买，但快递员未完成派送，仍属于物流公司管理、运输、派送过程中的财物，所有权尚未发生转移，物流公司依法对物品的被盗、毁损、灭失负有赔偿责任。罗某强秘密窃取物流公司管理、运输、派送过程中的财物，侵犯了物流公司的合法权益，其行为构成盗窃罪。

第二种意见认为构成诈骗罪。盗窃罪侵犯的法益是他人财物的所有权，被告人罗某强以秘密窃取手段获取的财物是其本人已付款购买的手机，并未侵犯“他人财物”的所有权。从实质上看，罗某强的行为侵犯的法益是公司财物的所有权，故评价的重心应当在后一阶段，即罗某强骗取手机销售商货款的阶段。以罗某强的目的行为性质定罪，才能准确反映其真实目的和其行为侵犯的法益性质。

第三种意见是择一重罪即盗窃罪论处。被告人罗某强存在两个行为，同时触犯两个罪名。其未经同意暗中从快递员的三轮车中取出自己订购的商品，应评价为盗窃行为；骗取手机销售商货款，应评价为诈骗行为。本案属于手段行为和目的行为的牵连，应择一重罪认定构成盗窃罪。

第四种意见是构成合同诈骗罪。网购行为是一种合同行为，被告人罗某强在履行网络合同过程中虚构合同标的物（谎称没有收到手机），欺骗合同对方（商家）返还货款，属于在签订、履行合同过程中骗取对方当事人的财物，构成合同诈骗罪。

我们同意第三种意见。主要理由如下。

**一、罗某强存在触犯不同罪名的两个行为，应分别评价**

被告人罗某强以秘密窃取的手段从快递员处盗窃其订购后正在派送的商品，后又向手机销售商申请退款，属于两个行为，触犯两个不同的罪名。前行为是罗某强在快递员电话通知其取件时谎称不在家，趁快递员离开快递车之机，秘密窃取快递员尚未向其派送的两部手机快递件；后行为是以手机快递件丢失为由向淘宝商家申请退款。两行为所采取的犯罪手段和犯罪方式不同，触犯不同的罪名，应分别予以评价。

**二、罗某强未经同意暗中从快递车中取出自己订购商品的行为，应评价为盗窃**

1. 物流公司承担派送中物品灭失、损毁风险的责任

顾客在淘宝订购商品，支付对价由淘宝平台代为保管，商家发货后交付给物流公司派送到顾客手中，顾客确认收货后淘宝平台支付货款给顾客。因此，本案被告人罗某强在淘宝网络订购手机，产生了三个基本的民事法律关系：一是被告人罗某强与手机销售商之间的商品买卖法律关系；二是手机销售商与物流公司之间的商品承运关系；三是淘宝平台代为保管对价直至货到付款的委托保管关系。

本案中，淘宝销售平台显示被告人罗某强所订购的商品手机的快递状态为“快递交给快递员，正在派送途中”，表明商品尚未从快递员交付给罗某强。罗某强为订购商品支付了对价，但该对价尚在淘宝销售平台中转。在购买人未确认收货的情况下，手机销售商不能收到货物销售款。此时，买卖合同正在履行，交易尚未完成。手机销售商把商品交给物流公司承运、派送，物流公司具有保管商品、承担商品灭失、毁坏的风险的责任。若物品被盗、遗失、损坏、灭失，物流公司必须承担赔偿责任。罗某强从快递员处暗中窃取尚未交付到货的商品，物流公司将为此承担货物丢失的责任。

2. 罗某强通过非法行为侵犯的法益是物流公司基于承运合同而合法占有财物的权利

侵财型犯罪所保护的法益，除了公民的财产所有权，还应当包含其他本权，其他本权包括了用益物权、担保物权以及承租人、借用人基于债的关系而对物品占有、使用的权利。这一点在司法实践中有所体现，如行为人盗窃自己所有但出借给他人或者抵押给他人的物品，构成盗窃罪，[1]便可管窥一斑。本案中，物流公司基于承运合同这一债的关系合法占有被告人罗某强订购的手机。物流公司把商品交给快递员派送，快递员是在派送商品途中，即对该商品处于合法占有的状态，商品的所有权并未发生转移，商品也未归被告人罗某强所有。罗某强取得自己订购商品的手段，并非通过正常的快递派送途径，而是趁快递员离开快递车去派送快递之机，从快递员所停放的三轮车中盗窃取得，其行为具有非法性，侵犯的法益是物流公司基于债的关系而合法存在的本权，故应认定罗某强的行为构成盗窃罪。

**三、罗某强骗取手机销售商货款的行为，应评价为诈骗**

区分诈骗罪与盗窃罪关键在于行为人是否实施了使他人陷入处分财产的认识错误的欺骗行为，以及被害人是否基于认识错误“自愿处分”财产。[2]按照一般的网购交易规则，在网店如淘宝等购买某商家的商品后，在快递运送过程中丢失的，买方可以申请补发或者退款，而商家一般会向承运该商品的物流公司索赔，被告人罗某强对此规则应当是清楚的。罗某强隐瞒自己已经实际占有真品货物的真相，故意制造快递丢失或未收到的现象，并以此为由向商家申请退款。该行为不是趁商家不备而秘密获取，而是一种使手机销售商陷入买家没有收到货物的错误认识，进而“自愿”退还和“处分”货款的行为，符合诈骗罪的实质特征。

此外，罗某强骗取手机销售商货款的行为不属于合同诈骗范畴。合同诈骗犯罪中的合同为经济合同，[3]具有明显的商事属性，合同标的往往与生产经营活动、市场经营秩序密切相关（如买卖生产机器、设备等），而不包括一般的民事消费行为（如买卖生活用品、消费品等），合同的当事人应是从事经营活动的市场主体。也就是说，具有严重关乎市场经营秩序性质的合同才属于合同诈骗罪中的合同。本案被告人罗某强网购商品的行为属于一般的消费行为，所涉合同并非商事合同，故不构成合同诈骗罪。

---

1 详见福建省沙县人民法院（2019）闽0427刑初69号刑事判决书。

2 张军主编：《刑法（分则）及配套规定新释新解》（第9版），人民法院出版社2016年版，第1209页。

3 张明楷著：《刑法学》（第5版），法律出版社2016年版，第835页。

### 四、手段行为和目的行为牵连，应择一重罪处罚

牵连犯，是指行为人先后实施的两个行为分别构成刑法规定的两个犯罪，而两个行为之间存在手段与目的关系或者原因和结果关系，因而产生的犯罪表现形态。本案中，被告人罗某强暗中盗窃快递员正在派送的手机，是基于实施诈骗手机销售商的退款的目的，前者属于手段行为，独立构成盗窃罪；后者属于目的行为，又独立构成诈骗罪。依照牵连犯从一重罪处断原则，本案应认定为盗窃罪。

通过类案检索发现，司法实践中存在将该类型案件评价为盗窃罪的做法。例如，福建省建瓯市人民法院将行为人以秘密窃取的非法手段取得财物后，谎称未收到货而向商家索赔的行为，评价为盗窃罪。[4]而浙江省海宁市人民法院将行为人以通过快递送达的合法手段取得财物后，谎称未收到货而向商家索赔的行为，评价为诈骗罪。[5]本案中，被告人罗某强从快递员的快递车内窃取自己订购的商品后索赔的行为，与福建省建瓯市人民法院判决中行为人以秘密窃取的非法手段取得财物后索赔的行为相类似，故本案认定被告人罗某强构成盗窃罪的观点切合上述司法实践所体现的观点。

综上所述，行为人从快递车内盗走自己订购的快递件，虚构快递件丢失的事实，向商家申请退还货款，同时存在触犯不同罪名的两个行为。对于前行为，即行为人未经同意暗中从快递车中取出自己订购的商品，应评价为盗窃；对于后行为，即行为人以快递件丢失为由申请商家退款，应评价为诈骗。两行为属于手段行为和目的行为的牵连，依照牵连犯从一重罪处断原则，应认定构成盗窃罪。

## 【相关法条】

《中华人民共和国刑法》第264条、第266条。

---

4 详见福建省建瓯市人民法院（2016）闽0783刑初66号刑事判决书

5 详见浙江省海宁市人民法院（2016）浙0481刑初734号刑事判决书。

# 证券公司员工私自泄露开户人信息，员工及证券公司是否构成隐私权侵权

## ——张某聪诉中国银某证券股份有限公司广州中山二路证券营业部等隐私权纠纷案

周梦倩　郑晓婷*

### 【裁判要旨】

本案对经济社会领域中保护公民个人隐私的案件具有指导意义。公民的证券账户资产等信息依法属于个人的隐私范畴。根据《证券经纪人管理暂行规定》及《中国证券监督管理委员会关于发布〈证券公司内部控制指引〉的通知(2003)》第29条，证券经纪人应当在授权的范围内执业，且未经开户人授权及同意，不得利用工作权限通过证券系统私自查询及擅自披露公民的证券账户资产信息，证券公司亦应在查询制度建设、系统权限管理和检查及员工自律培训方面予以重视并加以规范，否则应承担侵犯隐私权的民事责任。

**【关键词】**证券账户资产信息　隐私权　证券经纪人职业规范证券公司注意义务

### 【案件索引】

一审：广东省广州市越秀区人民法院（2017）粤0104民初17087号民事判决（2018年7月31日）

二审：广东省广州市中级人民法院（2018）粤01民终18545号民事判决

---

* 周梦倩——广州市越秀区人民法院五级法官助理；郑晓婷，广州市越秀区人民法院一级法官。

（2018 年 11 月 5 日）

一审合议庭成员：郑晓婷、胡广文、廖凤若

二审合议庭成员：陈瑞晖、肖凯、刘庆国

## 【基本案情】

原告张某聪诉称：2015 年 4 月 21 日，苏某明通过微信向被告银某公司中山二路营业部客户经理被告冯某康提供了原告的姓名及身份证号，让其帮忙查询原告的证券账户的账号、开户券商及账户资产等情况。随后，被告冯某康让原市场营销部总监吴某萍利用被告银某公司中山二路营业部金证系统查询了原告证券账户的有关信息，吴某萍将原告在国信证券开户及证券账户账号告诉了被告冯某康。被告冯某康又指使另一客户经理被告李某向国信证券员工沈某虹提供了原告的姓名及身份证号，让其协作查询原告证券资产及证券账号所关联的银行账号，沈某虹将查询获悉原告证券账户的资产信息及原告约 40 万元资产的情况告诉了被告李某，但不愿意泄露原告的银行账号，被告李某只能将上述账户资产的情况告诉了被告冯某康。最后，被告冯某康将原告的证券账户的账号、开户券商及账户资产等情况通过微信泄露给苏某明。2013 年颁布的《消费者权益保护法》第 29 条第 2 款中明确规定，经营者及其工作人员对收集的消费者个人信息必须严格保密，不得泄露、出售或者非法向他人提供。经营者应当采取技术措施和其他必要措施，确保信息安全，防止消费者个人信息泄露、丢失。这是在立法层面上对消费者个人隐私和信息的保护，也是对经营者保护消费者个人信息的强制性规定。经营者违反了该条规定，即视为其存在过错。吴某萍作为高层管理人员在工作时间利用工作便利违法查询他人财产信息，被告冯某康、李某作为客户经理利用自己证券业的人脉谋利，被告银某公司中山二路营业部对 3 名员工的违法行为疏于防范、监管不力，负有不可推卸的责任。广州市越秀区公安局农林派出所于 2017 年 4 月 12 日对以上侵犯公民个人隐私违法行为立案侦查并对涉案人员做了问话笔录，只是由于未达到量刑标准免于追究其刑事责任。又由于上述机构及个人的违法行为导致原告个人财产隐私泄露，原告证券账户在 2015 年 5 月 12 日至 2015 年 8 月 5 日被冻结，资金无法周转，信用卡消费无法偿还，原告的精神受到极大伤害。请求判令：（1）被告银某公司中山二路营业部在广州市市级以上日报的财经版以公告形式向原告公开赔礼道歉，致歉内容应包含本案判决书案号、营业部涉案人员及职务、侵权详细情况及赔礼道歉声明，致歉版面面积不小于 6cm × 9cm；（2）被告冯某康、李某分别在广州市市级以上日报的财经版以公告形式向原告公开赔礼道歉，致歉内容应包含本案判决书案号、致歉人所在单位及职务、违法侵权详细情况及赔礼道歉声明，致歉版面面积不小于6cm×9cm；（3）三被告各赔偿原告精神损害抚慰金2000元，合计6000元；（4）三被告承担本案诉讼费用。

被告银某公司中山二路营业部辩称：被告银某公司中山二路营业部不存在侵权事实，被告银某公司中山二路营业部已尽到谨慎注意管理义务，相关侵权行为并非被告银某公司中山二路营业部实施或者授权实施，实施侵权行为与被告银某公司中山二路营业部无关，请求驳回原告对被告银某公司中山二路营业部的诉求。

被告冯某康、李某共同答辩称：被告冯某康、李某承认有实施侵犯原告隐私权的行为，但原告所主张的行为中并非全部都是由被告冯某康、李某实施的，被告冯某康确实曾经让原市场总监吴某萍查询过被告的证券账户信息，时值2015年股票市场出现非常火爆的情况，很多股民希望重新投入交易市场，但很多股民由于长期未操作忘记账户信息，因此很多股民致电证券营业部要求帮忙查询账户信息，被告冯某康基于能帮股民尽快恢复操作而提供查询服务，这其中存在风险防范缺失，但被告冯某康的原意在于帮原告找回账号，并非用于其他目的。被告冯某康承认存在操作不当，但危害后果有限，并未扩散，且仅是查询账号信息，对于其中的密码及资产状况并不清楚，因此对原告的危害很小。被告李某只是根据被告冯某康的请求向原工作单位国信证券的朋友帮忙了解原告的账号信息，但国信证券的朋友是否提供信息不是被告李某积极去追求的，该信息也不是被告李某权限所获取的，原意也是为了配合客户进行股票买卖而进行的行为，被告李某承认该行为不当，但损害后果很小。

经审理查明：被告冯某康、李某是被告银某公司中山二路营业部的员工。2015年4月21日，被告冯某康的朋友苏某通过微信向被告冯某康提供了原告的姓名及身份证号，让被告冯某康帮忙查询原告证券账户的账号、开户券商及账户资产等情况。随后，被告冯某康让同事吴某萍查询相关信息，吴某萍通过被告银某公司中山二路营业部系统进行了相关查询，并将原告在国信证券开户及沪市证券账户的账号等信息告诉了被告冯某康，被告冯某康得知上述信息后，又通过被告李某向国信证券广州分公司员工沈某虹提供了原告本人姓名及身份证号，让沈某虹协助查询原告证券账户资产情况。沈某虹通过国信证券柜台系统查询了原告证券账户信息，并将原告证券账户约40万元资产的情况告诉了被告李某。被告李某又将上述账户资产情况告诉了被告冯某康。最后，被告冯某康将获取的原告沪市证券账户的账号、开户券商、账户资产等情况告诉了苏某明。

2015年5月12日，国信证券广州东风中路证券营业部按照广州市荔湾区人民法院（2015）穗荔法执保字第48号《协助执行冻结通知书》的要求，冻结了原告证券账户所对应的资金账户。2015 年 8 月 5 日，国信证券广州东风中路证券营业部按法院要求解除了对上述资金账户的冻结。

中国证券监督管理委员会广东监管局出具了《关于对李某采取出具警示函措施的决定〔2015〕36 号》及《关于对冯某康采取出具警示函措施的决定〔2015〕37 号》决定书，认定“被告李某、冯某康的行为违反了《证券经纪人管理暂行规定》（证监会公告〔2009〕2 号）第 13 条第 5 项，以及《证券从业人员执业行为准则》（中证协发〔2014〕248 号）第 5 条的有关规定。现根据《证券经纪人管理暂行规定》（证监会公告〔2009〕2 号）第 25 条、第 27 条规定，对被告李某、冯某康予以警示”。

## 【裁判结果】

一审法院依照《侵权责任法》第 2 条、第 8 条、第 15 条（对应《民法典》第 120 条、第 1168 条、第 179 条）的规定，判决：一、中国银某证券股份有限公司广州中山二路证券营业部、冯某康、李某应于判决发生法律效力之日起五日内在中国银某证券股份有限公司广州中山二路证券营业部营业场所以书面张贴的形式向张某聪赔礼道歉（该道歉声明内容须由原审法院审查，所需费用由中国银某证券股份有限公司广州中山二路证券营业部、冯某康、李某负担，保留时间不少于五天）；否则，原审法院将在一家市一级报刊上公布判决书主文，刊登费用由中国银某证券股份有限公司广州中山二路证券营业部、冯某康、李某负担；二、中国银某证券股份有限公司广州中山二路证券营业部、冯某康、李某应于判决发生法律效力之日起五日内赔偿张某聪精神损害抚慰金 2000 元；三、驳回张某聪的其他诉讼请求。一审案件受理费 500 元，由中国银某证券股份有限公司广州中山二路证券营业部、冯某康、李某负担。

一审判决后原告不服并提起上诉，二审法院予以维持。

## 【裁判理由】

法院生效裁判认为，公民的证券账户资产等信息依法属于个人的隐私范畴。根据《证券经纪人管理暂行规定》及《中国证券监督管理委员会关于发布〈证券公司内部控制指引〉的通知（2003）》第 29 条，被告李某、冯某康作为证券公司员工，未经过原告授权及同意，通过被告银某公司中山二路营业部的系统知晓到原告的相关信息，利用工作权限，私自查询原告证券账户的相关信息并将该信息泄露给他人，该行为侵犯了隐私权，被告银某公司中山二路营业部在查询制度建设、系统权限管理和检查及员工自律培训方面均存在漏洞，对本次事件的发生存在过错。

## 【案例注解】

本案审理的争议焦点在于：(1) 当员工利用系统权限私自查询并泄露特定主体的账户信息，是否构成侵犯公民隐私权的构成要件；(2) 在员工私自利用系统开放的权限查询特定主体的账户信息并泄露的情形下，证券公司等金融服务机构是否应当承担侵犯隐私权的民事责任。具体分析如下。

**一、员工利用系统权限私自查询并泄露特定主体的账户信息，构成侵犯公民隐私权的构成要件**

隐私权是指自然人享有的私人生活安宁与私人信息秘密依法受到保护，不被他人非法侵扰、知悉、收集、利用和公开的一种人格权。作为特定主体在证券行业的开户信息及账户资产信息，隐私权人均有权予以保密，未经权利人同意，他人不得擅自公开披露。当民事主体基于证券投资需要，针对证券公司公开了所必需的个人信息后，公司工作人员是否可以对此进行再次公开呢？

根据《证券经纪人管理暂行规定》第13条“证券经纪人应当在本规定第十一条规定和证券公司授权的范围内执业，不得有下列行为：……（五）泄漏客户的商业秘密或者个人隐私”的规定，李某、冯某康作为银某公司中山二路营业部的员工，未经过张某聪授权及同意，利用工作权限，私自查询张某聪证券账户的相关信息并将该信息泄露给他人，该行为已侵犯了张某聪的隐私权。

**二、证券公司等金融服务机构是否应当承担侵犯隐私权的民事责任**

本案中，证券公司似乎并没有直接参与或涉及员工泄露信息的行为，但证券公司仍应承担相应的民事责任。

根据《中国证券监督管理委员会关于发布〈证券公司内部控制指引〉的通知（2003)》第29条“证券公司应建立对录入证券交易系统的客户资料等内容的复核和保密机制；应妥善保管客户开户、交易及其他资料，杜绝非法修改客户资料；应完善客户查询、咨询和投诉处理等制度，确保客户能够及时获知其账户、资金、交易、清算等方面的完整信息”的规定，证券公司应当完成以下任务：(1) 建立健全客户资料管理制度及保密机制；(2) 完善开户人信息查询规范机制与工作人员授权权限设置机制；(3) 系统权限的管理与日常检查机制设置；(4) 定期进行员工自律培训等。

现李某、冯某康是通过营业部系统知晓张某聪的相关信息，并私自向第三人公布，银某公司中山二路营业部在查询制度建设、系统权限管理和检查及方面均存在漏洞，对本次事件的发生存在过错，故法院认定银某公司中山二路营业部亦侵犯了张某聪的隐私权。

本案对经济社会领域中保护公民个人隐私的案件具有一定的指导意义。随着中国特色社会主义市场经济的快速发展，公民个人更加灵活、自由、高效地参与到了经济活动中，而我国在证券活动等金融业务中均需对参与的个人采用身份证件验证及信息留存等处理。为便利个体更加快捷方便地参与证券活动，证券行业公司一般采用信息联网等方式，信息技术进步使证券行业内的专业人员得以利用网络的便利，通过系统权限便可对公民的姓名、身份信息乃至开户情况进行查阅，侵犯公民隐私权行为的随意性高、泄露的可能性大。

本案两被告冯某康、李某利用职务之便获取证券用户的大量信息，是不被证券有关法律法规、行业规范所允许的。本案综合全案证据将涉案信息归为公民个人隐私信息，并据此确定了被告证券公司未履行监管、培训义务，证券公司员工侵犯隐私权，对金融业务中金融机构、机构工作人员应更加注意保护公民个人信息的行为具有一定的示范意义，证券公司应建立健全客户资料管理制度及保密机制，并注意对查询制度建设、系统权限管理和检查及员工自律培训的工作投入。

## 【相关法条】

《中华人民共和国侵权责任法》（已废止）第2条、第8条、第15条；

《中华人民共和国民法典》第120条、第1168条、第179条。

# 涉网络科技类侵犯商业秘密犯罪的司法认定

## ——黄某某等侵犯商业秘密案

丁卫红　曹虎*

## 【裁判要旨】

如何准确认定科技类商业秘密犯罪以厘清民刑界限，是亟待解决的类型化问题。涉网络科技类商业秘密的非公知性、同一性认定，面临专业性、复杂性、排除因素多等困境，鉴定意见需要通过跨学科的分析方法和标准保障证据能力、证明力，法院应着重审核鉴定意见的证据能力，从商业秘密构成要件维度分析鉴定意见的证明力，以智能终端软件“源代码”侵权的功能鉴定考量部分侵权如何整体认定的问题，并结合全案证据综合分析侵权行为的有责性、违法性以及可罚性。

## 【关键词】商业秘密　源代码　功能鉴定　实质相同

## 【案件索引】

一审：广东省广州市天河区人民法院（2018）粤0106刑初112号刑事判决（2019年5月16日）

合议庭成员：曹虎、邓昭君、胡雪军

## 【基本案情】

被害单位北京某某公司设计开发了TC、PL等手机安卓系统清理软件，并享

* 丁卫红——广州市天河区人民法院三级高级法官；曹虎——广州市天河区人民法院一级法官。

有上述软件的著作权。被告人黄某某、钱某某、李某、裴某某曾受雇于被害单位。黄某某曾任产品经理，钱某某、裴某某曾任产品开发工程师，李某曾任商业化运营负责人。四名被告人均与被害单位协议约定了知识产权保密和竞业禁止条款。被害单位通过 SVN 系统保护产品源代码，需通过认证、授权环节，经邮件或内部系统审批，获取相应代码。四名被告人离职前合谋，于 2016 年 10 月 26 日在广州市成立上海某某公司，利用工作时掌握的被害单位产品源代码、商业运营资料等商业秘密，开发设计手机安卓系统清理软件。黄某某是该公司实际控制人之一，李某负责商业化运营，钱某某、裴某某负责侵权软件的程序设计。上海某某公司营利性业务为手机安卓系统清理软件，包括 CB、CCM 等产品，上述软件代码构成及基本功能相同。经鉴定，CB 软件源代码中，至少存在 67 个函数与被害单位 TC、PL 软件源代码相同或实质相似，其中 17 个函数相同、50 个函数实质相似，其中实质相同包含功能性鉴定。上述 67 个函数的源代码信息属不为公众所知悉的技术信息。上海某某公司的 CB 等软件由黄某某等上传至 Googleplay 应用市场供用户下载使用，并通过与 Facebook 等平台合作的广告费用营利。上海某某公司在上述平台中获利 98975. 3 美元，以抓获当日汇率折算约合人民币 680059. 29 元。

## 【裁判结果】

广东省广州市天河区人民法院于 2019 年 5 月 16 日作出（2018）粤 0106 刑初 112 号刑事判决：被告人黄某某等侵犯商业秘密罪，判处有期徒刑二年四个月至二年三个月，并处罚金人民币二十四万元至十五万元。一审判决作出后，公诉机关未提起抗诉，被告人亦均未提出上诉，本案判决已生效。

## 【裁判理由】

法院生效裁判认为：四名被告人的行为均已构成侵犯商业秘密罪。被害单位涉案软件的部分源代码是非公知性的技术信息，被告人黄某某等供认利用在被害单位工作之便，非法获取商业秘密并使用的事实，不仅证实商业秘密获取的手段违法性，也佐证了涉案软件的秘密性、同一性；从实用性和经济属性角度看，被害单位以手机清理软件之获取相应的经济利益，四名被告人供认侵权软件的实用功能与之一致，而被告人李某亦供认了侵权软件经济运营模式与之一致；从保密性角度看，被害单位采取了相当的保密措施保护其商业秘密，不仅通过公司网络系统保护软件产品源代码，还与员工签订了相关保密协议、竞业禁止条款，进一步确保商业秘密的保密性；四名被告人均供认非法牟利约 68

万余元的事实；证人证言、劳动合同、电子物证等其他证据相互对应印证上述事实，形成完整闭合的证据体系，足以认定。另关于本案犯罪数额的问题。公诉机关指控的因上海某某公司账户差错被拒付 51383.68 美元以及已支付 47591.62 美元，即上海某某公司账户实际收入共计 98975.3 美元，有相关后台截图等在案证据证实以及四名被告人供认相互印证，足以认定；公诉机关指控上海某某公司获利金额中待处理 495555.99 美元部分，四名被告人均提出与付款方核对后方能确认该部分实际获利金额，被害单位亦称自身也存在与付款方核对后排除获利的情况，而公诉机关亦未能进一步提供证据排除相应金额以及其他可能性，故现有证据不足以认定待处理的 495555.99 美元为上海某某公司实际收入。故认定本案犯罪数额为 98975.3 美元，折合人民币约 680059.29 元。

## 【案例注解】

本案属于涉科技类网络犯罪、保护民营企业知识产权的典型案例。涉案事实专业性强、疑难复杂，法院组成“刑事 + 知产”的复合型合议庭，通过知识产权专家论证的庭前会议及鉴定人、核心证人出庭等，落实以审判为中心的实质化庭审。应着重审查涉科技鉴定意见的证据能力、证明力，并明确软件源代码侵权的核心功能鉴定原则，作为界定部分侵权如何整体认定的标准，以刑事、民事双重维度及裁判标准认定刑法意义上商业秘密侵权行为，进而结合商业秘密的商业价值及经济利益实现模式，审慎厘定“造成重大损失”。本案体现了司法保护知识产权的整体性，对类型化案件的刑法规制和保障民营企业营商环境，均具有一定参考价值和典型意义。

传统的商业秘密案件与涉科技类商业秘密案件的重要区别，在于商业秘密的载体不同以及是否涉及著作权、专利权问题。从《刑法》第 219 条第 3 款和《反不正当竞争法》第 9 条第 4 款的规定看，刑事、民事商业秘密认定的标准基本相同，即具有非公知性、经济属性、实用性、保密性特征。

### 一、从构成特征角度审查涉网络科技类商业秘密侵权行为

非公知性（亦称秘密性）是指商业秘密不为公众熟知，无法从公开渠道直接获取或者需要相应代价获取，所属领域相关人员不能普遍知悉和容易获取，本案中软件核心技术或者说秘点被公开、泄露，则会失去商业价值或者说竞争优势，被害单位对涉案被侵权软件源代码进行了著作权备案，以著作权权属明示和宣告形式保护秘密性，公知性鉴定显示该软件源代码在公众及所属领域内均具有秘密性，应认定具有非公知性。经济实用性是指具有实用功能，且能带来现实的或者潜在的经济利益或者竞争优势，本案中被害单位涉案被侵权软件功能为手机清理，借助实用功能带来的用户通过广告收益获取经济价值，既有

实用性又具有经济利益，功能性既是竞争优势的保持因素，也是知识产权经济利益的实现方式。保密性是指权利人对其技术或者经营性信息采取相应合理的保密措施，如具体的保密形式、对象和范围，包括但不限于建立保密制度、签署保密协议以及其他有效的保密举措，本案中被害单位对其涉案被侵权产品设置了反编译保护，以对外和在市场中保障保密性，对内采取审批限定获取该软件源代码的内部保密制度，并与涉密员工签署保密协议，应认定被害单位对其技术或者经营性信息设置了对内对外保密制度，其商业秘密具有保密性。

**二、以刑事裁判证据标准综合审查鉴定意见的证据效力**

商业秘密的鉴定包括公知性鉴定和同一性鉴定等，公知性鉴定一般较为明确，可以通过权利人著作权背书、全面性专业搜索等方式进行。该类商业秘密的同一性鉴定则涉及相同和实质相同的区别，其中相同的犯罪手段是直接抄袭或者变动非关键信息的位置等，对专业鉴定人员而言可以相对容易地进行区分，而实质相同则需要进行核心功能的鉴定，核心功能鉴定不仅是一种鉴定方法，在某种程度上也体现了商业秘密的核心技术功能，并很可能关联到商业秘密的延伸权益即经济利益的实现方式。因之如涉及部分技术信息侵权时，功能鉴定方法较之民事商业秘密侵权的比例原则，更能反映社会危害性，进而合理评价罪与非罪。在本案中，鉴定机构作出包含功能性鉴定的鉴定意见，并明示方法，即明确“实质相似”指对比双方软件可以运行的程序代码大部分相同或者相似，即代码基本功能相同，而源代码的功能性鉴定标准增强了鉴定意见的证明力，核心功能是部分源代码侵权进行整体评价的合理性基础。刑事诉讼法中鉴定结论已修改为鉴定意见，名称修改反映出的价值取向为鉴定意见不具有高于其他客观证据的证明力，应结合全案证据进行综合判断。本案中，四名被告人均供述预谋携带并使用原单位商业信息，与后续以之侵犯商业秘密的客观行为等细节能相互对应，且均印证了上述鉴定意见。

**三、如何确定给商业秘密权利人造成重大损失**

该类行为民事侵权与刑事犯罪的界限为是否给商业秘密权利人造成重大损失。关于造成重大损失如何认定有相关的司法解释：《最高人民法院、最高人民检察院关于办理侵犯知识产权刑事案件具体应用法律若干问题的解释》第 7 条第 1 款、《最高人民检察院、公安部关于公安机关管辖的刑事案件立案追诉标准的规定（二）》第 73 条。结合上述解释、规定，侵犯商业秘密罪的入罪标准为给权利人造成损失 50 万元以上、违法所得 50 万元以上或者致使权利人破产等。造成破产是结果性考量因素较为明确，而权利人损失和违法所得如何确定，应具体分析。在司法实践中往往难以厘定上述损失，尤其是网络科技类企业，其盈利模式较为新颖、多样，且市场变动大，影响因素多，更难以准确计算损失。

因之可以根据刑法财产保护范围和原则，适当参照相关民事法律规定认定权利人损失。《反不正当竞争法》第17条第3款规定，因不正当竞争行为受到损害的经营者的赔偿数额，按照其因被侵权所受到的实际损失确定；实际损失难以计算的，按照侵权人因侵权所获得的利益确定。赔偿数额还应当包括经营者为制止侵权行为所支付的合理开支。如何界定侵犯商业秘密的违法所得？侵犯商业秘密入罪标准的违法所得应为因侵权而获取的非法利益，存疑的应采取有利于被告人的原则予以认定，其他合法性收益自然不计入犯罪数额，有证据证实有其他与侵犯商业秘密无关联的收益，即使带有其他侵权属性或者违法属性，也不宜直接认定为违法所得。采取上述严格的认定方式，符合刑法对财产的保护范围和原则，权利人因证据问题而无法在刑事案件中认定损失的，也有相应的救济途径，如《反不正当竞争法》第17条第4款规定，如经营者违反本法第6条、第9条规定，权利人因被侵权所受到的实际损失、侵权人因侵权所获得的利益难以确定的，由人民法院根据侵权行为的情节判决给予权利人五百万元以下的赔偿。由此可知，虽民事、刑事证据和事实认定标准不同，但以刑事裁判标准不能认定为犯罪数额的，在保证刑法审慎谦抑性的同时，法律也就此预留了权利人的民事救济途径。

本案中，四名被告人利用工作之便，非法获取被害单位商业秘密，以之开发与被害单位实用功能、营利模式一致的软件，设立公司以侵权软件为主要业务，且侵权软件是其全部营利来源，通过涉案软件“源代码”功能鉴定，并结合基于涉案软件的单一化、同一性商业运营模式，足以认定给被害单位造成了重大损失。

## 【相关法条】

《中华人民共和国刑法》第219条；

《最高人民法院、最高人民检察院关于办理侵犯知识产权刑事案件具体应用法律若干问题的解释》第7条第1款。

## 编辑部版权声明

本出版物2007年始已许可中国学术期刊（光盘版）电子杂志社在中国知网及其系列数据库产品中，以数字化方式复制、汇编、发行、信息网络传播本出版物全文。该社著作权使用费与本出版物稿酬一并支付。作者向本出版物提交文章发表的行为即视为同意编辑部上述声明。

《法治论坛》编辑部

2021年3月

# 《法治论坛》稿件要求和格式规范

## 一、稿件要求

1. 文章要求原创，探讨的问题具有较高的前沿性、针对性，未在公开发行的刊物发表。一经刊用，将向作者支付稿费。

2. 以学术质量过硬为刊用标准，来稿文章侧重应用型研究，以法律实践问题为切入点进行理论探讨，有较高的决策参考价值。

3. 文章观点鲜明、论述缜密、论据充分、格式规范。字数一般不超过15000字。图表须为可在word文档中编辑的格式。

4. 所有来稿请在正文末尾附上作者简介（包括法律职称）、手机号码、通信地址、邮政编码、电子邮箱，以便编辑及时联系作者退改稿件。

5. 投稿请用电子邮件方式，邮件主题：×××（作者姓名）投稿。

## 二、格式规范

1. 正文要有内容提要和关键词。

2. 注解采用脚注形式，并用横线与正文隔开；序号左顶格，以数字1、2、3……标示，全文连续编排。引用的专著、杂志的文章和网络文章均用书名号。例：

范愉著：《纠纷解决的理论与实践》，清华大学出版社2007年版，第565页。

姜大伟：《离婚冷静期：由经验到逻辑——〈民法典〉第1077条评析》，载《华侨大学学报（哲学社会科学版）》2020年第4期。

引用期刊文章不需注明页码。援引自学位论文集的文章用书名号，学位论文集无需书名号。引用时应当标明作者毕业的学术单位、年份和学位层级，引用论文特定部分的内容应当标明页码或者章节。例如：李小明：《准政府组织的行政法定位及其权利规制》，吉林大学2016年博士学位论文，第139页。

3. 法条使用阿拉伯数字表述，脚注法条亦然。

例：参见《中华人民共和国民法典》第1207条。

4. 不使用参考文献。如有参考文献，可转化为脚注。

5. 有纸质产品的情况下，不建议引用网站内容。如引用网站内容，请标明网站名字和频道、网址、最后访问时间。例：王利明：《标准合同的若干问题》，载中国民商法律网民事法学频道，http：//www. civillaw. com. cn/weizhang/default. asp？id =22250，最后访问于2017 年1 月26 日。

6. 引用报纸要注明版面。例：胡云腾：《聚焦〈刑法修正案（十一）〉草案》，载《法制日报》2020 年7 月22 日，第9 版。

《法治论坛》2017 年1 月起入选南京大学CSSCI 集刊目录，文章将同时被中国知网（www. cnki. net）署名转载，如不同意转载，请在投稿时作出声明。

编辑部地址：广州市越秀区小北路113 号8 楼广州市法学会。邮编：510046

咨询电话：020 －83525279

投稿邮箱：gzfzlt@ 126. com（不区分大小写）

# 广州市法学会关于第三十三届全国副省级城市法治论坛主题征文的通知

全国副省级城市法治论坛是中国法学会重点支持的全国性七大区域法治论坛之一，由沈阳、大连、长春、哈尔滨、南京、杭州、宁波、厦门、济南、青岛、武汉、广州、深圳、成都、西安15个副省级城市法学会共同主办，是法学会引领、组织、推动法学研究，服务国家经济发展，推进法治中国建设的重要阵地。根据中国法学会的安排，2021年第三十三届全国副省级城市法治论坛将由广州市承办。论坛主题和分论题已经中国法学会党组会议批准通过。为办好本次论坛，深化议题研究，汇集论坛成果，我会从即日起开展主题征文活动，请广大法学法律工作者踊跃参与，具体事项如下：

**一、论坛主题**

新理念·新格局：法治化营商环境与高质量发展。

**二、论坛分论题及参考选题**

（一）践行习近平法治思想 提升法治化营商环境软实力

1. 法治化营商环境评估体系构建与完善；
2. 《外商投资法》背景下的法治化营商环境司法服务保障；
3. 优化营商环境法治保障共同体建设。

（二）高标准市场体系建设的法律保障与反垄断规制

1. 公共机构的合规治理与市场主体的合规约束；
2. 民法典与民营经济产权保护；
3. 反垄断和反不正当竞争；
4. 破产法与市场主体退出制度改革。

（三）新兴产业、数字经济的法律保障

1. 知识产权全链条保护的法律挑战；
2. 算法的法律规制与数据信息保护；
3. 数字化时代的司法与法律服务业变革。

（四）后疫情时代的城市公共安全风险防控及法律应对

1. 疫情防控常态化下的韧性城市治理；

2. 公共危机治理中的社会动员与行政执法。

（五）涉外法治体系建设与制度型开放路径

1. 粤港澳大湾区的规则开放与法治融合；

2. “一带一路”公共法律服务体系建设。

（以上为参考选题范围，作者可围绕主题自行拟定论文题目）

**三、征文要求**

（一）论文内容

坚持正确的政治方向；紧扣论坛主题，突出针对性、实效性和应用价值，注重对策建议的可操作性；文责自负，不得涉密、抄袭，禁止一稿多用（指曾公开刊登出版，或通过其他渠道向本次论坛组委会投稿）。

（二）论文形式

1. 论文篇幅（含注释）在8000字左右。

2. 正文首页页脚注明作者简介，包括：姓名、单位、职务、职称、学位等；正文后附作者详细联系方式，包括：通信地址、邮编、手机号码、电子信箱等；合作的以署名作者不超过3人为宜。

3. 论文格式：论文首页左上角注明“第三十三届全国副省级城市法治论坛征文（广州）”（楷体小三号），论文内容按以下格式排版：

论文题目——宋体三号加粗；副标题——仿宋小三号；作者姓名——仿宋小三号。

摘要——黑体小三号；摘要正文——150字左右，仿宋小三号；关键词——黑体小三号；关键词正文——仿宋小三号（3~5个关键词）。

正文——仿宋小三号；一级标题——黑体小三号；二级标题——宋体小三号加粗；三级标题——楷体小三号。

参考文献——宋体小三号加粗；注释内容——五号楷体。

4. 论文中引用参考文献注释序号用上标方括号加数字如［1］表示，参考文献采用当页脚注，按国家标准规范标注。

（1）专著：［序号］作者. 专著名［M］. 出版地：出版社，出版年.

（2）期刊文献：［序号］作者. 题（篇）名［J］. 刊名，出版年（期号）.

（3）论文集：［序号］作者. 题（篇）名［C］. 出版地：出版社，出版年.

（4）学位论文：［序号］作者. 题（篇）名［D］. 授学位地：授学位单

位，授学位年.

（5）专利文献：［序号］专利申请者．专利题名［P］．专利国别：专利号，出版日期.

（6）报纸文章：［序号］作者．题（篇）名［N］．报纸名，出版日期.

（7）电子文档：［序号］作者．题（篇）名［文献类型/载体类型］．网址，发表日期.

5. 论文中的数字，除部分结构层次序数、词组、惯用语、缩略语、具有修辞色彩语句中作为词素的数字必须使用汉字外，应使用阿拉伯数字。论文中数字表示方法应前后一致。

**四、论文征集与评选**

（一）论文征集

请于2021年8月20日前将论文发送至广州市法学会电子邮箱：gzfzlt@126.com。邮件标题请注明“第三十三届全国副省级城市法治论坛征文”。

（二）论文评选

1. 市法学会对征集到的论文组织初评，并按征集论文总量15%的比例评出优秀论文向论坛组委会推荐，最终由中国法学会进行终评。

2. 论坛设一、二、三等奖和优秀奖（一位作者在本次征文评奖中只能获奖一篇），另设优秀组织奖。由论坛组委会对获奖论文作者和获优秀组织奖的单位颁发加盖论坛组委会印章的荣誉证书。

3. 市法学会将推荐部分获奖论文作者代表我市参加论坛并作发言交流。论坛结束后，中国法学会将对一等奖论文集结公开出版。

**五、联系方式**

联 系 人：陈道欢、杨楠瑶、王耀波

联系电话：13678900485、15602215580、18898578558

传真号码：020－83521480

广州市法学会

2021年4月13日

**图书在版编目（CIP）数据**

法治论坛．第 61 辑 / 广州市法学会编．—北京：
中国法制出版社，2021.5
ISBN 978－7－5216－1855－6

Ⅰ．①法…　Ⅱ．①广…　Ⅲ．①法学－丛刊　Ⅳ．①D90－55

中国版本图书馆 CIP 数据核字（2021）第 082904 号

责任编辑：王佩琳　　　　封面设计：周黎明

---

**法治论坛·第 61 辑**

FAZHI LUNTAN · DI-61 JI

编者/广州市法学会
经销/新华书店
印刷/三河市紫恒印装有限公司
开本/710 毫米×1000 毫米　16 开　　　　印张/ 24.75　字数/ 434 千字
版次/2021 年 5 月第 1 版　　　　2021 年 5 月第 1 次印刷

---

中国法制出版社出版
书号 ISBN 978－7－5216－1855－6　　　　定价：88.00 元

北京西单横二条 2 号
邮政编码 100031　　　　传真：010－66031119
**网址：http：//www.zgfzs.com**　　　　**编辑部电话：010－66038139**
**市场营销部电话：010－66033393**　　　　**邮购部电话：010－66033288**

（如有印装质量问题，请与本社印务部联系调换。电话：010－66032926）